El español
en síntesis

El español en síntesis

EDUARDO NEALE-SILVA
University of Wisconsin, Madison

JOHN M. LIPSKI
Michigan State University

Harcourt Brace Jovanovich College Publishers
Fort Worth   Philadelphia   San Diego
New York   Orlando   Austin   San Antonio
Toronto   Montreal   London   Sydney   Tokyo

Permissions are found on page 394.

Library of Congress Cataloging in Publication Data

Neale-Silva, Eduardo.
   El español en síntesis.

   English and/or Spanish.
   Includes index.
   1.   Spanish language—Grammar—1950-
I.   Lipski, John M., joint author.   II.   Title.
PC4112.N393   468.2'421   80-25769
ISBN 0-03-058133-8

Requests for permission to make copies of any part of the work
should be mailed to: Permissions Department, Harcourt Brace
Jovanovich, Publishers, 8th Floor, Orlando, Florida 32887.

Printed in the United States of America
Published simultaneously in Canada
   2   3   4   038   9   8   7   6

Harcourt Brace Jovanovich, Inc.
The Dryden Press
Saunders College Publishing

Contents

Preface   **xiii**

Lección Uno   **1**

     LENGUA ORAL
Un accidente en la calle Estado de Madrid   **2**

     FUNDAMENTOS
Usos del infinitivo   **4**

     AMPLIACIÓN   **5**

     LENGUA ESCRITA
El español y los siete pecados capitales
Fernando Díaz Plaja   **12**

     REPASO   **18**

Lección Dos   **19**

     LENGUA ORAL
Un retraso   **20**

     FUNDAMENTOS
La negación   **23**

     AMPLIACIÓN   **24**

     LENGUA ESCRITA
Los pasos perdidos   Alejo Carpentier   **31**

     REPASO   **38**

Lección Tres   **40**

     LENGUA ORAL
Todo tiene arreglo   **41**

     FUNDAMENTOS
Usos de ser y estar   **43**

     AMPLIACIÓN
Ser   **45**
Estar   **46**

LENGUA ESCRITA
El profesor auxiliar   Ramón Pérez de Ayala   **50**

REPASO   **57**

Lección Cuatro   **58**

LENGUA ORAL
Un viaje a España   **59**

FUNDAMENTOS
Expresiones interrogativas   **61**

AMPLIACIÓN   **62**

LENGUA ESCRITA
Figuraciones en el mes de marzo
Emilio Díaz Valcárcel   **71**

REPASO   **78**

Lección Cinco   **80**

LENGUA ORAL
Una visita a la hora del almuerzo   **81**

FUNDAMENTOS
Gerundios y participios   **83**
Participios   **84**

AMPLIACIÓN   **85**
Gerundios   **85**
Participios   **88**

LENGUA ESCRITA
¡Sin etiqueta señores!
Mariano José de Larra   **92**

REPASO   **99**

Lección Seis   **100**

LENGUA ORAL
Aventura nocturna de dos soldados   **101**

FUNDAMENTOS
Expresiones impersonales   **103**

AMPLIACIÓN   **105**

LENGUA ESCRITA
Fuego en la ciudad   Argentina Díaz Lozano   **109**

REPASO   **119**

Lección Siete   **120**

LENGUA ORAL
Comprando un boleto   **121**

FUNDAMENTOS
Usos del imperfecto y del pretérito   **123**

AMPLIACIÓN
El imperfecto   **125**
El pretérito   **127**
Correlación entre el imperfecto y el pretérito   **129**

LENGUA ESCRITA
En un tren nocturno   Azorín   **131**

REPASO   **138**

Lección Ocho   **139**

LENGUA ORAL
Por si acaso   **140**

FUNDAMENTOS
El voz pasivo   **142**

AMPLIACIÓN   **143**

LENGUA ESCRITA
Apuntes sobre el mal de ojo en Galicia
Vicente Risco   **150**

REPASO   **160**

Lección Nueve   **161**

LENGUA ORAL
La mente controla al cuerpo   **162**

FUNDAMENTOS
La preposición a   **164**

AMPLIACIÓN
Usos especiales de las preposiciones   **166**

Con   **169**
De   **170**
En   **172**

LENGUA ESCRITA
La ropa controla al cuerpo   Julio Camba   **173**

REPASO   **180**

Lección Diez   **181**

LENGUA ORAL
Una obra de construcción   **182**

FUNDAMENTOS
El tiempo futuro   **184**

AMPLIACIÓN   **185**

LENGUA ESCRITA
Los albañiles   Vicente Leñero   **190**

REPASO   **198**

Lección Once   **199**

LENGUA ORAL
En el mercado   **200**

FUNDAMENTOS
Posición de los adjetivos   **202**

AMPLIACIÓN
Adjetivos que preceden a los sustantivos   **204**
Adjetivos con posición fija   **206**
Posición de dos adjetivos   **208**
Adjetivos que cambian de sentido según su posición   **210**

LENGUA ESCRITA
Camino al mercado   Vicente Blasco Ibáñez   **211**

REPASO   **219**

Lección Doce   **220**

LENGUA ORAL
Buscando empleo   **221**

FUNDAMENTOS
El imperfecto de subjuntivo y el potencial   **223**

AMPLIACIÓN   *225*

LENGUA ESCRITA
Curundú   Joaquín Beleño   *230*

REPASO   *238*

Lección Trece   *240*

LENGUA ORAL
Ir por lana y salir trasquilado   *241*

FUNDAMENTOS
La concordancia   *243*

AMPLIACIÓN   *245*

LENGUA ESCRITA
Tres cartas . . . y un pie   Horacio Quiroga   *250*

REPASO   *258*

Lección Catorce   *259*

LENGUA ORAL
Planeando una fiesta   *260*

FUNDAMENTOS
Los pronombres relativos   *263*

AMPLIACIÓN   *264*

LENGUA ESCRITA
El laberinto de la soledad   Octavio Paz   *269*

REPASO   *277*

Lección Quince   *279*

LENGUA ORAL
La moraleja   *280*

FUNDAMENTOS
El artículo determinado   *282*

AMPLIACIÓN   *282*

LENGUA ESCRITA
La cigarra y la hormiga
Guillermo Cabrera Infante   *289*

REPASO   *296*

Lección Dieciséis **297**

    LENGUA ORAL
    Sobre zapatos y sorpresas   **298**

    FUNDAMENTOS
    Énfasis comparativo   **300**

    AMPLIACIÓN   **301**

    LENGUA ESCRITA
    Zapatos   Fernando Durán Ayanegue   **306**

    REPASO   **315**

Lección Diecisiete **316**

    LENGUA ORAL
    Un extraño oficial del Registro Civil   **317**

    FUNDAMENTOS
    Para y por   **320**

    AMPLIACIÓN
    Para   **322**
    Por   **324**

    LENGUA ESCRITA
    El yagé: Un misterio de la selva
    José Eustasio Rivera   **328**

    REPASO   **335**

Lección Dieciocho **336**

    LENGUA ORAL
    Primer puesto en Yanquilandia   **337**

    FUNDAMENTOS
    Usos especiales de los tiempos   **339**

    AMPLIACIÓN
    Otros usos especiales de los tiempos   **342**

    LENGUA ESCRITA
    El autómata suramericano
    Jairo Márquez   **346**

    REPASO   **354**

APPENDIX   *355*

SPANISH/ENGLISH VOCABULARY   *361*

ENGLISH/SPANISH VOCABULARY   *382*

INDEX   *390*

Preface

El español en síntesis is an advanced level grammar and composition text. Its basic objectives are: (1) to help students strengthen their command of Spanish grammar; (2) to create various controlled opportunities for oral and written expression on a relatively advanced level, and (3) to provide a guide for correct word usage.

A significant segment of Spanish grammar is presented in each lesson from two standpoints: as a field of meaning (how to express negation, emphasis, doubt, etc.), or as a grammatical area (uses of infinitives, past tenses, commands, etc.). For the sake of clarity, comments on differences between Spanish and English are added throughout the book.

Since advanced level students often come from different institutions and, at times, resume the study of Spanish after a lapse of one or more years, each grammatical section is divided into two parts: the first, called *Fundamentos,* contains review items, while the second, entitled *Ampliación,* introduces more advanced grammatical structures. All students are thus allowed to brush up what they might have forgotten, before dealing with new materials.

The grammatical discussion in *Ampliación* is in turn fragmented into short segments, each centered on matters that logically belong together, so as to make them readily understandable. Each segment is directly followed by an exercise for immediate practice and reinforcement.

Students are presented with two types of Spanish—colloquial and literary—in each lesson: an opening dialog, containing the grammatical points discussed in the lesson, and a literary or semi-literary selection by a Spanish or Latin American author. Both texts are accompanied by glosses, cultural notes, and a variety of exercises. The exercises progress from the question-answer type, through those calling for answers to broad questions, and culminate with exercises inviting creation along specified lines. Following each literary selection is an exercise based on a drawing related to one of the two texts. Whether done orally or in writing, the purpose of this exercise is to invite imaginative self-expression along familiar lines. Further opportunities for composition work are offered through the presentation of topics related to the texts and a set of sentences in English to be translated into Spanish. The latter serve to complement the comparative remarks included in the grammatical sections.

Three features round out each lesson: a *Comentario,* which contains brief remarks on key stylistic matters suggested by the literary selection; *Ideas afines,* which clarifies the meaning of various words and expressions usually confused by students, and finally, a *Repaso,* whose purpose is to review the basic grammatical points of each lesson. The exercise accompanying *Comentario* gives the student the opportunity to reproduce the style of the particular selection; the one accompanying *Ideas afines* tests the student's understanding of proper word choice, and those accompanying the *Repaso* test the student's mastery of the grammatical concepts just covered.

The book concludes with a list of the words and phrases discussed in the *Ideas afines* sections, a selective Spanish/English vocabulary, and a separate English/Spanish glossary. The student will find these helpful when doing many of the grammatical exercises.

Special attention has been paid to various linguistic levels throughout the text: literary, semi-literary, journalistic and colloquial; at times, some notes on localisms, incorrect usage and the use of anglicisms are included. *El español en síntesis* hopes to reflect the Spanish language of both Spain and Latin America as it actually exists, not as it "ought" to be.

E. N-S.
J. M. L.

El español
en síntesis

Lección uno

I. Lengua oral

UN ACCIDENTE EN LA CALLE ESTADO DE MADRID

(La Sra. García, el Sr. Rivas, un *anciano* y un muchacho de once años hablan con una señorita policía).

elderly gentleman

POLICÍA:	Háganme el favor de darme el *permiso de conducir* y dígame, señora, qué ha ocurrido.

driver's license

SEÑORA:	*Al doblar la esquina* este señor me ha dado un *golpazo* terrible *por venir* con tanta prisa, y me ha *roto* el *parachoques* de atrás, el *guardafango* y uno de los *faros*. *De venir yo* sin el *cinturón de seguridad puesto*, estaría muerta sobre el *volante*. ¡Dios mío!

When I turned the corner / blow / because he was coming broken / rear bumper fender / lights / If I had come / safety belt on

steering wheel

POLICÍA:	¿A qué velocidad venía Ud.?
SEÑOR:	Me es imposible decirle con exactitud, pero era una velocidad . . . razonable.
POLICÍA:	*El decirlo Ud.* así . . . no me convence. Exactamente, ¿a qué velocidad?

Your saying it

SEÑOR:	La velocidad exacta . . . es muy difícil *de calcular* dentro de la ciudad. Pues, . . . cincuenta.

to calculate

POLICÍA:	Pero, ¿no sabe Ud. que en esta zona la velocidad máxima es cuarenta?
SEÑOR:	Pues, entonces . . . cuarenta.
POLICÍA:	Y usted, señor, (*dirigiéndose al anciano*), ¿tiene Ud. algo que decir?
ANCIANO:	Este joven es muy conocido. Todas las tardes *se le ve pasar* casi volando. Yo no entiendo a los jóvenes. ¡Para qué *tanto correr*!

we see him pass by (*literally:* he is seen passing by) / such haste

MUCHACHO:	Yo también lo vi *correr*.

speeding (*literally:* running)

SEÑOR:	Tú, ¡*a callar*! ¿Quién *te manda hablar*?

keep quiet! / is asking you

MUCHACHO:	¡Lo puedo *comprobar*! Miren la *huella de los neumáticos*, *ahí* no más.

tire tracks / right there

SEÑORA:	¡*Ver para creer*!

Seeing is believing!

SEÑOR:	Ud. redujo la velocidad cuando menos lo esperaba y, ¡claro! me hizo *frenar* sin darme tiempo . . . y *choqué* con su auto.

put on the brakes

collided

SEÑORA:	¡Mi lindo auto! ¡Mire las *abolladuras*! (La señora *se echa a* llorar).

dents

starts

SEÑOR:	¡Con *lloriquear* no ganamos nada! Ya le he dicho que tengo un *seguro* contra accidentes.	whimpering / insurance policy
POLICÍA:	*Firme* Ud. aquí y *quédese con* la copia. Con este documento *se le pide a Ud. venir* al *juzgado.* Y a usted también, señora. Ahora, *a no mover* los coches, porque necesito *sacar* fotos.	Sign / keep / you are summoned / court / do not move / take
SEÑOR:	¡*Tener yo que aguantar* todo esto! ¡*Demonios*!	Me having to put up with / Good gosh!

Nota cultural

Women policemen can now be seen in several of the larger Hispanic nations. In the more advanced nations, women have entered many of the professions formerly considered the special fields of men. That is why new words have appeared: **arquitecta, doctora (médica), ingeniera, gobernanta,** etc.

Ejercicios

A. *Reconstrucción.*

1. ¿Dónde ocurrió el accidente? *en la calle estado de Madrid*
2. ¿Qué les pidió la señorita policía al Sr. Rivas y a la Sra. García? *pidió el permiso de conducir*
3. ¿A qué velocidad venía el Sr. Rivas, según la víctima? *50*
4. ¿Cree Ud. que el Sr. Rivas estaba diciendo la verdad? ¿Por qué (no)? *cambió el*
5. ¿Qué veía el anciano todas las tardes? *se le va pasar casi volando número*
6. ¿A quiénes no entendía el anciano? *no entendía a los jóvenes*
7. ¿Qué indicó el muchacho? *indicó la huella de los neumáticos.*
8. ¿Qué dijo la señora de su auto? *Tiene abolladuras*
9. ¿Qué tenía el Sr. Rivas para accidentes como el suyo? *tenía un seguro*
10. ¿Por qué dijo la señorita policía «no mover los coches»? *sacar fotos*

B. *Creación personal. Haga Ud. frases con las palabras indicadas.*

1. el Sr. Rivas, la Sra. García, la señorita policía
2. los parachoques, el guardafango, los faros
3. cuarenta kilómetros, la velocidad máxima, la ciudad
4. las huellas, los neumáticos, la calle
5. reducir la velocidad, frenar, chocar
6. firmar, el documento, el juzgado *court*
7. mover, los coches, las fotos
8. el joven, todas las tardes, pasar volando

C. Expresión libre.

1. ¿Por qué son necesarios los (las) policías del tráfico?
2. Hablando en general de los Estados Unidos, ¿cuál es la velocidad máxima en el centro de la ciudad?
3. ¿Cuál es la causa principal de los accidentes?
4. ¿Qué es necesario hacer después de tener un accidente?
5. ¿Cree Ud. que hay una estación del año cuando ocurren más accidentes de lo normal?

II. *Formas y estructuras*

A. FUNDAMENTOS
Usos del infinitivo

The infinitive is the "name" of a verb. It expresses an action abstractly, without linking it to a subject. One cannot say, for example, "I to eat" or "You to eat."

Recall that the most common uses of the infinitive are the following.

1. It is used after prepositions, both simple and compound: **a, con, de, en, para, por,** and **sin; antes de** (*before*), **después de** (*after*), **a pesar de** (*in spite of*), **en vez de** (*instead of*), etc.

Lo hizo **sin chistar.**	He did it **without saying a word.**
Vuelva Ud. **después de ir** al juzgado.	Come back **after going** to court.

2. It is employed in sentences containing two verbs governed by the same subject:

Francamente, **no** le **puedo decir** con exactitud.	Frankly, **I cannot tell** you exactly.

NOTE: The subject of the two verbs is the same: Who cannot? *I*; Who tells? *I*.

3. The infinitive is used after **al** to express the coincidence of two actions:

Al doblar la esquina, me dio un golpazo terrible.	**When I was (On) turning** the corner he gave me an awful blow.

4. It is also used as a verbal noun, with or without the definite article. Such a noun may be employed with an adjective:

El viajar es siempre educativo.

Travelling is always instructive.

Decirlo es más fácil que **hacerlo**.

Saying it is easier than *doing it. (It is easier said than done.)*

¿Para qué tanto **correr**?

Why so much haste?

Ejercicio

Traduzca las palabras entre paréntesis.

1. Firmó el documento (*without saying a word*). *sin chistar*
2. (*On turning the corner*) me dio un golpazo. *al doblar*
3. (*Studying*) es a veces muy difícil. *estudiar*
4. Léalo (*before signing*). *antes de firmar*
5. No tendrás postre (*for speaking that way*) a tu mamá. *para hablar*
6. La Sra. García dijo: (*Seeing is believing*). *ver para creer*
7. ¡Para qué (*so much talking*)! *tanto hablar*
8. Quiero hablar con Ud. (*after eating breakfast*). *después de desayunar*
9. No nos habló en español (*in spite of knowing*) nuestra lengua muy bien.
10. Se puso a mirar la televisión (*instead of reading*) el periódico. *en vez de leer*

B. AMPLIACIÓN

1. Verbs of command, request, permission, or advice with the infinitive. The infinitive is used with verbs such as **permitir, prohibir, aconsejar, mandar, ordenar, pedir,** etc. (a) If the speaker focuses on the performer of the action, the subjunctive is required. However, (b) if the action itself is uppermost in the speaker's mind, the infinitive is preferred. Compare:

(a) Le mandaron **que se pusiera** ropa más decente.

They ordered him to put on more decent clothes.

(b) Le mandaron **presentarse** en el juzgado.

They ordered him to appear in court.

In (a) the conjugated form **se pusiera** implies a subject (**él**); in (b) the subject is less important than the action (**presentarse**).

2. Impersonal expressions with the infinitive. The same double choice is possible with expressions such as **es conveniente / indispensable / necesario / posible / probable / recomendable,** etc.

(*a*) With the subjunctive:

> Es imposible **que ellos salgan** a veranear sin dinero.

> *It is impossible for them to go on a summer vacation without money.*

(*b*) With an infinitive:

> **Les** es imposible **salir** a veranear sin dinero.

> *It is impossible for them to go on a summer vacation without money.*

Although the English translation is the same, in (b) the subject has been reduced to an unstressed object pronoun (**Les**).

Ejercicio

Llene Ud. los espacios en blanco con dos construcciones verbales, una en subjuntivo y otra con infinitivo. Use Ud. la forma apropiada del verbo utilizado en la primera oración. Siga el modelo.

MODELO: —*Salgo a las diez.*
  —*Es mejor (a)* que salgas *más temprano; (b)* salir *más temprano.*

1. —Iré rápidamente. —No. Te mando (*a*) que vaya sin prisa; (*b*) ir sin prisa.
2. —Voy con ellos. —Te prohibo (*a*) que vayas con ellos; (*b*) ir con ellos.
3. —Salgo de todos modos. —Te aconsejo (*a*) que salgas antes de las seis; (*b*) salir antes de las seis.
4. —Me desayunaré primero. —Le recomiendo (*a*) que desayune en el aeropuerto; (*b*) desayunar en el aeropuerto.
5. —¿Llegaremos a tiempo? —Será imposible (*a*) que lleguemos a tiempo; (*b*) llegar a tiempo.
6. —¿Traigo mi coche? —Sí. Es necesario (*a*) que traigas tu coche; (*b*) traer tu coche.
7. —Ese señor ha ofendido a los abuelos. —Yo no permitiré a nadie (*a*) que ofenda a los abuelos; (*b*) ofender a los abuelos.
8. —¿Les pido perdón? —Sí. Es indispensable (*a*) que pida ahora mismo; (*b*) pedir ahora mismo.
9. —Voy a manejar hoy. —Como hay tanto tráfico, es necesario (*a*) que maneje con cuidado; (*b*) _____ con cuidado.
10. —Les escribo unas letras, nada más. —No. Te mando (*a*) que escribas más; (*b*) escribir más.

3. *The causative construction.* The infinitive is used with the verbs **hacer** or **mandar** to express the idea of causing something to be done.

(*a*) If the sentence tells who is made to do something, the word order is similar to the English:

Me hizo frenar.	*She made me put on the brakes.*
Le mandó marcharse.	*She ordered him to leave.*

(*b*) If the construction includes a direct object noun the word order must be: *main verb + infinitive + direct object.* Observe that in English the sentence structure differs from the Spanish.

Mandaré sacar fotos.	*I will order photos to be taken.*
Hizo llamar a la ambulancia.	*She had the ambulance called.*

Ejercicio

Use Ud. la construcción causativa con hacer. Importante: algunas oraciones piden el presente, otras, el pasado y otras, el futuro.

MODELO: *(to sing) Mañana ellos me __harán__ __cantar__ en español.*

1. (ir) Anteayer el policía le _hizo_ _ir_ al juzgado.
2. (chocar) Ayer un peatón me _hizo_ _chocar_ con un autobús.
3. (salir) El sábado pasado el dueño nos _hizo_ _salir_ el (del) apartamento.
4. (trabajar) Ese muchacho no quiere hacer nada, pero sus padres le _hacen_ _trabajar_ todos los días.
5. (lavar) El sábado que viene mi padre me _hará_ _lavar_ las paredes de la cocina.
6. (decir) Mañana la maestra le _hará_ _decir_ la verdad.
7. (firmar) Después del accidente, la policía me _hizo_ _firmar_ un documento.
8. (estudiar) El verano próximo sus tíos le _harán_ _estudiar_ con un profesor particular.
9. (comer) Sufre del estómago. Por eso, su madre nunca le _hace_ _comer_ patatas fritas.
10. (bañarse) Todos los días sus padres le _hacen_ _bañarme_.

4. *Verbs of perception with infinitives.* In the *active voice* a verb of perception such as **ver** or **oír** is followed by an infinitive, just as in English:

Le **oyeron decir** eso.	*They heard him say that.*

If this construction is changed to the *passive voice* then Spanish requires the use of the **se** construction. Let us compare:

ACTIVE VOICE	PASSIVE VOICE
Le oyó cantar (*or* Le oyeron cantar). *He heard (They heard) him sing.*	Se le oyó cantar. *He was heard singing.*
Les vimos bailar (*or:* Les vieron bailar). *We saw (They saw) them dance.*	Se les vio bailar. *They were seen dancing.*
Siempre le ve (ven) pasar por aquí casi volando.	*He is always seen passing by (as if he were) flying.*

The complete series is as follows: **se me, se te, se le (se la), se nos, se os, se les (se las).**

Ejercicio

Termine las oraciones usando los verbos ver *y* oír. *Siga el modelo.*

MODELO: *Salí a las nueve. Ella. . . (ver)*
         Ella me vio salir a las nueve.

1. Yo canté «La cucaracha». Ella. . . (*oír*) *me oyó cantar*
2. Uds. entraron en el garaje. Ella. . . (*ver*) *les vio entraron*
3. Tú caminabas por la calle. Ella. . . (*ver*) *te vio caminar*
4. Yo hablé con un policía. Ella. . . (*oír*) *me oyó hablar*
5. Tú chocaste con un camión. Ella. . . (*ver*) *te vio chocar con*

Ejercicio

Cambie las oraciones según el modelo.

MODELO: *(Voz activa) La oyó gritar.* *shouting* *I heard her shouting*
         (Voz pasiva) Se la oyó gritar. *She was heard shouting*

1. Le vio (a él) hacer tonterías. *foolish things* — *Se le vio*
2. La oyó (a ella) llamar al cartero. *mailman* *Se la oyó llamar*
3. Le vi (a Ud.) caminar por el parque. *Se le vi a Ud. caminar*
4. Te oí decir palabras feas. *I heard you say — words*
5. Me oyó llamar a la policía. *He heard me call the police*
         Se me oyó llamar a la policía

5. *Infinitives in questions or exclamations.* This construction is often used to express a critical or negative intent. Since an infinitive carries no reference to a person, normally a subject pronoun is included to make the sense clear.

¡**Tener yo** que aguantar todo esto!   *(Imagine) me having to put up with all this!*

¡**Venir ella** a estas horas!   *(Can you imagine) her coming at this unusual hour!*

NOTE: In English one employs a gerund (*having, coming*) where Spanish requires an infinitive.

Ejercicio

Exprese Ud. ideas negativas empleando infinitivos en exclamaciones o preguntas. Siga el modelo.

MODELO: *Él entrará en la diplomacia.*
         ¿Entrar él en la diplomacia?

1. Pida Ud. dinero al banco.
    ¿..........? *¿Pedir yo dinero al banco*
2. Llame Ud. a la vecina.
    ¿..........? *Llamar ud ...*
3. Ellos darán dinero a los pobres.
    ¿..........? *Dar ellos dinero ..*
4. Ella comprará un vestido nuevo. *¿Comprar ella un vestido*
    ¿..........?
5. Él estudiará en la universidad.
    ¿..........? *¿Estudiar él en la universidad?*

6. *Verbs of "beginning" followed by infinitives.* The two most common constructions in this group are *comenzar a + inf.* and *empezar a + inf.* Another, slightly more learned construction is ***principiar a + inf.*** Study now the following, more specialized constructions:

(a) echar a + inf., used to dramatize the beginning of an action that has no emotional overtones. This construction is most frequently used with verbs of motion.

Echó a correr (andar).   *He began to run (walk).*

(b) echarse a + inf., used to refer to the beginning of an action that has emotional implications.

Se echó a llorar.   *She began to cry.*

(c) *darse a* + *inf.,* used to refer to the beginning of an action that has become habitual or reprehensible.

Se dio a beber.　　　　　　　　*He began to drink (heavily).*

NOTE: The verb **iniciar** also means *to begin.* However, it is always used with a noun: Iniciaron una gran reforma. *They started a sweeping reform.*

Ejercicio

Use Ud. un verbo en el pretérito para expresar el comienzo de una acción.

MODELO: *ellos / bailar*
　　　　Ellos empezaron (comenzaron) a bailar.

1. los ladrones / correr　*echaron a correr*
2. la señorita / reír　*se echó a reír*
3. ese muchacho / usar drogas　*se dio a usar drogas*
4. la nieve / caer　*echó a caer*
5. el estudiante / un movimiento de protesta　*empezó*

7. *Infinitives preceded by a.* This construction is frequently used when giving an order, particularly to a group of persons. The introductory **a** is at times omitted.

¡A callar!　　　　　　　　*Keep quiet!*

¡Callar y comer!　　　　　　*Keep silent and eat!*

8. *Adjectival phrases with infinitives.*

(*a*) Infinitives are frequently used in constructions incorporating an adjective and the preposition **de.**

Ése es un asunto muy **fácil** *That is a question that is easy*
(**difícil**) **de juzgar.** *(difficult) to judge.*

Fue algo **imposible de des-** *It was something impossible*
cribir. *to describe.*

(*b*) Infinitives are also used in adjectival phrases constructed with the preposition **de.** In many cases the noun + phrase combination becomes a single unit of thought.

Déme su **carnet (permiso)** *Give me your driver's license.*
de conducir.

Te gusta la **goma de mascar**, ¿verdad?	*You like **chewing gum**, don't you?*
Necesito mi **máquina de escribir**.	*I need my **typewriter**.*

Other examples: **caña de pescar** (*fishing rod*), **goma de borrar** (*eraser*), **máquina de coser** (*sewing machine*), **maquinilla de afeitar** (*shaver*), **máquina de lavar** (*washer*), **papel de envolver** (*wrapping paper*), **papel de escribir** (*writing paper*), **ropa de dormir** (*nightclothes*) etc.

Ejercicio

Llene Ud. los espacios en blanco con las palabras que pide el sentido.

1. Voy a escribir una carta. Necesito una pluma, un sobre y ___ mi papel de escribir
2. No puedo lavar mi ropa porque está descompuesta la ___ máquina de coser
3. No pude afeitarme porque olvidé mi ___ maquinilla de afeitar
4. Para poder conducir Ud. necesita un ___ permiso de conducir
5. Quiero borrar estos errores. Dame la ___ goma de borrar
6. Voy a coser mis pantalones. ¿Me prestas tu ___ máquina de coser ?
7. Quiero envolver el paquete bien. ¿Dónde hay ___ papel ? de envolver
8. No encuentro mi pijama. ¿Dónde has puesto la ropa ___ de ? dormir

9. *Idiomatic constructions with infinitives.* Spanish employs several constructions combining a preposition and an infinitive, such as:

(*a*) *con + inf.*, to point out the way in which something can be achieved.

Con callarse Ud., no habría problemas.	*By just **keeping quiet** (If you would just keep quiet), there would be no problems.*
Con venir a la hora exacta se evitarán esas equivocaciones.	*By (just) **coming** at the exact hour all those mistakes will be avoided.*

(*b*) *de + inf.*, to express a supposition.

De venir yo sin el cinturón de seguridad puesto, habría muerto.	*If I had **come** without the safety belt on, I would have died.*

NOTE: A subject pronoun may be used after the infinitive. *De + inf.* or *con + inf.* are colloquialisms.

Ejercicio

Dé Ud. un equivalente de cada una de las siguientes construcciones, usando con + *inf.,* de + *inf. o* por + *inf. Siga el modelo.*

MODELO: Está cansado <u>porque ha corrido</u> demasiado.
Está cansado *por correr* demasiado.

1. *Si yo hubiera sabido* eso, le habría llamado.
2. *Pagando Ud.* las deudas se resolverá todo.
3. *Si no estuviera* tan cansado, iría contigo.
4. Lo dije *porque sé* que es Ud. quien ha pagado sus deudas.
5. *Si fuera yo más joven,* habría aceptado.

III. *Lengua escrita*

Un enigma: la increíble diferencia entre la cortesía del español visto en una reunión y la que muestra en la calle. El mismo individuo* que *se inclina* galantemente a besar las manos de las señoras,* que se levanta *apenas* entra alguien, que ofrece su casa, que *se desvive* por *atender** y *complacer, resulta* fuera un *ser cerrado,* que trata a los demás que *comparten* el mundo como enemigos. [bows / as soon as / makes a great effort to be of service / to please / turns out to be unfriendly person / share]

Choca a menudo sin pedir perdón. Si en el *metro* se lamenta alguien de que *está apretado,* le dirá que «¡tome un taxi!»; si *adelanta* otro coche* por *la parte prohibida a riesgo de* matarse, insulta y es insultado. Todos los hombres son sus enemigos, e incluso* *las mujeres al volante,* oyen del caballero* anterior *malévolas alusiones* a su capacidad mecánica. A veces ocurre que, *tras* uno de esos incidentes, los protagonistas se reconocen y, como por arte de magia, *surge* la sonrisa, el grito amable. —¡Pero, hombre, *si* eres tú! ¡*Haberlo dicho!* [He bumps (into people) / subway / is being crushed / passes (him) / on the wrong side of the street / at the risk of / women drivers / nasty remarks / after / breaks out / why / Why didn't you say so!]

Ya está en el círculo mágico, ya es un amigo. Al desconocido no se le podía perdonar nada, *ni siquiera* la *equivocación** *de buena fe;* al amigo se le perdona todo. Para eso es amigo, ¡*caramba*! [not even honest mistake / what the heck!]

> Fernando Díaz Plaja, *El español y los siete pecados capitales* (Madrid: 1966)

---

* An asterisk after a word in the **Lengua escrita** section indicates that it will be discussed in the following **Ideas afines** section.

COMENTARIO

1. Select words. In literary Spanish wordy constructions and colloquialisms are avoided. Compare:

EVERYDAY LANGUAGE	LITERARY LANGUAGE
Hace un gran esfuerzo por **agradar.**	**Se desvive** por **complacer.**
Aparece una sonrisa.	**Surge** una sonrisa.

The verb **desvivirse** conveys the idea of effort, with the dramatic implications added by the contrast implied in **des-vivirse,** to sacrifice one's life. Similarly, *surgir* implies suddenness and upsurging. The mastery of less common words can give variety and greater significance to what you write.

2. Position of subject and verb. The most common word order in Spanish is: *subject + verb + phrase or clause.* There are important deviations from this rule, especially in written Spanish.

(a) In adverb clauses (including if-clauses) the subject–verb order is usually reversed. Compare with the English word order:

Cuando **entra una señora.** . .	*When a lady enters.* . .
Si en el metro **se lamenta alguien.** . .	*If in the subway someone complains.* . .
Si **adelanta** otro **coche.** . .	*If another car passes him.* . .

(b) A similar change in word order is also common, though not obligatory, when the sentence begins with a phrase. Again compare with the English word order:

Como por arte de magia, **surge la sonrisa.**	*As if by magic (art) a smile breaks out.*

Whether or not a writer inverts the word order depends to a large extent on the word order of preceding and following sentences. Writers try to avoid excessive similarity in sentence structure.

3. Appropriate language. When authors intend to reflect the actual speech of their characters they may purposely employ colloquialisms, if this is the language befitting a particular character. Examples:

—¡Pero, hombre, **si** eres tú!	*Man alive, it's you! (Why, it's you!)*
—¡Haberlo dicho!	*Why didn't you say so!*

The unstressed **si** in the first sentence is common in oral Spanish as a reinforcing word. The closest English equivalent is the expletive

Why, . . . ! At times it is best translated by indicating emphasis through underlining. The second example (**¡Haberlo dicho!**) is elliptical, i.e., it is part of a longer statement, something like **Es imposible concebir el no haberlo dicho.** It is extremely important not to use colloquialisms where they do not belong and, vice versa, to use them where they are warranted.

IV. Ideas afines

1. **señora—señorita—dama.** The noun **señora** refers, in most cases, to a woman who is thought to be a married woman. **Señorita,** like **señora,** precedes a family name (**la señora García, la señorita Millán**), but it can also be used with a first name, if slightly lesser formality permits it:

> **Hable Ud. con la señora (señorita) Rosa.**

The noun **dama** has very restricted meanings: it may refer to a distinguished, well-dressed lady or to an actress (**primera dama** is equivalent to *leading lady*). At present, **dama** and **caballero** are labels for the female and male sexes:

> **Las primeras filas están reservadas para damas y caballeros que son miembros del Club.**

2. **señor—señorito—caballero—individuo—tío.** **Señor** refers to a man, young or old. **Señorito** is used in Spain by servants when they refer to the younger, unmarried male members of the family. It is never used in Latin America. **Caballero,** usually used to mean *gentleman,* is employed jokingly by young persons when they refer to their fathers, with the meaning that *the governor* has in British English. **Señor** may have a negative connotation, depending on one's intonation:

> **Y ese señor, ¿qué quiere?**

Even less complimentary is **individuo:**

> **Es un individuo desagradable.**

The most disrespectful of all is **tío:**

> **¿Qué busca ese tío?**   *What is that guy looking for?*

NOTE: *Ladies and gentlemen* (in an address): **Señores y señoras.**

3. **incluso—incluido. Incluso** is an adverb and must never be used in the plural or as a feminine word, even when it precedes a noun:

Todos los hombres son sus enemigos, incluso las mujeres.

Incluido, -a functions as an adjective and must, therefore, agree with the noun it refers to:

¿El precio? Ciento cincuenta y cinco pesos, incluidas las propinas.

4. **error, equivocación—falta.** The difference between the first two words is one of degree: **error** implies a more serious mistake than **equivocación**. The latter is used primarily to imply confusing one thing with another:

Fuimos a las siete y no a las seis por equivocación mía.	*We went at seven and not at six due to an error (confusion) on my part.*

Falta means a mistake in writing and also a misdeed:

En tu composición hay muchas faltas. ¿Cuándo vas a enmendar tus faltas (*mend your ways*)?

5. **atender.** This verb has several meanings:

(*a*) to make someone comfortable:

Atiende muy bien a los invitados.	*She is very solicitous with the guests.*

(*b*) to wait on someone:

Señorita, ¿la atienden?	*Miss, is anyone waiting on you?*

(*c*) Followed by **a**, **atender** means *to pay attention to:*

No atiende a lo que le dicen.	*He pays no attention to what he is told.*

NOTE: **atender** is never used to mean *to attend (be present at)*; the correct word is **asistir:**

¿Por qué no asistes a tus clases?	*Why don't you attend your classes?*

6. **coche—auto.** In Spain the usual word for *car* is **coche,** even though originally this noun referred to a two or four-wheel vehicle

drawn by horses. In Latin America the more common word is **au-to(móvil)**, except in countries that are near the United States (like Cuba or Mexico), where the Anglicism **carro** has almost totally replaced the other two nouns.

Ejercicio

Llene cada espacio en blanco con la traducción correcta de las palabras entre paréntesis.

1. (*errors*) En tus cuentas he hallado tres _errores_ .
2. (*mistakes*) Tu carta está llena de _fallas_ .
3. (*Ladies and gentlemen*) _señoras_ , es un gran honor estar aquí con Uds.
4. (*errors*) Estoy arrepentido. Voy a confesar mis _errores_ . _(pecados)_
5. (*man*) Ese _individuo_ es un mal educado.
6. (*guy*) Ese _tío_ es un mal educado.
7. (*cars*) Nosotros los españoles tenemos una fábrica de _coches_ .
8. (*to pay attention to*) Cuando Jorge está en clase no _atiende_ a lo que dice el maestro.
9. (*to wait on*) Perdone Ud., tengo que _atender_ al público.
10. (*including*) Invitamos a todo el mundo, _incluso_ los niños.
11. (*ladies*) Ella es una de las _damas_ más distinguidas de la sociedad madrileña.
12. (*included*) Son $13.50, _incluidos_ los cocteles.
13. (*gentleman*) En todo momento debes conducirte como un _____ .
14. (*mistake*) No tratarla con deferencia fue un grave _error_ .
15. (*individual*) Es un _individuo_ un poco raro.

V. *Elementos de composición*

A. *Exprese las siguientes oraciones en español, consultando la lectura en caso de ser necesario.*

1. He is the fellow who kisses the ladies' hand with (real) gallantry.
2. They are making a special effort to be nice.
3. Why do you drive at the risk of killing yourself?
4. His father doesn't forgive even an honest mistake.
5. He complains in the subway because he is being crushed.
6. He makes sarcastic remarks about her mechanical ability.
7. When they recognize each other a friendly smile breaks out.
8. Man alive, it's YOU! *¡Pero, hombre, si eres tú!*

B. Escriba Ud. una o dos oraciones incorporando cada uno de los siguientes pares de palabras o frases.

1. reunión social; besar la mano
2. ayudar; desvivirse por
3. chocar; pedir perdón
4. insultar; ser insultado
5. reconocerse; sonrisa

C. Escriba oraciones originales incorporando las siguientes construcciones y frases. (If necessary, reexamine the models given in Part II, Formas y estructuras).

1. el vivir
2. ver llorar
3. *por + infinitivo*
4. echar a
5. *exclamación con infinitivo + sujeto*
6. hacer reír

D. Diga Ud. qué están haciendo los invitados.

VI. Repaso

A. Complete Ud. las siguientes oraciones empleando construcciones con infinitivos para expresar las ideas sugeridas entre paréntesis.

1. (ir con tanta prisa) ¡Para qué _____ !
2. (hacer un viaje) Creo que _____ es siempre valioso.
3. (ir de vacaciones en verano) Nos será imposible _____ en esa playa.
4. (mandar pintar) El mes pasado ellos me _____ la casa.
5. (comenzar a) Cuando me vio, _____ correr.
6. (¡cállense!) Niños, ¡ _____ !
7. (Si usted dice) _____ la verdad se aclarará todo eso.
8. (Si yo lo hubiera sabido) _____, no le habría ayudado.
9. (porque eres) Te van a castigar _____ perezoso.
10. (comenzar a) Hace años que él _____ beber.
11. (hablar de ello) Hacerlo es más difícil que _____ .
12. (porque no tenía) No pude ir al teatro _____ dinero.

B. Llene Ud. los espacios en blanco con las palabras más apropiadas.

1. (a) ¡Qué feo es siempre andar masticando! ¿Por qué compras _____ ?
   (b) Antes de empezar a conducir, debo obtener un _____ .
   (c) No escriba la carta a mano; use su _____ .

2. (a) Me he confundido de hora. Ha sido una pequeña _____ .
   (b) ¡Qué golpazo! Por suerte venía yo con el _____ puesto.
   (c) Cuando se reconocen, inmediatamente _____ una sonrisa.

Lección dos

I. Lengua oral

UN RETRASO

Ya hace más de una hora que los pasajeros están sentados
en el avión y todavía no *despega*. Un señor corpulento y   take off
pálido *desabrocha* el cinturón de seguridad y se pone de pie.   unbuckle
Se dirige a una *azafata* que pasa con una bandeja de   stewardess
cocteles.

PASAJERO: Mire, señorita, hace más de diez años que hago
el mismo viaje, cada mes, y jamás he visto un
retraso tan largo ni tan inexplicado. Supongo
que el piloto no quiere darse la molestia de
decirnos qué diablos está sucediendo, pero yo
le aseguro que no me conformo.

AZAFATA: Señor, por favor, tranquilícese. No es que el
capitán no quiera darles una explicación, sino
que él mismo no sabe cómo solucionar el
problema. Parece que no funciona la radio
y. . .

PASAJERO: ¡Qué radio ni qué ocho cuartos! Este avión no
necesita radio; lo que hace falta es un piloto
que sepa manejar esta condenada máquina sin   condemned,
perder tiempo en tonterías.   damned

AZAFATA: Señor, lo comprendo perfectamente, pero
necesitamos cumplir con las leyes federales.
Además, nos preocupamos mucho por la
seguridad de los pasajeros, y sin la radio, no la
podemos garantizar. Si usted prefiere, le
puedo *facilitar* el *reembolso* del billete, y así   arrange / refund
puede usted buscar una solución más con-
veniente.

PASAJERO: ¡Ni que fuera el fin del mundo! ¡Ejem! Me
quedo con los demás. . . .Conque no podemos
despegar sin la radio, ¿eh?   start

AZAFATA: Eso es, señor.

PASAJERO: ¿Y con la radio, sí?

AZAFATA: Con la radio sí, señor.

PASAJERO: Pues, entonces dejémonos de estupideces; yo
soy experto en reparación de radios. Ábra-
me paso; yo le voy a enseñar a ese grupo de
incompetentes cómo se hace funcionar la
dichosa radio.   blessed (ironic)

AZAFATA: (en voz baja) Dios nos proteja. (en voz alta) *God protect us?* Seguramente está usted bien preparado, y se lo agradecemos sinceramente, pero ya tenemos un equipo de especialistas, . . .pero ¿qué tiene usted en el *maletín*?   briefcase

PASAJERO: Aquí tengo todas las herramientas *tools* necesarias para reparar cualquier radio.

AZAFATA: Pero ¿cómo le dejaron pasar por el puesto de seguridad con tantas cosas sospechosas?

PASAJERO: (*guiñándole un ojo*) Como le decía, soy experto   winking en estas cuestiones.

AZAFATA: Oiga, señor, . . . ¿es usted un terrorista?

PASAJERO: (*en un tono confidencial*) No se lo diga a nadie; soy un agente secreto, en misión confidencial.

AZAFATA: (*en voz baja*) Este *tipo* está loco.   guy

PASAJERO: Vamos, déjeme pasar. Yo arreglaré la radio.

AZAFATA: Por favor, señor, no se permite a ningún pasajero. . .

PILOTO: Señores pasajeros, les pedimos disculpas *forgiveness* por el retraso; *delay* ya hemos resuelto el problema y *take off* vamos a despegar inmediatamente. Hagan el favor de abrocharse el cinturón. . .

PASAJERO: Pues ¡ya es hora! Pero no se olvide, si *se descompone* otra cosa. . .   breaks

Nota cultural

1. **Azafata** is an old word, originally meaning a lady in waiting who dressed and tended to a queen or empress. The word had all but disappeared from Spanish until the need to describe the female attendants on commercial airliners caused it to be resurrected. Before **azafata** came to be used, other words were tried, and one still hears **aeromoza** (and **aeromozo**).

Ejercicios

A. Reconstrucción.

1. ¿Cuánto tiempo llevan los pasajeros esperando que salga el avión?
2. ¿Qué es lo que el pasajero no acepta?
3. ¿Cómo reacciona la azafata ante el pasajero abusivo?
4. ¿Qué solución ofrece la azafata al pasajero?

5. ¿En qué es experto el pasajero?
6. ¿Qué tiene en el maletín?
7. ¿Qué le confía el pasajero a la azafata?
8. ¿Qué piensa la azafata del pasajero?
9. ¿Por qué no puede realizar él las reparaciones proyectadas?

B. *Creación personal. Haga Ud. frases con las palabras indicadas.*

1. el cinturón, abrochar, seguridad
2. el experto, reparar, electrónica
3. la azafata, la bandeja, andar
4. ¡ni que fuera el fin del mundo!, no ir a
5. la necesidad, cumplir, leyes
6. el retraso, inexplicable, comprender
7. el capitán, solucionar, capacitado
8. la azafata, tranquilizar, explicación
9. preferir, el reembolso, billete
10. la azafata, preocuparse por, pasajeros

C. *Expresión libre.*

1. En situaciones parecidas, ¿se pone Ud. tan impaciente como el pasajero del diálogo? ¿Por qué?
2. ¿Por qué no salen los aviones a tiempo?
3. ¿Es más fácil de soportar un retraso, si se le explica el problema al pasajero? ¿Por qué?
4. ¿Qué medidas de seguridad toman las líneas aéreas?
5. ¿Qué objetos están prohibidos en los aviones?
6. ¿Qué deben hacer los pasajeros en casos de urgencia?

II. Formas y estructuras

A. FUNDAMENTOS
La negación

Negation, in both English and Spanish, is a GRAMMATICAL and a SEMANTIC concept. That is, negation involves certain constructions that are necessary to make correct sentences, and also a set of ideas that are represented by individual words, phrases, or entire sentences.

1. In both Spanish and English it is possible to individually negate parts of a sentence, such as words or phrases. In English this is done with the words *no* and *not*: I do *not* know the answer. There is *no* easy way out.

2. In simple negation, there is no equivalent in Spanish for *do(es) not*: **no** alone is used. Thus, to negate a verb, one places **no** immediately before it. The only words that may come between **no** and the verb are object pronouns. If there is an auxiliary verb **(haber, estar,** or **ser), no** comes before the entire verb phrase.

> **No** lo está estudiando ahora.   *He/She is **not** studying it now.*

3. **No** may also be used to negate adverbs and adjectives, and it is generally placed before the word to be negated.

> una situación **no** estudiada   *a situation **not** studied (**no** modifies **estudiada**)*

> un coche **no** muy elegante   *a **not** very elegant car (**no** modifies **muy**)*

When **no** is used with an adverb that modifies the action of the verb, it usually comes before the verb:

> **No** te preocupes tanto.   ***Don't** worry so much.*

Ejercicio

Convierta cada oración en una frase negativa, insertando *no* en el lugar apropiado.

1. Recibimos el periódico de la mañana.
2. Vi el cartel político en la pared.
3. Juan José está jugando con su hermanito.
4. A Mariana le gustan los juguetes mecánicos.
5. Margarita pidió un refresco.
6. Salga Ud. por esa puerta.
7. Es necesario tomar otro vuelo.
8. El jefe lo ha dicho.
9. Cambian la película mañana.
10. Por ahí se ve mucha gente esperando.

B. AMPLIACIÓN

1. *Negation using* **no.** As in English, Spanish **no** may be used as a simple response to a direct question. However, **no** is also used in more complex constructions.

(*a*)   To indirectly quote negation, one uses **que no** (the corresponding **que sí** is used to indirectly quote affirmation):

—¿Quieres ir conmigo?	*Do you want to go with me?*
—No.	*No.*
Me dijo **que no.**	*He said **no.***
Creo **que no.**	*I **don't** believe so.*

(*b*)   When used with adverbs such as **todavía, ya, ahora,** etc., **no** usually follows them.

todavía **no**	*not yet*
ya **no**	*not any more*

(*c*)   When used to negate individual nouns, **no** may be placed before or after the word. When placed before, it implies that the opposite may be true of the rest.

—¿Van todos?—**No** los Jiménez.	*(not the Jiménez, but maybe everybody else is going)*
—¿Van todos?—Los Jiménez, **no.**	*(they aren't going; does not strongly imply that anybody else is going)*

(*d*)   **a que no** is a colloquial expression used to introduce a dare or challenge. The answer (if the challenge is accepted) is **a que sí.**

¡**A que no puedes** contestar esta pregunta!	*I bet you can't answer this question!*

(*e*)   In some regions (found for example in Mexico and southwestern United States) **no más** is used colloquially to mean **only.**

No más quería hablar con el capitán.	*I only wanted to talk to the captain.*

Ejercicios

A. Haga una nueva oración, negando la parte subrayada.

1. <u>Ha dicho</u> sólo la verdad.
2. Ha dicho <u>sólo</u> la verdad.
3. <u>Queremos</u> ir a la playa mañana.

B. Conteste negativamente usando las palabras entre paréntesis. Siga el modelo.

MODELO: *¿Es muy caro este volumen? (creo que)*
Creo que no.

1. ¿Es muy caro este volumen? (éste)   éste no
2. ¿Quieren ir ya? (todavía)   todavía no
3. ¿Te levantas todavía a las seis? (ya)   ya no

2. *Other negative words.* In addition to **no**, Spanish has other negative words, including **nada, nadie, ninguno, nunca,** and **ni**. These words often pair off with corresponding indefinite words (e.g. **algo, alguien, alguno, alguna vez**). If the negative word comes before the verb, it is used alone, without **no: Nada veo; A nadie conocemos.** If the negative word follows the verb, **no** is also used before the verb: **No conocemos a nadie.** Often, placing the negative word before the verb creates a more emphatic negation. Remember, unlike in English, "multiple negation" is correct in Spanish, and is often the only correct form:

Nunca tenemos **nada** que hacer.	*We **never** have **anything** to do.*

(a) **Nada** means *nothing* and is normally used as a pronoun:

No tenemos **nada**.	*We **don't** have **anything**.*

Nada may also be used as an adverb (as may the corresponding **algo**) modifying an adjective or adverb:

El problema no es **nada** difícil.	*The problem isn't difficult **at all**.*
El problema es **algo** enredado.	*The problem is **somewhat** complicated.*

(b) **Nunca** means *never* and is always used as an adverb. **Jamás** also means *never* and may be used alone or with **nunca** for a more emphatic negation. When used alone, **jamás** often conveys a more definitive and absolute negation. **Nunca jamás** (nearly always used in that order) is even more emphatic; one may also use **jamás en la vida** or, the very emphatic construction **no . . . nunca jamás:**

Eso no lo haré **nunca jamás**.	*I will not ever do that.*

Jamás is also used in superlative comparisons. However, in comparisons meaning *more than ever before,* **más que nunca** is used.

Es el mejor ejemplo que **jamás** se ha visto.	*It's the best example that has ever been seen.*
El gerente está **más** distraído que **nunca**.	*The manager is **more** absentminded **than ever**.*

(c) **Ninguno** (shortened to **ningún** before masculine singular nouns) means *none* and, unlike the corresponding **alguno,** does not normally occur in the plural (the only exceptions would be before nouns which have no singular form, such as **tijeras,** although many speakers simply avoid the construction altogether):

—¿Tienes hermanos?	*Do you have any brothers or sisters?*
—No, no tengo **ninguno.**	*No, I don't have **any**.*

When **alguno** follows a singular noun, it takes on the meaning of **ninguno,** with a slightly more emphatic intent. It is most commonly used with **sin:**

Lo haremos sin duda **alguna.**	*We will do it without the slightest doubt.*

(d) **Ni** is a conjunction meaning *neither* or *nor*; it has several uses. It may conjoin two equivalent words or clauses: **Él no come pan ni queso.** In this case, it is the negative counterpart of **y. Ni** may also be used as the negative counterpart of **o.** It is often used before each word being enumerated, and implies the impossibility of choosing any of the alternatives.

No podemos ir **ni** hoy **ni** mañana.	*We cannot go **either** today **or** tomorrow.*

Ni siquiera means *not even:*

Ni siquiera van los parientes.	*Not even the relatives are going.*

Ni que + *the past subjunctive* is used colloquially to reject a possibility. The usual result is a rather strong expression:

Ni que fuera el fin del mundo.	*Not even if it were the end of the world.*

Another, even more violent way of rejecting a proposal is with the expression **qué . . . ni qué . . . ,** meaning roughly *I don't care about . . . .* The word to be rejected goes in the first slot, and the second may be filled simply by repeating the first word or by inserting other expressions such as **ocho cuartos** or **diablos,** or other, even coarser phrases.

¡Qué radio ni qué ocho cuartos!	*I don't give a hoot about the radio!*

(*e*) Like **también, tampoco** may go either before or after the word it negates. When used with **ni, tampoco** more clearly indicates a series or repetition:

Roberto no lo sabe, **ni** yo **tampoco.**	*Robert doesn't know it, **nor do I.***

(*f*) As in English, **sin** *without* is a negative word, and must be followed by other appropriate negative words:

Salió **sin** decir **nada.**	*He left **without** saying **anything.***

3. *Negation by exclusion.* In such constructions there is a comparison among two or more phrases, with at least one of them being negated and therefore excluded.

(*a*) **Pero** means *but (nevertheless).* It does not imply that the two items contrasted cannot exist together, and it may occur in phrases with no negative word.

Es difícil, **pero** lo haremos de todas maneras.	*It's difficult, **but** we'll do it anyway.*
No es muy inteligente, **pero** tiene mucho dinero.	*He's not very intelligent, **but** he has a lot of money.*

(*b*) **Sino** means *but rather* and implies a choice between one element or the other, since both cannot exist together. **Sino que** has the same meaning as **sino** and is used when the second clause contains a conjugated verb. Both forms are used only when the main clause is negative.

No es alcohol, **sino** trementina.	*It isn't alcohol, **but** turpentine.*
No es que el capitán no quiera darles una explicación, **sino que** él mismo no sabe. . .	*It isn't that the captain doesn't want to give you an explanation, **but rather** that he himself doesn't know . . .*

(*c*) **Menos** means *except* and excludes a single element from among others. Synonyms include **excepto** and the more formal **salvo.** Unlike most other prepositions, these words are followed by subject pronouns. In negative questions and comparisons, **sino** may also be used to mean *except:*

Todos fueron **menos** tú.	*Everyone went **except** you.*
No lo habría hecho nadie **sino** tú.	*Nobody **but** you would have done it.*

(*d*) **Fuera de, a excepción de,** and equivalent constructions all convey the same meaning as *except for,* especially when this idea occurs at the beginning of a sentence or when a conjugated verb follows:

Fuera de lo que hicieron el primer día, realizaron el proyecto sin estorbar a los vecinos.	*Except for what they did the first day, they carried out the project without disturbing the neighbors.*

Ejercicios

A. *Haga de cada frase una oración negativa.*

1. También fueron mis primos.
2. Quiero chocolate o café con leche.
3. Alguien está llamando a la puerta.
4. Tenemos que encontrar unos discos para la fiesta.
5. Carlos va a llegar al aeropuerto con su familia.
6. Él repara radios y televisores.
7. Subió con todas sus herramientas.
8. El equipo siempre soluciona los problemas.
9. Todos fueron.
10. Hay que hacer algo inmediatamente.

B. *Complete cada oración con una palabra o una frase negativa.*

1. Hoy no tengo absolutamente _____ que hacer.
2. Salió de repente _____ pronunciar ni una palabra.
3. Patricio no fue a clase; Carla _____ fue.
4. ¿Leche en vez de vino? ¡_____ me muriera de sed!
5. Eso no lo haría _____.
6. No voy mañana _____ pasado mañana.
7. Esos obreros no hacen _____.
8. No me atrae _____ aspecto del programa.
9. La noche está tan oscura; _____ siquiera se ven los árboles.
10. Hay mucha gente ahí; vamos a acampar aquí donde no hay _____.

C. *Complete cada oración con* **pero, sino** *o* **sino que.**

1. No explicó la causa del retraso _____ evitó totalmente las preguntas.
2. Ya estábamos para despegar _____ al último momento tuvimos que quedarnos en la pista.

3. Hoy no quiero trabajar en el jardín _sino_ reparar la radio.
4. Nadie está en la oficina _sino que_ parece que el teléfono está ocupado.
5. No pedí té con azúcar _sino_ con limón.
6. Es una lástima que no vayas, _pero_ de todas maneras te vas a divertir.
7. Había pedido té helado _pero_ me trajeron un cuba libre.
8. Él no es el director _sino_ un funcionario cualquiera.
9. Rafa se había cortado el pelo _sino que_ nadie se fijó hasta que se quitó el gorro. _cap_ _scribbles_ _took off_ _fix_
10. No quiero estos garabatos _sino_ insisto en que me hagan una copia en limpio. _cleaned up_

4. *Negative expressions and dependent verbs.* One of the principal uses of the subjunctive is to indicate unreality or negation.

(*a*) If an ADJECTIVE CLAUSE modifies a negative expression, the subordinate verb will be in the subjunctive:

No hay **nadie que sepa** hacer eso.	*There is **no one who knows** how to do that.*
No hay **quien se ocupe** de la tarea.	*There is **no one who will take** care of the job.*

(*b*) Similarly, if the main verb expresses negation or doubt (**dudar, ser posible, no ser que, no creer, negar,** etc.) the verb in the NOUN CLAUSE will also be in the subjunctive.

No es que el capitán **no quiera** darles una explicación . . .	*It isn't that the captain doesn't want to give you an explanation . . .*
Es imposible que Rodrigo **haya** hecho tal cosa.	*It's impossible that Rodrigo has done such a thing.*

With **creer que** either the indicative of the subjunctive may be used, depending upon the attitude of the speaker. If the speaker feels uncertainty, hesitation, or doubt, he or she will use the subjunctive. In English, the same feelings are often expressed by changing inflections of the voice, facial gestures, or 'hedging' words such as *really, maybe,* and *might.*

(*c*) The subjunctive must also be used after the conjunctions **sin que, a menos que, a no ser que,** and **no sea que.**

Salió **sin que** nadie lo **viera**.	*He left **without** anybody see-ing him.*

D. Complete cada oración usando las palabras entre paréntesis. Use el tiempo apropiado del verbo.

1. No creo que tú _digas_. (decir/tantas mentiras) *lo supiera*
2. Pusimos el aviso en el periódico sin que _nadie_. (nadie/saberlo)
3. Es interesante que _voten_. (tantos estudiantes/votar)
4. Dudo sinceramente que ellos _asistan_. (asistir a/el concierto)
5. Aquí no hay nada que _se pueda_. (poderse/usar)
6. A pesar de su edad, no hay ningún problema que él _pueda_. (no poder/superar) *no pueda superar (sobre qué)*   *Despi...*
7. No obstante lo que ellos creían, no era que yo _quisiera_. (no querer/ayudarles)   *although*   *(corá)*
8. No hemos encontrado ninguna solución que _resuelva_. (resolver/el problema)
9. No le parece que sus padres _le entiendan_. (entenderle)
10. Aquí el viento nunca cambia de dirección sin que _llueva_. (llover)

E. Complete cada oración con una forma apropiada del verbo entre paréntesis.

1. No es que no te (oír) _oiga_ pero se me está acabando la paciencia.
2. Creemos que nuestro equipo (ganar) _ganará_ el campeonato.
3. No hay quien me (decir) _digan_ esas cosas sin que yo (dejar) _deje_ de hablarle.
4. Es muy poco probable que Humberto (tener) _tenga_ suficiente paciencia para armar el modelo.
5. Es seguro que él (estar) _está_ enfermo cuando recibió el telegrama.
6. No me parece que (ir) _vaya_ a llover hasta la tarde.
7. El presidente dijo que tenemos que combatir el desempleo y no dejar que la inflación (alcanzar) _alcance_ niveles alarmantes.
8. Voy a decirle lo que realmente pienso, a menos que (parecer) _parezca_ que se va a enojar. *get angry with*
9. Aquí no hay compañías que (fabricar) _fabriquen_ acero inoxidable. *steel stainless*
10. No queremos a nadie que no (estar) _esté_ dispuesto a trabajar duro. *arrange*

dejar - to leave, forget, leave out

calles y ciudades

III. *Lengua escrita*

Desde hacía algunos minutos, nuestros oídos* nos advertían* que estábamos descendiendo. De pronto las nubes quedaron arriba, y el volar del avión se hizo vacilante, como desconfiado de un aire inestable que lo soltaba inesperadamente, lo recogía, dejaba un ala sin apoyo, y lo entregaba luego al ritmo de olas invisibles. A la derecha se alzaba una cordillera* de un verde musgo. Allá, en pleno sol, estaba la ciudad. El periodista que se había instalado a mi lado me hablaba con una mezcla de *sorna* y cariño de aquella ciudad dispersa, sin estilo, anárquica en su topografía, cuyas primeras calles se dibujaban ya debajo de nosotros. Para seguir creciendo a lo largo del mar, sobre una angosta* *faja* de arena delimitada por los cerros que servían de asiento a las fortificaciones construidas por orden de Felipe II, la población había tenido que librar una guerra de siglos a las *marismas,* la fiebre amarilla, los insectos y la inconmovilidad de peñones de roca negra que se alzaban, aquí y allá, inescalables, solitarios.

scorn

strip

swamps

Como y volábamos muy bajo, *enfilando* la pista de aterrizaje, pregunté a mi compañero por aquella casa tan vasta y amable, toda rodeada de jardines en terrazas. Supe que allí vivía el nuevo Presidente de la República. Y luego el *placentero* regreso a la tierra, el rodar en firme, y la salida de los sordos a la oficina de los *cuños,* donde se responde a las preguntas con cara de culpable. Aturdido por un aire distinto, esperando a los que, sin darse prisa, habrán de examinar el contenido de nuestras maletas, pienso que aún no me he acostumbrado a la idea de hallarme tan lejos de mis caminos acostumbrados. Al amanecer, cuando volábamos entre nubes sucias, estaba arrepentido de haber emprendido el viaje; tenía deseos de aprovechar la primera escala* para regresar cuanto antes. Me sentía preso, *secuestrado* en ese encierro del avión, con el ritmo en tres tiempos, oscilante, de la *envergadura empeñada* en lucha contra un viento adverso que arrojaba, a veces, una tenue lluvia sobre el aluminio de las alas. Pero ahora, una rara voluptuosidad adormece mis escrúpulos. Y una fuerza me penetra lentamente por los oídos*, por los poros: el idioma*.

lining up with

pleasant
stamps (on passports)

kidnapped

wingspan engaged

Alejo Carpentier, *Los pasos perdidos* (México: Ed. y dist. Ibero Americana de Publicaciones, 1953)

COMENTARIO
Imagery

Imagery is as difficult to define as it is essential to effective writing. Basically imagery involves choosing words and expressions in order to enrich the meaning of what is said or written through the use of connotations. More is involved than simply obeying grammatical rules; the writer must recur to stylistic mechanisms such as metaphor and allusion. The reading selection in this chapter contains several examples of vivid imagery.

> El volar del avión se hizo vacilante, como desconfiado de un aire inestable que lo soltaba inesperadamente, lo recogía, dejaba un ala sin apoyo, y lo entregó luego al ritmo de olas invisibles.

This is more than a description of a plane moving in currents of air; the image is that of a fragile object, such as a leaf, being tossed by a powerful yet playful force. Words used to reinforce this image include **vacilante** (*hesitating*), **soltar** (*drop*), **recoger** (*to pick up*), **entregar** (*to hand over*), and **olas invisibles** (*invisible waves*). Compare this description with:

> . . . la envergadura empeñada en lucha contra un viento adverso que arrojaba, a veces, una tenue lluvia sobre el aluminio de las alas.

Key words include **empeñada** (*pitched in battle*), **lucha contra** (*battles against*), **viento adverso** (*enemy wind*), and **arrojar** (*to hurl*). The same wind is now an adversary, to be battled. The notion of an adversary is also suggested in another sentence, again involving images of war (**guerra, librar**):

> La población había tenido que librar una guerra de siglos a las marismas, la fiebre amarilla. . .

A battle of centuries was required, pitting man against nature.

Once one becomes aware of alternative vocabulary choices, creating suggestive images with them is the next step in the development of an effective written style.

Ejercicios

A. Busque otra manera más sencilla y menos poética de expresar los elementos subrayados. Use el modelo como guía.

MODELO: *Me sentía preso, secuestrado en este encierro del avión.*
Me sentía como un prisionero en el avión.

1. El volar del avión se hizo vacilante.
2. Las primeras calles se dibujaban ya debajo de nosotros.
3. Pero ahora, una rara voluptuosidad adormece mis escrúpulos.
4. Había un viento que arrojaba una tenue lluvia sobre las alas.
5. Los médicos libraron una guerra contra las enfermedades.

B. Complete las oraciones, expresando de una manera elegante y poética la idea entre paréntesis. Siga el modelo, refiriéndose a la lectura si es necesario.

MODELO: *En la oscuridad, los árboles desnudos* (were clearly seen against) *las luces de la ciudad.*
En la oscuridad, los árboles desnudos se dibujaban contra las luces de la ciudad.

1. El avión (*climbed unsteadily*) hasta llegar a su altitud máxima.
2. Los médicos tenían que (*fight against*) muchas enfermedades tropicales.
3. El periodista con quien hablaba (*had positioned himself next to me*) de manera que yo no podía evitar su mirada penetrante.
4. La playa no era más que (*a narrow strip of sand*), atrapada entre las montañas y el mar.
5. El idioma casi olvidado, (*slowly penetrated my entire body*).

IV. Ideas afines

1. **orejas—oído.** The standard word for *ear* is **oreja**. However, since this word is also used to refer to the ears of animals, many people find it preferable to use **oídos** for human ears. Technically, el **oído** refers to the inner ear or the sense of hearing.

Tiene (las) **orejas** enormes.	*He has enormous ears.*
Le duelen los **oídos**.	*Her (inner) ears hurt.*
Tiene el **oído** muy agudo.	*He has sharp hearing.*

2. **advertir—anunciar—avisar—estar sobre aviso. Advertir** is used to warn of danger or of a compromising situation. *To advertise* is usually **anunciar. Avisar** means to *make aware of, warn* and is often

avisario

synonomous with **advertir. Estar sobre aviso** means *to have been warned.* Note: *warning* = **aviso;** *to give advice* = **aconsejar.**

El policía nos **advirtió** del peligro.	*The policeman **warned** us of the danger.*
Me van a **avisar** cuando salgan.	*They will **let** me **know** when they leave.*
No irán; **están sobre aviso.**	*They won't go; **they have been warned.***

3. **estrecha—angosta.** Both words are used to mean *narrow,* with the latter occurring more frequently in Latin America.

4. **colina—loma—cerro.** The first is the most common word for *hill.* **Loma** is usually a smaller hill, while **cerro** can be larger; in some countries *cerro* is actually a mountain.

5. **cordillera—sierra.** Used to mean *mountain range,* the literal **cadena de montañas** is often replaced by **cordillera.** Another common synonym is **sierra,** due to the sawtooth appearance of many mountain ranges.

6. **servir de—portarse—comportarse—actuar—representar. Servir de** means to *act in the capacity of* and may be used both with people and with things.

Esta mesa **sirve de** plataforma para nuestra obra.	*This table **acts as** a platform for our work.*
En esa familia, él **sirve de** bufón.	*In that family, he **acts as** the clown.*

Portarse and **comportarse** (the former is used more commonly when speaking to children) mean *to behave* while **actuar** means *to carry out actions (in general).*

Pórtate bien en el museo.	*Act properly in the museum.*
El **actúa** de cirujano.	*He **is acting** as a surgeon.*

Representar is used to convey the idea of acting in a theatrical presentation.

En la primera escena, Carlos **representa** a Hamlet.	*In the first scene, Carlos **acts (plays) the part** of Hamlet.*

7.   **Related nouns and verbs.** The suffix **-aje** is used to form nouns from verbs which are in turn usually formed from related nouns: **aterrizar** (*to land*), **aterrizaje** (*landing*); **alunizar** (*to land on the moon*) (a recent neologism!), **alunizaje** (*moon landing*); **almacenar** (*to store*), **almacenaje** (storage [fee]); **anclar** (*to anchor*), **anclaje** (*anchorage*), etc.

8.   **escala—parada—alto.** As a noun, *stop* has several equivalents in Spanish. **Escala** is a regularly scheduled stop of a plane or boat. The verb is **hacer escala,** and **sin escala** means *non-stop.*

El avión **hace escala** en Caracas, Bogotá y Lima.	*The plane **stops** in Caracas, Bogotá, and Lima.*

Parada is the place where a bus or taxi normally stops to pick up passengers. The corresponding verb is **pararse** (which in Latin America also means *to stand up*). **Alto** may be an unscheduled stop or one required by law (stop signs say **alto**).

¿Dónde está **la parada** del autobús?	*Where is the bus **stop**?*
El autobús hizo un **alto** abrupto cuando el chófer vio el accidente.	*The bus made an abrupt **stop** when the driver saw the accident.*

9.   **lengua—idioma—lenguaje. Lengua** refers to a national language. A close synonym is **idioma,** which often has greater stylistic appeal. **Lenguaje** refers to a style of speech or a manner of speaking.

Él habla muchas **lenguas**.	*He speaks many **languages**.*
El castellano es el **idioma** oficial de España.	*Spanish is the official **language** of Spain.*
Me gusta el **lenguaje** de los marineros.	*I like the sailors' **language** (i.e., the way they talk.)*

Ejercicios

A. Diga de otra manera la parte subrayada.

1.   Desde la colina podemos ver la capital.
2.   El escritorio se usa como campo de batalla para los soldados de juguete.
3.   Él habla perfectamente la lengua holandesa.
4.   El dueño me dijo que no podía estacionar el coche frente a su casa.
5.   Esa cadena de montañas tiene muchos volcanes.

B. Llene los espacios en blanco con las expresiones que corresponden a las palabras entre paréntesis.

1. Llegó a nuestros (*ears*) _oídos_ el fragor de la batalla.
2. Este avión (*stops*) _hace escalas_ en París y Bruselas.
3. En esas ciudades antiguas, las calles son muy (*narrow*) _angostas_.
4. Quiero (*advise*) _aconsejar_ a los pasajeros que el vuelo está cancelado.
5. No debes usar ese (*language*) _lenguaje_ cuando hablas con los niños.
6. Me asusté muchísimo cuando el policía gritó (*stop!*) «¡_alto_!»
7. Pedro (*acts like*) _representa_ un tonto, pero realmente es muy listo.
8. El sánscrito es (*a language*) _lengua_ clásica de India.
9. Trepamos la (*hill*) _loma_ para ver los fuegos artificiales.
10. El embajador (*acts like*) _representa_ un verdadero caballero.

C. Haga Ud. frases con las palabras indicadas y palabras de su propia elección. Siga el modelo.

MODELO: *ruido/hacer daño/los oídos.*
   El ruido de los aviones me hace daño a los oídos.

1. los animales/servir de
2. las carreteras/angostas/ser
3. el avión/aterrizar/hacer sentir
4. los pasajeros/el peligro

D. Expresión oral.

1. Warn somebody that he is about to be hit from behind by a bicycle.
2. Announce to the passengers that the flight is delayed indefinitely.
3. Tell somebody to be careful of the language he uses in his compositions.
4. Warn someone that he must act very dignified when visiting the presidential palace.
5. Say colloquially that no matter what the warning says, you will enter anyway.

V. Elementos de composición

A. Escriba en español.

1. I'll bet you can't run as fast as my older brother.
2. As the judge read the decision, the defendant said nothing, nor did his attorney.
3. I don't think there is anything else I can do for you, but I will keep on trying just in case.
4. Who says it's prohibited? I don't care, I'll go in if I please.
5. I asked Rebecca if she had seen the movie yet, and she said she hadn't.
6. There has never been a storm like this in all the history of the state.
7. This car hasn't been repaired; it runs worse than ever.
8. Since Ramón went on that diet, he won't eat white bread, sugar, or canned vegetables.
9. He never goes anywhere without telling his secretary.
10. The investigator testified that he did not have the slightest idea as to who had falsified the documents.
11. This nut won't fit on the bolt, and the others won't either.
12. We should not talk about it any longer, but rather put the plan into action.
13. I don't even want to talk about it!
14. There is no official monument taller than the Washington Monument.

B. Escriba una composición corta sobre cada una de las situaciones descritas.

1. Traveller arrives at the destination, discovers his or her luggage is lost, and attempts to recover it.
2. Traveller loses the claim check for the luggage and airport security (agente de seguridad) will not let him or her retrieve it until proper identification is produced and the contents of the suitcases are described.

Vocabulario útil

address	la dirección
agent	el agente
contents	el contenido
counter	el mostrador
flight	el vuelo
form (to be filled out)	el formulario
get lost	desviarse
identification card	el carnet de identidad
receipt	el recibo
stub	el talón
suitcase	la maleta *maletín = briefcase*
ticket	el billete

C. Describa la situación representada en el dibujo.

VI. Repaso

A. Conteste las preguntas con frases negativas según las palabras entre paréntesis.

1. ¿Cuándo abrocha usted el cinturón de seguridad? (nunca)
2. ¿Qué pasajeros sabían reparar la radio? (no había)
3. ¿Quería el piloto molestar a los pasajeros? (no era que)
4. ¿Sabía la azafata por qué no despegaba el avión? (ni siquiera)
5. ¿Sabían los pasajeros la causa del retraso? (tampoco)
6. ¿Van ustedes hoy o mañana? (ni . . . ni)
7. Yo puedo tomar un litro de leche de un trago. (a que)

B. Junte las oraciones y frases empleando pero, sino *o* sino que *para hacer una oración lógica.*

1. Gandolfo es hijo de una familia humilde; tiene muchos amigos. *pero*
2. Bárbara no viaja en tren. Prefiere viajar en coche. *sino*
3. Son las 4:00 . El avión no sale. *pero*
4. El horario dice 3:30. La hora correcta debe ser las 4:30. *sino que*
5. Ese aparato no es un radio. Un televisor. *sino*

C. Diga de otra manera la parte subrayada.

1. Tuvimos un viaje placentero.
2. En el periódico había un aviso muy grande.
3. Las calles estrechas son muy peligrosas para los coches.
4. No lo entiendo porque usa muchas expresiones idiomáticas.
5. No es un terrorista; al contrario, es un agente secreto.
6. El periodista se instaló a mi lado.
7. Ese muchacho viene de la sierra, donde vive con sus tíos.
8. ¡Qué trabajo ni qué diablos! Voy a descansar por un rato.
9. El taxi se detuvo frente a la embajada.
10. A pesar de su acento, su modo de hablar es muy pintoresco.

Lección tres

I. Lengua oral

TODO TIENE ARREGLO

<table>
<tr><td>TÍA FELISA:</td><td>Alberto, ¿qué estás haciendo aquí?</td><td></td></tr>
<tr><td>ALBERTO:</td><td>Ya estoy de vuelta, tía.</td><td>back</td></tr>
<tr><td>TÍA FELISA:</td><td>¿Faltaste a clases?</td><td>Did you cut</td></tr>
<tr><td>ALBERTO:</td><td>No, tía. Yo sé muy bien que debo asistir a todas mis clases.</td><td>attend</td></tr>
<tr><td>TÍA FELISA:</td><td>Y entonces, ¿por qué has vuelto a estas horas?</td><td>this unusual hour</td></tr>
<tr><td>ALBERTO:</td><td>Es que no estuvo nuestro profesor y vino un profesor auxiliar. ¿Ve mis notas? No están bien ordenadas, . . . lo sé.</td><td>The reason is
substitute
organized</td></tr>
<tr><td>TÍA FELISA:</td><td>¿Quién estuvo de auxiliar?</td><td></td></tr>
<tr><td>ALBERTO:</td><td>Un señor calvo, que nos habló de cosas muy raras. La dificultad estaba en poder seguirle. Hablaba tan rápido que muy pronto muchos de nosotros estábamos perdidos. No pude tomar apuntes. Al cabo de un rato, casi me quedé dormido . . . ¡una verdadera ametralladora! ta-ta-ta-ta-ta.</td><td>bald

notes / After
machine gun</td></tr>
<tr><td>TÍA FELISA:</td><td>Vamos, muchacho, déjate de ametralladoras, porque no estoy para chistes.</td><td>cut out this nonsense about
I am in no mood</td></tr>
<tr><td>ALBERTO:</td><td>Le digo la pura verdad. Era para volverse loco.</td><td></td></tr>
<tr><td>TÍA FELISA:</td><td>¿No estarías equivocado? ¿Era ésa tu clase?</td><td>Couldn't you possibly be?</td></tr>
<tr><td>ALBERTO:</td><td>¡Claro! La clase fue en la sala de siempre.</td><td></td></tr>
<tr><td>TÍA FELISA:</td><td>¿A qué hora es tu clase?</td><td></td></tr>
<tr><td>ALBERTO:</td><td>De tres a cuatro.</td><td>from 3°° to 4°°</td></tr>
<tr><td>TÍA FELISA:</td><td>¿Cómo? Ahora son apenas las tres y media.</td><td>barely</td></tr>
<tr><td>ALBERTO:</td><td>¡Ahí estaban varios de mis compañeros!</td><td></td></tr>
<tr><td>TÍA FELISA:</td><td>Alberto, no soy persona para creer en fantasías. No me vengas con cuentos. Has confundido tu clase con otra y, además, te has quedado dormido. Yo te conozco.</td><td>I am no
funny stories</td></tr>
<tr><td>ALBERTO:</td><td>¡Bueeeno! No es cosa seria, ¿sabe? Le voy a pedir a Isabel los apuntes de la otra clase y sacaré serocopias. En esta vida todo tiene arreglo, ¿no es cierto?</td><td></td></tr>
<tr><td>TÍA FELISA:</td><td>Alberto, eres un infeliz. No prestas atención a tu reloj porque siempre estás en Babia.* Tú</td><td>dummy
in the clouds</td></tr>
</table>

*Babia is a section of the province of León. The choice of Babia may have been suggested by the noun babieca, fool, or baba, drivel.

le cae la baba
"makes them drool" cuando in love

	pareces estar siempre *de broma.* ¿Crees que la vida es una gran fiesta?	joking
ALBERTO:	Mi error es poco importante porque tiene arreglo.	
TÍA FELISA:	Yo también cometo errores, pero sé que una *tontería sigue siendo* una tontería . . . con o sin arreglo.	foolish act / is always

Nota cultural

Because of large enrollments and lack of funds, most university classes function on the lecture system. This is why taking **apuntes** is very important, especially where textbooks in foreign languages are required.

Ejercicios

A. Reconstrucción.

1. ¿Qué le pregunta la tía Felisa a Alberto?
2. ¿Qué dice Alberto de su profesor?
3. ¿Quién era el profesor auxiliar?
4. ¿Por qué no están bien ordenadas las notas de Alberto?
5. ¿A qué hora es su clase habitualmente?
6. ¿Quiénes estaban en la sala de clase con Alberto?
7. ¿En qué no puede creer la tía Felisa?
8. ¿Qué le va a pedir Alberto a su amiga Isabel?
9. Según la tía Felisa, ¿toma Alberto la vida en serio?
10. ¿Qué dice la tía Felisa sobre las tonterías?

B. Creación personal. Haga Ud. frases con las palabras indicadas.

1. deber—asistir—las clases
2. el señor calvo—estar de auxiliar—hablar de cosas raras
3. hablar muy rápido—estar perdido—tomar apuntes
4. hablar como—una ametralladora—quedarse dormido
5. estar equivocado—la hora y la sala—de siempre
6. la persona—creer—las fantasías
7. sacar serocopias—los apuntes—la otra clase
8. infeliz—prestar atención—estar en Babia
9. Alberto—creer que—la vida—una broma
10. la tía Felisa—la tontería—seguir siendo

C. Expresión libre.

1. En su vida particular, ¿qué cosas toma Ud. en serio?
2. ¿Cuáles no toma Ud. en serio?
3. ¿En qué momentos no está Ud. para bromas?
4. ¿Qué personas dicen «Todo tiene arreglo»?
5. ¿Quiénes creen que la vida es una gran fiesta?

II. Formas y estructuras

A. FUNDAMENTOS

Usos de *ser* y *estar*

Ser

1. **Ser** is used in sentences expressing equality between two nouns or two infinitives (a = b):

Fernando **es** ingeniero.	*Ferdinand is an engineer.*
(a) = (b)	
Transformarse **es** vivir.	*To evolve is to live.*

2. It is used with any adjective expressing a characteristic normally associated with the noun:

El invierno **es** frío.   *Winter is cold.*

3. It is employed to signify (a) possession, (b) origin, and (c) material:

(a) Ésta **es** de Juliana.   *This belongs to Juliana.*

(b) La doctora **es** de México.   *The doctor is from Mexico.*

(c) Las piezas de ajedrez **son** de **ónix.**   *The chess pieces are made of onyx.*

4. **Ser** is used with a past participle to form the passive voice. This construction always implies an agent, which can be expressed or understood.

Las comidas **son servidas** (por el mozo).   *The meals are served (by the waiter).*

5. It is used with hours and parts of the day:

Son las doce.   *It is twelve o'clock.*

Ya **es** de noche.   *It is already dark (night time).*

Estar

1. **Estar** is used to express location:

¿Quiénes **están** en la sala de estar?

*Who **are** in the living room?*

2. It is used with an adjective to refer to a ~~characteristic~~ *condition* that implies a change or something not usually associated with the noun:

Estábamos contentos.

We were happy.

3. It is used in conjunction with a gerund to form the progressive tense:

Están (Estaban) trabajando mucho.

They are (were) working hard.

4. **Estar** is employed with a past participle (functioning as an adjective) to express a resultant state:

Esas civilizaciones **estaban** muy desarrolladas.

*Those civilizations **were** highly developed.*

Ellos **estaban** equivocados.

*They **were** mistaken.*

Ejercicios

A. Llene Ud. cada espacio en blanco de la columna *A* con una palabra o frase de la columna *B*.

A	B
1. Ud. no tiene razón. Ud. ___h___ .	a) era noche
2. Esta piedra preciosa ___d___ .	b) está muy alto
3. Dicen que la profesora ___k___ .	c) son mis sobrinas
4. Quiero saber por qué mis cartas ___g___ .	d) es muy cara
5. Cuando llegué ella estaba ___j___ .	e) es de oro
6. Es un reloj caro, ¿no? Sí, porque ___e___ .	f) son recibidos inmediatamente
7. ¿Llegó muy tarde? Sí, ya ___a___ .	g) no son contestadas
8. Este muchacho ha crecido. Ahora ___b___ .	h) está equivocado
9. Esas niñas ___c___ .	i) fue muy largo
	j) leyendo
	k) es de la Argentina
	l) ir con ellos

B. Conteste cada pregunta afirmativamente, usando la forma pasiva del verbo en cada oración. Siga el modelo.

MODELO: **¿Recibieron el regalo esta mañana?**
Sí. El regalo fue recibido esta mañana.

1. ¿Lavaron el coche hoy? *fue lavado*
2. ¿Leyeron los poemas en voz alta? *fueron leídos*
3. ¿Vendieron la camioneta? van *Sí fue vendido*
4. ¿Abrieron las puertas? — *fueron abiertas*
5. ¿Destruyeron las casas? — *fueron destruídos*

C. Conteste cada pregunta afirmativamente, usando *estar* con el participio del verbo en cada oración. Siga el modelo.

MODELO: **¿Cerraron las puertas?**
Sí. Las puertas están cerradas.

1. ¿Prepararon las comidas? *están preparadas*
2. ¿Pintaron las paredes? " *pintadas*
3. ¿Invitaron a las dos hijas a cenar? " *invitados*
4. ¿Terminaron el libro? *está terminado*
5. ¿Vendieron las flores? *están vendido*

B. AMPLIACIÓN

Ser

1. Ser meaning to be (in a certain place / at a certain time). *Ser* may be used as the equivalent of the verbs *to take place, to be the place,* and *to happen:*

¿Dónde **es** el baile?	*Where is the dance (to take place)?*
Aquí **es.**	*Here is the place.*
Fue en junio.	*It happened in June.*

2. Ser with que. This construction may be used to begin an explanation. In English one employs various phrases to express the same idea: *It is because, The fact is that, The trouble is that,* or *The reason is that.* **Es que** . . . is a colloquial construction.

¿Por qué te levantaste tan tarde? **Es que** estaba muy cansada.	*Why did you get up so late?* ***The reason is that*** *I was very tired.*
¿Por qué anda tan mal vestido? **Es que** no tiene un centavo.	*Why is he so poorly dressed?* **It's** *because he hasn't got a cent.*

3. *Ser with the preposition de.* This construction is used when inquiring about the state of a person or thing:

¿Qué **es de** Susanita? — *What **happened to** Susie?*

¿Qué **ha sido de** sus proyectos? — *What **happened to** your projects?*

The same construction is used to mean *to befit.* This Spanish idiom is a contraction of **no ser propio de**:

No es de personas educadas hablar así. — *It does not **befit** well-bred people to speak that way.*

No es de señorita decente ponerse faldas así. — *It does not **befit** a decent girl to wear skirts like that.*

[handwritten margin note: usualmente solo el negativo]

Ejercicio

¿Qué diría Ud. en las siguientes situaciones? Use las construcciones entre paréntesis para formar preguntas u oraciones. Siga el modelo.

MODELO: *Ud. desea preguntar por Norberto, a quien no ha visto por mucho tiempo. (ser de)*
¿Qué es de Norberto?

1. Ud. no puede tolerar una falta de respeto. (ser + sustantivo + para)
2. Alguien le pregunta por qué no tiene apetito Felisa. Explique Ud. que ella está muy preocupada por su hijo. (ser que) *[handwritten: es que su hijo no tiene]*
3. Dígale a su vecino que lo que está haciendo no es propio de personas educadas. (no ser de) *[handwritten: No es de personas educadas decir mierda]*
4. Explique Ud. que se celebrará la reunión del Club Español en el salón principal. (ser) *[handwritten: La reunión es en el salón]*
5. Ud. no fue al ~~matrimonio~~ de un amigo porque perdió el avión. Explique lo que ocurrió. (ser que) *[handwritten: boda]* *[handwritten: es que perdí el avión]*
6. Ud. desea indicar que aquí halló los mil dólares. (ser) *[handwritten: aquí es]*
7. Pregúntele al Sr. Robles qué ha decidido sobre su proyecto de ir a Europa, proyecto que él parece haber abandonado. (ser de)
[handwritten: ¿Qué es de su proyecto? ¿Qué pasa ...?]

[handwritten margin note: hallar, to realize, encontrar, to find that, become aware of]

Estar

1. *Estar as the equivalent of verbs of sensation.* **Estar** may be used to signify *to look, to feel, to taste*, etc.

(seeing) **Estás** muy chistoso hoy. — *(I can see that) you are in a joking mood today.*

o sabe

(*tasting*) Este jamón **está** riquísimo.	*This ham **tastes** delicious.*
(*feeling*) *Este vidrio* **está** muy frío.	*This windowpane **feels** very cold.*

2. **Estar** *in elliptical constructions.* **Estar** may be used in sentences in which one or more words are omitted:

¿**Está** don Juan (en casa)?	*Is don Juan at home?*
¿**Está** (lista) la cena?	*Is supper ready?*
¿**Estamos** (de acuerdo)?	*Are we in agreement?*

3. **Estar** *with* **en** + *infinitive.* This construction is used in sentences implying location, even when referring to non-physical matters.

La solución **está en llamar a** la policía.	*The solution **is to call** the police.*

This meaning of **estar** can frequently be rendered in English through the verb *to lie*:

La solución **está en** los cambios sugeridos.	*The solution **lies in** the changes suggested.*

4. **Estar** + **de** + *noun.* This expression is the equivalent of **servir de**:

Estoy de profesor auxiliar.	*I **am serving as** a substitute professor.*
Está de escribiente en el ayuntamiento.	*He **is serving as** a clerk in the town hall.*

The same construction may also be used to refer to a temporary state:

Está de bromas.	*He is in a joking mood.*
Ella estaba de charla con su novio.	*She was chatting with her sweetheart.*
Hoy estás de mal genio.	*Today you are in a bad mood.*
¿Sabes? Estamos de mudanza.	*Do you know something? We are moving.*
Julián está de paso.	*Julian is (just) passing through.*
Ahora estamos de vacaciones.	*Now we are on vacation.*
¿Cuándo estarán Uds. de vuelta?	*When will you be back?*

Ejercicio

Use Ud. el verbo **estar** *en una frase o modismo que exprese la idea central de cada una de las siguientes oraciones. Siga el modelo.*

MODELO: *Diga Ud. que Roberto está trabajando como mozo en un hotel.*
Roberto está de mozo en un hotel.

1. Anuncie Ud. que en este momento la familia Rivera se está mudando de una casa a otra. *está de mudando*
2. Explique Ud. que la solución del problema financiero de su familia es gastar menos dinero. *" está en gastar menos*
3. Pregunte Ud. si la cena está preparada ya, usando una construcción abreviada, es decir, una elipsis. *¿Está la cena?*
4. Diga Ud. que no se siente con ganas de oír chistes. *¿estoy de bromas?*
5. Pregúntele a su amigo si él y usted están de acuerdo, usando una construcción abreviada. *¿Estamos?*
6. Diga Ud. que hoy la sopa le parece muy sabrosa. *está sabrosa*
7. Ud. va a la casa de su amigo Manuel. Pregunte si ha llegado, usando una construcción abreviada. *¿Está Manuel?*
8. Diga Ud. que Lorena está trabajando como intérprete en una agencia de viajes. *Está de intérprete*

5. *Substitutes for estar.*

(a) **Hallarse** and **encontrarse** may be used to express the realization of being at a particular place or in a particular situation:

Nos hallábamos cerca de un río.	*We (realized that we) were near a river.*
Me encontraba a los bordes de un precipicio.	*(I discovered that) I was at the edge of a precipice.*

Because **hallarse** and **encontrarse** can also imply surprise, they may refer to an unexpected state or condition:

Me encuentro sin amigos.	*I (have suddenly found that I) have no friends.*
Me hallé en una callejuela extraña.	*I (found that I) was on a strange back street.*

NOTE: For the use of **hallarse / encontrarse** with a past participle, see Lesson 5.

(b) **Parecer** may be used to underscore outward appearance:

Uds. **parecen** preocupados.	*You look (as if you are) worried.*

(c) **Quedar** is often employed with participles to refer to the result of an agreement:

Quedó acordado (decidido) no construir el nuevo mercado.	*They agreed (decided) not to build the new market.*

It is also used to refer to a location that is a distance away:

La escuela **queda** a cuatro cuadras de aquí.	*The school is four blocks from here.*
El barrio industrial **queda** bastante lejos.	*The industrial district is quite far away.*

(d) **Quedar(se)** is used with an adjective to focus on a resultant psychological state:

(Nos) quedamos asombrados (aterrados, cohibidos).	*We were (left) astonished (terrified, intimidated).*
La pobre **(se) quedó** suspensa (asustada, sorprendida).	*The poor thing was (left) dumbfounded (frightened, surprised).*

Similarly it is used with an adjective to refer to a state or physical condition:

(Se) quedó afónico (ciego, cojo, viudo).	*He lost his voice (was left blind, lame, a widower).*

(e) **Sentirse** is used before a past participle to describe a feeling of comfort or discomfort:

Todos se sienten defraudados (disgustados, reanimados).	*All of them feel (are) disappointed (disgusted, encouraged).*

(f) **Verse** refers to a state of mind:

Me vi libre de deudas.	*I was free of debts.*
Se veía halagada por todos.	*She was praised by all.*

Ejercicios

A. Escoja Ud. posibles sustituciones del verbo estar. *Siga el modelo.*

MODELO: Estaba *en una situación muy difícil. (encontrarse, hallarse, verse)*
Me encontraba (Me hallaba, me veía) en una situación muy difícil.

1. La señora *está* dispuesta a acompañarnos. (sentirse, encontrarse, verse)
2. Los edificios del gobierno *están* muy lejos. (hallarse, quedar, verse)

3. Cuando me escribió yo *estaba* en el campo. (hallarse, encontrarse, sentirse)
4. Tengo que confesarlo: *estoy* disgustado. (sentirse, quedar, verse)
5. Por fin *estoy* libre de preocupaciones. (verse, encontrarse, hallarse)
6. Con esto todo el mundo *estará* aterrado. (sentirse, quedarse, verse)
7. Su proposición *está* aprobada. (quedar, encontrarse, hallarse)
8. Me di cuenta de que *estaba* frente a un animal enorme. (hallarse, encontrarse, verse)

B. Llene Ud. los espacios en blanco sin emplear el verbo ser o estar. Siga el modelo.

MODELO: **(I was)** *Poco después* me encontraba *cerca de la entrada.*

1. (*was* [*left*]) El muchacho se quedó ciego.
2. (*are*) Dígame, ¿se siente Ud. defraudado? *disappointed*
3. (*were*) Al oír esto, todos los empleados nos encontraron sorprendidos.
4. (*is* [*located*]) ¿Dónde es la iglesia de San Agustín?
5. (*was* [*left*]) Ese año mi tío se quedó viudo.
6. (*was*) Quedó aprobado que se limitará la producción.
7. (*is*) Al oír eso la familia se encontraban suspensa.
8. (*was*) Me dijeron que su padre se hallaba en Europa.
9. (*will be*) Dentro de un mes se veranos libre de compromisos.
10. (*was* [*left*]) Como resultado del accidente, mi chico se quedó cojo.

III. *Lengua escrita*

EL PROFESOR *AUXILIAR*

substitute

Las seis hijas de don Clemente Iribarne abandonaron las *labores* y, *en* un grande y *riente revuelo,* corrieron *a lo largo del pasillo,* hasta la puerta de la *escalera.* Llegaba en aquel punto don Clemente, con el sombrero en una mano y limpiándose el *sudor, si bien* era invierno. *Rodeáronle* para abrazarle, y todas, a un tiempo, preguntaban:
—¿*Qué hay,* qué hay, papá?
—Déjadme *que tome aliento.*
Las seis hijas eran lindas, con una lindeza que *provenía* de armoniosa modestia y quietud del *rostro.* Eran como las

handiwork / with / mirthful / commotion
along the corridor / staircase
perspiration / although / They surrounded him

What happened?
catch my breath
came
face

imágenes de esas *vírgenes caseras, más* dulces *que* bellas, que se ven en las *ermitas* e iglesias *aldeanas.*

—Por fin, hijas mías, soy profesor de Universidad.

Las hijas *palmotearon.* / aplaudir

—Cuenta, cuenta.

—*El Claustro* * se prolongó bastante. Había intrigas . . . Pero la justicia *prevaleció.* Desde hoy soy auxiliar de la nueva Facultad* de Ciencias. Mañana tendré que *explicar* * mi *cátedra* * de *quimica.*

uno chair

* * *

Es tradición en Universidades e *Institutos* * españoles que los profesores auxiliares *no sirven sino para tomarlos a la chacota.* En las breves ausencias del profesor *numerario,* viene el profesor auxiliar a sustituirle. Hay un solo auxiliar para *sinnúmero* de *asignaturas,* * todas ellas de muy variada naturaleza, *por donde* se supone que el profesor no es *docto* en ninguna. Por esta razón, *carece* * de autoridad científica. En la mayor parte de los casos, el *profesor numerario* * no *disimula* el desdén *en que tiene* al profesor auxiliar. Este sentimiento se comunica a los alumnos. Va el auxiliar a la *cátedra,* * diez o veinte días al año, no a *llenar* las ausencias del profesor sino para *cumplir* un *precepto* del *reglamento,* que prohibe interrupciones en el curso. Sucede también que el auxiliar carece de autoridad moral. Su juicio u opinión no cuentan a la hora de los exámenes, que es hora de *penas* y *recompensas, de suerte que* los alumnos saben que en la clase del auxiliar pueden cometer los mayores excesos. Cuando el *bedel* anuncia que el profesor numerario no puede venir y aquel día dará clase el auxiliar, los *escolares* * *se aperciben* a gozar un rato de *holgorio.* Todos los auxiliares son víctimas de *burlas,* * *befas* * y *escarnios,* * pero ninguno hubo de sufrir *chanzas* * tan extremas como don Clemente.

Este *menosprecio* contrastaba con el amor y veneración de sus hijas. El padre les contaba mil *mentiras piadosas* y ellas creían que el profesor más respetado y querido era su padre. Estaban orgullosas de él. they are proud of him

Ramón Pérez de Ayala, «El profesor auxiliar»
El ombligo del mundo (Madrid, Renacimento, 1924)

Glosses (right margin):
- homespun madonnas / more / than hermitages / village
- clapped their hands
- faculty meeting
- prevailed
- to teach class / chemistry
- high schools
- are good for nothing except to be made fun of
- regular
- a considerable number
- courses
- for which reason /
- expert
- lacks
- regular professor
- does not hide / he has
- for
- classes / fill in
- to comply with
- one (precept) /
- regulations
- judgement
- punishments / rewards / and so
- caretaker, aide
- students
- get ready / hilariousness
- jokes / jeering / insulting remarks jests
- scorn
- white lies

COMENTARIO

1. The problem of que. Since **que** is the most common of all relatives, it is often used too frequently. Authors omit it when there is, in near proximity, another **que** or another word containing the syllables **que** or **quien.** For example:

> Cuando el bedel anuncia que el profesor numerario no puede venir y aquel día dará clase el auxiliar. . .

Normally, there should be another **que:** . . . *que* **el profesor numerario no puede venir y** *que aquel* **día dará clase el auxiliar** . . . Here we find one **que** a short distance away and a near junction of **que** . . . **quel.** The Spanish ear rejects these repetitions of sounds, or cacophonies. Normally a distance of some six syllables minimum is advisable between identical sounds. Study the following:

> Su juicio u opinión no cuentan a la hora de los exámenes, **que** (*+ 15 syllables*) es hora de penas y recompensas, de suerte **que** (*+ 6 syllables*) los alumnos saben **que** pueden cometer impunemente los mayores excesos.

Ejercicio

> *En el siguiente diálogo, las sílabas* **que** *y* **quien** *ocurren con demasiada frecuencia. Cambie las oraciones para evitar la repetición o la cacofonía. Una vez que haya terminado, compare su nuevo párrafo con el párrafo que se da más abajo.*

—Y, ¿**qué quiere** Ud. **que** yo haga?
—Lo **que** crea mejor. Por lo menos, dígale a Ro**que que** tiene **que** devolverme lo **que** me debe.
—¿Y si no **quiere** pagar?
—Yo sé **que querrá.** Bastaría **que** Ud. se lo indicara. **Que quede** esto, pues, en sus buenas manos.

Although it is not necessary to omit all occurrences of **que—quien** the text given below shows how they can be avoided, with the exception of the proper name **Roque.**

—Pero, ¿puedo yo intervenir en este asunto?
—Ud. hallará la manera de hacerlo. Por lo menos, mándele a Roque devolverme cuanto me debe.
—¿Y si no me hace caso?
—A Ud. le escuchará. Bastará una sola indicación suya. Dejo, pues, este asunto en sus buenas manos.

IV. Ideas afines

1. asignatura—curso. Both words mean *course* in Latin America. In Spain, however, a **curso** is a school year:

Acabo de terminar el primer curso.   *I have just finished the first school year.*

In Latin America, however, one may hear:

¿Qué cursos sigues?   *What courses are you taking?*

2. claustro. Because Spanish universities were originally religious institutions, the word **claustro** (*cloister*) was the name given to the university faculty as a whole and also to a formal faculty meeting. In Latin America: **cuerpo de profesores, cuerpo docente, or profesorado.**

3. cátedra—catedrático. A **cátedra** is a university chair, or professorship, taught by a **catedrático** (*university professor*).

El Sr. Almendáriz ganó la cátedra de matematicas por oposición.   *Mr. Almendáriz won the mathematics professorship through public competition.*

4. explicar—enseñar—dictar. **Explicar una asignatura,** in Spain, is to teach a course.

Mañana comenzaré a explicar una nueva asignatura.   *Tomorrow I will begin to teach a new course.*

In Latin America the word most often used is **enseñar.** Another option: **dictar un curso.**

5. facultad—profesorado. This is the name given in both Spain and Latin America to the colleges composing a university: **la Facultad de Farmacia** and **la Facultad de Filosofía y Letras** would translate *Pharmacy School* and *College of Philosophy and Letters*. The Spanish word corresponding to English *faculty* is **profesorado. En nuestro profesorado hay más mujeres que hombres.** *In our faculty there are more women than men.*

6. instituto. In Spain and some Latin American countries a high school is called **un instituto.** Other labels used in Latin America are **liceo** and **escuela secundaria.** An **instituto** can be a school for specialized studies, one usually requiring a high school, or even more commonly, a college degree.

For example, **Instituto de Sociología (Economía, Ciencias Políticas)** would translate: *Center for Advanced Studies in Sociology (Economics, Political Science).*

NOTE: **Colegio** normally means *grade school* and not *college.*

7. **numerario—supernumerario—auxiliar. Profesor numerario,** also called **el profesor de planta,** is a faculty member chosen by administrative authorities. His position carries tenure.

Un profesor supernumerario is one who has no tenure. **El profesor auxiliar** (or **sustituto**) teaches sporadically.

8. **escolares.** This word is applied primarily to elementary school pupils and by extension, although not too commonly, to high school students. The Spanish word for scholar is **investigador (sabio, erudito).**

9. **burlas—befas—escarnios—chanzas. Una burla** is either a statement or an act intended to make people laugh by making someone or something appear ridiculous.

>   **Yo creo que tus burlas son de mal gusto.**
>   *I think your jokes are in poor taste.*

Una befa is a verbal joke, more incisive and biting than **una burla.**

>   **El empleado sufría las befas con resignación.**
>   *The employee suffered the jeering with resignation.*

Escarnios are humiliating pranks. **Chanzas** are ordinarily light jokes. If they are cutting, the noun must be qualified: **chanzas pesadas (extremas).**

>   **Muy pronto las chanzas se convirtieron en escarnios.**
>   *Very soon the jokes became abusive jests.*

10. **carecer—faltarle a uno.** The first of these verbs is more literary than the second. **Carecer** is used mainly when speaking of intellectual, emotional, or volitional attributes.

>   **Carece de sentido común (de autoridad moral).**
>   *He lacks (is wanting in) common sense (moral authority).*

Ejercicio

Llene Ud. los espacios en blanco con las palabras apropiadas.

1. Me graduaré este año al terminar el _instituto_.
2. Cuando Ud. estaba en la Universidad de Salamanca, ¿quién _expliqué_ la asignatura de lingüística?
3. En España y algunos países sudamericanos la escuela secundaria se llama _liceo_ ; en otros países de Hispanoamérica se llama _instituto_ o _____.
4. Yo conocí a varios _sustitutos_ de la Universidad de Granada, que sólo enseñaban cuando no venían los profesores numerarios.
5. En la Universidad Interamericana el _profesorado_ se reúne «en claustro» pocas veces.
6. Mi chico tiene buenos amigos entre los _escolares_ que asisten a esa escuela.
7. Como era un muchacho débil, sus compañeros le hacían crueles _escarnios_.
8. Nuestra universidad no tiene una _facultad_ de artes liberales.
9. Vino el profesor auxiliar porque el profesor _de planta_ estaba enfermo. _numerario_
10. A mi niño no le gusta ir al _colegio_.

V. Elementos de composición

Ejercicios

A. *Exprese en español, usando una de las siguientes palabras o construcciones:* ser, estar, estar de, estar para, encontrarse, quedarse, ser para. *Siga el modelo.*

MODELO: *She was disillusioned. Ella se quedó desilusionada.*
    or Ella estaba desilusionada.

1. At what time was the meeting?
2. What has become of your nephew?
3. I found myself in a most difficult situation.
4. Eat this meat; it is delicious.
5. Today the faculty will meet here.
6. My two sons are working as waiters in a hotel for tourists.
7. On seeing the accident she was frightened.
8. I cannot visit you because I am just passing through.

B. Escriba una oración en español que exprese cada una de las siguientes ideas.

1. cómo recibieron las hijas a don Clemente
2. qué les contó él a sus hijas
3. por qué no es respetado el profesor auxiliar
4. qué ordena el reglamento universitario
5. tipos de burlas que se le hacen al profesor auxiliar

C. Escoja Ud. dos o tres alumnos y diga algo de su actitud o personalidad. Explique, en todo caso, su opinión dando razones.

VI. Repaso

Ejercicios

A. Complete Ud. las frases con formas de ser o estar.

1. ¿Dónde __es__ la reunión de hoy?
2. Pude ver que los muchachos __están__ asustados.
3. Las dificultades siempre __son__ explicadas en clase.
4. Vi que toda la familia __está__ reunida en el patio.
5. ¿Qué __es__ de Rosita?
6. Observé que tus padres __son__ amables con todo el mundo.
7. Me informaron que su petición __fue__ aprobada.
8. La paella valenciana __es__ riquísima.
9. Me dicen que su hermano __es__ de cónsul en París.
10. Siento decirle que hoy no __estoy__ para bromas.

B. Repaso de vocabulario. Complete Ud. las siguientes oraciones.

1. ¡Qué postre tan bueno! ¡Está __riquísimo__! *(pudding)*
2. Parece que has confundido una clase con otra. ¿No estarás __tarde__?
3. Para recordar lo dicho en clase es indispensable tomar __notas__.
4. El empleado que abre y cierra puertas y saluda a los catedráticos es el __portero__.
5. Para subir al segundo piso es necesario usar las __escaleras__.
6. Los profesores auxiliares son víctimas de __burlas__ y __escarnios__. *(jokes & pranks)*
7. A la hora de los exámenes la opinión del profesor auxiliar no __importa__.
8. Las hijas del profesor auxiliar estaban __orgullosas__ de su padre.

C. Complete Ud. las siguientes expresiones idiomáticas.

1. Hoy es imposible hablarle. Está de mal __humor__.
2. Aquello fue horrible. Todos estábamos __disgustados__.
3. Ayer no te vi en clase. A ver, ¿por qué __es__?
4. Tú crees que en esta vida todo tiene __razón__.
5. Nunca prestas atención. Parece que estás en __Babia__.
6. Estaba tan cansado que me quedé __en casa__.
7. —¿Cuándo piensas volver?—Creo que para el martes próximo estaré de _____.
8. Yo sé que, para no perder el curso, debo __asistir__ a todas mis clases.

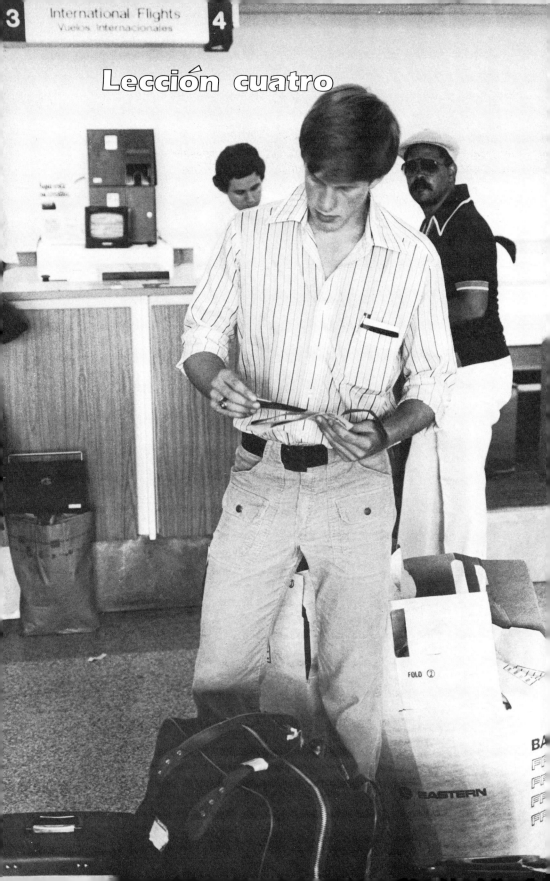

International Flights
Vuelos Internacionales

3

4

Lección cuatro

I. Lengua oral

UN VIAJE A ESPAÑA

CARLOS: Pues, todo decidido. Este verano, me voy para España.

FÉLIX: Pero, ¿de dónde vas a sacar el dinero?

CARLOS: ¿De dónde crees? ¿Para qué te imaginas que ando como un loco con dos trabajos y los periódicos los domingos? Ya lo tengo todo planeado; voy a viajar en *moto*.

> motocicleta (*motorcycle*)

FÉLIX: ¿Cómo, en moto? ¿En el *lomo* de una *ballena*?

> back / whale

CARLOS: No, no cuando llegue, claro. Voy a alquilar una moto para dar una vuelta por el país. Tengo muchas ganas de conocer a Galicia; dicen que el paisaje es muy lindo.

FÉLIX: *¿Cuánto dista* Galicia de Madrid?

> How far is

CARLOS: No sé, unos doscientos kilómetros, supongo. *Menos mal* que hay carreteras.

> It's a good thing

FÉLIX: ¿Y sabes manejar una moto?

CARLOS: Sí, claro; lo más fácil del mundo. Voy a echar mis cosas en una *mochila*, me compraré algo de comer, y ¡adelante!

> knapsack

FÉLIX: Te envidio, realmente. Pero, dime, ¿no ibas a hacer el viaje el año pasado? ¿Por qué no fuiste?

CARLOS: *Por* falta de dinero, y también por el maldito pasaporte. No lo pude conseguir a tiempo, y sin pasaporte, ni pensar. Pero esta vez todo va sin problema. Voy a *disfrutar al máximo,* tomando el sol en pleno invierno y comiendo *gazpacho* . . . *Estaré hecho* todo un turista, ¿no te parece?

> Because of

> enjoy / to the utmost
> cold vegetable soup / typical of Andalucía

FÉLIX: Me parece que te equivocas. No creo que haya ni sol ni gazpacho en pleno invierno en Galicia.

> Will probably look like

CARLOS: ¡Caramba! En la agencia de viajes me aseguraron que había.

FÉLIX: Pues creo que alguien te estaba *tomando el pelo,* porque en Galicia no hace más que llover en invierno. *A lo mejor,* debes hablar otra vez con el agente, ¿no te parece?

> pulling your leg

> Perhaps

CARLOS: Sí. Pero ahora estoy un poco *desilusionado.* Si no hay ni sol ni gazpacho en Galicia, ¿habrá otro lugar en España donde pueda encontrarlos?

> disappointed

FÉLIX: Aterrizas en Madrid, ¿verdad? Pues si te montas en esa moto tuya, y sigues el sol cuando está en su cima, quizás encuentres lo que buscas.

Notas culturales

1. **moto.** Motorcycles are an extremely common means of transportation in Spain, especially within cities. In contrast to the large flashy cycles commonly seen in this country, the typical Spanish **moto** is a tiny "mo-ped," hardly bigger than a bicycle. It is often the only vehicle a Spaniard possesses until well into adulthood.
2. **Galicia.** This region in northwest Spain is a green fertile area, in contrast to most of the rest of Spain. Although rainfall is abundant, the area is not tropical, and the vegetation is more typical of the southern United States than of the tropics.

Ejercicios

A. *Reconstrucción.*

1. ¿Qué piensa hacer Carlos?
2. ¿Cómo va a conseguir el dinero para realizar sus planes?
3. ¿Qué modos de transporte va a usar?
4. ¿Por qué no hizo el viaje el año pasado?
5. ¿Qué ideas equivocadas tiene?
6. ¿De dónde sacó esas ideas?
7. ¿Qué piensa Félix de los planes de Carlos?
8. ¿Qué consejo le ofrece Félix a Carlos?
9. ¿Cuál es la actitud de Carlos ante las revelaciones de su amigo?
10. ¿En qué dirección debe ir Carlos para encontrar lo que busca?

B. *Creación personal. Haga Ud. frases con las palabras indicadas.*

1. viajar—la moto—España
2. conseguir—pasaporte—ni pensar—hacer el viaje
3. el trabajo—conseguir—el dinero
4. echar—las cosas—la mochila
5. dista—Madrid—Galicia
6. menos mal—las carreteras—buenas
7. tomar—el sol—gazpacho
8. agente de viajes—asegurar
9. a lo mejor—tomarle el pelo
10. desilusionado—encontrar—otro lugar

C. *Expresión libre.*

1. ¿Son útiles los agentes de viajes?
2. ¿Ha visitado usted a España o a algún otro país?
3. ¿Cómo es el clima de la región donde Ud. vive?
4. ¿Qué países le gustaría a usted visitar? ¿Por qué?

II. Formas y estructuras

A. FUNDAMENTOS
Expresiones interrogativas

Both Spanish and English have two basic types of questions: those that ask for a yes-no response, and those that request specific information.

1. A simple declarative sentence may be turned into a yes-no question in three ways: (a) by simply raising the intonation of the voice at the end; (b) by adding a tag such as **¿no?** or **¿verdad?** and (c) by interchanging subject and verb. If the verb is followed by an object or other phrase, the subject is more frequently placed after the latter words. However, it may immediately follow the verb, especially when it is considerably shorter than the object or phrase. Study the following examples:

JORGE ES RICO.	JORGE VIVE EN SANTURCE.	JORGE COME MANZANAS.
(a) ¿Jorge es rico?	¿Jorge vive en Santurce?	¿Jorge come manzanas?
(b) Jorge es rico, ¿no?	Jorge vive en Santurce, ¿no?	Jorge come manzanas, ¿no?
(c) ¿Es rico Jorge?	¿Vive Jorge en Santurce?	¿Come manzanas Jorge?

Ejercicio

Convierta las siguientes oraciones en preguntas, usando el ejemplo (a), (b) o (c) indicado arriba. Siga el modelo.

MODELO: **Londres es la capital de Inglaterra. (c)**
¿Es Londres la capital de Inglaterra?

1. Maricruz dijo que no podía acompañarnos. (a)
2. Dicen que va a llover mañana. (b)
3. Las zanahorias tienen muchas vitaminas. (b)
4. A Felipe no le gustan los platos picantes. (a)
5. Irene es una de las directoras de la compañía. (c)
6. Rafael tendrá que pagar una fuerte multa. (a)
7. Ese trabajo lleva más de dos horas. (b)
8. Francisco es un novelista famoso. (b)
9. Los chiles jalapeños se cultivan en México. (c)

2. Information questions are usually introduced by interrogative words such as **cómo, cuánto(s), dónde, adónde, cuándo, qué, cuál(es), quién(es),** etc. Some of these words may be preceded by prepositions.

As with yes-no questions, the subject usually comes after the verb and either before or after other elements, such as objects and prepositional phrases.

¿**Cómo** está usted?   *How are you?*

¿**Cuándo** conocieron ustedes a Ramón?   *When did you meet Ramón?*

¿Con **quién** vas a Galicia?   *With whom are you going to Galicia?*

¿**Dónde** prefieren comer ustedes?   *Where do you prefer to eat?*

Ejercicio

Haga una pregunta apropiada para cada contestación, basándose en la parte subrayada. Siga el modelo.

MODELO: **Mis abuelos viven aquí,**
          ¿Dónde viven tus abuelos?

1. El maestro come demasiados dulces.
2. Mi padre se siente muy mal.
3. El tren para Chicago sale a las siete.
4. Fuimos a la playa con los chicos.
5. Vamos al centro para comprar más papel.
6. Necesito dos kilos de arroz.
7. Me hace falta la primera sección.

B. AMPLIACIÓN

1. Tag question forms. Spanish has a variety of tag question forms, none of which involves repeating the verb of the main sentence. Besides ¿**no**? and ¿**verdad**?, negative forms such as ¿**no es verdad**? and ¿**no es cierto**? may be used. When the main sentence is already negative, it is not possible to use a negative form in the tag question; ¿**verdad**? is generally used:

Ese hombre es tu tío, ¿**no**?   *That man is your uncle, **isn't he?***

No es muy difícil, ¿**verdad**?   *It isn't very hard, **is it?***

When agreement is specifically asked for, ¿**de acuerdo**? may be used:

Nos vemos mañana, ¿de acuerdo?   *We'll meet tomorrow, **all right?***

In familiar conversation, ¿**quieres**? may be used after commands or statements which imply commands to soften them into a request; ¿**sí**? may also be used to add a more cajoling tone:

Dame el azúcar, ¿**quieres**?   *Pass me the sugar, **won't you?***

Vas conmigo, ¿**sí**?   *You'll come with me, **won't you?***

In colloquial language one often uses other tags to question the listener's awareness, including ¿**sabes**?, ¿**te fijaste**?, ¿**no te parece**?, etc.

Es el mismo examen que dio el año pasado, ¿**te fijaste**?   *It's the same exam he gave last year, **did you notice?***

¿*viste*?   *Fijarse = to pay attention*
Fijar = to fix

Ejercicios

A. *Termine cada oración con una pregunta final. Siga el modelo.*

MODELO: *Madrid es la capital de España.*
        Madrid es la capital de España, ¿verdad?

1. Tráeme una cerveza.   *quieres?*
2. Esa máquina es una maravilla.   *no?*
3. Creo que nos conocemos.   *verdad —(de acuerdo)*
4. Tus abuelos viven aquí.   *no?*
5. Paquita y Ramón acaban de divorciarse.   *sí*
6. Parece que no sabe la respuesta.   *te fijaste?*
7. Nadie sabía nada de España.   *te fijaste*
8. Te dijo que en Galicia hacía sol en invierno.
9. Creo que me han engañado.   *cheated*
10. Para viajar a Europa, hay que tener un pasaporte.   *no*
→ more specific, more concrete request

2. ¿*Por qué? and ¿para qué?* Both expressions mean *why?*; how-ever, ¿**para qué**? asks for the purpose or final result of an action (i.e. in the future), while ¿**por qué**? asks for the initial impulse or reason for an action (i.e. in the past).

¿**Por qué** viniste hoy en vez de mañana?   ***Why** did you come today instead of tomorrow?*

Porque mi hermano me prestó el coche hoy.   *Because my brother lent me his car today.*

¿**Para qué** quieres estudiar contabilidad?   ***Why** do you want to study accounting?*

Quiero conseguir empleo en un banco.   *I want to get a job in a bank.*

when you want specific info.

B. Haga una pregunta apropiada con ¿por qué? o ¿para qué? Siga los modelos.

MODELOS: *Mi mamá me mandó a la tienda por un kilo de harina.*
¿Para qué te mandó tu mamá a la tienda?
¿Cómo no voy a buscar trabajo cuando me botaron de la fábrica? ¿Por qué buscas trabajo?

Para que   1. Trabajo fuerte porque quiero hacer un viaje a España el año que viene.
Para qué   2. Necesito estas tuercas para arreglar el motor de mi camión.
por qué   3. Tuve que comprar estos zapatos especiales porque me dolía el tobillo.
porqué   4. Compré un billete para España porque el agente me lo aconsejó.
   5. Lo compré con mucha anticipación porque él dijo que era preferible.
Por qué   6. Decidí ir a España porque quiero visitar a Galicia.
Para qué   7. Consulté a un agente de viajes porque quiero que todo salga bien.
Por qué   8. Me perdí porque nadie podía darme indicaciones.

3. **¿Qué?** and **¿cuál?** with **ser.** ¿Qué es?, when used alone, asks for the identification of the object being referred to. When followed by a noun or noun phrase, it asks for a definition of that word or expression.

¿Qué es? Es una paraguaya.

What is it? It's a "para-guaya."

¿Qué es una paraguaya? Es una fruta semejante a un melocotón.

What's a "paraguaya"? It's a fruit similar to a peach.

¿Cuál es? is used to ask for a name, a number, or a choice from among alternatives; i.e., a specific response that is not a definition:

¿Cuál es su nombre? Mi nombre es Carlos.

What is your name? My name is Carlos.

¿Cuál es la diferencia entre un conejo y una liebre? La liebre es más grande.

What is the difference between a rabbit and a hare? Hares are larger.

¿Cuáles son sus colores favoritos? Son el rojo y el azul.

What are your favorite colors? They are red and blue.

NOTE: ¿Qué es lo que. . . ? is an alternative for ¿qué? before other conjugated verbs:

¿Qué quieres?
¿Qué es lo que quieres?

What do you want?
what (is it that) you want

C. Complete cada oración con qué o cuál y una forma de ser.

1. ¿_Cuál es_ el museo más famoso del mundo?
2. ¿_Qué es_ el sarampión? _measles_
3. ¿_Cuáles son_ las ciudades más grandes de Europa?
4. ¿_Qué es_ la obra más conocida de la civilización china?
5. No sé _qué es_ un espejo retrovisor.
6. ¿_Cuáles son_ las zonas tropicales menos pobladas?
7. ¿_Qué es_ un gallego? _una persona de Galicia_
8. ¿_Qué son_ pompas fúnebres?
9. ¿_Cuál es_ el sueldo del presidente? _salary_
10. ¿_Qué es_ un arco iris? _rainbow_

4. *Ways of translating* how + *adjective or adverb.* In English, *how* is used to question the degree or intensity of an adjective or adverb: *How long is this rope?, How fast can you run?* To question the intensity of an adjective in Spanish, one normally uses ¿**Cómo es(son) de. . .** ? and ¿**Cuánto es(son) de . . .** ?

$\begin{Bmatrix} \text{¿Cómo} \\ \text{¿Cuánto} \end{Bmatrix}$ es de larga esta *How long is this rope?*
soga?

Cuán, an almost archaic expression, may be found in literary works and in some parts of South America.

¿**Cuán** larga es? *How long is it?*

To question the intensity of an adverb, ¿**cuán**? may be used in more literary Spanish:

¿**Cuán** rápido corre? *How fast does he run?*

Both adjectives and adverbs may be replaced by equivalent abstract nouns, when they exist, although the resulting sentences are sometimes rather unlikely sounding: *literatura - ni en hablando*

¿Qué **largura** tiene la soga? *(literally) what **length** does the rope have?*

¿Con qué **rapidez** corre? *(literally) with what **speed** does he run?*

Colloquially, ¿**qué tan**? is sometimes used for ¿**cuán**? with both adjectives and adverbs. Used alone, the form is ¿**qué tanto**?, equivalent to ¿**cuánto**?:

¿**Qué tan** larga es la soga?
¿**Qué tan** rápido corre?
¿**Qué tanto** dinero tiene?

¿cómo es la alta de fiebre?
cómo es difícil
cómo es de grande

Ejercicio

Para cada oración, haga una pregunta apropiada. Siga el modelo.

MODELO: *Esta sopa es picante.*
¿Cómo es de picante?

1. El camino de Cienfuegos es largo. ¿como es de largo el camino?
2. Filadelfia está cerca. como está de cerca F:
3. El tren de la tarde corre rápido. Como es de rapidez como el tren de la tarde
4. El clima de Galicia es caluroso. como es de caluroso
5. El lago es profundo. cuánto es de profundo el lago
6. El motor gira lentamente. como gira de rápido el motor

5. **¿Qué? and ¿cómo? to request repetition.** Normally in questions ¿qué? means *what?* and ¿cómo? means *how.* However, ¿cómo? is also used to ask to have something repeated if it was not heard clearly or if it seemed surprising. In the case of great surprise or outrage, ¿cómo que? plus a relevant response may be used.

Es el vuelo 763. **¿Cómo** (dijo)?	It's flight 763. **What** (did you say)?
Usted no puede ver los expedientes de su hijo.	You cannot see your son's records.
¿Cómo que no los puedo ver?	**What do you mean** I can't see them?

Caution: Do not confuse **cómo que** with **cómo no**, which means *of course* and is not used as a question:

¿Puedo entrar? **¡Cómo no!**	May I come in? **Of course!**

¿Qué? is used rather than **¿cómo?** if the speaker has not been present when something was said and wishes to have it reported to him.

¿Qué dijo el presidente en su discurso?	**What did the president say in his speech?**

Ejercicio

Invente una respuesta apropiada con ¿qué? o ¿cómo? Siga el modelo.

MODELO: *Sus amigos están en el Hotel Carlos Quinto el Emperador. ¿Cómo?*

1. ¡Usted es el tonto más grande que conozco! como
2. El jefe me dijo algo de aquello. que

3. Mi teléfono es 5-8350. *como*
4. ¡Te van a echar de aquí mañana!
5. ¡Tu vuelo a España ha sido cancelado! *cómo qué ha sido cancelado*
6. El compositor era Pablo Sarasate de Navascuez.
7. Sí, Juan nos lo explicó.

6. *Saber/saber cómo plus infinitive.* **Saber** plus infinitive means *to know how (to),* to have a general ability:

Él **sabe** patinar.   *He **knows how** to skate.*

Yo no **sé** escribir a máquina.   *I don't **know how** to type.*

Saber cómo plus infinitive refers to a specific, concrete meaning. For example, a person may be able to repair television sets, yet be unable to repair a particular set. In a question, **saber cómo** plus infinitive often hints at a request for a demonstration. As a general rule, if it is possible to make a related question with ¿**cómo**?, **saber cómo** plus infinitive may be used:

¿**Sabes cómo** traducir este párrafo? (¿Cómo se traduce este párrafo?)   *Do you **know** how to translate this paragraph?*

¿**Sabes cómo** hacer esta torta? (¿Cómo se hace esta torta?)   *Do you **know** how to make this cake?*

sé nadar
no sé como nadar la butterfly
no sé como explicar el problema

Ejercicio

Complete cada oración con **saber** *o* **saber cómo.**

1. ¿_Sabes cómo_ preparar este plato cubano?
2. Me dijo que no _sabe_ contestar a la tercera pregunta.
3. ¿Tu hermano _sabe_ escribir el alfabeto sánscrito?
4. Yo no _sé_ manejar muy bien.
5. Él no _sabe cómo_ resolver su dilema.
6. No _sabe cómo_ hablar sin meter la pata.   *put foot in mouth*
7. Mi vecino _sabe_ hablar cuatro lenguas.
8. Yo no _sé cómo_ cambiar las actitudes de Marta.
9. El jefe no _sabe_ jugar al golf.
10. ¿_sabe_ usted esquiar?

7. *Cuál and qué meaning* which. *Which?* is normally translated by ¿**cuál(es)**? when used alone as a pronoun:

¿**Cuál** prefieres?   ***Which one** do you want?*

Before nouns, it is more frequent in modern Spanish to use ¿qué?, although ¿cuál(es)? is still occasionally used as an adjective:

¿Qué países vas a visitar?　　*Which countries are you going to visit?*

Ejercicio

Complete cada oración con qué *o* cuál(es).

1. ¿___Qué___ ciudades conoces mejor?
2. ¿___Qué___ lugares me recomiendas?
3. ¿___Cuál___ de ellos vas a visitar?
4. ¿___Cuál___ perdiste, el primero o el segundo?

8. **¿Qué tal?** Used by itself in a greeting, **¿Qué tal?** means *How are you?*. In other questions, it asks for a commentary on or opinion of what follows it.

¿Qué tal el tercer capítulo?　　*How is the third chapter?*

¿Qué tal los frijoles?　　*What do you think of the beans?*

" la película
" persona es

Ejercicio

Haga una pregunta apropiada con ¿qué tal?

1. El viaje fue magnífico.
2. El paisaje era encantador.
3. El vuelo fue muy agradable.
4. El aeropuerto de Barajas es grandísimo.
5. La comida era muy mala.

9. **¿De quién(es)?** In questions, *whose?* is translated by **¿de quién(es)?**:

¿De quién es ese coche?　　*Whose car is that?*

Do not confuse this with the relative adjective **cuyo,** *whose,* which is not a question word:

No puedo encontrar al hombre **cuyo** coche está estacionado aquí.　　*I can't find the man **whose** car is parked here.*

10. **¿Cuánto?** Normally, **¿cuánto?** or **¿cuántos?** are used for *how much?* or *how many?*. When referring to a price, it is also possible to use **¿a cuánto?** or **¿a cómo?**:

| ¿**Cuánto** cuesta este vestido? | *How much* does this dress cost? |
| ¿**A cómo (cuánto)** se vende esta camisa? | *How much* is this shirt? |

NOTE: ¿**A cómo estamos?** or ¿**a cuántos estamos?** mean *What is the date?* The response is **Estamos a. . . .**

11. The subjunctive in interrogative expressions. The subjunctive is used in Spanish when anything less than certain is implied. We have already seen how the subjunctive is used when something is denied or negated. When asking if something exists, it is naturally not clear what the answer will be; therefore, the subjunctive is also used in adjective clauses (those which modify a noun) when one is merely asking if something exists. Compare:

¿Hay alguien aquí que **hable** español? (Person may or may not exist).	*Is there anyone here who speaks Spanish?*
No, no hay nadie que **hable** español. (Person does not exist).	*No, there is no one who speaks Spanish.*
Sí, hay alguien que **habla** español. (Person does exist).	*Yes, there is someone who speaks Spanish.*

In a similar fashion, if one is merely describing what is desired or needed, without knowing if such a thing exists, the subjunctive is also used in adjective clauses. Even though such clauses need not occur in questions, the use of the subjunctive is identical to that in questions, since the noun being described does not necessarily exist.

Tenemos una casa que **tiene** cinco habitaciones. (House exists).

Necesitamos una casa que **tenga** cinco habitaciones. (no particular house in mind).

IN SUMMARY: Adjective clauses may be divided into four categories, depending upon the form of the sentence (statement or question) and the existence of the person or object they describe. The verb that follows **que** will be in either the indicative or subjunctive, according to the category:

1. Object or person exists: indicative. **Carlos es un hombre que** *trabaja* **muchísimo.**
2. Object or person desired and described, but does not necessarily exist: subjunctive. **Nos hace falta un hombre que** *trabaje* **los domingos.**

3. Object or person definitely does not exist: subjunctive. **No hay nadie que** *pueda* **hacer eso.**
4. Does such an object or person exist?: subjunctive. **¿Encontraste algo que** *pudieras* **usar?**

Ejercicios

A. Forme respuestas apropiadas a las siguientes preguntas.

1. ¿Hay una tienda que venda plátanos para freír? (no)
2. ¿Me dará un coche que tenga tracción delantera? (sí)
3. ¿Compraste un sofá que hiciera juego con los otros muebles? (sí)
4. ¿Conoce usted a alguien que viva en Caracas? (no)
5. ¿Encontraron una puerta que diera a la calle? (no)
6. ¿Hay un agente de viajes que sepa algo de España? (sí)
7. ¿Hay una frutería que venda frutas tropicales? (no)
8. ¿Buscaban a alguien que les alquilara una moto? (sí)
9. ¿Fuiste a algún sitio donde pudieras hablar español? (no)
10. ¿Tiene Ud. algún libro que me quiera recomendar? (no)

B. Llene los espacios en blanco con las formas correctas de los verbos indicados.

1. Necesitan un agente que (saber) _sepa_ algo de España.
2. ¿Hay un país asiático donde se (hablar) _hable_ español?
3. Encontró el libro que (buscar) _buscaba_
4. El presidente es un hombre que (tener) _tiene_ mucha experiencia política.
5. Buscaba un taller que me (alquilar) _alquilara_ una bicicleta.
6. ¿Tienes alguna idea que (ser) _sea_ útil en este caso?
7. ¿Te gusta la fruta cuando (estar) _está_ madura?
8. Nadie sabía si encontrarían un agente que (ser) _fuera_ responsable.
9. El Brasil es el único país latinoamericano donde se (hablar) _habla_ portugués.

C. Complete cada oración con una expresión apropiada.

MODELO: *¿Hay alguien que me pueda ayudar?*

1. No encontré nada que _pueda_.
2. Nos hace falta un director que _es bueno_.
3. Me mostró el párrafo que _____.
4. ¿Puede recomendarnos un sitio donde _____?
5. Me gustaría visitar un país en que _vivan_.
6. Michigan es un estado que _está en EE UU_
7. Washington es la ciudad en que _vive el pres_
8. Quería saber si existía una planta que _cure cáncer_.

III. Lengua escrita

En el teléfono se *suele* emplear un tono inútilmente grave. ·usually·
Pero podía suceder* que súbitamente olvidara mi *estancia* ·proper behavior·
castiza y dijera hello; me autocorregía* *molesto*, dígame*, ·annoyed·
hola, número equivocado, señor. El teléfono iba siendo el
único medio* que me quedaba* para comunicarme con los
otros. No había que mostrar la faz* de hombre *super-* ·superfluous·
numerario. Aun así recordaba a menudo las imposibles
comunicaciones, atormentados diálogos que me espanta-
ban* las ganas de tratar de intentarlos una vez más. Quizá
no era para tanto. ·it wasn't so important·
—Compañía de autocares*—gruñó el hombre.
—¿Es la compañía de autocares Félix?
—Hombre, si *marcó* nuestro teléfono no espere que salga ·dialed·
la farmacia de turno* ni la plaza de toros de Carabanchel.
Dije humildemente —Sí señor, la plaza de toros. Digo,
disculpe, quiero saber a qué hora salen las guaguas, los
autobuses a Vigo.
—Autocares.
—Eso mismo.
Y me dijo *gruñendo* el horario, rápidamente. Y luego* ·grumbling·
el costo* del pasaje.
—Perdón. ¿Puede repetirme el horario?
—Si al menos anotara la información, pero qué va a anotar
usted.
—Estoy anotándola señor, pero *se me pasó* el horario. ·I didn't catch·
—¿Se le pasó el horario? ¡Hala! Si lo anotara usted.
—Lo he estado anotando, señor. ¿Cómo sabe que no lo
estoy apuntando en mi libreta?
—¡Libreta! ¿Me dejará usted en paz, por el amor de
Cristo?
—Oiga, señor, yo acabo de llegar a este país. No conozco
las costumbres y usted sabe. . .soy un turista.
Hubo un silencio al otro lado. Al cabo la voz dijo,
contenida: ·restrained·
—Bueno, bueno. *Siendo así*. . .¿Dijo que a Pontevedra? ·in that case·
—Vigo.
—Es igual. El mismo autocar. Vigo es una bonita ciudad.

Emilio Díaz Valcárcel, *Figuraciones en el mes de marzo*
(Barcelona: Seix Barral, 1972)

COMENTARIO

Reproducing a conversation. It is frequently necessary, in the midst of a prose passage, to reproduce the details of a conversation. One may either give directly the words of the speakers or indirectly describe what was said. In the latter case, one must be careful to accurately convey the meaning of what the speakers said without actually quoting them. In indirect style, it is also possible to comment more extensively on the manner in which something was said or on other details of the conversation. For example:

> Y me dijo gruñendo el horario, rápidamente. Y luego el costo del pasaje.

In directly quoted speech, one would find something like:

> —Salen a las tres y veinticinco, las cuatro y media, las seis menos cinco, las siete y veinte y las ocho en punto, y cuesta trescientas—gruñó rápidamente.

In direct dialogue, the speakers' words appear in the text; greater realism may be added at times by omitting expressions such as **dijo, explicó,** etc., thus simulating a rapid interchange:

> —Quiero saber a qué hora salen las guaguas, los autobuses, a Vigo.
> —Autocares.
> —Eso mismo.

This is a short interchange and it is easy to keep track of who is talking. In a longer conversation, it would be necessary to add a clarifying expression from time to time. Effective writing balances both approaches to reporting speech.

Ejercicios

A. *Diga lo siguiente en una forma indirecta.*

MODELO: _*Compañía de autocares—gruñó el hombre.*
El hombre gruñó el nombre de la compañía.

growled

1. —Hombre, si marcó nuestro número, no espere que salga la farmacia de turno.
2. —Quiero saber a qué hora salen las guaguas, los autobuses, a Vigo.
3. —¡Libreta! ¿Me dejará usted en paz, por el amor de Cristo?
4. —¿Decidido ya? ¿De dónde vas a sacar el dinero?
5. —Creo que te estaban tomando el pelo.

B. *Diga lo siguiente en una forma directa.*

MODELO: *Me explicó que no se decía* autobuses *sino* autocares.
Señor, aquí no se dice *autobuses* sino *autocares*.

1. Hubo un silencio al otro lado. Al cabo el hombre disimuló su impaciencia y me repitió el horario.

2. Al principio, como el hombre no se había identificado, yo pregunté si no era un número equivocado.

3. Él se imaginaba que yo no apuntaba lo que me iba diciendo.

4. Le dije que lo estaban engañando.

5. Le recomendé que buscara otro agente de viajes.

IV. Ideas afines

1. **suceder—ocurrir—pasar—acontecer.** All are synonyms for *to occur.*

¿Y qué **sucedió** después?   *And what **happened** next?*

NOTE: *To succeed* meaning *to triumph* is **tener éxito.**

Tuvimos mucho **éxito** en el concurso.   *We were very successful in the contest.*

2. **auto-.** Spanish words sometimes contain the prefix **auto-** where comparable English words carry the prefix *self-.* **Autocorregir** is *to correct oneself;* other examples are **autodidacto,** *self-taught person;* **autodefensa,** *self defense;* and **autocrítica,** *self-criticism.*

3. **dígame—bueno—hola—aló—oigo.** All are used to answer the telephone. **Díga(me)** is most common in Spain. In Mexico one usually hears **bueno,** said with a slightly rising intonation. Other forms in use throughout the Spanish-speaking world include **hola, aló,** and **oigo.**

4. **medio—modo—manera—forma. Medio** is a method, means, or medium of accomplishing something. It frequently refers to a unified system. **Modo** is more general, and may mean any way of carrying something out. Close synonyms are **manera** and **forma,** which may also carry the connotation of the style in which something is done.

La televisión es el único **medio** que tenemos de explicarnos.   *Television is the only **means** we have of explaining ourselves.*

| El muchacho tiene un **modo** muy curioso de hablar. | *The boy has a strange **way** of talking.* |
| **De todas maneras,** no es para tanto. | ***In any case,** it is not so important.* |

5. **quedar—restar.** When used in the third person, **quedar** is conjugated with indirect object pronouns. It means *to have left:*

| **Me quedan** tres cheques. | *I have three checks **left.*** |

Restar (which also means *to subtract*) also means to *remain* but is not conjugated as often with indirect object pronouns.

| Vamos a revisar lo que **resta.** | *We are going to check over what is left.* |
| Voy a **restar** esta cantidad de la otra. | *I am going **to subtract** this quantity from the other.* |

6. **cara—faz—rostro. Cara** is used for *face* in most circumstances. It also refers to the face of a coin or the side of a record or tape. More specifically, **cara** refers to the front side of a coin (*head*) as in **cara o cruz (cara o sello),** *heads or tails.* **Faz** is a poetic term rarely referring to a person's face, but rather to aspects of one's character or overall appearance. It is also used in fixed expressions like **la faz de la tierra,** *the face of the earth.* **Rostro** is slightly more literary than **cara** and may also suggest a facial expression.

Enrique tiene una **cara** triste.	*Enrique has a sad **face.***
Ese tipo tiene un **rostro** conocido.	*That fellow has a familiar **face.***
¿Por qué no pones la otra **cara** del disco?	*Why don't you put on the other **side** of the record?*
No quiso mostrar su **faz** de cobarde.	*He didn't want to show his cowardly **side.***

7. **espantar—asustar.** Both mean to *scare, frighten.* **Espantar** frequently refers to a physical action such as chasing away (a scarecrow is an **espantapájaros**), whereas **asustar** is more often restricted to a fright resulting from an unpleasant thought or situation.

| ¡Jesús! ¡Cómo me **asustaste!** | *Heavens! How you **frightened** me!* |
| Tenemos que **espantar** esas moscas. | *We have to **scare off** those flies.* |

8. *Different terms for* **autobús.** In Spanish there are a variety of words for *bus,* depending upon the region. Some are:

autobús (used practically everywhere)

bus (in some Latin American countries)

ómnibus (also refers to a mail train in some countries, including Spain)

autocar (a commercial term, like *coach* in English)

colectivo (in some parts of South America)

camión (also meaning *truck* in general)

guagua (in Cuba and Puerto Rico; in some parts of South America **guagua** means *baby!*)

9. **turno—tocarle a uno. Turno** is a work shift or part of a succession or series. *To be one's turn,* especially when no fixed order is implied, is translated **tocarle a uno.**

Él trabaja el **turno** de noche.	*He works the night **shift.***
Está esperando su **turno.**	*He is waiting for his **turn.***
Es la farmacia **de turno.**	*It is the pharmacy **on duty** (i.e. open after hours, on a rotating schedule)*
Ahora **me toca a mí.**	*Now **it's my turn.***

10. **entonces—luego. Entonces** means *then—at that time, period* or *then—as a consequence.* **En aquel entonces (en aquella época)** means *at that period in time.*

¿Te vas? **Entonces,** me quedo aquí.	*You're going? **Then,** I'll stay here.*
Hasta **entonces,** nadie se había atrevido a hablar.	*Until **then,** nobody had dared to speak.*
En aquel entonces, todavía hablaban un dialecto del latín.	*At that time, they still spoke a Latin dialect.*

Luego means *then—next:*

Primero voy a Madrid, **luego** a Granada y finalmente a Valencia.	*First I'll go to Madrid, **then** to Granada, and finally to Valencia.*

11. **costo—costa—coste—precio.** All are synonyms meaning *cost.* **Coste** and **precio** are the most specific, referring to the actual price.

Costo and costa are becoming more synonymous, although the latter appears primarily in phrases. In addition, they sometimes merge with coste, as in the reading selection. Originally, costa referred to any unspecified cost, and still appears in expressions like a toda costa, *at all costs,* a mi costa, *at my expense,* etc. Costo originally meant large scale expenditures or cash outlays. In the expression *cost of living,* costo, coste is used.

Ejercicios

A. *Escriba oraciones utilizando los elementos indicados.*

1. la situación—económica—asustar
2. quedar—un capítulo—revisar
3. el recién llegado—tocarle—el turno de noche
4. el autocar—ser—el medio de transporte
5. el muchacho—espantar—el perro

B. *Combine las ideas en una sola oración, utilizando* entonces o luego.

1. Está nevando. Es peligroso manejar.
2. Compramos un regalo. Le quitamos la etiqueta (label).
3. No oye el horario. Pide que se lo repitan.
4. Es de Puerto Rico. Usa la palabra guagua para referirse a un autobús.
5. Anotó el horario. Se le perdió la libreta.

C. *Diga de otra manera la parte subrayada; en algunos casos podrá elegir entre varias alternativas.*

1. Va a tomar el autobús a Galicia.
2. Ayer ocurrió algo muy curioso.
3. De todas maneras es una pregunta infantil.
4. Pon el otro lado del disco.
5. ¿Cuál es es precio del viaje?
6. Descolgó el teléfono y dijo hola.
7. La bicicleta es el único modo de transporte en aquel país.
8. Primero se sentó. Después empezó a hablar.
9. Tenía el rostro cubierto de polvo.

D. *Llene los espacios en blanco con las frases en español que corresponden a las expresiones indicadas.*

1. Espérate que ahora (*it's my turn*) ————.
2. Tenemos que (*chase off*) ———— esos pájaros.
3. No quiere mostrar su (*evil side*) ————.
4. Sabe tanto porque es (*self-taught*) ————.
5. Sus obras (*were successful*) ————.

V. Elementos de composición

A. *Escriba las siguientes oraciones en español, usando expresiones interrogativas. Siga el modelo.*

MODELO: *What is your name, young lady?*
¿Cuál es su nombre, señorita?

1. What time is it now?
2. What did you say? I couldn't understand you.
3. This is the fourth mechanic we've called; will this one know how to fix the carburetor?
4. Why are you taking a course in physics if you want to be a Spanish teacher?
5. Just how wide did you say your car is?
6. Do you know whose dog that is on our lawn?
7. Penelope knows how to ski much better than I do.
8. By when do you need this job finished?
9. Come over tomorrow night, why don't you?
10. I'm not sure if I understand you; what is a dependent clause?
11. How far is the railroad station from here?
12. Who does he think he is, saying things like that?

B. *Escriba una breve composición sobre cada una de las situaciones descritas.*

1. Un hombre llama a una agencia de viajes, pidiendo información sobre Galicia. El agente le da datos equivocados.
2. Un autobús llega a Vigo. Uno de los pasajeros debía haber tomado el autobús a La Coruña. Trata de encontrar un autobús que vaya a La Coruña.
3. Una conversación entre el pasajero y el chófer del autobús; el pasajero describe la situación del número 2.

C. Describa la situación representada en el dibujo.

VI. Repaso

A. Llene cada espacio en blanco con una palabra interrogativa apropiada.

1. ¿———— es el presidente de los Estados Unidos?
2. ¿———— es el clima de España?
3. No sé ———— son los días festivos de España.
4. ¿———— será la reunión de la junta directiva?
5. Me preguntó ———— era una guayabera.
6. ¿———— es de larga la carretera federal?

7. ¿Sabes _____ dijo que un camello es un caballo fabricado por un comité?
8. ¿_____ día es hoy?
9. Quería saber _____ países íbamos a visitar.
10. Tenemos una mala conexión; ¿_____ dijo usted?

B. *Llene cada espacio en blanco con una palabra o expresión apropiada. En algunos casos Ud. podrá elegir entre varias alternativas.*

1. Alguien descolgó el teléfono y gruñó _____.
2. La radio es el único _____ de difusión en las zonas rurales.
3. Aquí para el _____ núm. 121, el que va a la plaza mayor.
4. Al perro le _____ los truenos.
5. El niño ha estado comiendo dulces, y tiene la _____ cubierta de caramelo.
6. Bajamos del tren y _____ nos dirigimos a los servicios.
7. En el consultorio del médico había varias personas que esperaban su

    _____.
8. He terminado el primer capítulo, pero todavía me _____ tres más.
9. El _____ del proyecto era tan alto que no pudimos realizarlo.
10. El hombre se dio cuenta de que había dicho un disparate y se _____ antes de que nosotros pudiéramos corregirle.

C. *Haga preguntas apropiadas, basándose en las siguientes oraciones.*

1. La Coruña está a 100 kilómetros de Lugo.
2. Una tortilla española se hace con huevos y patatas.
3. El pasaje cuesta cinco mil.
4. El país más grande de Sudamérica es el Brasil.
5. Nadie ha dicho eso.
6. Carlos saldrá para Europa mañana.
7. El tercer capítulo me parece un desastre.
8. La mamá dijo que no podemos ir.
9. Visitamos todos los países de Europa.
10. Ángela compró seis bicicletas el año pasado.

Lección cinco

establo / stable   *que será – I wonder if...*

I. Lengua oral

UNA VISITA A LA HORA DEL ALMUERZO

MIGUEL:	¿Quién ha *llamado* a la puerta?	knocked
CRIADA:	Un señor. . .don Juvencio.	
MIGUEL:	¿Don Juvencio?. . . ¿Quién será?	
CRIADA:	Un señor alto, con *bigote,* vestido *de* negro.	mustache / in
MIGUEL:	¡Venir a estas horas!. . .Bueno, *que pase.*	let him in
JUVENCIO:	Pues, don Miguel, aquí *me tiene Ud. En llegando* me dije: debes hacer la visita que *tienes prometida.*	I am / As soon as I arrived / you promised (you had promised)
MIGUEL:	Pues, sí, señor. . .¿Ud. es de. . . ?	
JUVENCIO:	De San Clemente. Allí nos conocimos. ¿No recuerda?	
MIGUEL:	San Clemente, ¡ah! . . . San Clemente, pues, . . . ¿no quiere almorzar con nosotros?	
JUVENCIO:	Sólo *no siendo molestia.*	if it is no bother
MIGUEL:	Siéntese Ud.	
JUVENCIO:	¿Sabe? Estoy pensando en construir un establo.	
MIGUEL:	*¡No me diga!*	No kidding!
JUVENCIO:	En la parcela que *queda* frente al río *tengo plantado* mucho maíz.	is / I've got . . . planted
MIGUEL:	*Vea, pues. . .*	What do you know!

*   *   *

*Dos días después, Miguel le cuenta **lo ocurrido** a su vecino, Miguel Jordán.*   what had happened

MIGUEL:	*Vengo* un poco confundido, ¿sabes? Hace dos días estuvo almorzando en casa un desconocido. Sentado a nuestra mesa, *habló hasta por los codos* de sus campos. Terminado el almuerzo, nos dio las gracias y se fue diciéndonos: «Juvencio, como siempre, a sus órdenes». Y hasta ahora no sé quién es.	I am / he talked a blue streak
JORDÁN:	¿Un señor con voz muy alta?	
MIGUEL:	Precisamente.	
JORDÁN:	¡Ah! Yo lo conozco.	
MIGUEL:	¿Tú?	
JORDÁN:	Verás. *Pescando* un día cerca de San Clemente, *me metí* en propiedad privada. *Me hallaba* muy contento sentado en una piedra, cuando vi a un señor que *venía* caminando hacia mí. Seguí pescando, *haciéndome* el inocente. Entonces me dijo: «Buenas tardes, *don*»[1].	While fishing / I (tres)passed / I was / was / pretending to be "mister"

elbows   *meterse*

MIGUEL:	¿Y quién era?
JORDÁN:	El dueño. Hablamos un buen rato y, como *resultó ser* buena persona, le *hice* una invitación: «Si viene a la capital, *pase por mi casa*»[2].
MIGUEL:	Pero, ¿por qué. . . ?
JORDÁN:	Confundió tu casa con la mía, y, como tenemos el mismo *nombre de pila*. . .¿Comprendes ahora?
MIGUEL:	De manera que «*el favorecido*» he sido yo.
JORDÁN:	*Todo lo ocurrido* es divertido, pero lo que no entiendo es cómo pudo confundirme contigo, siendo tú mucho más feo que yo. . .

Marginal glosses: turned out to be / extended · call on me · first name · "the fortunate one" · All that has happened

Notas culturales

1. **Buenas tardes, don.** In some Latin American countries it is common among country folks to say **don** instead of **señor.**
2. **Pase por mi casa.** Such casual invitations are usually sincere. Relations between peoples of different levels can become lasting friendships in the Hispanic world.

Ejercicios

A. *Reconstrucción.*

1. ¿Quién llama a la puerta?
2. ¿Cómo es?
3. ¿Por qué ha venido a la casa de Miguel?
4. ¿Piensa Ud. que Miguel recuerda el encuentro en San Clemente?
5. ¿Qué acepta el recién llegado?
6. ¿De qué habla don Juvencio durante el almuerzo?
7. ¿Qué le cuenta Miguel a Jordán después?
8. ¿Cuándo conoció Jordán a don Juvencio?
9. ¿Qué le dijo Jordán a don Juvencio?
10. ¿Cómo explica Ud. la confusión de don Juvencio?

B. *Creación personal. Haga Ud. frases con las palabras indicadas.*

1. un señor con bigote—llamar a—la puerta
2. almorzar—no ser—una molestia
3. la parcela—tener—el maíz
4. contar—lo ocurrido—el vecino

5. sentarse—hablar hasta por los codos—los campos
6. terminar—almuerzo—despedirse
7. pescar—sentado—una piedra
8. un señor—venir caminando—«buenas tardes, don»
9. confundir—las casas—el nombre
10. poder confundir—ser—más feo

C. *Expresión libre.*

1. Se dice que hoy día no tenemos amigos; sólo tenemos conocidos. ¿Lo cree Ud? Explique.
2. ¿Qué podemos hacer con una visita que nos habla de algo que no entendemos, o no nos interesa?
3. ¿Cree Ud. que hoy es más fácil o más difícil comenzar una conversación con una persona que no conocemos? ¿Por qué?
4. ¿Qué hace Ud. cuando un desconocido viene a visitarle a la hora del almuerzo?
5. Dicen algunos que hoy es imposible invitar a personas desconocidas a nuestra casa. ¿Es esto cierto o no?
6. Si alguien le dice a Ud.: «Si va Ud. a mi ciudad, pase por mi casa», ¿cree Ud. que ésta es una verdadera invitación?
7. ¿Es verdad que hoy es más difícil invitar a los miembros de nuestra propia familia a nuestra casa?
8. ¿Qué hace Ud. cuando un desconocido llama a la puerta y le pregunta: «¿Podría usar su teléfono?»

II. *Formas y estructuras*

A. FUNDAMENTOS

Gerundios y participios*

1. Present participles are used with **estar** to create progressive forms:

Está (Estaba, Estuvo, Estará, Estaría) **cocinando**.

*He is (He was, He was, He will be, He would be) **cooking**.*

---

* Both "gerunds" and "present participles" are known simply as **gerundios** in Spanish; past participles are known simply as **participios**.

2. They are also used with verbs of motion to create progressive forms. **Estar** actually means *to stand* and implies, therefore, the opposite of motion. Thus, if the participle expresses motion, it requires another verb of motion as a helping verb **(andar, ir, seguir,** or **venir).**

Anda corriendo.	*She is running around (in various directions).*
Va acercándose.	*He is getting closer.*
Sigue saltando.	*He keeps on jumping.*
Viene caminando.	*She is walking (coming toward the speaker).*

A verb of motion is one that implies movement *from one place to another.* Note the difference between these two statements:

Ella anda saltando	*(She is jumping from one place to another)*
Ella está saltando	*(She is jumping in one place, but not moving forward).*

Participios

1. Past participles are used to form the perfect tenses*:

Han (Habían, Habrán) salido.	*They have (had, will have) left.*

2. They are used in combination with **hallarse** and **encontrarse** as a substitute for **estar** + *past participle:*

Me hallaba (= **Estaba**) **sentado** en una piedra.	*I found myself* (= *was*) *seated on a stone.*
Ahora **me encuentro** (= **estoy**) **separado** de mi familia.	*Now I find myself* (= *am*) *separated from my family.*

3. Past participles may form part of absolute statements expressing termination. The past participle then functions as an adjective, and must, therefore, agree with the thing, person, or event it refers to. Such constructions (with or without **una vez** at the beginning) are rendered in English either through a combination of *having* + *past participle* or through time clauses introduced by *when* or *after.*

(Una vez) **terminado su trabajo,** se marcharon los obreros.	*Once their work was finished, the workers left.*
(Una vez) **explicadas las imágenes,** fue fácil entender el poema.	*Once the images were explained, it was easy to understand the poem.*

---

* The irregular past participles appear in the *Verb Appendix.*

Ejercicios

A. Complete Ud. cada oración dando el tiempo perfecto que pide el sentido. Siga el modelo.

MODELO: **Creo que para mañana yo (terminar).**
Creo que para mañana **yo habré terminado.**

1. Recibí malas notas porque no (prepararse) para el examen. *no me habían preparado*
2. Antes de venir ellos siempre nos (escribir). *habrán escrito*
3. No lo sabíamos porque no (recibir) la carta. *habían recibido*
4. Teniendo más tiempo, yo (ir) a la exposición. *iba*
5. Voy a viajar cómodamente porque (comprar) billetes de primera. *he comprado*
6. Si yo hubiera estado en su lugar, (poner) el dinero en el banco. *ponían*
7. Fue una gran sorpresa porque Ud. no (llamar). *no habían llamado*
8. Me dijeron que para esa fecha ella (morir).

B. Complete las oraciones, cambiando los infinitivos a participios para formar frases absolutas. Siga el modelo.

MODELO: **(escribir las cartas), las llevamos al correo.**
Escritas las cartas, las llevamos al correo.

1. (Explicar las dificultades), todo resultó mucho más claro.
2. (saber la noticia), la familia se sintió mejor. *sabida*
3. (recibir los informes), pudimos continuar la investigación. *recibidos*
4. (abrir la puerta), todos pudimos salir. *abierta*
5. (hacer los preparativos), fuimos a comprar los boletos. *hechos*

B. AMPLIACIÓN

lunes → 90

Gerundios

it's ok, but condicional is preferred

1. *The present participle as a substitute for a conditional statement.* Although the latter usually prevails, this is a permissible use of the present participle in Spanish:

Ahora le diré lo que yo haría, **estando** en una situación como la suya.	*Now I will tell you what I would do, **if I were** in your situation.*
Aceptaré sólo no **siendo** una molestia.	*I will accept only **if it is** not too much trouble.*

si estuviera prefiero

2. *The present participle in clauses implying duration.* The English equivalents of such clauses are *while*, or *since* clauses:

Le escribí muchas veces **estando** yo en Europa.	*I wrote to her many times **while** I was in Europe.*

estando = mientras estaba
while I was

Cierto día, **estando** (yo) en San Clemente, me metí en propiedad privada.	*A certain day, **while in** San Clemente, I trespassed on private property.*
Teniendo (ella) más de dieciocho años, no era posible tratarla como a una menor de edad.	*Since she **was** over eighteen, it was not possible to treat her as a minor.*

Note that in Spanish a pronoun may be added after the past participle to identify the subject.

3. *The present participle as a complement of a previous verb.* This construction may be used even if there is an intervening noun phrase:

Le **prestó** el libro **recomendándole** que lo leyera íntegro.	*He lent her the book **advising** her to read it completely.*

Here the two related verbs are **prestó** and **recomendándole**. Compare this with the following sentence:

Le prestó un libro **que describía** la región.	*He lent her a book **describing** the region.*

While in English a gerund can be used as an adjective (*a book describing*), in Spanish one employs a relative clause (**que describía**). Discounting exceptional cases, in Spanish one does not use a gerund as an adjective.

4. *Present participles with verbs of perception.* When the speaker describes perception of a process of unfolding, often a present participle follows the main verb instead of an infinitive:

La **vi poniendo** la mesa.	*I saw her setting the table.*
La **oí cantando** en italiano.	*I heard her singing in Italian.*

The speaker could have said **La vi *poner* la mesa** and **La oí *cantar* en italiano**; however, the meaning would not have been the same. If the infinitive is used the implication of duration or unfolding is not present.

5. *Gerund following en.* This construction is sometimes used to express coincidence. The English equivalent is a combination of *on* + *gerund* or *as soon as* + *verb*. The *en* + *gerund* construction is considered colloquial by most users.

En llegando le llamaré por teléfono.	*As soon as I arrive I will call him by phone.*

Ejercicios

A. Use Ud. un gerundio en lugar de la cláusula condicional. Siga el modelo.

MODELO: *Si compras los zapatos ahí, pagarás menos.*
Comprando los zapatos ahí, pagarás menos.

1. Recibirías el catálogo, si lo pidieras ahora mismo. *recibiendo*
2. Si eres empleado de la compañía, tienes el pasaje gratis. *siendo*
3. Podríamos comenzar a las ocho, si llegaras (tú) a tiempo. *llegándote*
4. ¿Por qué pagas tanto, si puedes pagar menos? *pudiéndote*
5. Si vas por la calle Estado, llegarás más temprano. *yendo por la calle*
6. Gastarás mucho más, si vienes en avión. *viniendo*
7. Podríamos comprarlo, si tuviéramos más dinero. *tuviéndote*
8. Si sales demasiado, no vas a tener tiempo para tus clases. *Saliendo*

B. Use gerundios en lugar de las palabras subrayadas. Siga el modelo.

MODELO: *Como ya había terminado, se marchó.*
Habiendo terminado ya, se marchó.

1. Me llamó mientras estaba yo muy ocupado.
2. Como había confundido nuestros nombres, vino a visitarme a mí.
3. Mientras leía el periódico me quedé dormido.
4. Mientras estaba en la plaza conoció a Tina.
5. Uds. podrían vivir en un apartamento, si no tuvieran familia.
6. Como no había recibido su dinero, se alimentaba de mala manera.
7. Mientras pescaba ahí, recordé que no había pedido permiso.
8. Como me sentía sin fuerzas, me senté en una piedra.

C. Traduzca al español las palabras en inglés, usando gerundios cuando sea correcto.

MODELO: *(If you work) te sentirás mejor.*
Trabajando te sentirás mejor.

1. Recibí una carta *(explaining his difficulties)*.
2. *(On arriving home)* me pondré mis zapatos viejos.
3. Aceptaré la invitación *(if it is not too much trouble)*.
4. Nosotros le vimos *(having a good time)*.
5. *(If you sleep in class)*, no vas a aprender nada.
6. Llegó el regalo *(while we were in Europe)*.
7. *(While I was looking at the picture)*, comprendí que era un genio.
8. Encontré un volumen *(containing)* casi todos sus poemas.

Participios

1. The past participle as a noun. The past participle is used in this way in conjunction with either the definite or indefinite article.

Invitamos a **un desconocido.**	*We invited **a stranger.***
Yo soy **el favorecido.**	*I am **the favored one.***

Among the many other past participles that also serve as nouns are the following:

el, la aficionado, -a	*fan*
el apartado	*post office box*
el asado	*roast meat*
el, la desconocido, -a	*stranger*
el, la desgraciado, -a	*unfortunate one*
el, la enamorado, -a	*lover*
el helado	*ice cream*
el, la herido, -a	*wounded person*
el, la invitado, -a	*guest*
el pedido	*order, request*
el peinado	*hairdo*
el, la prometido, -a	*fiancé, fiancée*
el, la recién llegado, -a	*newcomer*
el, la vencido, -a	*defeated one*

2. The past participle with lo. This construction is used to refer to an unnamed idea:

Eso no es **lo convenido.**	*That is not **what we agreed upon.***
Todo **lo ocurrido** es explicable.	*All **that has happened** can be explained.*
Lo dicho es suficiente.	***What has been said** is enough.*

Know

388 2442

3. *The past participle with* **tener.** This construction, used to refer to a finished state, must not be confused with a perfect tense, formed by *haber* + *past participle:* **He terminado** dos cuentos (*I have finished two short stories*). When using a perfect tense the speaker focuses on the *conclusion of an action.* If **tener** is employed instead of **haber,** the speaker's attention shifts to the *state* resulting from the performance of an action: ***Tengo terminados*** **dos cuentos** (*I have two stories (that are) already finished*). Compare the following pairs of sentences:

(a) *(action)* **He preparado** la comida.	*I have prepared the meal.*
(b) *(state)* **Tengo preparada** la comida.	*I've got the meal **all prepared.***
(a) *(action)* **Ha cerrado** las ventanas.	*She has closed the windows.*
(b) *(state)* **Tiene cerradas** las ventanas.	*She keeps the windows **closed.***
(a) *(action)* **Se ha roto** una pierna.	*He broke (has broken) a leg.*
(b) *(state)* **Tiene rota** una pierna.	*He has a **broken** leg.*

more of a negative

In Spanish one uses *tener* + *past participle* not only with reference to physical, concrete things, but also with reference to events:

Le haré la visita que le **tengo prometida.**	*I will pay him the visit **I promised** him.*
Tiene resueltos todos sus problemas.	*He has all his problems **solved.***

4. *The past participle in combination with verbs of motion.* The past participle is used with verbs such as **andar, ir, llegar, venir,** and **seguir** to refer to a particular state with an added connotation of movement:

Va muy bien **acompañado.**	*He is in very good **company** (going away from the speaker).*
Iba protegido por dos policías.	*He was **protected** by two policemen (moving away from the speaker).*

Other common combinations are:

Viene muy apurado.	*He is hard pressed.*
Van muy asustados.	*They are very frightened.*
Anda desesperado.	*He is desperate.*

Ejercicios

A. *Dé Ud. la idea de continuación de un estado usando un verbo de movimiento en lugar de* estar, *según las indicaciones entre paréntesis. Siga el modelo.*

MODELO: *Él estaba muy callado.* (moving about)
El andaba muy callado.

1. Están muy desilusionadas. (*continue*) *Siguen muy*
2. Estarás muy preocupada. (*moving about*) *andarás*
3. Estamos muy confundidos. (*continue*) *seguimos*
4. Estaban muy entusiasmados. (*moving away*) *Van*
5. Están muy ofendidas. (*coming toward the speaker*) *vienen venían*
6. Estoy indecisa. (*continue*) *Sigo*
7. Estábamos muy ocupados. (*moving about*) *andábamos*
8. Estará muy arrepentido. (*moving toward the speaker*) *vendrán*
   repentant

B. *Dé Ud. los equivalentes de las palabras en inglés.*

1. ¿Le gusta a Ud. mi (*hairdo*)?
2. (*Lovers*) llegan a pensar que dos y dos son cinco.
3. Yo mismo atenderé su (*order*).
4. El señor que llamaba a la puerta era (*a stranger*).
5. ¿Cómo se llama su (*fiancée*)?
6. (*What has been said*) no me agrada.
7. Ud. puede imaginarse (*what happened*).
8. (*What was discussed*) no debe publicarse.
9. Quiero conversar con nuestros (*guests*).
10. Es necesario ayudar a (*the unfortunate ones*).

C. *Exprese Ud. un estado o condición reemplazando las palabras subrayadas. Siga el modelo.*

MODELO: *He clasificado todos mis papeles.*
Tengo clasificados todos mis papeles.

1. Hemos escrito cinco cartas.
2. Para fines de año habremos arreglado mi jardín.
3. Cuando ellas llegaron habíamos hecho todos los preparativos.
4. Ella ha traducido dos capítulos.
5. Creo que ya habrá puesto los muebles en la sala.
6. Han invitado a todos los parientes.
7. Habíamos terminado dos partes.
8. He dicho que no vendré.
9. Para esa fecha ella habría terminado la novela.
10. Después de junio habremos pagado nuestras deudas.

5. *Present participles used to express the way something may be done.* In English one expresses this meaning through a combination of *by* + *present participle.* Remember never to translate *by* when using this construction in Spanish.

Puede llegar más pronto **doblando** en esa esquina.	*You can arrive sooner by turning that corner.*
Ahorrarías más **gastando** menos.	*You would save more by spending less.*

Contrary to English usage, the Spanish gerund is never used as a noun:

La bebida en exceso hace daño	*Excessive drinking is harmful.*

Also, generally, the Spanish gerund is not used after a preposition, with one single exception (**En llegando . . .**), already discussed.

Ejercicios

A. Dé Ud. advertencias, construyendo oraciones con gerundios para expresar la manera en que se puede o se debe hacer algo. Siga el modelo.

MODELO: *ahorrar dinero / no comprar*
           Ud. puede ahorrar (Ahorre Ud.) dinero no comprando tonterías.

1. evitar problemas / llamar por teléfono
2. ahorrar tiempo / ir en
3. mantenerse en buena salud / llevar una vida moderada
4. ahorrar dinero / vivir en
5. averiguar / llamar
6. sentirse bien / dormir
7. llegar a tiempo / levantarse
8. no sentir el frío / ponerse
9. entender / prestar atención
10. ayudar a los pobres / dar

B. Invente oraciones usando los verbos indicados en la forma progresiva. Use verbos auxiliares de movimiento con aquellos verbos que sugieren movimiento de un lugar a otro. Siga los modelos.

MODELOS: *(a) yo / plantar Estoy plantando maíz.*
(b) él / acercarse Iba acercándose a la casa.

(*a*) En presente:

1. tú / correr
2. él / construir
3. nosotros / salir
4. Uds. / llamar

(*b*) En imperfecto:

1. ellas / hacer
2. Uds. / saltar
3. ella / almorzar
4. tú / llegar

III. *Lengua escrita*

¡SIN ETIQUETA, SEÑORES!

No formalities

Los días en que Braulio no tenía convidados* se contentaba con una mesa baja, porque él y su mujer,* como dice, ¿para qué quieren más? Desde esa mesita sube la comida hasta la boca, adonde llega *goteando* después de una larga *travesía.* Pero hoy es *otra cosa.*

dripping
crossing / different

La instalación de una gran *mesa de convite* era un *acontecimiento* en aquella casa, y, por eso, Braulio se había creído capaz de *contener* catorce personas donde apenas podrían comer ocho cómodamente. *Hubimos de* sentarnos *de medio lado,* como quien va a *arrimar el hombro* a la comida. Colocáronme* entre un niño de cinco años, *encaramado* en unas *almohadas,*—que era preciso *enderezar* a cada momento—, y uno de esos hombres que ocupan en el mundo el espacio de tres, cuya corpulencia *se salía de madre* de la única silla en que se hallaba sentado.

banquet table / event

squeezing in
We had to
sideways / is going to
put his shoulder

perched / pillows to
straighten
overflowed

Desdobláronse silenciosamente las *servilletas,* nuevas *a la verdad,* pues no eran cosas en uso todos los días, y fueron *izadas* por todos aquellos buenos señores a los *ojales* de su chaqueta,* como *cuerpos intermedios* entre las *salsas* y las *solapas.*

Were unfolded /
napkins
to tell the truth
hoisted / buttonholes
screens / sauces
lapels

¿Hay *nada* más ridículo que estas gentes* que quieren *pasar por finas** en medio de la más *crasa* ignorancia de los usos sociales?

anything
to appear very refined /
flagrant

Mariano José de Larra, *El castellano viejo.* Obras completas, Vol. I, Paris (1889) pp. 100-111.

COMENTARIO

Inversion of object and verb.

Object pronouns and reflexives normally precede conjugated verb forms:

>Ellos **nos pidieron** dinero.

>Ella **se había sentado.**

In literary Spanish, however, object pronouns and reflexives may be transposed, contrary to the general rule:

Se desdoblaron las servilletas.	**Desdobláronse** las servilletas.
Le rodearon sus hijas.	**Rodeáronle** sus hijas.

Such transpositions are considered more elegant and are cultivated by those who seek to create an elegant effect. Discounting special effects (comic effects, for example) and poetic license, the rules governing literary transposition are the following:

1. The verb must be in the present indicative, the imperfect, or the preterite, particularly the latter two:

Les hablaba siempre calmadamente.	**Hablábales** siempre calmadamente.
Me dijo que ésos eran sus deseos.	**Díjome** que ésos eran sus deseos.

2. The verb must be at the beginning of a clause or sentence, or, at least, close to the beginning.

Me preocupa su conducta.	**Preocúpame** su conducta.

But: Debo decirte que **me preocupa** su conducta. (*Not:* que **preocúpame** su conducta)

3. The above rules apply to verbs with two object pronouns:

Se les dio todo lo necesario.	**Dióseles** todo lo necesario.

4. Transposition is permissible when the verb is in a perfect tense:

Me he detenido a hablar con Uds.	**Heme detenido** a hablar con Uds.

5. Cases in which transposition is either impossible or not advisable are:

(a) when the verb is in either in the future or the conditional tense:

>**Te daré** lecciones de karate. (*not:* **Daréte** lecciones. . .)

>Yo **lo vendería** si necesitase dinero. (*not:* Yo **venderíalo**. . .)

(*b*) when the verb is in the subjunctive. This is quite understandable since most subjunctives·appear in dependent clauses, i.e., far from the beginning of the sentence:

Lo hizo sin que yo **le dijera** nada. (*not:* . . . sin que yo **dijérale**. . .)

(*c*) after interrogatives:

¿Qué **me dices**? (*not:* ¿Qué **dícesme**?)

(*d*) when the object pronoun clearly belongs in sense with the second of two verbs. Transposition of the pronoun and the first verb is impossible:

Vinieron a **escucharle**. (*not:* **Viniéronle** a escuchar).

(*e*) in strictly colloquial speech.

Me voy mañana. (*not:* **Voyme** mañana).

(*f*) in set expressions, including maxims:

El que **la hace, la paga.**   *He who is guilty must pay the consequences.*

(*not:* El que **hácela, págala**).

Ejercicio

Determine Ud. en cuáles de los casos subrayados es posible hacer una inversión.

1. ¿Sabe Ud. quién le mandó venir?
2. Le parecieron mal mis palabras.
3. Se me figura que es un hombre rico.
4. Dijo que no, porque sus amigos no se lo recomendaron.
5. Se había comprado una mansión señorial.
6. Se les explicó la razón de tales cambios.
7. Como estaban escasos de fondos me pidieron un favor.
8. No te olvides: lo necesito ahora mismo.
9. El último de los tres no se lavó las manos.
10. Se le admiraba por ser discreto y sabio.
11. Es dudoso que él las oyera.
12. ¿Qué les voy a decir?
13. Dime con quien andas y te diré quién eres.
14. Se había tomado esa molestia porque se trataba de su sobrina.
15. Yo se lo diría francamente, si viniera a verme.

IV. Ideas afines

1. convidar—convidado—convite; invitar invitado—invitación. When extending a formal invitation the only verb that may be used is **invitar**.

<table>
<tr><td>

Quiero invitarte a nuestra boda.
</td><td>

(I wish to invite you to our wedding.)
</td></tr>
</table>

Convidar implies sharing and comradeship and is more colloquial and informal.

<table>
<tr><td>

Te convido (*or* invito) **a una copa de vino.**
</td><td>

(I invite you to a glass of wine.)
</td></tr>
<tr><td>

Me convidó con (invitó a) **una taza de chocolate.**
</td><td>

He treated me to a cup of chocolate.
</td></tr>
</table>

Convidar, convidado, and **convite** are associated with food and drinks and are, therefore, much more restricted in meaning than **invitar, invitado,** and **invitación.**

2. acontecimiento—suceso. An **acontecimiento** is a big or momentous event, particularly one that is not usual. A **suceso** is an unexpected event. This noun is preferred when speaking of accidents or robberies. Compare:

<table>
<tr><td>

El matrimonio de doña Ermelinda fue todo un acontecimiento.
</td><td>

Doña Ermelinda's wedding was a big event.
</td></tr>
<tr><td>

«**Trágico suceso: mueren cinco personas en un incendio**».
</td><td>

"Tragic event: five persons die in a fire."
</td></tr>
</table>

In everyday conversation the two nouns are often confused.

3. colocar—poner. **Colocar** implies care and gentle handling. It also means *to assign a place* and may, in this sense, imply selection.

<table>
<tr><td>

Me colocaron entre un niño y un hombre gordo.
</td><td>

They placed me between a child and a fat man.
</td></tr>
</table>

Poner is used in a more general way to mean *put.*

4. chaqueta—americana. Both nouns mean *jacket.* However, in Latin America, the noun **americana** is far less common than in Spain.

<table>
<tr><td>

Puedes quitarte la chaqueta.
</td><td>

You can remove your coat (jacket).
</td></tr>
</table>

5. **gente—gentes.** The first noun means *people* in general. The second is employed when referring to people of different social classes.

La gente no le entendía.	*(The) People did not understand him.*
Estaba rodeada de gentes.	*She was surrounded by all kinds of people.*

6. **fino, -a.** When applied to a person, this adjective connotes politeness and gentility, with particular emphasis on the outward manifestations of these traits.

Es persona muy fina.	*She is a very refined (courteous) person.*

When applied to things, the adjective **fino, -a** takes on special meaning, depending on the noun which it modifies: **facciones finas,** *delicate features;* **medias finas,** *sheer stockings;* **mesas finas,** *(expensive) well-made tables;* and **papel fino,** *very thin paper.*

Ejercicio

Exprese en español las palabras en inglés.

1. No debes *(put)* tus libros debajo de la mesa.
2. En las celebraciones públicas siempre vemos *(people)* de toda clase.
3. ¡Qué muchacha tan hermosa! Tiene *(delicate features)*.
4. *(The event)* de ese año fue la visita del Papa.
5. Con motivo del matrimonio de su hija, mandaron más de doscientas *(invitations)*.
6. La moda hoy día es llevar *(very sheer stockings)*.
7. ¿Tú no sabes que es necesario *(to place)* el cuchillo a la derecha?
8. Será una cena familiar. Habrá sólo cuatro *(guests)*.
9. Mi obligación como periodista es informar al público sobre los *(events)* del día.
10. En España no somos muy formales. Si quieres quitarte la *(jacket)*, puedes hacerlo.

11. ¿Dónde puedo *(put)* mi paraguas?
12. Cecilia es *(a very courteous young lady).*
13. *(I want to treat you to)* una copita de cognac.
14. Acaban de llamarme para saber si queremos ir a un picnic. Francamente no me gustan *(those invitations)* a última hora.

V. Elementos de composición

Ejercicios

A. **Exprese en español,** *usando participios. Use el modelo como guía.*

MODELO: *After the meal was over, he said thanks and left.*
Una vez terminada la comida, dio las gracias y se marchó.

1. I found myself seated at his table.
2. Is it true you have a broken hand?
3. I do not wish to be among the defeated ones.
4. The new arrival was not among the persons invited.
5. I have my report (all) prepared.
6. All that has been received is for my neighbor.

B. Exprese en español, usando gerundios.

1. He was going about singing «**La cucaracha**».
2. As soon as I arrive I will call her by phone.
3. While I was there we talked for a long while.

C. Escriba un breve párrafo sobre cada una de las siguientes ideas, empleando palabras y frases del texto **Sin etiqueta, señores.**

1. Mi vecino ha hecho un convite a diez personas, sabiendo que en su comedor sólo hay espacio para seis.
2. Los convidados son gentes ridículas y, por esto, mucho de lo que hacen es cómico. Dé Ud. detalles específicos de su persona y conducta.

D. Después de examinar el dibujo, explique Ud. los siguientes puntos por escrito.

1. ¿Cómo sabe Ud. que la mesa es demasiado pequeña?
2. ¿Qué hace el mozo?
3. ¿Qué hace un niño mal educado? ¿Cómo está sentado a la mesa?
4. ¿Cómo sabe Ud. que los convidados no conocen las prácticas sociales?

VI. Repaso

Cambie Ud. las palabras subrayadas para expresar la misma idea en forma diferente. Siga las indicaciones.

A. Exprese un estado en lugar de una acción.

1. Hemos reservado dos entradas para ver Hamlet.
2. He terminado los dos primeros cursos de medicina.
3. Hemos hecho todos los preparativos.
4. Había alquilado su casa.
5. Para esa fecha había corregido los exámenes.
6. Había preparado una excelente cena.

B. Diga en forma más breve la parte subrayada.

1. Yo haría un largo viaje, si tuviese su fortuna.
2. Cuando estaba en Honolulu comía piña casi todos días.
3. Ud. podría ahorrar mucho si viviera en una pensión.
4. Habiendo servido la cena, empezamos a comer.
5. Como estaba muy cansado me acosté a las ocho.
6. Lo que ha ocurrido no me interesa.

C. Sustituya sinónimos de las palabras subrayadas.

1. Cecilia es una persona cortés y bien educada.
2. Las personas invitadas llegaron a tiempo.
3. Si gasta así su dinero, no será nunca rico.
4. Su matrimonio fue una ocasión muy especial.
5. Se trataba de una simple invitación informal.
6. Mientras conversaba con ella noté su entusiasmo.

Lección seis

I. Lengua oral

AVENTURA NOCTURNA DE DOS SOLDADOS

JOAQUÍN: Aquí no se ve nada. ¿Por qué no enciendes la *linterna?* — flashlight

TACHO: Es que las *pilas* ya *no dan más.* ¿Qué pasa, chico? ¿Tienes miedo? — batteries / are worn out

JOAQUÍN: *¡Que va!* Pero está tan oscuro que por poco *me llevo un árbol por delante.* Además, con el frío que hace, estaba pensando que deberíamos buscar algo para hacer fuego. — nothing of the kind! / walk into a tree

TACHO: ¡Bah! Es que todavía no estás acostumbrado a esto. Y fíjate, sin la linterna, nadie nos va a ver, ya que no somos unas *luciérnagas.* — fireflies

JOAQUÍN: Los animales nos verán. Los animales lo ven todo, aun sin linterna. Los animales lo saben todo.

TACHO: *Lo único que faltaba.* Conque los animales, ¿eh? Oye, amigo, *¿te me estás volviendo* supersticioso? Esto no es obra de brujerías; es trabajo honrado. Cuando se termine esto, todos nos admirarán; seremos héroes nacionales. Nos van a *festejar* como a los mismísimos generales. Ya no serás un *don Nadie;* serás don Joaquín Tripas y Corazones, el valiente agente que atrapó a los contrabandistas *con las manos en la masa.* — that's all we need / are you turning . . . on me / celebrate / red-handed

JOAQUÍN: ¡Ya, ya, conque nos van a festejar! Como a los generales. Y que seremos héroes, ¿eh? Lo que seremos es un par de locos, por estar aquí en la oscuridad, *pasando* frío, hambre y toda clase de miseria. Aunque atrapáramos a los contrabandistas, nadie nos respetaría; lo que respetan es el dinero y el poder. El dinero lo tienen los contrabandistas y el poder lo tienen los generales. Nosotros no tenemos nada. Somos unos *desgraciados de primera* . . . — suffering from / first class nincompoops

TACHO: Pero, si no te gusta el trabajo, ¿por qué lo solicitaste?

JOAQUÍN: ¡Qué risa! Yo no solicité nada. Se me solicitó a mí. Admito que *tengo flojas las tuercas,* pero esto es una porquería. — I have got some screws loose

TACHO: Está bien; déjate de quejas, que ahora *nos toca* lo más difícil. A ver, ¿qué te dijo el jefe? — we get to

JOAQUÍN:	Lo mismo que te dijo a ti. Que alguien había *soplado,* y que sabían dónde se iban a reunir los contrabandistas, que buscáramos *tal y cual* árbol a tal y cual hora, que fuéramos sin ruido. . .	tattled / squealed such and such
TACHO:	¡*Chssst*! Oigo algo.	ssshh!
JOAQUÍN:	Será el viento. O quizás un *buho.*	owl
TACHO:	Pájaro de *mal agüero* ¡*Quien tuviera* ojos de buho. . .!	bad omen / If only I had
JOAQUÍN:	Ahora, ¿quién es el supersticioso? Y si los contrabandistas saben que estamos aquí, ya estaríamos muertos, enterrados y camino al más allá.	
TACHO:	Algo se mueve *a lo lejos*, pero no alcanzo a verlo. Es. . .es. . .¡ah, diablos! Si no es más que el *centinela* de la *guarnición.* ¡Hemos caminado en círculo!	in the distance sentry / outpost

Nota cultural

1. **Don Nadie.** This is an ironic expression, combining the respectful **don** with the complete absence of individuality: **nadie.** When there is a need to refer to someone whose name is unknown or forgotten, Spanish uses names such as **Fulano, Mengano, Zutano** and **Perengano**; sometimes, these "John Does" are lengthened to **Fulano de Tal,** etc.

Ejercicios

A. *Reconstrucción.*

1. Al parecer, ¿dónde están Joaquín y Tacho?
2. ¿Qué dificultades tienen?
3. ¿Cuál es la actitud de Joaquín frente a sus dificultades?
4. ¿Cuál es la actitud de Tacho?
5. ¿Qué opina cada uno del trabajo?
6. ¿Quién los mandó al lugar donde están?
7. ¿Qué les dijo el jefe?
8. ¿Quién es más supersticioso?
9. Al final, ¿encuentran a los contrabandistas? ¿A quién encuentran?

B. *Creación personal. Haga Ud. frases con las palabras indicadas.*

1. las pilas—la linterna—funcionar
2. ver—una luciérnaga—la oscuridad
3. supersticioso—el miedo—la oscuridad

4.   brujerías—el trabajo—honrado
5.   festejar—los generales
6.   atrapar—las manos en la masa
7.   pasar—frío—hambre
8.   respeto—el dinero—el poder
9.   el viento—el ruido—el buho
10. la guarnición—caminar—círculo

C. Expresión libre.

1.   ¿Qué haría usted en una situación peligrosa?
2.   ¿Qué haría usted si alguien tratara de venderle contrabando?
3.   ¿Por qué da miedo la oscuridad?
4.   ¿Qué temores irracionales ha experimentado usted?
5.   ¿En qué se basan?
6.   ¿Es cierto que el dinero y el poder traen más respeto que el valor?
7.   Hoy día, ¿todavía existen héroes nacionales? ¿Quiénes son en los EE. UU.?
8.   En épocas anteriores, ¿qué significaba ser héroe?

II. Formas y estructuras

A. FUNDAMENTOS

Expresiones impersonales

1.   An impersonal expression is one in which the grammatical subject does not refer to a specific person. In English, since every conjugated verb except a command must carry an expressed subject, *it* is normally used in impersonal expressions, even though it refers to nothing specific: *it*'s too bad, *it*'s raining, etc. In other cases, it is possible to use the general *you, one, a person,* etc.:

In a bookstore
{
one can buy books.
you can buy books.
it is possible to buy books.

In Spanish, since the verb carries more information about the subject, subject pronouns are usually avoided except when needed for emphasis or clarification. Thus, in true impersonal expressions, subject pronouns are never used, for no "person" is referred to. All impersonal verbs are in the THIRD PERSON SINGULAR. There are several ways of forming impersonal sentences, with true impersonal forms and with other constructions. A few examples are:

En una librería,
{
uno puede comprar libros.
se pueden comprar libros.
es posible comprar libros.
}

The use of the Spanish passive voice as an impersonal construction will be treated in Lesson 8.

Ejercicio

Examine las oraciones siguientes. Diga si son personales o impersonales. Si una oración es personal, indique el sujeto.

1. Rubén come caramelos. *pers*
2. Es mejor así. *impers*
3. El gobierno venció a la oposición. *pers*   *Se pudo vender?, se venció*
4. Hay mucho que hacer. *imper*
5. ¿Qué dices, compañero? *pers*   *Que se dices*
6. ¿Qué te pareció la película? *pers*
7. No me gustan las piñas. *pers*
8. Hace mucho sol en la costa. *imp*
9. Tengo un frío insoportable. *pers*   *Se tiene mucho frío*
10. Vienen mañana. *pers*

2. The third person plural is frequently used without a stated subject to render an impersonal meaning. This usage is found more often in spoken language than in writing, and creates a more informal effect.

Dicen que habrá una manifestación después del discurso.	**They say** that there will be a demonstration after the speech.

Ejercicio

Forme una oración apropiada empleando un verbo en tercera persona del plural, sin sujeto. Siga el modelo.

MODELO: **Alguien está construyendo esa casa.**
Están construyendo esa casa.

1. Alguien quita los carteles de las paredes. *Quitan*
2. El gobierno nos está robando. *nos están robando*
3. Algún general dijo que los agentes son héroes. *Dicen que ... sean*
4. La propaganda dice que esas linternas son muy buenas. *Dicen que*
5. Aquel país ha aumentado el precio del petróleo.
   Se aumenta el precio

B. AMPLIACIÓN

1. Verbs impersonal by nature. There are a few verbs used to describe the weather which are nearly always used impersonally. These include **llover, nevar, amanecer, atardecer, anochecer, escampar, relampaguear, tronar, granizar,** etc. Verbs like **anochecer** and **amanecer** that refer to times of day may be used "personally," in which case they refer to an action or state occurring at approximately that time of day.

[handwritten margin notes: dusk; to get dark / dusk; nightfall / to stop raining / reach]

Vamos a **anochecer** en Salamanca.	*We'll reach Salamanca by nightfall.*
Está **lloviendo** muy fuerte; saldremos cuando **escampe.**	*It is raining very hard; we'll leave when it stops.*
Amanecí con un resfriado.	*I woke up with a cold.*

[handwritten: tronar = to thunder / granizar = to hail]

Ejercicio

Haga Ud. frases con las palabras indicadas.

1. el verano—llover *[handwritten: llueve mucho en el verano]*
2. amanecer—nublado *[handwritten: amaneció nublado]*
3. relampaguear—el miedo *[handwritten: niños tienen miedo del relámpago]*
4. tronar—la tormenta *[handwritten: Me gustan mucho las tormentas con el trono]*
5. atardecer—hacer fresco *[handwritten: Hace fresco cuando atardeciendo]*
6. granizar—las cosechas—quedar destruidas *[handwritten: cuando / harvest]*
7. escampar—salir *[handwritten: Cuando escampa, vamos a salir]*
8. lloviznar—agradable *[handwritten: drizzle]*
9. anochecer—ver—las estrellas *[handwritten: No Podremos ver las estrellas antes de anochecer]*
10. dejar de llover—salir el sol

2. Haber, ser, hacer, and estar. All four verbs may be used impersonally. A special form of **haber, hay,** conveys the idea of existence, translating the English *there is, there are.* In all other tenses the third person singular form of **haber** is used to convey the same idea:

Hay un incendio en el edificio de enfrente.	*There is a fire in the building across the street.*
Hubo muchas batallas durante la guerra civil.	*There were many battles during the civil war.*

Hacer used impersonally refers to meteorological phenomena; for example, **hace calor, frío, viento,** etc.:

En el verano, **hace un calor** insoportable.	*In the summer it is unbearably hot.*

Estar is used impersonally to refer to certain natural states, for example, **está nublado, oscuro, fresco, precioso** (*beautiful weather*), etc.

No nos gusta ir a la playa cuando **está nublado**.

*We don't like to go to the beach when **it is cloudy**.*

Ser is used impersonally in a wide variety of situations, for it is a component of many impersonal expressions; for example, **es importante, preciso, lástima, necesario,** etc.

Es importante que todos los documentos estén en regla.

It is important that all the papers be in order.

subj

Ejercicio

Complete cada oración con un verbo impersonal.

1. Cada invierno, _llueve_ muchísimo.
2. Al lado del banco _hay_ un bloque de viviendas.
3. En el verano, nunca _hace_ más de cuarenta grados.
4. _Es_ imprescindible que lleguemos a tiempo. *con luces*
5. _Es/Está_ muy oscuro en el túnel.
6. Por la mañana, el cielo siempre _está_ nublado.
7. _Había_ muchos altos funcionarios en la reunión.
8. _Es_ imposible encontrar a los contrabandistas.
9. _Llueve_ tanto que la carretera está inundada.
10. Durante la noche _hizo_ un frío sorprendente.

essential; indispensable

Será / Fue / Era

3. *Impersonal* **se**. Impersonal expressions may be formed with **se** under the following circumstances: (a) the action of the verb must be applicable to a *human* subject; (b) the verb is always in the *third person singular*; and (c) the noun(s) usually occur(s) at the end of the phrase. The impersonal **se** may be used with either transitive or intransitive verbs.

Aquí **se habla** español.

*Spanish **is spoken** here.*

Se está muy bien aquí.

It is very comfortable here.

If the object of the verb is human or animate and definite, the personal **a** must be used. This usage also extends to **nadie** and **alguien.**

Se asesinó **al** embajador.

The ambassador was assassinated.

No se oye **a** nadie.

Nobody can be heard.

In any sentences containing an impersonal expression with **se,** it is possible to replace the direct or indirect object with a pronoun (unless a combination of two **se**'s would result). In such cases, **le** and **les** are frequently used as direct object pronouns, even in dialects which normally use **lo** as the object pronoun corresponding to **él** and **usted,** and sometimes even if the direct object is feminine.

Se vio a la muchacha. Se la vio.	*The girl (she) was seen.*
Se mató a los criminales. Se les mató.	*The criminals (they) were killed.*

If both an indirect and a direct object are used with impersonal **se,** it is impossible to replace both with pronouns, since this would create an ill-sounding string of three pronouns:

Se me asestó un golpe tremendo.	*I was given a terrible blow.*
Se les dijo la verdad.	*They were told the truth.*

Ejercicios

A. *Haga oraciones impersonales con* se. *Siga el modelo.*

MODELO: *Alguien compró una máquina de escribir.*
　　　　　Se compró una máquina de escribir.

1. Alguien envenenó al primer ministro. *Se*
2. No oímos nada. *No se oímos nada*
3. Necesitan un capataz en la fábrica. *Se necisita en la fabr una capataz* (foreman)
4. Dicen que habrá una guerra en África.
5. Acaban de encontrar el tesoro escondido. *Se encontió el tesoro*
6. Cambiaron el número de teléfono del ayuntamiento. *Se le cambió el numero* (town hall)
7. El ladrón escondió las joyas en el baúl del coche. *Se escondió las joyas* (trunk)
8. El agente me mandó los folletos. *Se me mandó*
9. La compañía busca un ingeniero químico. *Se busca un ingeniero*
10. No pudimos ver a nadie. *No se vió a nadie*

B. *Cambie las oraciones a construcciones impersonales con* se, *y convierta las palabras subrayadas en pronombres. Siga el modelo.*

MODELO: *Él lavó* la blusa.
　　　　　Se la lavó.

1. Saben la solución. *Se la sabe*
2. Vieron a María. *Se la vió*

3. Ellos rompieron los cristales. *Se los rompió*
4. El policía mató al perro rabioso. *Se le mató*
5. Abrió la lata de conservas. *Se las abrió*
6. Compró los billetes. *Se los compró*
7. Oyeron a Manolo tocando la flauta. *Se le oyeron.*
8. El agente vio al centinela.
9. Rompieron la linterna.
10. Los estudiantes pegaron un cartel en la pared.

5. **Uno** in impersonal sentences. **Uno** is most often used:

(*a*) when the verb is already inherently reflexive, to avoid using **se** twice:

Uno puede aburrirse en la clase de matemáticas.	*One can become very bored in math class.*

(*b*) to give a more personal interpretation. **Uno** is often merely a polite way of saying **yo**; thus, the feminine form **una** may be used by a woman speaking about herself or about women in general. **Uno/una** may function as a subject, the object of a verb, or the object of a preposition. It is necessary that the speaker have personal knowledge of the situation being described.

En esta ciudad, la vida es muy difícil para **uno**.	*In this town, life is hard.*
Es difícil que **una** se abra paso con este sistema.	*It is difficult for a **woman** to get ahead in this system.*
En este país, **uno** tiene que trabajar muy duro.	*In this country, **you** (and **I**) have to work very hard.*

Ejercicio

Haga una oración apropiada con uno/una.

1. No me puedo acostumbrar a este clima.
2. Debemos acostarnos después de la medianoche.
3. Es imposible que salgamos bien en el examen de química.
4. Nos sentimos muy cómodos en esta oficina.
5. Todos pasan mucha hambre en este país.
6. Tengo que pasar dos años en el servicio militar.
7. En nuestro país visitamos a la familia a menudo.
8. Una persona no se gana el respeto de los demás, si no tiene dinero.
9. Yo no puedo creer lo que dicen los políticos.
10. En las ciudades no podemos ni respirar porque el aire está tan contaminado.

III. Lengua escrita

Los grillos, la noche que se venía* encima, el murmurar de la brisa . . . todo le parecía peligroso e insoportable ruido. Por ese grillo *inoportuno,* gritón* como tenor de ópera, podían descubrirle. No le importaban las *espinas* que se le clavaban en el torso mal cubierto con ensangrentada y rasgada* camisa. El miedo dolía más. No le importaba la pierna inmóvil y deshecha que iba llenando de sangre su bota de cuero. El miedo dolía más. Cerró los ojos y vio una iluminación *morada.* ¿Es que ése era el color del miedo? . . . ¿Miedo él, Pedro Sevilla? . . . Sí, *pavor* de morir allí* nomás*, vencido y humillado, bajo las balas de los extranjeros invasores o de sus compatriotas traidores. Miedo de quedarse allí, muerto, desintegrándose para ser comida de los *zopilotes,* hienas con alas, violadores del azul firmamento. Miedo a morirse tan joven, sin haber vivido a plenitud. ¡AAAAYYYY¡ . . . gritó para adentro. *Cerrando* puños y *apretando* los labios con tal fuerza que se hizo sangre, para no gritar hacia afuera. La pierna se ponía insoportable. El dolor invadía ya hasta el *muslo.* Abrió los ojos. Todavía era de día. No podía moverse, no podía *gemir.* Se oían las carreras de los soldados enemigos que pasaban allí a unos seis metros. Había perdido noción del tiempo. Seguramente había perdido el conocimiento. ¿Cuántas horas? . . . Sólo se acordaba que al caer herido *se arrastró* hasta un *zanjón* y de allí unos tres metros adentro del* *matorral* para evitar ser visto. De vez en cuando se oían frases cortadas, risas o palabrotas*. Los soldados iban, los soldados venían. Algunos corriendo, *afanados,* crueles, sanguinarios pero también hermanos, como son los soldados de toda* guerra. Él no debía moverse. No debía gemir. *Pujaba* para adentro. Si lo descubrían lo matarían allí nomás, como a un perro. ¡Y esos grillos anunciando la inmediata noche! ¿Por qué no se callaban?* . . . Le parecía que su cabeza iba a *estallar.* Que el dolor de la pierna le había subido a todo el cuerpo tembloroso por la tortura. ¡AAAYYY! volvió* a gritar para adentro, apretando la boca sedienta y *reseca* contra la hierba. Y de repente, unos pasos lentos, arrastrantes, *sigilosos.* ¿Sería una serpiente?* . . . ¡Entonces no eran pasos! Su cabello *se erizó.* Vendría atraída por el olor* a sangre, de su sangre.

Argentina Díaz Lozano, *Fuego en la ciudad.* (México: B. Costa-Amic, 1966)

Margin glosses: untimely · thorns · bloodsoaked shredded, torn · purple · terror · buzzards · clenching · pressing together · thigh · whimper · consciousness · crawled · ditch · thicket · shit etc · zealous · saddle: agatas · He strained · explode · very dry · stealthy · stood on end

COMENTARIO

1. Length of sentences. In general, sentences in written Spanish tend to be longer than in English. After being conditioned against run-on sentences in English, it is often difficult for one to join shorter sentences into longer ones, but this is frequently required to produce a smoothly flowing Spanish text. When short, choppy sentences are used, as in the reading selection, the effect achieved is that of a series of individual snapshots or of isolated, random thoughts. In this case, the narrative centers on the thoughts of a wounded, terrified man, who in between breaths and heartbeats is experiencing the situation around him.

If one wished to alter the effect by forming longer sentences, he or she could either join shorter sentences with conjunctions such as **y, luego,** or **por eso** (which should not be overdone), or create a new, longer sentence with a more complex structure. For example:

> Cerró los ojos y vio una iluminación morada; en ese momento se preguntó si ése podría ser el color del miedo.

> Cuando abrió los ojos, vio que era de día, pero no podía moverse, y ni siquiera podía gemir.

Ejercicio

Combine las frases siguientes en oraciones más largas y complejas.

1. Él no debía moverse. No debía gemir. Pujaba para adentro.
2. No le importaban las espinas que se le clavaban en el torso. El miedo dolía más.
3. No le importaba la pierna inmóvil y deshecha que iba llenando de sangre su bota. El miedo dolía más.
4. La situación ya es muy grave. Es necesario que los jefes se pongan de acuerdo. Existirán más oportunidades para todos.
5. No se oía nada. Los agentes tiritaban de frío. Esperaban la llegada de los contrabandistas.
6. El presidente quiere ganar las elecciones. Su propio partido no lo apoya. Tiene que buscar el apoyo de la oposición.
7. El clima no es muy agradable. Los sueldos tienen que ser más altos. Las compañías necesitan ofrecer muchas otras ventajas.
8. Los agentes estaban perdidos. La linterna no funcionaba. No había ni una pizca de luz.

9. El coronel salió de la guarnición. Buscaba a los agentes perdidos. Creía que eran traidores.
10. El policía registró al hombre. Descubrió varios objetos sospechosos. El policía le tomó las huellas digitales (*fingerprints*).

2. *Phrases without main verbs.* In Spanish, as in English, every complete sentence must have a verb. However, for stylistic effects sometimes a phrase appears without a main verb (although it is set off by a period at the end). The effect is often a continuation of the preceding thought, but with an extended pause. This practice violates a grammatical rule; it should be used sparingly and only to achieve the effect of continuation:

> ¡¡¡AAAYYY!!! gritó para adentro. Cerrando puños y apretando los labios . . .

> Seguramente había perdido el conocimiento. ¿Cuántas horas?

Complete sentences would be, for example, **gritó para adentro, mientras cerraba los puños,** and **había perdido el conocimiento, pero no sabía por cuántas horas.**

Ejercicio

Combine los fragmentos en una o dos oraciones completas.

1. Había perdido el conocimiento. ¿Cuántas horas? ¿Cuántas veces?
2. ¡¡¡AAAYYY!!! gritó para adentro. Apretando los labios. Cerrando los ojos.
3. Contempló la ciudad abandonada. Edificios destrozados, calles desiertas, ruinas grotescas.
4. Vimos muchas cosas extrañas. Increíbles. Obra de brujería.
5. El coronel enfurecido lanzó palabrotas. Maldiciones. Injurias.
6. Vio niños de toda clase. Grandes. Pequeños. Rubios, trigueños. Pero a su hijo, no.
7. Temblaba de dolor. De miedo. De rabia. Pero sobre todo, de un sentimiento de impotencia frente a su destino.
8. Oyeron pasos. Crujidos. Chillidos. Otros ruidos aterradores. Finalmente un disparo.
9. Camilo comió ávidamente. Como un glotón. Sin pensar en la impresión que causaba.
10. Después del terremoto la ciudad quedó en ruinas. Cadáveres por todas partes. Animales muertos. Casas destruidas. Agua estancada. Y ese horrible olor del desastre.

IV. Ideas afines

1. **ir—venir—venirse.** In Spanish, the differences between *coming* and *going* are somewhat more rigid than in English. Whereas **ir** means *go* in general, **venir** ONLY means *to come toward the location of the speaker.* When the speaker is talking about "coming" somewhere else, **ir** or a similar verb is used:

Vine acá a los trece años.	*I came here at the age of thirteen.*
¿Por qué no **vienes** a mi casa esta noche?	*Why don't **you** come (here) to my house tonight?*

BUT: Ya **voy.** *I'm coming.*

Voy a tu casa esta noche.	*I'll come over to your house tonight.*

Venirse commonly means *to come down, fall apart* and frequently is used with adverbial expressions such as **encima, (para) abajo, al suelo,** etc.

Todo el mundo **se le vino encima.**	*The whole world **caved in** on him*
Todos mis proyectos **se vienen abajo.**	*All my plans **are falling apart.***

Venirse is often used colloquially instead of **venir** to mean *to arrive,* in this case, it is frequently used with **para:**

Me vine para acá el año pasado.	*I came (arrived) here last year.*

Venirse con and **venirse por** are used colloquially to mean *to come around* or *show up* and often refer to something disagreeable or unacceptable:

No te **vengas por** acá.	***Don't come around** here.*
No te **vengas con** más mentiras.	***Don't come around** with any more lies.*

2. **-ón.** This augmentative suffix is used to indicate prominent quality. It is usually added to a noun to create a type of nickname or a disparaging term. However, sometimes the derived word is used as an adjective:

el grito—gritón	*screaming, loud-voiced*
la barriga—barrigón	*pot-bellied*

una señora criticona

niña llorona — cry baby

descompuesta = roto

la cabeza—cabezón	*having a large head*
la burla—burlón	*fond of jokes, teasing*
el trago—tragón	*greedy (literally, swallows every-thing)*

3. **romper—rasgar—rajar.** The most general verb for *tearing* is **romper,** which can also mean *to break* in other contexts:

| **Rompió** el papel en mil pedazos. | *He tore the paper into a thousand pieces.* |
| **Rompió** los platos de porcelana. | *He broke the china plates.* |

Rasgar means *to rip apart, lacerate;* **ojos rasgados** refers to slanted eyes:

| Tiene los pantalones **rasgados.** | *His pants are **ripped.*** |
| Tiene **ojos rasgados.** | *He has **slanted eyes.*** |

Rajar also means *to rip, split* and sometimes implies a neater cut. Used colloquially, **rajarse** means *to leave abruptly, flee:*

| Me voy a rajar. | *I'm getting out of here.* |

4. **allí—allá—aquí—acá.** The first two adverbs mean *there* and it is often difficult to distinguish the difference in usage. In general, **allí** is more specific, and often involves pointing out or signaling something visible. **Allá** is less specific and refers to something not directly pointed out. **Allá** followed most often by a third person pronoun means roughly *that is . . .'s affair* and indicates disapproval.

Allí en ese árbol hay una ardilla.	*There in that tree is a squirrel.*
Allá en Europa la vida es distinta.	*There in Europe life is different.*
Si quieren hacer eso, pues **allá ellos.**	*If they want to do that, **it's their affair.***

The difference between **aquí** and **acá,** both meaning *here,* is even more difficult to describe. The specific versus vague difference holds in some circumstances, since **acá** often occurs in expressions such as **por acá** (*around here*) and **para acá** (*toward here, this way*). **Acá** is also used when movement toward the speaker is implied:

| Ven **acá.** | *Come **here.*** |
| **Aquí** es mi casa. | *Here is my house.* |

Más allá de means *beyond* and **más acá de** means *this side of.* **El más allá** refers to that which is mysterious or inexplicable, and in particular to life after death.

Vive **más allá de** la frontera.	*He lives **beyond** the border.*
Se preocupa mucho por **el más allá.**	*He is worried about "**the great beyond**".*

5.   **nomás.** This is a colloquial way of saying *right, very, precisely:*

Lo haremos aquí **nomás.**	*We'll do it **right** here.*

As noted in an earlier lesson, in some regions **nomás** also means *only* and is equivalent to **sólamente.**

6.   **dentro/adentro.** Normally **dentro de** is a preposition meaning *inside.* **Adentro** is the corresponding adverb, meaning *on the inside.* Occasionally **dentro** is used as an adverb, usually preceded by a preposition such as **por. Adentro de** is colloquially used as a preposition, implying movement into or toward the inside:

Está **adentro,** no afuera.	*It is **inside,** not outside.*
Metió los recibos **dentro de** la caja fuerte.	*He put the receipts **in(side)** the safe.*
Vista **por dentro,** la casa parece un palacio.	*Seen **from the inside,** the house looks like a palace.*
Penetró unos cuantos pasos **adentro de** la zona prohibida.	*He walked a few steps **into** the forbidden zone.*

7.   **-ote/-ota.** This is another augmentative suffix; it generally gives a negative connotation to the word it's attached to. **Palabrota** is a swear word, a curse. **Patotas** (from **patas**) are big, clumsy feet. **Un grandote** is a big person, often clumsy or stupid. **Un machote** is a *he-man,* concerned with outward displays of masculinity.

8.   **todo—cada. Cada** is normally used for *each* and occurs only in the singular, while **todos, todas** is used in the plural with articles to mean *all of, every;*

Cada persona debe firmarlo.	*Each person must sign it.*
Todos los árboles fueron derribados.	*All the trees were knocked down.*

However, **todo/toda** may also be used in the singular with a countable noun (and with no article) to mean *each, every;* it creates a somewhat more conceptual effect:

Toda revolución presupone un gran descontento.	*Every revolution presupposes great discontent.*

REMEMBER: With nouns that can be used only in the singular, **todo/toda** must be used with some type of article (definite, indefinite, demonstrative, or possessive):

Compró **toda la** gasolina que tenían.	*He bought **all the** gasoline they had.*
Te creo con **toda mi** alma.	*I believe you with **all my** heart.*

9. **callar—callarse. Callarse** means *to be quiet, shut up* while **callar,** which is usually followed by an object, means *to silence someone or something.* However, one frequently hears **callar** used without an object; in this *instance* it means **to be quiet:**

Cállen(se), muchachos.	*Be quiet, children.*
Quería **callar** al grillo.	*He wanted to silence the cricket.*

10. **volver a—otra vez—de nuevo.** All are ways of saying *again.* However, **volver a** is always followed by an infinitive, while **de nuevo** and **otra vez** are used with conjugated verbs:

Volvió a preguntarse si era verdad.	*He wondered **again** if it was true.*
Él habló **de nuevo.**	*He spoke **again.***

11. **olor—oler—sabor—saber.** With words such as **olor** and **sabor** that convey sensory impressions, the prepositions **de** and **a** are often used interchangeably. Used with **a, olor** and **sabor** may indicate a similarity coming from an unrelated source, while **de** may point to the actual cause of a taste or smell.

Me da asco el **olor a basura** que viene de la fábrica.	*The **garbage-like smell** coming from the factory disgusts me.*
No me gusta andar en este coche con su **olor de gasolina.**	*I don't like to ride in this car with its **smell of gasoline.***

With the corresponding verbs **oler** and **saber,** only **a** is used:

Esta sopa **sabe a** ajo.	*This soup **tastes like** garlic.*
Huele a pescado podrido.	*It **smells like** rotten fish.*

Ejercicios

A. Dé un equivalente para cada frase subrayada.

1. <u>Cada</u> agente secreto tiene que correr un gran riesgo.
2. Los niños <u>dejaron de hablar</u> cuando entró la maestra.
3. Este chicle <u>tiene sabor a</u> medicina.
4. El coronel andaba gritando <u>malas palabras</u> a los soldados.
5. El refugiado tuvo que esconderse <u>otra vez</u>.

B. Llene cada espacio en blanco con una palabra o frase apropiada.

1. (*There*) _allí_ en la pared hay un plano de la ciudad.
2. Vista desde (*the inside*) _dentro_ el edificio parece una cárcel.
3. Las espinas (*tore*) _rasgaron_ la camisa del soldado.
4. El puerto (*smells like*) _oleye de_ tabaco, gasolina y pescado.

C. Haga Ud. frases con las palabras indicadas.

1. las precauciones—los proyectos—venirse abajo
2. el barrigón—controlarse—la hora de la comida
3. el olor—las almendras—cautivarle
4. romper—la pierna—tropezar
5. acá—venir—ver esto
6. palabrota—soldado—gritar
7. todo—americano—creer—los derechos humanos
8. aquí—no más—ocurrir—el accidente

D. Complete con una forma de ir o venir. Siga el modelo.

MODELO: —con mis padres a Bogotá.
Voy con mis padres a Bogotá.

1. ¿Por qué no _vas_ a clase en vez de quedarte aquí en casa?
2. Mañana seguramente _me voy_, pero hoy me quedo aquí.
3. _Venga_ a visitarnos aquí cuando puedas.
4. Trae tantas maletas porque _se vine_ del aeropuerto. *arrived*
5. ¿Qué _vas_ a hacer después?
6. Teodoro _venirá_ a la fiesta que va a dar Mariana.
7. Nosotros _____ aquí para gozar del paisaje.
8. Nadie _____ a este país para pasar las vacaciones.
9. ¡_Me voy_ de aquí!
10. Él me pidió que _____ al mercado con él.

V. Elementos
de composición

A. *Escriba las siguientes frases en español, usando expresiones impersonales.*

1. If at first you don't succeed, try again.
2. From here one can see three different states when the visibility is good.
3. One has to be at least 18 to enter this theater.
4. By what time do you have to get up around here to still get breakfast?
5. I didn't ask to do this work, I was asked to do it.
6. It is so foggy on this road that you can hardly see your hand in front of your face.
7. When one is hungry enough, even dry bread tastes wonderful.
8. To succeed in the business world, one needs connections.
9. There were so many people on the train that not a single person more could have fit in.
10. I wonder why the flashlight went out so suddenly; they say it is supposed to last longer.
11. Do you know if they still do alterations in this shop?
12. The best feature of this car is the one you notice least.
13. There is no backing out once the decision is made.
14. The best time to look for shells is early in the morning, when it is still cool and you can see good shells lying about everywhere.

B. *Escriba composiciones cortas utilizando los elementos sugeridos.*

1. Un soldado herido necesita ayuda, pero está en un país extranjero y no habla la lengua. Describa sus pensamientos y sentimientos.
2. Un oficial pide voluntarios para una misión peligrosa. Nadie se ofrece, así que el oficial escoge a tres hombres y riñe a los demás por cobardes.
3. Un turista compra un reloj en un bazar. Luego lo detiene la policía, y le dicen que el reloj es de contrabando. El turista trata de explicar que fue una víctima inocente.

C. Invente una situación que se base en las personas y las cosas del dibujo.

Vocabulario útil

el gorro	*cap*
el oficial	*officer*
el soldado raso	*enlisted man*
el uniforme	*uniform*
¡atención!	*attention*
¡descanso!	*at ease*

VI. Repaso

A. Haga frases impersonales con se.

1. Venden libros de arte en la librería Macondo.
2. Patearon la pelota.
3. Leyeron el documento cuidadosamente.
4. Todos suponen que ganará la oposición.
5. Publicarán el nuevo horario mañana.

B. Haga oraciones impersonales con uno/una. Siga el modelo.

MODELO: *Cuando llueve mucho no puedo ver las casas de mis veci-*
nos.
Cuando llueve mucho uno no puede ver las casas de sus
vecinos.

1. Yo podría tener muchos problemas con ese profesor.
2. Los estudiantes sufren cuando aumentan los derechos de matrícula.
3. No podemos manejar en el centro al mediodía.
4. No podemos aguantar la vida en esta ciudad.
5. Nunca sé cuánto van a costar los víveres.

C. Llene los espacios en blanco con verbos impersonales.

1. En el invierno siempre _____ mucho.
2. _____ posible llegar antes del mediodía.
3. _____ un poco de fresco en el valle.
4. No me gustan las tormentas porque me asusto cuando _____.
5. Edgar dijo que no _____ nadie en la playa.
6. _____ tan oscuro en el bosque que uno podría perderse fácilmente.
7. Cuando _____ viento es peligroso andar cerca de ese rascacielos.
8. Lucía insiste en que _____ urgente llamar a los otros.
9. _____ luna esta noche.
10. En las carreteras del campo _____ demasiado polvo.

Lección siete

I. Lengua oral

COMPRANDO UN BOLETO

JULIO:	¡Caramba!
RAMÓN:	*¿Qué pasa?* What's the matter?
JULIO:	Ahí me dijeron que los boletos a San Felipe se vendían sólo en la Sucursal[1] No. 1.
RAMÓN:	Es verdad. *Debí decírtelo.* Los Ferrocarriles I should have told you

RAMÓN: Es verdad. *Debí decírtelo.* Los Ferrocarriles — I should have told you
Nacionales tienen varias oficinas. *Yo en tu* — If I were your
lugar tomaba un taxi inmediatamente. No
hay tiempo que perder. *Faltan diez para* las — It is ten minutes to
cuatro.

JULIO: Bien. ¿Me acompañas?

           *   *   *

JULIO: Señor, un boleto a San Felipe, de ida y vuelta.

EMPLEADO: ¿No ve que estoy al teléfono? . . . «¿Milita?
. . . Podíamos ir primero a la piscina munici-
pal, y después, a una película . . . Se me ol-
vidó el nombre . . . *¡Claro que sí!* . . . El pe- — Of course it is!
riódico la anunciaba ayer y decía que *valía la* — it was worth (seeing)
pena . . . Yo sé escoger . . . No, no vol-
veríamos tarde . . . *No te preocupes* . . . Yo soy — Don't worry!
tu «angel de la guardia».

RAMÓN: *(en voz baja)* Ese señor podía por lo menos
afeitarse. ¡Quién ha visto *jamás* un ángel con — ever
una barba tan *indecente*! — awful

JULIO: Por favor, señor, no me olvide. Un boleto . . .

EMPLEADO: «¿La cena? . . . Un amigo me dijo *hace poco* — a short while back
que ahí preparaban muy bien el pescado . . .
Sí, y después un *solomillo* . . . con un buen — sirloin
Valdepeñas[2] . . . Quise hacer una reserva ahí,
pero estaba lleno . . . Iremos a otro restaurante, el del Sr. Ferrer, . . . el caballero que
conociste en el Frontón[3] . . . No importa, si
no te acuerdas . . . Bien, todo *arreglado*. Salgo — is arranged
volando. Adiós, *simpática*». — cutie

JULIO: El boleto a San Felipe, por favor . . .

EMPLEADO: Ud. llegó tarde.

RAMÓN: Llegamos antes de las cuatro.

EMPLEADO: Su reloj *anda atrasado*. Vuelva Ud. mañana. — is slow
(El empleado baja la persiana *de la ventanilla.* — shutter
Luego se oye un *portazo*). — door bang

           *   *   *

PORTERO:	Yo los vi llegar antes de las cuatro, pero, como «don Juan» estaba hablando con la novia, el suyo es caso perdido.	
RAMÓN:	*¡Vaya una gracia!*	How irritating!
PORTERO:	Yo podía recomendarles una solución . . .	
RAMÓN:	¿Cuál?	
PORTERO:	Si yo fuera Ud., *viajaba* en el autobús que sale de la calle San Martín por la mañana. El año pasado yo empecé a tomarlo para venir desde el pueblo hasta acá. Al principio no me gustó, pero luego *fui acostumbrándome.*	I would travel I gradually got used to it
JULIO:	Muchas gracias.	
PORTERO:	Los empleados ahí son *señores mayores* y atienden bien al público, porque no están pensando en amigas, . . . ni en fiestas. Pero los jóvenes . . . ¡Je, je, je!	older persons

Notas culturales

1. **sucursal.** In large cities, tickets for a particular line may be sold only in a branch office. This is usually done when the main office cannot accommodate all travellers efficiently.
2. **Valdepeñas.** This is a well-known Spanish wine from the province of Ciudad Real.
3. **frontón.** This is the general term for a ball court. It can designate a racketball court or a jai alai court.

Ejercicios

A. Reconstrucción.

1. ¿Qué le dijeron a Julio en la oficina de los Ferrocarriles Nacionales?
2. ¿Qué le recomendó Ramón?
3. ¿Atendió el empleado a Julio? Explique por qué (no).
4. ¿Qué decía el periódico acerca de la película?
5. ¿Cómo reaccionaron Julio y Ramón ante la actitud del empleado?
6. ¿Qué decía el empleado acerca de los dos restaurantes?
7. ¿Cómo contestó el empleado por fin al pedido de Julio?
8. ¿Qué dijo el portero de la situación?
9. ¿Qué solución les recomendó?
10. ¿Por qué creía que los empleados de autobuses atienden mejor al público?
11. ¿Qué dijo el portero de los jóvenes?

B. *Creación personal. Haga Ud. frases con las palabras indicadas.*

1. deber decir—los ferrocarriles—varias oficinas
2. poder ir—la piscina—una película
3. ser—el ángel—la guardia
4. el señor—poder—afeitarse
5. el caballero—conocer—el Frontón
6. tomar—el autobús—el pueblo—acá
7. al principio—no gustar—luego—acostumbrarse

C. *Expresión libre.*

1. Antes de comprar boletos de ferrocarril, ¿qué es necessario saber?
2. ¿Se puede fiar de los periódicos cuando dicen que una película «vale la pena»?
3. ¿Qué piensa Ud. de la persona que se llama a sí misma «el ángel de la guardia»?
4. ¿Cree Ud. que los autobuses son cómodos? Explique.
5. ¿Es verdad que los empleados mayores atienden mejor al público? ¿Por qué?
6. ¿Qué es más importante, la amistad o el trabajo? Explique.

II. Formas y estructuras

A. FUNDAMENTOS

Usos del imperfecto y del pretérito

El imperfecto

1. The imperfect expresses a continuous action, the beginning and the end of which are either not known or are of no importance to the speaker. In English this idea is often rendered by *was (were) + present participle.*

Don Juan le **hablaba** a su novia.

*Don Juan **was talking** to his girl friend.*

Even when a period of time or a point in time is mentioned, the imperfect is still required if duration is the most important consideration in the speaker's mind:

Yo **estudiaba** en el liceo en esa época.

*I **was studying** in high school at that time.*

NOTE: Hours can be expressed in the past only with the imperfect: **Eran** las seis. *It **was** six o'clock.*

2. The imperfect also expresses an action that is repeated or habitual. In English one employs, in this case, *used to*:

Volvía por la tarde.   *He **used to return** in the afternoon.*

3. Verbs referring to states of the mind or of the heart are most often employed in the imperfect since such states are usually continuous and of indefinite duration.

(*Mental*) **Pensaba** en una de sus amigas.   *He **was thinking** about one of his girl friends.*

(*Emotional*) **Me extrañaba** no haber encontrado un amigo en el pueblo.   *I **was surprised** not to find (to have found) a friend in the town.*

Of course, if such a verb implies that the action or feeling took place *at a particular moment,* the idea of indefiniteness disappears, and the preterite is required:

Al principio **pensé** que era demasiado tarde.   *At first **I thought** that it was too late.*

El pretérito

1. The preterite implies that an action has ended. This tense is usually associated with a point in time (beginning, end, or both) which may be expressed or understood.

Traté de hacer una reserva, pero **no pude.**   *I **tried** (then) to make a reservation, but **I couldn't.***

2. The preterite is required whenever a segment or a termination of time is expressed or implied:

En aquella memorable sesión **hablaron** primero los reformadores.   *At that memorable meeting the reformers **spoke** first.*

If a period of time or a point in time is mentioned and what matters to the speaker is the idea of continuation, the use of the imperfect is indicated:

En ese momento **estaba** hablando con la novia.   *At that moment **he was** talking to his girl friend.*

3. Verbs of transformation are most frequently used in the preterite, since this process always implies a termination:

Se puso pálida.   *She **became** pale.*

Se volvió loco.   *He **went** crazy.*

Se quemó toda la casa.   *The whole house **burned down.***

4. A similar situation occurs with verbs referring to momentary actions. In most cases these verbs cannot imply duration:

Se casó el domingo pasado.	**She got married** last Sunday.
Chocó con la pared.	**He crashed** against the wall.

Ejercicios

A. ¿Imperfecto o pretérito? Si hay doble posibilidad, diga por qué.

El viaje lo (hacía—hizo) a caballo. (Llegaba—Llegó) al pueblo de Chipaque, donde (pasaba—pasó) la noche. Al día siguiente (se encontraba—se encontró) frente a un paisaje de imponentes montañas, con extensiones de tierra cultivada que (parecían—parecieron) formar un enorme tablero de ajedrez. (Seguía—Siguió) camino a Villavicencio, bordeando precipicios que (dejaban—dejaron) ver en el fondo el turbulento Río Negro. (Empezaba—Empezó) a notarse un cambio muy agradable en la temperatura. (Respiraba—Respiró) a pulmones llenos. Villavicencio (estaba—estuvo) ahora muy cerca.

B. ¿Pretérito o imperfecto?

1. ¿Por qué (salía—salió) mal en los exámenes este año?
2. Al verlo comprendí que (estaba—estuvo) muy enfermo.
3. Los inspectores de la aduana (veían—vieron) que no llevaba contrabando.
4. ¿(Usaba—Usó) Ud. ayer la grabadora?
5. —¡No, hombre! (Pasaba—Pasé) muy mala noche.
6. Durante todo ese semestre no (aprendía—aprendí) nada nuevo.
7. ¿Dónde (vivía—vivió) Ud. el verano pasado?
8. Durante la fiesta todo el mundo (se divertía—se divirtió) mucho.
9. Al ver el accidente, ¿por qué no (llamaba—llamó) Ud. a un policía?
10. Metí las manos en los bolsillos y vi que no (tenía—tuve) un centavo.

B. AMPLIACIÓN

El imperfecto

1. The imperfect of courtesy. Because a statement in a past tense is less emphatic than one in the present, the imperfect is often preferred for communicating a certain degree of hesitation on the speaker's part. This construction is exactly like its English counterpart.

Le **traía** esto para ver si le **gustaba.**	*I was bringing you this to see if you liked it.*
Podíamos ir a la piscina primero.	*We could go to the pool first.*

In nonapologetic statements the speaker would have said: **Le traigo esto para ver si le gusta** and **Podemos ir a la piscina primero.**

2. The imperfect used to relate the content of written material. The imperfect may be employed to refer to the contents of newspapers, books, etc.:

El periódico **anunciaba** la película y **decía** que valía la pena.	*The newspaper **announced** the film and **said** that it was worth seeing.*
La carta **decía** muchas cosas desagradables.	*The letter **said** many unpleasant things.*

3. The imperfect in indirect speech. The imperfect is used to relate what was said in the present in direct discourse:

Me dijeron que los boletos a San Felipe **se vendían** sólo en la Sucursal No. 1.	*They told me that the tickets to San Felipe **were** sold only at Branch Office No. 1.*

(*Direct discourse:* Los boletos a San Felipe **se venden** sólo en la Sucursal No. 1.)

Me dijo que ahí **preparaban** muy bien el pescado.	*He told me that **they prepared** fish very well at that place.*

(*Direct discourse:* Ahí **preparan** muy bien el pescado.)

4. The "conditional" imperfect. The imperfect is often substituted for the conditional after if-clauses. This is most often heard in conversational Spanish:

Si yo fuera Ud., **viajaba** en autobús.	*If I were you **I would travel** by bus.*

This type of substitution is particularly common in conditional sentences which do not begin with **Si**:

De ser eso verdad, yo no **iba**.	*If that were true I **would** not go.*
Yo en tu lugar, **tomaba** un taxi.	*If I were in your place **I would take a taxi.***

The same shift to the imperfect is common in sentences beginning with *En caso de que,* since this conjunction is virtually the equivalent of **Si.**

En caso de que me invitaran, yo **aceptaba**.	*If they invited me, I **would accept.***

5. Deber (de) in the imperfect. **Deber** and **deber de** followed by infinitives are used in the imperfect to express duty or mere probability in the present, respectively. To convey these ideas in English one employs the helping verbs *should, ought,* or *must.*

(*Duty*). Ud. **debía** dárselo.　　*You **should** give it to him.*

(*Probability*) Ella **debía de** saberlo.　　*She **must** know it.*

El pretérito

1. The preterite causing a change in meaning. When a few common verbs are used in the preterite their meaning is modified. Compare:

conocía	*I knew*	conocí	*I met*
no quería	*I did not want*	no quise	*I refused*
quería	*I wanted*	quise	*I tried*
sabía	*I knew*	supe	*I found out, learned*
tenía	*I had*	tuve	*I received*

2. The preterite replacing other past tenses. The preterite is often used as a substitute for the pluperfect and the preterite perfect, two tenses which are not often used except in literary writing:

Supe que esos estudios **fueron** (*instead of the pluperfect:* **habían sido**) inútiles.　　*I learned that those studies **had been** useless.*

Se fue tan pronto como **terminó**. (*instead of the preterite perfect:* **hubo terminado**)　　*He went away as soon as **he had finished**.*

3. The preterite used to express progression. The preterite of **ir** + present participle is frequently used in sentences which contain references to a beginning or an end or to duration within a specific lapse of time:

Al llegar a casa **se fue calmando**.　　*On arriving home **he gradually calmed down**.*

Luego **me fui acostumbrando**.　　*Afterwards **I gradually got used to it**.*

In the first sentence the phrase **Al llegar a casa** points to a beginning; in the second, **luego** refers to a segment of time. Of course, if a time element is not specified, the imperfect is in order:

Vi que **se iba calmando**.　　*I saw that **he was quieting down**.*

4. *Deber (de) in the preterite. Deber* and *Deber de* + *infinitive* are used in the preterite to express duty and probability in the past, respectively:

> (*Duty*) **Debí** decírtelo. *I should have told you.*

> (*Probability*) Ella **debió de** sentirlo. *She must have regretted it.*

Note that when using **deber (de)** in the preterite in this way, the Spanish speaker needs to employ *only two verb forms*, while English requires three.

5. *The preterite after certain adverbs.* The preterite is frequently used after **casi**, and nearly always after **nunca**:

> **Casi se murió** del susto. *He was almost frightened to death.*

> **Nunca le oí** decir eso. *I never heard him say that.*

NOTE: If the verb after **casi** refers to something that almost happened *in the immediate present*, in Spanish one uses a present tense: **¡Casi me caigo!** *I almost fell!*

Ejercicios

A. *Use Ud. el verbo entre paréntesis en pretérito o imperfecto, según el caso.*

1. (ser) Durante dos semanas exploraron valles y montañas. Aquellos _____ días memorables.
2. (afirmar) Dijo que no _____ ni una cosa, ni la otra.
3. (invitar) En caso de ser verdad, yo no lo _____.
4. (conocer) En esa ocasión _____ al dueño del restaurante.
5. (saber) ¿Cuándo _____ Ud. la noticia?
6. (deber) Cuando ella murió yo _____ decírtelo.
7. (esperar) Después de lo ocurrido, ¿qué _____ Ud.?
8. (traer) El periódico de hoy _____ dos artículos sobre la situación política.
9. (volverse) Alguien me dijo que un pariente suyo _____ loco hace dos años.
10. (viajar) Si yo fuera Ud., _____ en autobús.
11. (terminar) Le hicieron muchas preguntas cuando _____ su conferencia.
12. (preguntar) Cuando eras niño siempre _____ cosas a todo el mundo.
13. (querer) Como ya eran las cuatro, el empleado no _____ atender al público.
14. (acompañar) Para no dejarlo solo, él lo _____ hasta el mercado.
15. (decir) El anuncio _____: «Estreno en el *Teatro Olimpia*».

B. *Lea Ud. el siguiente párrafo y cambie Ud. al pasado todos los verbos subrayados que permitan el cambio. (¿Pretérito? o ¿imperfecto?)*

El Ateneo Científico (1) tiene gran prestigio. Allí (2) se reúnen hombres de fama, y (3) pasan varias horas discutiendo los problemas de su especialidad. Siempre (4) se oye la voz de algún orador. La discusión (5) no se limita nunca a asuntos puramente profesionales, porque (6) es evidente que no es prudente separar el reino de las ciencias de la vida real. En privado (7) tienen lugar grandes batallas, en las cuales (8) se combate por una idea o preferencia. También (9) hay ocasiones en que todos (10) se conducen con la más absoluta corrección.

C. *¿Pretérito o imperfecto?*

1. (*We all knew*) que esos pueblos (*were*) muy adelantados.
2. (*I was*) en su clase dos semanas pero (*I was not able*) continuar.
3. (*You told me*) que esa tarde (*you were*) muy cansada.
4. (*They left*) de la oficina porque el empleado (*refused*) atenderles.
5. (*He got up*) cuando ya (*were*) las diez de la mañana.
6. (*He waited*) hasta que el avión (*arrived*).
7. (*You knew*) muy bien que Ud. (*ought to*) llegar antes de las nueve.
8. En la oficina (*there were*) muchos empleados que no (*worked*) con entusiasmo.
9. Entonces (*I told him*): (*You should help him*).
10. Desde los doce años (*he gradually changed*). Antes (*he was*) muy perezoso.

Correlación entre el imperfecto y el pretérito

Two verbs in the past connected by *when* can make four possible combinations. The letters *I* and *P* will be used to designate the *Imperfect* and the *Preterite,* respectively.

(*a*) Two verbs in the imperfect (*I-I*). One main action lasting through time is related to another subordinate action also lasting through time:

Yo la **miraba** cuando ella **en-**   *I was looking at her when she*
    traba.   *was entering.*

(*b*) Two verbs in the preterite (*P-P*). Two momentary actions, one main and the other subordinate, occur simultaneously:

Yo la **miré** cuando ella **entró.**   *I looked at her when she en-*
    tered.

(c) One verb in the preterite and one in the imperfect (P-I). A momentary main action takes place while a lasting subordinate action unfolds:

> Yo la **miré** cuando ella **entraba**.
>
> *I looked at her when she was entering.*

(d) One verb in the imperfect and one in the preterite (I-P). An unfolding main action provides the background for the occurrence of a momentary subordinate action:

> Yo la **miraba** cuando ella **entró**.
>
> *I was looking at her when she entered.*

The quadruple possibility just discussed is not possible if either verb does not admit continuation. Example: **Él dejó sus estudios cuando nosotros empezábamos a estudiar.** Here we cannot say **Él dejaba** because this verb, meaning *to leave, abandon,* obviously does not permit continuation.

Ejercicios

A. En cada una de las siguientes oraciones, hay dos cláusulas unidas por **cuando**. *Cambie los infinitivos subrayados según las indicaciones entre paréntesis.*

1. (*Two continuous actions*) Ella tocar el piano cuando yo leer.
2. (*One continuous action followed by a single event*) Cuando ella estar en Madrid, yo ir a visitarla una vez.
3. (*One momentary action followed by another conceived of as finished*) Cuando yo recibir la carta, la leer inmediatamente.
4. (*Two habitual actions*) Cuando él lavar los platos ella los secar.
5. (*A verb of transformation followed by an action conceived of as a result*) Cuando ella morir todos quedarse muy tristes.
6. (*An action lasting through time followed by an interrupting event*) Cuando nosotros viajar en Francia, tener un accidente serio.
7. (*Two unfolding actions happening at the same time*) Cuando los jóvenes bailar, las personas mayores hablar de política.
8. (*A habitual action followed by a continuous action*) Yo no la interrumpir nunca cuando estar ocupada.
9. (*One action of no duration followed by one implying a result*) Cuando ella hablar, él ponerse rojo.
10. (*A single action of no duration followed by a verb denoting a state of mind*) Cuando ella le traer el regalo, él no saber qué decir.

B. Elija la alternativa más apropiada según el tipo de verbo y el contexto. Siga el modelo.

MODELO: *Me (quedaba–quedé) triste cuando me lo (decía—dijo).*
Me quedé triste cuando me lo dijo.

1. No le (entendía—entendí) bien cuando me (explicaba—explicó) el problema.
2. Ellos (comían—comieron) cuando yo (llegaba—llegué) al restaurante.
3. Cuando ellos (se casaban—se casaron) todos (asistíamos—asistimos) a la boda.
4. La muchacha siempre (se reía—se rió) cuando alguien le (contaba—contó) un chiste.
5. Se lo (devolvía—devolví) cuando me lo (pedía—pidió).
6. Nunca (leía—leyó) el periódico cuando (se sentaba—se sentó) a la mesa.
7. (Iba—Fue) al cine cuando su novia lo (acompañaba—acompañó).
8. (Trabajaba—Trabajé) en esa tienda cuando yo (era—fui) joven.
9. La (llamaba—llamé) por teléfono cuando no (podía—pude) ir a la piscina.
10. Cuando se lo (decía—dije) él no (quería—quiso) creerlo.

III. *Lengua escrita*

EN UN TREN NOCTURNO

Teníamos en la mano nuestra maleta; con esta *fiel* compañera *al lado,* entramos bajo la ancha *bóveda* del andén. *Ya faltaba poco para que el tren emprendiera* su marcha*; hemos subido a un coche y hemos *procurado** colocar en la *rejilla* nuestro modesto equipaje. Os diremos que hemos tenido cierto *estoicismo* para *soportar* en silencio estas miradas *oblicuas,* estas miradas vagas, estas miradas *sospechosas* que los señores que estaban en el vagón *nos lanzaban.*
—Este sitio* creo que estará libre—hemos dicho nosotros.
—Sí, sí—ha dicho un señor vagamente.
Otro no ha dicho nada; un tercero ha *metido más* su nariz entre las páginas del periódico que leía; sonaba un *silbato* misterioso; *se ha hecho* un *remolino* entre la gente que se hallaba ante las *portezuelas*[1] y el tren *se ha puesto en marcha.*

faithful

next to us / vault
the train was about / to leave / managed / rack

fortitude / put up with slanting / full of suspicion
cast at us

stuck / deeper

whistle

has started / mad / scramble (coach) doors / has begun moving

Entonces hemos comenzado a ver los campos de Castilla, anchos, melancólicos, llenos de *lejanías* . . . Los *sembrados* estaban verdes, el cielo era azul. El señor que leía en un *rincón* el periódico, *a la hora* de estar en marcha* el tren, ha abierto una *caja* grande de *cartón* y ha sacado un platito redondo de *cartulina,* una botella de champaña y otra de agua mineral[2]; después *se ha puesto* a partir* varias *viandas* con un cuchillito microscópico y ha principiado a comer en silencio. Todos le mirábamos con atención; él, *de cuando en cuando,* sin decirnos nada, *paraba de comer* y *se frotaba* las manos rápidamente. La noche llegaba; hemos pasado al restaurante para hacer nuestra cena.

— ¡Caramba, usted aquí!

— ¡Hombre, qué casualidad!

Era un amigo que encontrábamos; *ya nos extrañaba* no haber encontrado un amigo en el tren. Hemos cenado; la Compañía que *corre con* los *yantares* en este tren es tan amante de nuestra salud que, cuando os levantáis de la mesa, creéis que no habéis comido nada.

Corría el tren entre *las tinieblas* y hemos procurado dormir. Al abrir los ojos de nuevo *a la luz,* hemos contemplado el amado y maravilloso paisaje *levantino.* Poco después ha aparecido una *llanura* inmensa, infinita, azul, tranquila.

— *¿Ya estamos?* —hemos preguntado cuando el tren se ha detenido en una linda estación subterránea.

— Ya estamos—nos han dicho.

«El tren expreso,» from Azorín's *En Barcelona*
(1906).

(glosses, right margin)

distant horizons / cultivated fields

corner / when . . . left

box / cardboard

light cardboard

began / to cut up / foods

from time to time

stopped eating / rubbed

we were somewhat surprised

is in charge of / meals

the darkness

with, light (of day)

northeastern Mediterranean

surface (of the sea)

Are we there?

Notas culturales

1. **portezuelas.** These are the lateral, outside doors found in older railroad coaches, which were built to contain two rows of compartments, each having room for six persons.

2. **agua mineral.** The widespread use of mineral water is due to the belief that it helps digestion and to a general distrust of tap water.

COMENTARIO

1. *Substitutes for the preterite.*

(*a*) Preterite→present perfect. The difference between these two tenses is that the latter makes the verbal action more immediate. Normally with the present perfect we imply that the effects of a past action are still felt in the present. In the selection by Azorín, the present perfect was substituted for the preterite even when the action of the verb did not really imply an emotional repercussion in the present. Azorín knew, however, that the present perfect makes an action less objective and less distant. Compare:

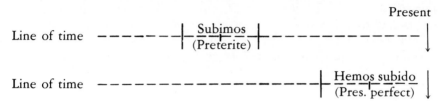

The effect of the use of the present perfect can be far more poetic than the expression of the same action in the preterite. Reread the text by Azorín and count the number of times the preterite and the present perfect have been used.

(*b*) Preterite→imperfect. There are a few verbs in Azorin's prose which would ordinarily be in the preterite. Again, the author prefers to convert totally past (*preterite*) actions into continuous, indeterminate (*imperfect*) actions because the latter have greater suggestive power. Azorín says:

> **Sonaba** un silbato misterioso (*instead of:* **Sonó** un silbato misterioso.)
>
> Todos le **mirábamos.** (*instead of:* Todos le **miramos.**)

His predilection for the imperfect leads him to use it as a replacement for the pluperfect:

> Era un amigo que **encontrábamos** . . . en el tren. (*instead of:* . . . que **habíamos encontrado** . . . en el tren).
>
> It was a friend *we were meeting (had met) aboard the train.*

2. *Plural subject instead of singular subject.* In Azorín's selection we do not find the first person singular subject (*I*). The author prefers to employ all verbs in the first person plural (*We*), hoping to thus help the reader share in his experiences:

> **Hemos comenzado** a ver los campos de Castilla.
>
> *We began (have begun) to see the Castilian countryside.*

Ejercicios

A. ¿Cuáles de las siguientes formas pretéritas cambiaría Ud. al presente perfecto para expresar la persistencia de los efectos de la acción? Dé Ud. su opinión, recordando que más de una respuesta podría ser correcta.

Al principio (1) no comprendí (¿no he comprendido?) por qué me (2) miró (¿ha mirado?) así, con esa mirada tan cargada de sospecha. Luego (3) comenzó (¿ha comenzado?) a leer su periódico y, en cuanto (4) se puso (¿se ha puesto?) en marcha el tren, (5) abrió (¿ha abierto?) una gran caja con viandas y botellas. Yo le (6) miré (¿he mirado?) en silencio. El viajero (7) cortó (¿ha cortado?) la carne con un cuchillito microscópico y (8) se dispuso (¿se ha dispuesto?) a comer. (8) Comió (¿ha comido?) con apetito. Después (9) cerró (¿ha cerrado?) la caja y (10) se frotó (¿se ha frotado?) las manos.

B. Imitando a Azorín, lea Ud. en voz alta el pasaje del ejercicio A, cambiando todos los verbos en primera persona, singular, (Yo) a la primera persona del plural (Nosotros).

IV. Ideas afines

1. **emprender. Emprender** differs from all other verbs of beginning in implying a plan and an effort. It is usually found in conjunction with nouns of displacement, such as **carrera, marcha, subida, vuelo,** etc., or with nouns denoting trying tasks, such as **conquista, pacificación, renovación,** etc.

El tren estaba a punto de emprender su marcha.	*The train was about to get going.*
Los conquistadores emprendieron la exploración de la costa del Pacífico	*The conquistadors undertook the exploration of the Pacific coast.*

2. **procurar.** This verb has two basic meanings; (a) *to manage:*

Procuró colocar su equipaje en la rejilla.	*He managed to put his luggage up on the rack;*

and (b) *to obtain:*

> **A ver si puedes procurarme dos boletos.**
>
> *Let's see if you can get me (secure for me) two tickets.*

When the verb denotes advantage for oneself it must be used reflexively:

> **Se procuró una pequeña pensión.**
>
> *He got (for himself) a small pension.*

3. **sitio—lugar—puesto.** In many cases **sitio** and **lugar** are used as synonyms. There are, however, special instances in which one or the other is preferred. **El sitio** may be the place where a person has a function or duty to perform.

> **Yo sé qué sitio me corresponde en esta ceremonia.**
>
> *I know what my rightful place is in this ceremony.*

It may also signify *seat:*

> **Este sitio creo que está libre, ¿no?**
>
> *I believe this place (seat) is unoccupied, isn't it?*

Lugar signifies a point in space.

> **¿En qué lugar está Orión?**
>
> *Where is Orion?*

Lugar may be used to designate a particular point or place in a book, or in any other written matter.

> **Hay un lugar donde el autor comete dos errores.**
>
> *There is a place where the author makes two mistakes.*

Lugar may also mean *village.*

> **Ése es el tonto del lugar.**
>
> *That is the village fool.*

Puesto also implies *place* but denotes at the same time a relationship with that place.

> **—Perdonen, caballeros, tengo que volver a mi puesto.**
>
> *Excuse me, gentlemen, I have to return to my post.*

By extension, **puesto** also means job or opening.

> **Ando buscando un puesto.**
>
> *I am looking for a job.*

4. **hora.** This noun appears in various idiomatic expressions.

A estas horas están durmiendo.	*At this (late, unusual) hour they are sleeping.*
A la hora de trabajar se nos escapa.	*When the time comes to work he runs off.*
Ha llegado Ud. en buena (mala) hora.	*You've come at the right (wrong) time.*
Me está gritando a todas horas.	*He's shouting at me all the time (at all hours of the day).*
Lo haremos en su hora.	*We will do it at the proper time.*
Llegó a última hora.	*He arrived at the last minute.*

5. **ponerse a.** Like **comenzar,** this verb denotes a beginning, but is coupled with the implication of an attitude.

Me puse a estudiar con cuerpo y alma.	*I started to study body and soul.*

Comenzar does not imply a previous personal deliberation.

Ejercicios

A. Traduzca Ud. las palabras en inglés.

1. (*He got—obtained for him*) un buen puesto.
2. Como soy jefe, mi (*place*) es en la oficina central.
3. A las seis de la mañana (*he started the climb*).
4. El empleado fue despedido por haber abandonado (*his post*).
5. Como es muy listo, (*he got for himself*) una entrada gratis.
6. (*In a small town*) de la Mancha vivía un honrado caballero.
7. ¿Cuándo (*did you begin*) sus estudios de medicina?
8. Como ella no le hacía caso, (*he started*) a recitarle versos junto a su ventana.

B. Traduzca las palabras en inglés.

1. Ud. ha venido (*at a bad time*).
2. (*When the time comes to eat*) viene corriendo.
3. ¿Por qué ha venido Ud. aquí (*at this late hour*)?
4. Ud. todo lo hace (*at the last minute*).
5. Este muchachito me hace preguntas (*at all hours of the day*).
6. Tenga Ud. paciencia. Yo sé que su hija la hará (*at the proper time*).

V. Elementos de composición

Ejercicios

A. *Exprese en español, usando el pretérito o el imperfecto, según el caso.*

1. When they were downtown they would eat at a good restaurant.
2. Was it true that he refused to work with them?
3. As soon as he had shaved he came down in order to eat breakfast.
4. She turned pale and left.
5. He should have told them that he got married.
6. What time was it when they called (by phone)?
7. Little by little he got used to the place (village).
8. They never told me what they were intending to do.
9. The house burned down.
10. Were you keeping this seat (place) for someone?

B. *Escriba Ud. una breve composición en el pasado (usando el pretérito o el imperfecto, según el caso) refiriéndose al contenido del siguiente dibujo.*

VI. Repaso

Ejercicios

A. *Dé Ud. la forma correcta del pretérito o del imperfecto, según el caso. Si hay dos posibilidades, diga Ud. por qué.*

1. Yo (quería—quise) que dejara de hablar por teléfono.
2. Pensé que Ud. (prefería—prefirió) no venir.
3. Me sentí muy mal cuando ella (se marchaba—se marchó).
4. Al principio (no me gustaba—no me gustó) el espíritu de la clase.

B. *Casos especiales. ¿Pretérito o imperfecto?*

1. Le pedí dinero varias veces, pero ella (no quería—no quiso) ayudarme.
2. El año pasado yo la (conocía—conocí) a Ud. en Sevilla.
3. Entonces (sabía—supe) que había perdido su puesto.
4. El miércoles pasado (tenía—tuve) noticias de él.

C. *Cambie Ud. el verbo subrayado haciendo que los efectos de la acción se sientan en el presente.*

1. Nunca pude comunicarme con él.
2. La noticia produjo muy mal efecto.
3. Sé que Ud. escribió un mal examen.
4. Lo hizo ayer sin decir una palabra.

D. *Relacione Ud. pretéritos e imperfectos para expresar las ideas indicadas entre paréntesis.*

1. (Dos acciones momentáneas) El empleado (me miraba—me miró) con indiferencia cuando le (pedía—pedí) un boleto.
2. (Una acción momentánea y otra de carácter habitual) La joven siempre (se puso—se ponía) pálida cuando yo le (hablaba—hablé).
3. (Dos acciones que se repiten) Siempre la (saludaba—saludé) cuando (pasaba—pasó) frente a mi casa.
4. (Acción que dura a través del tiempo seguida de otra que resume todo un período de tiempo) Cuando yo (era—fui) estudiante (me divertía—me divertí) muy poco.

Lección ocho

I. Lengua oral

POR SI ACASO

FEDERICO: Oye, Manolo, ¿por qué te has colgado esa *medalla*? Déjame ver.   medallion

MANUEL: Hombre, no es una medalla; ¿no ves que es un *amuleto*?   amulet

FEDERICO: ¿Un amuleto, tú? ¿Para qué? ¿Les tienes miedo a las brujas?

MANUEL: Fue un regalo de mi tía Encarnación. . .

FEDERICO: La *espiritista*, sí, me la presentaste una vez. ¿Y   medium
para qué sirve, para quitar dolores de *barriga*,   belly
reventar *granos*, protegerte del diablo?   pimples

MANUEL: Es contra el *mal de ojo*; tú sabes que todavía   'evil eye'
hay muchas personas que creen en eso.

FEDERICO: No me digas. Yo creía que esas creencias fueron prohibidas por la Inquisición. Pero tú no crees, ¿verdad?

MANUEL: No, no creo. Es decir, que realmente no sé; hay algunas cosas raras que no pueden ser explicadas normalmente. A veces no estoy tan seguro. Voy a llevar este amuleto *por si acaso;*   just in case
por lo menos, no me hará ningún daño.

FEDERICO: Pero ¡qué ridículo! Tú, un hombre *hecho y*   all grown up
derecho, y sigues creyendo en brujerías. Debes tirar ese amuleto a la basura antes de que se enteren tus padres.

MANUEL: Ya lo saben, no es ningún secreto. Mi tía también les dio amuletos a ellos.

FEDERICO: ¿Tu padre con un amuleto colgado al *pescuezo,*   neck (colloquial)
como un perro? No me lo puedo creer. Él lo botó, ¿verdad?

MANUEL: Creo que no. Sospecho que mi padre cree un poco en eso, aunque no lo admita. Una vez le pasó algo muy raro, que todavía no ha sido explicado. Le dieron un *ascenso* en la compañía,   promotion
pero había otro tipo, muy *pesado,* que le guar-   unpleasant
daba mucho *rencor.* Andaba diciendo que iba a   animosity
fregar a papá, pero nadie le prestaba atención.   do harm
Pero, el mismo día en que mi padre iba a ocupar el nuevo puesto, de repente se enfermó. Ni siquiera pudo levantarse de la cama. Lo llevamos al hospital, pero no encontraron nada. Luego descubrieron que *el tipo* ése   the guy

había ido donde una bruja y le había pedido
que le hiciera quién sabe qué barbaridades a
mi padre. Entonces acudió mi tía, pronunció
una *mojiganga* y así de súbito la *hechicería* fue   mumbo-jumbo / spell
rota. Fue una cosa muy curiosa, como sólo se
ve en las películas. Pero te juro que sucedió
exactamente así. *Por* el mal de ojo, dijo mi tía,   Because of
y la verdad es que yo no me lo explico de otra
manera.

FEDERICO: Pues, para mí son tonterías. Está comprobado
desde hace siglos que eso es sólo una cuestión
de creencias que uno ya tiene. Si tú no crees
en la brujería, es imposible que ella te afecte.
No debes dejarte conquistar por el miedo.

MANUEL: Tú con tu escepticismo y yo con mi amuleto,
creo que da igual, ¿no te parece?

Nota cultural

1. In Spain and in Latin America belief in certain occult forces is
    widespread. Although it is viewed as 'low-class' by many, this
    belief does not have the negative connotations of 'witchcraft' and
    'sorcery' found in American culture. Many practicing Catholics do
    not find it incompatible to occasionally purchase an amulet or to
    consult an **espiritista.**

Ejercicios.

A. Reconstrucción.

1. ¿Qué tiene Manuel colgado del cuello?
2. ¿Quién se lo dio?
3. ¿Para qué sirve?
4. ¿Cree Manuel en el «mal de ojo»?
5. ¿Qué piensa hacer Manuel con el amuleto?
6. ¿Qué opinión tiene Federico del «mal de ojo»?
7. Según Federico, ¿qué debe hacer Manuel con el amuleto?
8. ¿Qué le pasó al padre de Manuel?
9. ¿Cómo se curó?
10. Según Federico, ¿qué personas pueden ser afectadas por la brujería?
11. ¿Cómo se enfrenta cada uno de los muchachos con las supersticiones?

B. *Creación personal. Haga Ud. frases con las palabras indicadas.*

1. llevar—un amuleto—el mal de ojo
2. las creencias—prohibir—la Inquisición
3. un hombre—hecho y derecho—creer—las brujerías
4. ridículo—el amuleto—el pescuezo
5. pasar—algo raro—no explicar
6. el tipo—pesado—el rencor
7. decir—fregar—papá
8. una mojiganga—romper—la hechicería
9. las supersticiones—una cuestión—las actitudes
10. el escepticismo—el amuleto—dar igual

C. *Expresión libre.*

1. En el diálogo, ¿cómo se podría explicar racionalmente la enfermedad del padre de Manuel?
2. ¿Qué opina usted del «mal de ojo»?
3. ¿Cree usted en alguna superstición?
4. ¿Qué haría usted si alguien le dijera que estaba «hechizado»?
5. ¿Cree usted que todos los fenómenos tienen explicacion(es) científicas? Si no, ¿cuáles son los que no se pueden explicar?
6. ¿Ha tenido usted una experiencia que no se pueda explicar racionalmente?
7. ¿En qué supersticiones se cree hoy en día?
8. ¿Cómo se podría eliminar una superstitión o creencia popular?

II. *Formas y estructuras*

A. FUNDAMENTOS
La voz pasiva

A sentence in the active voice is one in which the grammatical subject actually performs or causes the action of the verb:

Jaime come manzanas.

A sentence in the passive voice is one in which the grammatical subject does not cause the action of the verb, but rather receives it. In such a sentence the "agent" or initiator of the action may or may not be expressed. In English, the passive voice is formed by *to be* + past participle (+ *by* agent): *The door was closed (by the wind).* In Spanish there is one true passive construction, plus several alternate constructions which may be used to translate the passive voice in English.

In the true passive voice, the past participle of the verb is used. To form the past participle, delete the infinitive ending (**-ar, -er, -ir**), and add **-ado** to **-ar** verb stems and **-ido** to **-er** and **-ir** verb stems: **hablado, comido, vivido.** In addition to these regular forms, there are a number of irregular past participles in Spanish. The more common ones are:

abrir—abierto	morir—muerto
cubrir—cubierto	poner—puesto
decir—dicho	romper—roto
escribir—escrito	ver—visto
hacer—hecho	volver—vuelto

In addition, most compound verbs deriving from one of the above verbs have past participles with the same irregularities: **descubrir→descubierto, deshacer→deshecho, imponer→impuesto, suponer→ supuesto, entrever→ entrevisto, devolver→ devuelto,** etc. Common exceptions to this rule of correspondence are **maldecir** and **bendecir,** whose past participles are **maldecido** and **bendecido** respectively (although the forms **maldito** and **bendito** are used as adjectives) and compounds of **romper,** whose participles are regular: **corromper→corrompido, interrumpir→interrumpido,** etc.

Ejercicio

Dé los participios pasados de los verbos siguientes.

1.	mantener	**6.**	describir
2.	suspirar	**7.**	rehacer
3.	rematar	**8.**	continuar
4.	envolver	**9.**	requerir
5.	descomponer	**10.**	establecer

B. AMPLIACIÓN

1. True passive voice. The true passive voice is formed with **ser** + *past participle* (+ **por*** + *agent*). Since the past participle is used as an adjective, it must agree with the subject of the sentence:

La puerta fue **abierta** (por el viento).	*The door was opened by the wind.*
Las joyas fueron **robadas** por los ladrones.	*The jewels were stolen by the thieves.*

* With verbs of emotional involvement, such as **querer, odiar, estimar, temer,** etc. **de** is frequently used instead of **por:**

Ella es querida de todos.	*She is beloved by all.*

(*a*)   The true passive voice is not as frequent in Spanish as in English. Following are some of the most common restrictions: The passive voice is most commonly used in the preterite, present perfect or past perfect to describe events that have already taken place. The passive construction also frequently occurs in the future and conditional tenses.

El gobierno **ha sido elegido** legalmente.	*The government **has been legally elected**.*
La obra **será patrocinada** por los Leones.	*The work **will be sponsored** by the Lions Club.*

When the verb expresses inherent duration or repeated, habitual action, the imperfect or present passive may be used:

Es bien sabido que el mundo es redondo.	*It **is well known** that the world is round.*
Era conocido por todo el mundo.	*He **was known** by everyone.*

However, to express a momentary or single action in the present or imperfect tenses, one normally uses either the third person plural impersonal construction (*see Lesson 6*) or a reflexive-passive verb (*see section 2, below*):

Están abriendo la puerta.	
La puerta **se está abriendo.**	*The door is being opened.*

(*b*)   There are some verbs which are not normally transitive (do not take a direct object). When they do take an object, it usually continues the action of the verb (**correr dos kilómetros, soñar un sueño,** etc.) In Spanish, such verbs may not normally be used in the passive:

Corrió una milla en menos de cuatro minutos.	*He ran a mile in less than four minutes.* *The mile was run in less than four minutes.*

Verbs of perception such as **oír, escuchar,** and **ver** are not customarily used in the passive voice. Nor is the verb **matar** ordinarily used thus, at least to refer to human beings, for it then conveys the idea of slaughter or assassination. If this is not the intent, **ser muerto** is used. When no agent is expressed, **morir** may be used in an active sentence:

En la batalla, **murieron** muchos niños.	*In the battle, many children **were killed**.*

| El soldado **fue muerto** por el traidor. | *The soldier **was killed** by the traitor.* |
| La vaca **fue matada** por el carnicero. | *The cow **was slaughtered** by the butcher.* |

(*c*) The passive construction may only be used if the subject of the resulting sentence is the DIRECT object of the original sentence: **Jorge comió la manzana→La manzana fue comida por Jorge.** In English, it is also possible to create a passive sentence in which the subject is the INDIRECT object of the original active sentence: *We were shown the house by the agent.* However, this type of construction is not possible in Spanish. If an agent is expressed, the active voice must be used:

El agente nos **enseñó** la casa. $\left\{\begin{array}{l} \textit{The agent \textbf{showed} us the house.} \\ \textit{We \textbf{were shown} the house by} \\ \textit{the agent.} \end{array}\right.$

If no agent is expressed, an impersonal third person plural sentence or an impersonal construction with **se** (*see lesson 6*) may be used:

Nos **enseñaron** la casa. $\left.\begin{array}{l}\\ \end{array}\right\}$
Se nos enseñó la casa. *We **were shown** the house.*

If the verb is accompanied by a preposition, it may not be used in the passive voice.

| Jamás **habían soñado** con esas invenciones. | *Those inventions **had** never even **been dreamt** of.* |

Ejercicio

Cambie las frases a la voz pasiva donde sea posible. Si no es posible, diga por qué.

MODELO: *Los diputados nombraron al presidente.*
   El presidente fue nombrado por los diputados

1. Todos lo temen.
2. Escuchamos un ruido aterrador.
3. A Margarita le ofrecieron un puesto muy importante.
4. Todos creen que el problema no tiene solución.
5. El perro hambriento devoró la comida abandonada.
6. Los miembros de la junta odian al caudillo.
7. El niño rompió la carta en mil pedazos.
8. Mandó la carta a su tía.
9. El dueño nos mostró los muebles.
10. La bruja pronunció una palabra misteriosa.

2. *"Passive" with* **se**. When the agent of the action is not expressed, a construction with **se** may be used instead of the true passive, but only with the following condition: the verb must agree in number with the noun functioning as a passive subject. Frequently the verb precedes the subject:

Se abrieron las puertas a las nueve.   *The doors were opened at nine.*

Se venden las peras por kilos.   *Pears are sold by the kilogram.*

NOTE: Unlike the true passive voice, **se** constructions may be used in all tenses, when appropriate.

(*a*)   In instructions, particularly in footnotes, one often finds the passive **se** used in command forms:

Véanse los párrafos 6 y 7.   *See paragraphs 6 and 7.*

Compárese con lo anteriormente citado.   *Compare with what was said before.*

Ejercicio

Haga una nueva oración con una construcción con **se**, *eliminando el agente.*

1.   El portero abrió las puertas a las cinco en punto.
2.   Los mecánicos pueden reparar esos motores muy pronto.
3.   El consejo editorial elogió al destacado escritor.
4.   La lavandera va a planchar los vestidos mañana.
5.   ¿Encontraste las herramientas perdidas?
6.   Miguel vende libros clásicos.
7.   El médico rechazó la teoría.
8.   ¿Los científicos pueden verificar muchas leyes naturales?
9.   Aquí la gente obedece los mandatos del gobierno provisional.
10.   Nicolás prepara platos deliciosos en ese restaurante.

3.   *Comparison: uses of* **se**. Verbs with **se** are used in passive, reflexive, reciprocal, and impersonal constructions, and sometimes it is difficult to determine which use is involved. The following distinctions must be made: (a) whether the noun which accompanies the verb is human/animate or inanimate; (b) whether the noun and verb are singular or plural; and (c) whether the personal **a** is used before the noun. If the verb is singular, as in **Se pegó**, a reciprocal construction is automatically ruled out. The presence of the personal **a**, as in **Se pegó al ladrón**, indicates the occurrence of the impersonal **se** construction with an animate noun. Finally, if inanimate nouns are

involved, both reciprocal and reflexive use are normally ruled out, as in **Se vendieron los coches.**

Study the following chart:

Animate Nouns	El hombre se mató. *(reflexive)*
	Los hombres **se mataron** (a sí mismos). *(reflexive)*
	Los hombres **se mataron** (unos a otros). *(reciprocal)*
	Se mató **al hombre.** *(impersonal)*
	Se mató a los hombres. *(impersonal)*
Inanimate Nouns	Se pegaron los carteles. *(passive)*
	Se pegó el cartel. *(impersonal or passive)*

NOTE: With an inanimate noun in the singular (**Se Pegó el cartel.**) there is no grammatical way of distinguishing between an impersonal construction (*One put up the poster.*) and a passive construction (*The poster was put up.*), nor is there a need to do so. In the case of plural nouns, there is considerable variability and inconsistency among native Spanish speakers as to whether the verb should be in the singular or plural. In theory, leaving the verb in the singular (**Se vendió los coches, Se mató a los hombres**) more clearly implies the existence of an agent, in other words, *somebody;* but in reality this distinction is not always observed. Many Spanish-speakers find the sentences with singular verbs and plural nouns unacceptable, even though the noun is not the subject of the verb. This is particularly true in the present tense, where plural nouns (often used without articles) indicate general conditions or actions:

Se planchan camisas.	*Shirts ironed (here).*
Se alquilan apartamentos.	*Apartments for rent.*

Ejercicio

Explique el uso de se *en las oraciones siguientes. Si hay más de una posibilidad, explique todas.*

MODELO: *Se nombró al gerente.*
         Frase impersonal: «alguien» nombró al gerente.

1. Durante la guerra, se destruyó la ciudad.
2. En ese taller, se reparan motores.
3. Por orden del juez, se verificaron los documentos.
4. Los novios se sentaron en la primera fila.
5. En el primer semestre se estudia un libro teórico.

6. El presidente y el primer ministro se dieron la mano.
7. Se vive muy bien en la costa del mar.
8. Los pasajeros se miraban en el espejo grande.
9. El muchacho se afeitó con mucho cuidado.
10. Se vieron muchos camiones en la carretera.

4. "Passive" with **estar.** When expressing not an action but rather the result of that action, *estar + past participle (+ **por** + agent)* may be used. In deciding whether to use **ser** or **estar,** it is important to know which aspect, the action or the result, is being stressed. In English, this must often be determined from context.

Eso **fue prohibido** terminantemente.	*That was strictly **forbidden.***
Está prohibido fumar.	*Smoking* **is prohibited** *(e.g. there is a law).*
La orquesta **está dirigida** por el maestro Giulini.	*The orchestra **is under the direction** of Maestro Giulini (for the season).*
La orquesta **será dirigida** por el maestro Giulini.	*The orchestra **will be conducted** by Maestro Giulini (for this performance).*
La carretera **estaba bloqueada** por las tropas.	*The highway **was (being) blocked off** by the troops (troops were already there).*
La carretera **fue bloqueada** por las tropas.	*The highway **was blocked off** by the (arrival of the) troops.*

Ejercicio

Complete cada oración con **ser** *o* **estar** *y justifique el uso.*

1. Durante la rebelión las editoriales _____ censuradas por el gobierno.
2. Hoy el país _____ dominado por una oligarquía poderosa.
3. Durante el verano _____ prohibido bañarse desnudo en esta playa.
4. El programa de anoche _____ patrocinado por la IBM.
5. Einstein _____ bien conocido por sus teorías revolucionarias.
6. La entrada _____ protegida por un sistema electrónico.
7. Cuando llegamos, vimos que el puente _____ destruido.
8. El puente _____ destruido por el terremoto.
9. Dicen que ahora _____ permitido vender libros los domingos.
10. La oficina _____ fundada en 1823.

5. *Passive reflexive with causative verbs.* Causative verbs such as **hacer, dejar, permitir,** etc., may be used (followed by the infinitive) reflexively and passively at the same time. When appropriate, the agent of the action may be expressed, preceded by **por:**

Él se hizo retratar en el traje de su padre.	*He had himself photographed in his father's suit.*
No debes dejarte tomar por tonto.	*You shouldn't let yourself be taken for a fool.*
Emilio **se hizo** afeitar por el barbero.	*Emilio had himself shaved by the barber.*

Ejercicio

Haga una oración nueva, utilizando una construcción causativa.

MODELO: *La peluquera peinó a doña Elvira.*
   Doña Elvira se hizo peinar por la peluquera.

1. El famoso artista pintó un retrato de la reina.
2. La policía encontró al criminal después de una búsqueda nacional.
3. El permite que todos le tomen el pelo.
4. Manuel fue al médico a que lo examinara.
5. A causa de sus confesiones, el traidor fue condenado.
6. El fotógrafo sacó una foto de Ramiro.
7. Guillermo deja que sus amigos lo critiquen.
8. El miedo lo conquista en esos momentos.
9. El emperador mandó que sus súbditos lo festejaran.

In order to use such a passive construction, it must be clear from the context that the subject of the sentence is receiving the action rather than performing it, since active sentences with the same verbs are possible, particularly with **dejar** and **permitir**

Se dejó pensar en las posibilidades angustiosas.	*He let himself think about the terrible possibilities.*

6. *Estar siendo + past participle.* In contemporary Spanish, one frequently finds the present progressive tense used in a passive construction with a verb which ordinarily could not be used passively in the simple present tense, since it indicates a single action:

El edificio **está siendo construido** por la compañía Zamora.	*The building is being constructed by the Zamora Company.*

This usage is considered unacceptable by some, but it shows no signs of disappearing from the language. It is frequently found in journalistic writing.

III. Lengua escrita

La mejor definición del mal de ojo es la de don Nicolás Fort Roldán:

«Extraño y *malévolo* poder de ciertas miradas* humanas que no recaen* sobre otras personas, sino también sobre las bestias y aun los objetos, con tal energía, según dicen, que basta que se fijen en un espejo para que se rompa el cristal en mil pedazos». La creencia en el mal de ojo está muy *arraigada,* y no sólo entre la gente del campo y clases bajas, sino, muchas veces, en personas educadas y cultas, aunque traten de disimularlo*. Así como otras supersticiones han sido siempre combatidas, y hasta fueron incluídas entre las supersticiones, usos y creencias que no tenían tal carácter*, como algunas prácticas religiosas perfectamente *lícitas,* el mal de ojo ha encontrado defensa o por lo menos, disculpa. Ya Fray Martín de Castañega lo daba como posible y lo atribuía a causas naturales. En Galicia, don Jesús Rodríguez López escribe: «Es indudable que el alma hace elaborar a la célula nerviosa cerebral un fluído que sale por los ojos con vibraciones más o menos intensas, según el cerebro que las produce, y cuyas ondulaciones alcanzan, por este motivo, a mayor o menor distancia, pudiendo ser percibidas por otros ojos *receptores,* y aún es posible que otro cerebro las reciba, aunque con menos intensidad, teniendo el individuo los *párpados* cerrados. Esto lo demuestra *el que* a dos personas se les ocurran a veces las mismas ideas en el mismo momento, mirándose o no mirándose; lo que suele suceder es que antes de ver a una persona que viene a visitarnos se piense en ella un momento antes de presentarse; el que pueda notarse tan claramente la simpatía en las personas que tratamos, aunque procuren* ocultar estos sentimientos; en que se pueda sugestionar* la voluntad de uno o más individuos con sólo una mirada en que se comunica el pensamiento. La sugestión a distancia con la mirada, acompañada o no de la palabra, es cosa resuelta y comprobada, como fenómeno natural. Nuestro cuerpo está siempre rodeado de una electricidad especial a cada individuo, que es lo que hace aparecer* distinto el calor del hombre sano*. Es muy posible que, cuando el perro busca el rastro del amo, no sea por las *moléculas* olorosas, sino por algo eléctrico o dinámico que las diferencia*.

evil

deeply rooted

allowable

receiving

eyelids
the fact that

molecules

Vicente Risco, 'Apuntes sobre el mal de ojo en Galicia'; *Revista de Dialectología y Tradiciones Populares* 17 (1961), 66-92

COMENTARIO

1. Order of subject and verb in gerund phrases. When a gerund (verbal form ending in **-ando** or **-iendo**) has a subject, this subject nearly always follows the gerund. If the gerund has an object or predicate nominative, the object is placed after the subject.

Siendo Carlos un hombre muy capacitado, merece nuestro voto.

Since Carlos is very capable, he deserves our vote.

Es posible que otro cerebro las reciba, **teniendo el individuo** los párpados cerrados.

It is possible that they are received by another brain, *when the individual has his eyes closed.*

Ejercicio

Complete las frases siguientes, traduciendo la parte entre paréntesis. Utilice en cada oración una frase con el gerundio del verbo indicado.

1. (*Since María is Colombian*) nos puede explicar el informe sobre la política de Colombia.
2. (*As the son knew*) que a su madre le gustaban las flores, le envió un ramillete de claveles.
3. (*Since the others had already experienced*) los efectos de la pobreza, se oponían al plan propuesto por los industriales.
4. (*Since he arrived*) después de la convocatoria, no pudo encontrar un buen sitio.
5. (*Since Rodrigo was angry*), no se dejó convencer por las razones que ofrecían sus amigos.

2. The subjunctive of reaction in clauses with **el (hecho de) que.** The phrase **el (hecho de) que** may be used with the subjunctive as an elegant way of commenting on a given fact or situation. In order for the subjunctive to be used, the facts referred to by **el (hecho de) que** must be presupposed; that is, they must not be introduced for the first time, but rather assumed as already known, and used to form a conclusion, or to offer a commentary. The construction with **el que** is usually the subject of the main verb.

El hecho de que el presidente **haya prometido** tal cosa es una prueba definitiva de su incompetencia.

The fact that the president said such a thing is a clear proof of his incompetence.

Esto lo demuestra **el que** a dos personas se les **ocurran** a veces las mismas ideas en el mismo momento.

*This is demonstrated **by the fact that** the same idea **may occur** to two people at the same time.*

El que puedas contestar a esta pregunta no significa que estés preparado para el examen final.

***The fact that you can** answer this question doesn't mean that you are ready for the final exam.*

NOTE: When an expression with **el (hecho de) que** is not being used to arrive at a conclusion, or is being mentioned for the first time, the indicative is used. In most cases of this type, the clause in question is not the subject of the main verb.

Esto no explica **el hecho de que** todavía **existe** hambre en el mundo.

*This doesn't explain **the fact that there is** still hunger in the world.*

Ejercicio

Basándose en las siguientes frases, cree nuevas oraciones con el (hecho de) *que y el subjuntivo.*

MODELO: *El presidente es un mentiroso y eso quiere decir que no debe ser reeligido.*
El que el presidente sea tan mentiroso quiere decir que no debe ser reeligido.

1. No ha llovido en muchos meses y eso va a traer como resultado en grandes escaseces en el otoño.
2. Tú creías en la brujería y por eso sufriste tanto al saber que te habían echado el mal de ojo.
3. Doña Ramona sólo anda por la noche, lo cual significa que debe ser una bruja.
4. El triunfo de la revolución se debe a la gran infiltración de fuerzas comunistas.
5. Nadie cree ya en las hechicerías, porque se han realizado pruebas científicas.

IV. Ideas afines

1. **mirada—vista—visión.** Una **mirada** is a glance or the act of looking or gazing. **Vista** refers to a scene, something seen. It also refers to eyesight, particularly in expressions like **corto de vista** *nearsighted,* **a vista de tierra,** *in sight of land,* etc. **Visión** refers to eyesight, or to an apparition or hallucination:

Estudia el poder misterioso de la **mirada.**	*He is studying the mysterious force of the* **gaze.**
En esta postal se ve una **vista** nocturna de la cuidad.	*On this postcard there is a night* **view** *of the city.*
Los pilotos necesitan tener la **visión** muy aguda.	*Pilots need acute* **eyesight.**
Después de estar tantos días en ayunas, el profeta tuvo una **visión** terrible.	*After fasting for so many days, the prophet had a terrible* **vision.**

2. **caer—caerse—dejar caer—recaer. Caer** means *to fall;* **caerse** implies a more sudden falling, falling over, or falling down. **Dejar caer** is used transitively, meaning *to drop:*

La lluvia **cae** del cielo.	*Rain* **falls** *from the sky.*
Se cayó el estante.	*The shelf* **fell down** *(fell over).*
El muchacho travieso **dejó caer** el plato.	*The naughty boy* **dropped** *the plate.*

Recaer means *to fall back upon* and is frequently used figuratively:

Ya que ha hecho tanto daño, van a **recaer** sobre él todas sus acciones pasadas.	*Since he has done so much harm, his previous actions are going* **to come back** *to haunt him.*

3. **disimular—ocultar—esconder—fingir. Disimular** means to pretend that something is not happening:

El soldado herido **disimulaba** el gran dolor que sentía.	*The wounded soldier* **hid** *the great pain that he felt.*

Ocultar is sometimes used figuratively in the same sense as **disimular.** More concretely, it means *to hide away* and is synonomous with

esconder, although **ocultar** is used more frequently with intangible things.

El ladrón **ocultó/escondió** las joyas robadas.

*The thief **hid** the stolen jewels.*

Le fascinan los poderes **ocultos.**

*He is fascinated by **hidden** (occult) powers.*

Fingir means *to pretend, act out a false role:*

El niño **fingía** estar enfermo porque no quería ir a la escuela.

*The child **pretended** to be sick because he did not want to go to school.*

NOTE: **pretender** means *to intend, have the purpose of doing something.* It may also mean to court someone's love:

No **pretendo** solucionar este problema, pero sí ofrecer un poco de ayuda.

*I don't **intend (claim)** to solve this problem, but I do want to offer some help.*

Creo que Gonzalo **pretende a** Paquita.

*I think Gonzalo **is courting** Paquita.*

4. carácter—índole—tipo—característica. **Carácter** (plural caracteres) refers to the inherent qualities of a person or thing.

El candidato tiene muy buen **carácter.**

The candidate has a very good character.

When used with things, **carácter** may be substituted for by **índole** or the less erudite **tipo:**

Es una obra de **índole** religiosa.

*It is a book of a religious **nature.***

Característica means *trait* or *distinguishing feature:*

¿Cuáles son las **características** principales de la jirafa?

*What are the main **features** of the giraffe?*

NOTE: **Personaje** is a character in a book, play, movie, etc. The main character is **el/la protagonista:**

Sancho Panza es un **personaje** de la novela *Don Quijote.*

*Sancho Panza is a **character** in the novel* Don Quijote.

5. **procurar—ensayar—probar (se). Procurar** is a more literary synonym of **tratar de,** both meaning *to try, make an attempt.* **Procurar** followed by a noun may mean *to find:*

Procuro estar siempre al corriente. *I always try to be well-informed.*
Procuramos la salida más favorable.
> *We found the best way out.*

Ensayar means *to try out, attempt,* often for the first time:

Quiero **ensayar** la primera escena.   *I want to try out the first scene.*

Probar (se) means to try out something for fit, size, taste, or other impression:

¿Por qué no **te pruebas** esa camisa?   *Why don't you try on that shirt?*

Quiero **probar** la sopa.   *I want to taste the soup.*

NOTE: **Tratar** used alone means *to deal with, treat;* **tratar(se) de** means *to deal with, be a question or matter of:*

Trata muy bien a todos sus amigos.   *She treats her friends very well.*

No **se trata de** una manifestación, sino de una simple reunión de amigos.   *It is not (a question of) a demonstration, but only a gathering of friends.*

6. **sugestionar—sugestión—sugerir—sugerencia. Sugestionar** means to assume control over someone's mind, as in hypnotism. The related noun is **sugestión.**

Bajo la **sugestión,** el paciente se puso rígido.   *Under the suggestion, the patient became stiff.*

Sugerencia also means *suggestion,* but in the sense of giving advice. The related verb is **sugerir:**

Nunca hacen caso a mis **sugerencias.**   *They never pay attention to my suggestions.*

7. **aparecer—parecer—parecerse a. Aparecer** means *to make an appearance.* It is used transitively:

De repente **apareció** el hombre que todos creían muerto.   *Suddenly the man that everybody believed dead appeared.*

Parecer means *to seem*. It may be followed by a noun or an adjective, and often takes an indirect object to indicate the person to whom the similarity is evident. **Parecerse a** means *to look like;* it requires that both objects of comparison be DEFINITE, SPECIFIED NOUNS:

Esa respuesta me **parece** muy sensata.	*That answer **seems** very sensible to me*
Manfredo **parece** un payaso con esa corbata chillona.	*Manfred **looks like** a clown with that loud tie.*
Carolina no **se parece a** su madre, sino a su tía.	*Carolina **does** not **look like** her mother but like her aunt.*

8. **sano—saludable.** *Sano* means *healthy, normal.* **Sano y salvo** means *safely arrived, safe and sound.*

El doctor dijo que el paciente era **sano,** sin ningún defecto físico.	*The doctor said the patient was **healthy, without any physical defects.***

NOTE: *Sane* meaning mentally stable is **cuerdo,** or (**estar uno) en sus cabales:**

Aunque no lo creas, Ignacio está **en sus cabales.**	*Even though you might not believe it, Ignacio is quite **sane.***

Saludable means *healthful, good for one's health:*

Dicen que los frijoles son muy **saludables.**	*They say that beans are very **good for your health.***

9. **diferenciar(se)—distinguir—diferir—discrepar. Diferenciar** means *to establish a difference.* **Diferenciarse** is the equivalent of *to be different, unlike* or *become differentiated.* **Discrepar** is *to have a different opinion, to differ (to opinion).*

Hay que **diferenciar** entre peones y capataces.	*We must differentiate between laborers and foremen.*
Los dos jefes se **diferencian** mucho.	*The two bosses are very different.*
Discrepan en sus opiniones.	*They differ in their opinions.*

Distinguir means *to tell the difference between.* It also means *to make out, discern,* especially at a distance:

¿Como se pueden **distinguir** las varias especies de gorrión?	*How can the various kinds of sparrow be **distinguished?***

| A lo lejos, pudo **distinguir** el faro. | *In the distance, he could **make out** the lighthouse.* |

Diferir used intransitively means *to differ, be different from:*

| El conejo **difiere** de la liebre por el tamaño de las orejas. | *The rabbit **is different** from the hare in the size of the ears.* |

Ejercicios

A. Complete cada oración traduciendo la palabra entre paréntesis.

1. Ese artículo (*appears*) _____ en la sección de negocios.
2. Yo no (*try*) _____ convencerte, pero quiero que me escuches de todas maneras.
3. El médico nos dijo que los dulces no son (*healthful*) _____.
4. Los piratas (*hid*) _____ el tesoro en una cueva.
5. Este edificio de viviendas ofrece una (*view*) _____ de la sierra.
6. Vamos a (*try*) _____ esta nueva marca de jugo de naranja.
7. Las (*suggestions*) _____ de la embajadora fueron acogidas con aplausos.
8. Es una mujer de (*character*) _____ muy independiente.
9. El muchacho (*pretended*) _____ que padecía de asma.
10. Tu hermano (*looks like*) _____ un pájaro bobo en ese traje de etiqueta.

B. Diga de otra manera la parte subrayada.

1. <u>Trataré</u> de convencer a los otros.
2. Las zanahorias crudas son <u>muy buenas para la</u> salud.
3. No <u>es su intención</u> crear sospechas; sólo dice lo que cree.
4. A pesar de la hora, nadie <u>recomendó</u> que acabáramos.
5. Esta novela es de <u>índole</u> realista.
6. Esteban <u>tiene el aspecto</u> de un cura con aquella bata.
7. Fátima es una persona <u>que goza de buena salud</u>.
8. Después del trágico suceso, Gabriel <u>ocultaba</u> su gran tristeza.

C. Haga una oración con los elementos indicados.

1. fingir ser—manco—las muletas (*crutches*)
2. una vista—las montañas—la ventanilla
3. distinguir—los colores—el dibujo
4. ensayar—el método—de enseñanza
5. el personaje—la obra de teatro—Shakespeare

D. Llene los espacios en blanco con una forma de parecer, aparecer, *o* parecerse a.

1. El cartero _____ en la puerta con un telegrama.
2. Vicente _____ muy contento con el nuevo álbum de sellos de correo.
3. Me _____ que todo saldrá bien.
4. Esta pistola de juguete _____ una verdadera arma de fuego.

E. Expresión oral.

1. Explique a un amigo supersticioso por qué debe confiar más en las explicaciones científicas.
2. Explique por qué usted es o no es supersticioso.
3. Relate cualquier experiencia rara o inexplicable que le haya tenido a usted.
4. Discuta el tema de lo misterioso en alguna novela o película.

V. *Elementos de composición*

A. *Escriba en español, usando construcciones pasivas.*

1. The soldier was awarded the Iron Cross for valor during the bloody battle.
2. It is prohibited to perform these songs without written permission from the publisher.
3. You cannot buy just one orange; they are sold by the bag.
4. When Sartre was offered the Nobel Prize, he turned it down.
5. A good soldier is always seen at the head of the line.
6. Nothing is to be gained by stalling; the work should begin immediately.
7. It is well understood that this agreement implies absolutely nothing about the future.
8. In this building, smoking is prohibited by law. Violators will be prosecuted.
9. His decisions have been affected frequently by adverse opinions, which suggests little strength of character.
10. She is known for her stories, which have been sold to some of the finest magazines.
11. Cancer is thought to be caused by viruses, but some still believe it is caused by environmental factors.
12. Professor Palanges y Pelado has been invited to address our class tomorrow.
13. The letter was improperly sealed and arrived open.
14. When the caravan arrived, the town was deserted; not even a stray dog could be seen.
15. The walls have been painted, but they still look dirty.

B. *Escriba una composición breve sobre cada una de las situaciones indicadas.*

1. Un amigo no quiere pisar las grietas de la acera. Usted le pregunta por qué. El se lo explica.
2. Usted entra en un cuarto donde charlan varios amigos. Le dicen que cada vez que surge su nombre en una conversación, usted aparece por ahí. Usted les dice lo que piensa de este hecho.
3. ¿Cómo se puede explicar el hecho de que algunas personas tienen un éxito extraordinario en el cultivo de las plantas?

C. *Invente un diálogo sobre cada una de las situaciones siguientes.*

1. Una visita a la hechicera.
2. Cómo protegerse de las malas influencias.
3. Confrontación entre un «racionalista» y una persona supersticiosa.

D. *Describa la situación diseñada en el dibujo.*

VI. Repaso

A. Llene cada espacio en blanco con una forma de ser o estar.

1. El director _____ nombrado por la junta directiva.
2. Vemos que la iglesia ya _____ en ruinas, pero todavía la visitan muchos turistas.
3. _____ entendido que lo que dice es pura fantasía.
4. La obra de construcción _____ cerrada como resultado de la huelga general.

B. Haga una oración pasiva con ser.

1. El sindicato apoyó la huelga.
2. Pintó las paredes de azul.
3. Entonces publicaron la obra.

C. Haga una oración pasiva con se.

1. El portero abrió las ventanas.
2. Aquí los técnicos reparan televisores.
3. Los obreros instalaron los teléfonos.
4. Efraín canceló las reservaciones.
5. En vez de las noticias, oímos los ruidos de la calle.

D. Cambie cada oración, primero a una frase impersonal con se y luego a una frase pasiva con se. Después, explique las diferencias, si las hay.

1. Alguien comió los garbanzos.
2. Los chicos tiraron piedras a los camiones.
3. Parece que nadie ha explicado la situación a los periodistas.
4. Antonio y Margarita abrieron las latas y las dejaron en el mostrador.
5. No mencionamos ni una palabra y nadie sospechó nada.

Lección nueve

I. Lengua oral

LA MENTE CONTROLA AL CUERPO

(*Una señora extranjera—Lucy—habla con la representante de*
«Salud y belleza»)

AGENTE: ¿Hablo con la señora Lucía?

LUCY: Sí.

AGENTE: Quiero explicarle por qué la he llamado. No le
voy a *quitar* a Ud. su tiempo. . .   *take*

LUCY: Tendrá que hablarme lentamente porque mi español no es perfecto. . .

AGENTE: Está bien. Quiero hablarle de nuestros servicios. . .

LUCY: ¿Servicios? Yo no he llamado a nadie para *com-*   *fix*
poner nada en mi casa.

AGENTE: No me refiero a esos servicios. El nuestro es un
servicio personal.

LUCY: No entiendo.

AGENTE: Nuestros servicios son absolutamente privados,
y sin *ningún compromiso.*   *any obligation*

LUCY: Pero, ¿quién es Ud?

AGENTE: Perdone Ud. Me llamo María del Carmen. Soy
agente de «Salud y Belleza».

LUCY: Uds. venden cosméticos. . .

AGENTE: No, no, no. No vendemos cosméticos.

LUCY: Ud. perdone. Como mi español es tan pobre, no
siempre entiendo bien.

AGENTE: Nuestra computadora nos dice que Ud. podría
usar nuestros establecimientos y seguir nuestro
régimen. En todo momento aspiramos a dejar a   *program*
nuestros clientes satisfechos *del todo.*   *completely*

LUCY: Entonces Uds. están en el negocio de *disminuir*   *"diminishing"*
el cuerpo.

AGENTE: Bueno . . . Disminuir, no. *Adelgazar,* sí.   *Losing weight*

LUCY: Es que mi español. . .

AGENTE: Nuestro lema es «*Mimemos* a nuestro cuerpo».   *let us pamper*
Nosotros le ofrecemos dos sesiones gratis en
nuestras instalaciones del centro, que están *al*   *next to*
lado del Banco Nacional. Luego, si quiere seguir
con las sesiones, le *cobraremos* 500 pesetas por   *we will charge*
cada sesión. Si es únicamente para hacer gim-
nasia usando nuestros modernísimos aparatos,
cobramos sólo 100 pesetas por hora. *No exigimos*   *We do not demand*
pago inmediato a nuestros clientes. Ud. puede

	pagar a fin de mes. Con nuestro régimen Ud.	
	tendrá un *talle* ideal y sus ropas le *sentarán* a la	figure, will fit
	perfección. ¡No más problemas!	
LUCY:	Realmente, yo no tengo problemas. . .	
AGENTE:	Por ahora sólo quiero pedirle a Ud. dos datos:	
	cuánto mide Ud. de alto, y cuánto *pesa Ud.* al	how tall you are
	presente.	you weigh
LUCY:	De alto: 1.52 metros; ahora peso unas 90 libras,	
	o sea, unos 41 kilos.	
AGENTE:	¿Y usted quiere *bajar de peso?*	lose weight
LUCY:	No, al contrario: quiero *subir* de peso.	gain
AGENTE:	Perdone Ud. Creo que tengo datos equivocados	
	. . . Dígame, ¿es Ud. la Sra. Lucía?	
LUCY:	Sí, bueno . . . ; mi nombre es Lucía . . . «Lucy»	
	en inglés; mi apellido es «Robinson».	
AGENTE:	¡Aaah! ¡Lo siento!	
LUCY:	*No se preocupe Ud.* Ésta ha sido para mí una	Don't worry
	excelente práctica. Muchas gracias.	

Nota cultural

1. Knowing the metric system in a Hispanic country is a necessity.
    One must also know how a **talla (size)** is arrived at. For example:
    if a man's thorax measures 90 centimeters, his **talla** is one half of
    this measurement.

Ejercicios

A. Reconstrucción.

1. ¿Qué promete la agente cuando llama a la «Sra. Lucía» por teléfono?
2. ¿En qué piensa Lucy cuando oye la palabra «servicios»?
3. ¿Qué dice la agente al presentarse?
4. ¿Cómo se llama el establecimiento que ella representa?
5. ¿Por qué piensa Lucy que no entiende bien?
6. ¿Qué verbos confunde?
7. ¿Dónde están las instalaciones del centro de «Salud y Belleza»?
8. ¿Qué dice la agente sobre los precios?
9. ¿Qué datos necesita la agente?
10. ¿Qué desea y qué no desea Lucy?
11. ¿Por qué hubo un malentendido?
12. ¿Estaba enfadada Lucy?

B. *Creación personal. Haga Ud. frases con las palabras indicadas.*

1. explicar—quitar—el tiempo
2. llamar—componer—algo
3. los servicios—privados—ningún compromiso
4. el lema—mimar—el cuerpo
5. ofrecer—las sesiones—gratis
6. los aparatos—hacer gimnasia—cobrar
7. medir—pesar—libras
8. el perdón—creer—los datos
9. el nombre—Lucy—el apellido
10. no preocuparse—la práctica—excelente

C. *Expresión libre.*

1. ¿Qué no debemos comer o beber, si queremos adelgazar?
2. ¿Es verdad que uno puede adelgazar tomando ciertas medicinas? Explique.
3. Generalmente, ¿qué promete la propaganda comercial a las personas que desean perder peso?
4. ¿Qué recomendaciones haría Ud. a una persona que desea subir de peso?
5. Si un extraño le dijera, «Quiero tratar con Ud. un problema personal suyo», ¿qué le diría Ud?
6. ¿Qué personas llaman por teléfono, comúnmente, para ofrecer ciertos servicios?
7. ¿Qué personas que vienen a su casa a ofrecerle algo son las menos simpáticas?
8. ¿A qué personas escucharía Ud. con paciencia, si le ofrecieran servicios personales por teléfono?

II. *Formas y estructuras*

A. FUNDAMENTOS

La preposición a

1. This preposition is used after verbs of motion, such as **acercarse, caer(se), ir, llegar, venir, volver,** etc., if a point of arrival is mentioned.

Fuimos (Llegamos, Nos acercamos) al Centro Cívico.	*We went to (We arrived at, We approached) the Civic Center.*

An exception is **entrar (ingresar)** which is followed by **en.**

Entró (Ingresó) en la universidad.	*He entered the university.*

2. It is used to introduce all indirect objects and also direct objects, if the latter represent definite persons or personified things.

Le dije **a** la agente (*indirect object*) que no.	*I told the agent no.*
Consulte **a** nuestros expertos (*direct object*).	*Consult our experts.*
Mimemos **a** nuestro cuerpo (*personified thing*).	*Let us pamper our bodies.*

A is used similarly before nouns designating domesticated animals or pets.

Hay gentes que aman **a** los gatos más que **a** los perros.	*There are people who love cats more than dogs.*

It is used with names of cities and countries that the speaker personally considers important or dear.

¿Conoce Ud. **a** Sevilla?	*Do you know Seville?*
Queremos visitar **a** Inglaterra.	*We wish to visit England.*

A precedes **alguien, nadie, alguno,** and **ninguno** when these are used as direct objects.

¿No ha invitado Ud. **a** algunos de estos muchachos?	*Haven't you invited any of these boys?*
No veo **a** nadie (ninguno) ahí.	*I do not see anybody (anyone) there.*

However, **a** is omitted before (a) nouns representing indefinite persons and (b) collective nouns designating groups of undefined people. (a) **Me extrañaba no encontrar un amigo** (*indefinite person*) **en el tren.** *I found it strange not to find a friend on the train.* (b) **Se necesitan criados** (*collective-undefined persons*). *Servants wanted.*

3. **A** is used with a few common verbs when these are followed by infinitives.

aprender a: **Aprenderé a** usar un monopatín.	*I will learn how to use a skateboard.*
comenzar a: ¿Cuándo **comenzó (empezó, principió) a** caminar?	*When did he begin to walk?*
enseñar a: Voy a **enseñarle a** tocar el violín.	*I am going to teach him to play the violin.*
invitar a: **Me han invitado a** dar una conferencia.	*They have invited me to give a lecture.*

Ejercicio

Diga Ud. si se necesita la preposición *a* o no.

1. Los niños aman _____ su perrito.
2. ¿Dónde aprendió Ud. _____ el latín?
3. ¿Fueron invitados _____ algunos de estos jóvenes?
4. Este verano visitaré _____ la universidad.
5. ¿Ha visto Ud. _____ mi vecino?
6. En la estación vi _____ viajeros por todas partes.
7. No vi _____ nadie en la tienda.
8. ¿Sabe Ud. si vendrán _____ nuestros primos?
9. ¿Cuándo empezó Ud. _____ preparar la cena?

B. AMPLIACIÓN
Usos especiales de las preposiciones

1. A, with verbs implying separation. With verbs such as **comprar, exigir, quitar, robar,** etc., **a** as well as an indirect object pronoun is used, whereas English requires simply *from* or *of*.

Nosotros no (**les**) exigimos pago inmediato **a** nuestros clientes.	*We do not demand immediate payment **from** our clients.*
Alguien **le** robó el bolso **a** mi tía.	*Someone stole my aunt's purse. (Literally: Someone stole the purse **from** my aunt.)*
Le quitó **a** Juanito todo su dinero.	*He took all his money away **from** Johnny.*

2. A, to single out the direct object. **A** is sometimes used to avoid a possible confusion between a subject and an object:

La mente controla **al** cuerpo.	*Mind controls body.*
El adjetivo modifica **al** sustantivo.	*The adjective modifies the noun.*
El hombre mató **al** animal.	*The man killed the animal.*

3. **A,** *to change meaning.* When **a** is used with certain verbs, the result is a change in their meaning:

aspirar *to breathe*	aspirar a *to aspire to*
dar *to give*	dar a *to face*
faltar *to be missing*	faltar a *to be absent*
querer *to want*	querer a *to love*
saber *to know*	saber a *to taste of (something)*

Aspiro a un aumento de sueldo.

I am aspiring to an increase in salary.

El teatro **da a** una callejuela.

The theater faces a lane.

¿Por qué **falta** Ud. **a** clases?

Why do you "cut" classes?

Ella **quiere** mucho **a** sus hijos.

She loves her children very much.

Esto **sabe a** pimienta.

This tastes of pepper.

4. **A,** *in expressions of manner.*

a caballo: Decidió venir **a caballo (a pie).**

He decided to come on horseback (on foot).

a conciencia: Lo haremos **a conciencia.**

We will do it conscientiously.

a la fuerza: No lo haga comer **a la fuerza.**

Don't force him to eat. (literally, Don't make him eat by force.)

a gritos: Siempre me llama **a gritos.**

Whenever he calls me he shouts. (literally, He always calls to me in a very loud voice.)

a menudo: Nos vemos **a menudo.**

We see each other often.

a la perfección: Su ropa le sentará **a la perfección.**

Your clothes will fit you perfectly.

a solas: Le gustaba estar **a solas.**

He liked to be all alone.

5. **A,** *in expressions of place.*

a la derecha (izquierda): Doble Ud. **a la derecha.**

Turn right.

al fondo: **Al fondo** hay una cerca.

In the rear (back) there is a fence.

al frente: **Al frente** está el pozo.

The well is up in front.

al lado de: Nuestras instalaciones están **al lado del** Banco Central.

Our establishment is next to the Central Bank.

a poca distancia de: Vive **a poca distancia de** nosotros.

He lives a short distance away from us.

a través de: Se oye todo **a través de** la pared.

You hear everything through the wall.

6. **A**, *in expressions of time.*

a eso de: Llegaré **a eso de** las cuatro. — *I will arrive **at about** four.*

a fin de (a fines de): Le pagaré **a fin de** mes. — *I will pay you **at the end of** the month.*

al día siguiente: Hablé con él **al día siguiente.** — *I talked to him **the following day.***

a partir de: Trabajaré **a partir del** 1° de junio. — *I will work **beginning** the first of June.*

a principios de: Estábamos a **principios de** enero. — *It was **at the beginning of** January.*

a tiempo: Siempre llega **a tiempo.** — *He always arrives **on time.***

7. **A**, *in compound prepositions.* **A** forms part of numerous complex prepositions ending in **de:**

a causa de: No pude venir **a causa de** la lluvia. — *I could not come **on account of** the rain.*

a costa de (a expensas de): Vive **a costa del** gobierno. — *He lives **at the expense of** the government.*

a pesar de: **A pesar de** la hora, nos llamó. — ***In spite of** the hour he called us.*

a punto de: Estaba **a punto de** salir. — *He was **about to** leave.*

Ejercicios

A. *Diga Ud. si se necesita o no la preposición* **a.**

1. Iré de vacaciones porque quiero _____ descansar.
2. España descubrió _____ América.
3. ¿Sabe Ud. si esa familia da dinero _____ los pobres?
4. ¿Es verdad que Ud. tiene _____ un hijo y una hija?
5. Buscamos _____ secretarias que sepan español.
6. Me han dicho que su habitación da _____ un patio.
7. Tengo _____ mi esposa en el hospital.
8. ¿Ha visto Ud. _____ algunos de los invitados?
9. Me gustaría conocer _____ Barcelona.
10. Yo nunca faltaba _____ las sesiones del Club Astrológico.

B. Termine cada oración con una frase idiomática con **a,** *para expresar la idea entre paréntesis.*

1. (Empleará un caballo para venir.) Él vendrá _____ .
2. (Nunca trabaja excepto cuando otros le obligan.) Él trabaja sólo _____ .
3. (Cuando escribe poemas prefiere no tener compañía.) Él escribe _____ .
4. (Siempre llega tarde.) Es costumbre suya no llegar _____ .
5. (Necesito ejercicio físico y, por eso, no iré a la oficina en coche.) Iré _____ .
6. (En repetidas ocasiones viene a visitarnos.) Él nos visita _____ .
7. (Él trabaja concienzudamente.) Todo lo hace _____ .
8. (No me contesta en voz baja. Al contrario.) Siempre me habla _____ .
9. (La casa está junto al almacén.) Está _____ del almacén.
10. (Tiene sabor de queso.) Esta sopa _____ .

C. Llene Ud. los espacios en blanco con la traducción de las palabras en inglés.

1. Me gusta tener mi revólver (*at hand*).
2. ¿Quién vive ahí (*in front*)?
3. Va a hacerlo (*in spite of*) mis protestas.
4. Pasó (*through*) un túnel.
5. ¿Es cierto que ella estaba (*about to*) morir?
6. ¿Qué hay (*in the rear part, at the bottom*) del patio?
7. Yo sé que vive (*at the expense*) de su familia.
8. Repasaré mis apuntes (*starting today*).
9. No pude visitarla (*on account of*) mi enfermedad.
10. Tuve que partir (*the following day*).

con

1. With *not translated by* **con.** Most of the usages of **con** correspond to those of the English *with.* There are, however, a large number of phrases and idioms requiring *with* in English which cannot be expressed through **con** in Spanish.

En mi caso, es diferente (no es lo mismo).	*With me, it is different.*
Quiero ayudarte **a** lavar los platos.	*I want to help you **with** the dishes.*
¿Qué **le** pasa? (¿Qué **tiene**?).	*What is the matter **with** him?*

¿Por qué no **te quedas un rato para charlar conmigo?**	*Why don't you visit **with me**?*
Es una ciudad **de (que tiene)** unos 200.000 habitantes.	*It is a city **with** some 200,000 inhabitants.*

2. *Verbs requiring con.* **Con** is used with a few verbs that call for a different preposition or no preposition in English:

casarse con: **Se casó con** Maribel.	*He **married** Maribel.*
contar con: **Cuento con** Ud.	*I am **counting on** you.*
dar con: **Di con** él en la calle.	*I **ran across** him in the street.*
soñar con: **Soñaba con** mi familia.	*I was **dreaming of** my family.*

> **D. Traduzca Ud.** *recordando que muchas veces* **with** *y* **con** *no se corresponden uno con otro.*

1. Esta noche le ayudaré *(with your lessons)*.
2. Entonces preguntó: ¿*(What is the matter with him)*?
3. ¿Tiene Ud. tiempo *(to visit with me)*?
4. Yo estaba soñando *(of my parents)*.
5. *(With me)* es una cuestión de dinero.
6. Josefa *(married)* un pariente mío.
7. Al volver exclamó: ¡*(I am counting on you)*!
8. Caminando por el parque *(we ran across your son)*.

de

1. *De + noun.* **De** is a component of adjectival phrases:

Me dio un postre **de manzana.**	*She gave me an **apple** dessert.*

NOTE: It is essential to distinguish adjectival or **de** phrases from adverbial or **en** phrases. In English one can use the latter in conjunction with nouns; in Spanish one cannot.

Los árboles **del** parque son viejísimos.	*The trees **in** the park are very old.*
Los estudiantes **de** esta clase son excelentes.	*The students **in** this class are excellent.*
El último capítulo **del** libro es el mejor.	*The last chapter **in** the book is the best.*

2. **De** *in phrases of measurement.*

¿**Cuánto** mide Ud. **de alto?**	*How tall are you?*
¿**Cuánto** tiene **de ancho (largo)?**	*How wide (long) is it?*

3. **De** *with some common verbs.*

acabar de: **Acababa de** llegar.	*He had just arrived.*
acordarse de: ¿No **se acuerda** Ud. **de** mí?	*Don't you remember me?*
alegrarse de: **Se alegró de** vernos.	*He was glad to see us.*
depender de: Todo **dependía de** su decisión.	*All depended on her decision.*
enamorarse de: **Se enamoró de** su prima.	*He fell in love with his cousin.*
gozar de: **Gozaban de** buena salud.	*They enjoyed good health.*
olvidarse de: ¿**Se olvidó** Ud. **de** mi encargo?	*Did you forget my order?*
reírse de: ¿**De** qué **se reían** Uds?	*What were you laughing at?*
tratar de: **Trataban de** convencerle.	*They were trying to convince him.*

4. **De** *in idiomatic expressions.*

Siempre lo hace **de buena (mala) gana.**	*He always does it willingly (unwillingly).*
¿Por qué me contestas **de mala manera?**	*Why do you answer me rudely?*
No quiero que Ud. esté **de pie.**	*I don't want you to be standing up.*
De pronto (De repente) oí un ruido.	*Suddenly I heard a noise.*
Le dejaremos satisfecho **del todo.**	*We will leave you completely satisfied.*
Lo sabe todo **de memoria.**	*He knows everything by heart.*
Los vemos **de vez en cuando.**	*We see them from time to time.*

| ¿Quiere Ud. **subir** o **bajar de peso**? | *Do you want **to gain** or **lose weight**?* |
| Es un chico **de veras** inteligente. | *He is a **truly** intelligent boy.* |

NOTE: For the use of *de* + *infinitive,* see Lesson 1. The passive voice requiring **de** is discussed in Lesson 8.

Ejercicio

Exprese Ud. las ideas que se dan entre paréntesis.

1. Iremos a consultarle (*from time to time*).
2. Nunca ayuda a nadie (*willingly*).
3. (*Suddenly*) me dio un golpe en la cabeza.
4. Sabía todo el capítulo (*by heart*).
5. Fuimos a un concierto (*truly*) excepcional.
6. Ahora está (*enjoying*) sus vacaciones.
7. Las ilustraciones (*in the book*) las preparó mi hermana.
8. (*How long is*) su abrigo de invierno?

en

1. The preposition **en** is used with some verbs which in English require a different preposition or no preposition at all. The more common ones are:

(consentir en) No **consintió en** su matrimonio.	*He did not **consent to** her marriage.*
(convenir en) **Convino en** darle una dote.	*He **agreed to** give her a dowry.*
(fijarse en) Ud. **se fija en** detalles triviales.	*You **notice (pay attention to)** trivial details.*
(pensar en) ¿**En** qué está Ud. **pensando**?	*What are you **thinking about?***
(quedar en) **Quedaron en** discutir ese negocio.	*They **agreed to** discuss that business deal.*

2. **En** also appears in a number of idioms, such as:

Volverá **en breve**.	*He will be back **shortly**.*
Lo dijo **en broma**.	*He said it **jokingly**.*
Llegaron **en buena hora**.	*They arrived (came) **at the right time**.*

Lo discutiremos **en casa.**	*We will discuss it **at home.***
Llegó a las seis **en punto.**	*He arrived at six **on the dot.***
En resumidas cuentas, no pagó.	*In short, he did not pay.*
En todo momento aspiramos a complacer a nuestros clientes.	*At all times we strive to please our clients.*

Ejercicio

Dé Ud. la versión española de las palabras entre paréntesis.

1. En estos momentos (*I was thinking of her*).
2. Terminaré el cuadro (*at home*).
3. (*We have agreed*) que él será el padrino.
4. Confieso que (*I did not pay attention to*) su vestido.
5. Hay que estar listo (*at all times*).
6. (*In short*), de esto Ud. sabe muy poco.
7. Hablará al público (*shortly*).
8. Estaré ahí a las nueve (*on the dot*).

III. *Lengua escrita*

LA ROPA CONTROLA AL CUERPO

Días atrás, necesitando remozar un poco mi *ropero* con algún *traje* de primavera, me fui a un *almacén* de ropas. Allí me tomaron las *medidas* y *me dieron a elegir* tres o cuatro modelos de diferentes colores.

—Éste—dije yo.

—Muy bien—exclamó el vendedor—. ¿Quiere Ud. ponérselo?

Yo lo intenté con la mejor *voluntad* del mundo, pero me fue imposible *conseguirlo.*

—*No quepo*—le dije al vendedor.

—Pues, ésta es su medida.

—Y la *barriguita,* amigo mío, ¿quiere Ud. decirme qué hago con ella?

—¿La barriguita—*repuso* el hombre, no sin escandalizarse un poco—. Ud. verá. *Eso es cosa de Ud.*

—¿*Cómo* cosa mía? ¿*Es que Ud.,* como *sastre,* se niega a tomarla en consideración? ¿*Pretende Ud.* que yo salga de aquí con la barriga *al aire?*

A few days ago / since I needed to rejuvenate / wardrobe / suit / store measurements / asked me to choose from

intentions

to manage it

I can't get into it

little tummy

replied

You'll know what to do with it / That's your business / What do you mean? / Do you mean to tell me / tailor

Are you implying exposed to the air

—Si este traje *no le sienta* a Ud. bien, no es *por culpa de la casa.* El traje está perfectamente *cortado.*

Naturalmente, el vendedor quería insinuar que el que estaba *mal cortado* era yo, y esta insinuación me molestaba mucho. Tengo un perfecto derecho a *descuidar* mi «corte». Yo sé que no soy, *ni mucho menos,* un Rodolfo Valentino; pero no es esto la que *me indigna,* sino el que se me niegue la libertad de no serlo.

—¿Por qué no hace Ud. un poco de gimnasia—me dijo *por último* el vendedor.

Yo no hago gimnasia porque opino que, si un traje no me sienta bien, es en él y no en mí donde hay que quitar o *añadir tela.* Es decir, yo supongo que un traje *puede no* sentarme bien, y nunca se me ocurriría pensar que yo no le siente bien a un traje. Entre un traje y yo, la realidad inmutable me parecerá siempre que está representada por mí, y jamás *consideraré* que está representada por el traje.

> Julio Camba, «Trajes en serie». *Mis mejores páginas*
> (Madrid: Gredos, 1956)

Margin glosses: does not fit you / it's not the establishment's fault / tailored / badly "tailored" / to be careless about / by a long shot / makes me indignant / finally / add / material / may not / will I think

COMENTARIO

Humor can be expressed in various "languages": high-flown language, incorrect language, technical language, colloquialisms, etc. All of Camba's works are noteworthy for their abundant and very apt conversational Spanish. The following are typical colloquialisms:

1. *Figurative reflexives.* Some of these reflexives are now so widely used that they have become part of standard Spanish. Through them an objective statement takes on various overtones and implications of advantage or disadvantage.

Me fui a un almacén de ropas.	*I went to a clothing store (because I needed to go there).*
Véngase a las cuatro.	*Come at four (for it will be better for you to do so).*
Cómase un buen biftec.	*Eat a good beefsteak (I know you will enjoy it).*
¿Qué **se trae** Ud. **entre manos**?	*What are you up to? (What are you hiding?)*

The colloquial flavor is even more marked when an indirect object is added.

No **se me** vaya Ud.	*Don't go away from me!*
Se te está cayendo el pelo.	*You are losing your hair (you are getting bald).*

2. *Diminutives.* By diminishing the size of objects or persons, the speaker can make them more acceptable or more endearing.

Y la **barriguita**, ¿qué hago con ella?	*And my **little tummy**, what do I do with it?*
¿Podrías prestarme un poco de **platita**?	*Could you lend me a **little bit of money**?*
¿Nos tomamos una **cervecita**?	*Shall we have a **nice glass of beer**?*

Diminutives can be used colloquially with adjectives, adverbs, and even verbs:

Ahí lo ve Ud., tan **garbosito** (**guapito**).	*There he is, so **nice and sprightly**.*
Vuelva Ud., pero **lueguito** (**prontito**).	*Come back, but **very soon**.*
Márchese Ud., **corriendito**.	*Go away, **run along**.*

3. *Elliptical sentences.* These are constructions in which one or more words have been omitted. A common error is to assume that an elliptical sentence in Spanish has an elliptical counterpart in English, or vice versa. They rarely coincide. In the following examples the missing words are given in brackets.

Ud. verá [qué le conviene hacer].	*It will be up to you to (You will) determine what is best for you.*
¿Es [verdad] que Ud. no la toma en consideración?	*Is it (true) that you will not take it into consideration?*
Viajó en tercera [clase].	*He travelled third class.*
Ud. no conoce a mi futura [esposa].	*You know my fiancée.*
Bueno. Iré, según y cómo [se presente la situación].	*All right. I'll go, depending . . .*

4. *Multivalent words.* These are words that are used with a variety of meanings, and for this reason, they lack precision. Among the most common examples are these:

(*a*) **cosa(s)**:

Eso es **cosa** suya.	*That's your **business**.*
¡Déjese Ud. de **cosas**!	*Cut out this **nonsense**! Why worry about it!*
Son **cosas** de la edad.	*It goes with the age.*

(*b*)   gente(s):

La gente no me entiende.   *People (You, Those fellows,*
                                  etc.) do not understand me.

(*c*)   aparato:

ese **aparatito,** ¿para qué   *That **contraption,** what is it*
sirve?   *good for?*

Ejercicio

¿Tiene Ud. buena memoria? Traduzca las palabras en inglés, dando una connotación coloquial a las frases.

1.   ¿Le gustaría a Ud. (*to drink and enjoy*) una sangría?
2.   ¿Qué piensa Ud. hacer (*with that contraption*)?
3.   Me gustaría conocer (*your fiancée*).
4.   Mira tú: (*don't you run away from me*).
5.   Este (*very nice wine*) viene de España.
6.   Si Ud. no quiere hacerlo, (*that's your business!*).
7.   ¿Por qué no viene Ud. a mi casa (*for a little while*)?
8.   El policía le preguntó: (*what are you up to?*)
9.   —Esos individuos son muy aburridos.—¡(*What do you mean*) aburridos!
10. Yo viajo siempre (*first class*).

IV. Ideas afines

1.   **ropa—ropas.** Ordinarily these two nouns are synonymous.

Guarde Ud. su(s) ropa(s) en   *Keep your clothes in this clothes*
este ropero.   *closet.*

However, when the noun is meant to designate clothes of one and the same kind, the singular must be used: **ropa blanca** (*linen*), **ropa interior** (*underwear*), **ropa hecha** (*ready-made clothes*). **Ropa interior** means *underwear* as a class; **ropas menores** also means *underwear,* but as individual garments.

Salió corriendo en ropas   *He ran out in his underwear (T*
menores.   *shirt + briefs).*

2. **almacén—tienda.** These words have virtually the same meaning, but an **almacén** is usually a larger store, where merchandise of a limited variety is kept.

En su almacén tiene principalmente frutos del país.	*In his store he has mostly foodstuff from his region.*

The size of an **almacén** may be imagined by the verb **almacenar,** meaning *to store up, hoard.* **Almacenes** = *department store.*

3. **escoger—elegir—seleccionar. Escoger** means to choose in a general sense.

Escoja Ud. cualquiera.	*Choose any one of them.*

Elegir implies choosing with a greater sense of discrimination.

Elija Ud. su ropa con cuidado.	*Choose your clothes with care.*

In ordinary conversation the two verbs are used indiscriminately. **Seleccionar** is preferred when one means choosing with a particular purpose in mind.

Seleccionó los trozos que podrían incluirse en la antología.	*He selected the passages that could be included in the anthology.*

4. **intentar.** This verb means *to try or attempt* but not *to intend.* The latter meaning is conveyed by **pensar** or **tener la intención de.**

Intenté ponérmelo.	*I tried to put it on.*
¿Qué piensa Ud. hacer hoy?	*What do you intend to do today?*
Tengo la intención de partir a fines de mes.	*I intend to leave at the end of the month.*

5. **conseguir—lograr. Conseguir** means to obtain what we want.

Conseguí una buena remuneración.	*I got a good remuneration.*

Lograr implies dedication and effort. It is used primarily with objectives belonging to our spiritual world.

Logró una bien merecida fama.	*He achieved a well-deserved fame.*
Logró publicar su libro.	*He succeeded in publishing his book.*

6. **sentarle a uno bien (mal).** This verb has the following meanings: (*a*) *to fit:*

Este traje (no) me sienta bien.	*This suit fits (does not fit) me well.*

(*b*) *"to agree with"* our biological system:

El queso no me sienta bien.	*Cheese does not agree with me.*

(*c*) *to be becoming* to a person:

Ese sombrero le sienta bien.	*That hat is becoming to you (looks good on you);*

and (*d*) to be pleasant or unpleasant to someone:

Le sienta mal (No le sienta bien) que salgamos tan tarde.	*He does not like us to go out so late.*

Ejercicios

A. Dé Ud. la palabra o frase que pide el sentido.

1. Tú quieres bailar un tango. ¿Qué disco vas a (*to choose*) para bailarlo?
2. El poeta por fin (*succeeded in*) que lo reconocieran.
3. Necesito comprar (*underwear*).
4. Me han dicho que es posible comprar todo eso (*in the department store*).
5. Las maneras bruscas de su primo (*displease her*).
6. ¿Es verdad que Ud. (*managed*) hacer cuatro años de universidad en tres?
7. (*She intends*) divorciarse.
8. No como pizzas porque (*they disagree with me*).

B. Dé la versión española de las palabras en inglés.

1. Me han dicho que sólo se puede comprar trigo (*in a large specialty store*).
2. ¿(*Where did you get*) esos boletos?
3. ¿Quién está encargado de (*to choose*) los mejores cuadros?
4. ¿En qué cajón debo poner (*the linen*)?
5. ¿Por qué lleva Ud. esa chaqueta sabiendo que (*it does not look good on you*)?
6. ¿(*Are you trying to convince me*) de que estoy equivocado?
7. (*In that shop*) venden de todo.
8. ¿(*What clothes*) debo llevar durante el verano en Suiza?
9. (*I tried*) llegar a tiempo, pero no pude.
10. (*Ready-made clothes*) no me molesta.

V. Elementos de composición

A. Traduzca al español, usando las preposiciones apropiadas.

1. Who was absent from class today?
2. We will arrive in Perú at the end of July.
3. I doubt he said that jokingly.
4. Can I help you with your work?
5. When I entered the Club I saw some of my friends there.
6. We will need other sellers at the beginning of spring.
7. She always left her clients completely satisfied.
8. I knew I had to lose weight.
9. The sign said: "Under construction."
10. How is it possible that you do not remember that family?

B. Prepare un anuncio comercial relacionado con los siguientes dibujos. Diga Ud. en forma convincente por qué es útil hacer gimnasia, qué ventajas tienen los miembros del Club Atlético y qué rebajas especiales se ofrecerán durante el mes presente.

V. Repaso

A. ¿Se necesita preposición o no? Provea las que falten.

1. Me han dicho que Ud. acaba _____ llegar.
2. Esta comida sabe _____ pescado.
3. Me gustaría comprar un traje _____ primavera.
4. No se olvide Ud. _____ nuestros negocios.
5. Yo temía _____ las preguntas de la representante.
6. Estábamos _____ principios del mes de diciembre.
7. ¿Por qué se reía Ud. _____ sus vecinos?
8. Dígame, ¿_____ quién se casó María?
9. Aquí estamos, gozando _____ un clima ideal.
10. ¿Pretende Ud. _____ convencerme de que debo hacer gimnasia?

B. Diga Ud. qué preposición requiere el sentido. ¡Ojo! A veces no es necesario añadir nada.

1. Llamó por teléfono y preguntó: ¿_____ quién hablo?
2. Pienso ir hoy a una exposición _____ pinturas.
3. ¿Cuánto tiene _____ largo su vestido?
4. Entró el gato y pasó _____ de la mesa.
5. Llego a las tres _____ punto.
6. Los alumnos _____ esta clase son muy diligentes.
7. Hoy no he visto _____ nadie en el gimnasio.
8. Las flores _____ este jardín son hermosísimas.
9. El éxito depende _____ Uds.
10. Mi esposa y yo quedamos _____ no ir a España.

C. Elija Ud. de la lista B palabras y frases que podrían usarse para sustituir las palabras subrayadas en A.

A.	B.
1. Ud. trabajará aquí co-menzando hoy.	de buena gana
2. Caminó pasando frente a mi casa.	en todo momento
3. La universidad no está muy lejos.	a poca distancia
4. ¿Sabe Ud. si la calle está siendo reparada?	casi
5. Piense Ud. en su salud siempre.	en obras
6. Venga Ud. a las ocho exactamente.	a punto de
7. ¡Qué muchacho! No puedo soportarlo.	con él
8. Iré a su casa con mucho gusto.	junto a
	por delante de
	por debajo (de)
	a partir de
	dar con
	en punto
	mañana
	dice que no

Lección diez

I. Lengua oral

UNA OBRA DE CONSTRUCCIÓN

Mauricio y Cayetano son estudiantes en la Universidad
Central, y viven en una residencia estudiantil. Mauricio ha
visto a Cayetano entrar en su cuarto llevando varios *bultos.*   bundles
Como parece que su compañero va a necesitar ayuda,
Mauricio va a su cuarto, y lo ve sentado en el suelo,
rodeado de una colección caótica de *tablas, clavos, tornillos*   boards / nails / screws /
y *herramientas.*   tools

MAURICIO: ¿Qué tal, Chacho? ¿Qué vas a hacer?

CAYETANO: Pues, acabo de comprar un *colchón de agua,* y   waterbed
tengo que construirle una *armadura.*   frame

MAURICIO: ¿Un colchón de agua? ¿Qué es eso?

CAYETANO: ¿No sabes? Otra invención de los norteamericanos. Es como una gran bolsa llena
de agua que sirve de *colchón.* Es dormir sobre   mattress
el agua, pero tendré que armar algo para que
no se derrame el agua en caso de que *se pinche.*   doesn't spill / it's punctured

MAURICIO: ¿Cómo lo vas a llenar?

CAYETANO: Hay un *grifo de agua* en el pasillo, y voy a   water faucet
conectar una *manguera.*   hose

MAURICIO: ¿No estás preocupado por el peso? Tanta
agua pesa más de una tonelada, y es posible
que *se hunda* el piso.   will cave in

CAYETANO: ¡Imposible! *El hormigón armado* no se deja   reinforced concrete
hundir por una bolsita de agua. No pasará
nada, estoy seguro.

MAURICIO: ¿Saben los administradores?

CAYETANO: No sé; sabrán algo porque el *portero*[1] me vio   doorman
llegar con los bultos y me hizo muchas pre-
guntas. Sabes lo *chismoso* que es y segura-   gossipy
mente va a decir algo. Pero aunque lo diga,
él no sabe de qué se trata en realidad.

MAURICIO: Pero siempre tienen derecho a *registrar*   search
los cuartos; ¿qué vas a hacer si dicen que no
permiten una cosa tan pesada? ¿Dónde lo vas
a *desaguar?*   drain

CAYETANO: Cuando vengan, les voy a enseñar los estantes
de libros y decirles que para eso necesitaba
las tablas. A la cama le echo unas cuantas
cobijas y no se nota nada. Aquí nunca se ha   blankets
visto un colchón de agua, y no van a sos-
pechar que sea eso. Pero oye, esto es feno-

menal. Cuando lo tenga listo, tendrás que
probarlo. Entonces verás lo bueno que es.
Esos colchones *flojos* que nos dan *me parten el*   floppy
lomo, pero sobre el agua, es otra historia.   bust my back
Dicen que los colchones de agua son buenos
para nuestro cuelpo, y que uno tiene sueños
maravillosos. Te voy a mostrar los planos. A
ver, ¿me quieres alcanzar esos papeles?

Y Cayetano le explica el proyecto en mucho detalle. Luego
se oyen por el pasillo *martillazos* y *maldiciones* mientras los   hammering / curses
dos estudiantes se aplican a la obra de construcción.

Nota cultural

1. **portero.** In Spain and in many Latin American countries, the
portero of a student dormitory is more than just the door-
keeper; he (or she) distributes mail, routes phone calls, and takes
an active interest in the lives of the students.

Ejercicios

A. *Reconstrucción.*

1. ¿Qué acaba de comprar Chacho?
2. Según Chacho, ¿qué es un colchón de agua?
3. ¿Cómo va a llenarlo Chacho?
4. Según Mauricio, ¿por qué puede ser peligroso el colchón?
5. ¿Cómo es el portero del edificio?
6. ¿Qué va a hacer Chacho si los administradores deciden registrar el
   cuarto?
7. ¿Cómo son los colchones que dan a los estudiantes?
8. Según Chacho, ¿qué ventajas tienen los colchones de agua?

B. *Creación personal. Haga Ud. frases con las palabras indicadas.*

1. los tornillos—las tablas—las herramientas
2. la armadura—pincharse—derramarse
3. la manguera—llenar—el colchón
4. el peso—hundirse—el piso
5. los administradores—sospechar
6. el portero—chismoso—los bultos
7. decir—construir—los estantes
8. echar—unas cobijas—notar
9. el colchón—flojo—doler
10. los martillazos—las maldiciones—la construcción

C. Expresión libre.

1. ¿Ha dormido usted alguna vez sobre un colchón de agua?
2. ¿Qué clase de colchón prefiere usted?
3. ¿Sería peligroso tener un colchón de agua en una casa particular?
4. ¿Sus padres le permitirían a usted tener un colchón de agua? ¿Por qué (no)?
5. ¿Está permitido construir estantes en las residencias estudiantiles?
6. ¿Qué aparatos están prohibidos en las residencias estudiantiles?

II. *Formas y estructuras*

A. FUNDAMENTOS

El tiempo futuro

The future tense is formed by taking the INFINITIVE as the stem and adding the following endings:

partir**é**	partir**emos**
partir**ás**	partir**éis**
partir**á**	partir**án**

The following verbs have irregular (shortened) stems in the future:

hacer	har-	valer	valdr-
decir	dir-	poner	pondr-
salir	saldr-	poder	podr-
haber	habr-	saber	sabr-
tener	tendr-	caber	cabr-

Iremos mañana.

We will go tomorrow.

Habrá una fiesta en casa de Luis.

There will be a party at Luis's house.

Ejercicio

Llene cada espacio en blanco con la forma futura apropiada del verbo entre paréntesis.

1. No (haber) _____ nadie en el centro al mediodía.
2. ¿(Poder) _____ tú ayudarme a hacer la tarea?
3. Si no tienen cuidado, (cansarse) _____ demasiado.
4. José Antonio (salir) _____ para la costa la semana que viene.
5. Nosotros lo (hacer) _____ dentro de algunos días.

6. ¿Cuándo (comer) _____ tú?
7. ¿(Ir) _____ todos juntos?
8. Antonio y yo (estar) _____ aquí a las siete en punto.
9. Creo que él no (atreverse) _____ a hacerlo.
10. Yo (llegar) _____ a eso de las once.

2. The Spanish future tense is normally used to refer to events or conditions in the future.

Mañana **iré** contigo.	*Tomorrow **I will go** with you.*
Llegarán a eso de las cuatro.	***They will arrive** around 4:00.*

3. *Substitutes for the future tense.* In Spanish there is more than one way of referring to an event in the future.

(a) The most common alternative is ***ir a*** *+ infinitive:*

Esta tarde **vamos a lavar** el coche.	*This afternoon **we are going to wash** the car.*

(b) For events in the near future, the simple present tense may be used:

Salimos mañana.	***We are leaving** tomorrow.*
Voy en seguida.	***I will go** right away.*

Ejercicio

Cambie las siguientes oraciones al futuro.

1. Como a las siete en punto.
2. Tengo dificultades con el gobierno federal.
3. Es necesario firmar los documentos antes de enviarlos.
4. ¿Me dices la dirección?
5. La maestra me pregunta algo relacionado con la geografía.
6. Los administradores saben algo.
7. El portero se lo dice todo.
8. No les gusta la idea.
9. El colchón se pincha fácilmente.
10. Hay algunos problemas en este capítulo.

B. AMPLIACIÓN

1. Will ≠ future tense. Although the English future tense is usually formed with *will,* not all English constructions with *will* represent future tense forms. *Will* is sometimes used to form a softened request, corresponding to the Spanish **poder** or **querer,** particularly in questions:

¿Me **puedes** ayudar?	*Will (Could) you help me?*
¿**Quiere** sentarse?	*Would you like to sit down?*

In negative sentences, *will* may refer to a lack of desire or ability, corresponding to the Spanish **no querer:**

Mi coche **no quiere** arrancar.	*My car **won't** start.*
El testigo **no quiere** decir su nombre.	*The witness **won't** say his name.*

Ejercicio

Exprese los verbos subrayados con otra forma del mismo verbo.

1. La revista <u>publicará</u> la entrevista dentro de dos meses.
2. <u>Vamos a manejar</u> con mucho cuidado hasta que desvanezca la niebla.
3. ¿Me <u>puede decir</u> a qué hora sale el tren para Aranjuez?
4. <u>Vamos a estudiar</u> antes de ir al partido de pelota.
5. El chofer me <u>llevará</u> a la estación de autobuses.
6. Los administradores <u>se enterarán</u>.
7. El portero se lo <u>dirá</u>.
8. El tren <u>saldrá</u> a las tres de la madrugada.
9. Esa muchacha no <u>quiere hablarme</u> debidamente.
10. El próximo alcalde <u>será</u> el jefe de policía.

2. The future to express probability. One use of the Spanish future tense is to express probability (in a statement) or conjecture (in a question). When used thus in statements, the future tense means *to probably be*; in a question, *I wonder:*

¿Qué hora **será?**	*I **wonder** what time it is?*
Serán las nueve.	*It's **probably** nine o'clock.*

Ejercicio

Forme dos oraciones con el verbo en el futuro: una pregunta para expresar conjetura, una afirmación para expresar probabilidad.

1. ser—la medianoche
2. estar—Juan—en la puerta
3. haber—problemas—con los administradores
4. ellos—saber—algo
5. tener—tú—unos veinte años

3. The future with the subjunctive. Any event described in the future has, obviously not yet happened. In Spanish, whenever a verb in a DEPENDENT clause describes a hypothetical or unreal situation, it is in the subjunctive. Thus the future and the subjunctive are frequent companions, as outlined in the following cases.

(*a*)   When a main verb which indicates a future time (whether or not it is in the future tense) is followed by an adverbial conjunction such as **cuando, mientras, después de que, tan pronto como,** etc., the following dependent verb will normally be in the subjunctive. On the other hand, if the sentence refers to a present or habitual situation, the indicative is used in the dependent clause.

Saldremos cuando **recibamos** la autorización.	*We will leave **when we get** the authorization.*
BUT: Siempre salimos cuando **recibimos** la autorización.	*We always leave **when we get** the authorization.*
No iremos a la playa mientras **siga lloviendo.**	*We will not go to the beach as long as **it continues** to rain.*
BUT: Nunca vamos a la playa mientras **llueve.**	*We never go to the beach while **it's raining.***

NOTE, *however, that* **antes (de) que** is always followed by the subjunctive:

Vamos a comprar el coche antes de que **aumenten** el precio de nuevo.	*We are going to buy the car before **they raise** the price again.*

Ejercicio

Cambie las siguientes oraciones al futuro.
1. Lo hago tan pronto como me lo dicen.
2. Compro el periódico cuando sale.
3. Trabajo hasta que no puedo más.
4. Cuando suena el teléfono, alguien contesta.
5. Después de que yo le entrego la tarea, el maestro la revisa.
6. Mientras cree eso, nadie le hace caso.
7. Antes de que me presten el dinero, tengo que firmar un pagaré.
8. Es preferible salir cuando no está lloviendo.
9. Tengo más esperanza mientras continúa la paz.
10. Él mantiene el volumen muy alto hasta que protestan los vecinos.

(*b*)   Although the main verb of a complex sentence is in the future tense, the dependent verb may not always refer to a future event. It may, rather, refer to an already experienced condition which will have consequences for the future; in this case, the dependent verb is in the indicative. Compare:

Iré **donde tú dices.**	*I will go **where you say** (you have already said it).*

Iré **donde tú digas.**	*I will go **wherever you say** (you haven't said it yet).*
Seguiré el régimen **que recomienda** el médico.	*I shall follow the diet that the doctor has (already) recommended.*
Seguiré el régimen **que recomiende** el médico.	*I shall follow whatever diet the doctor recommends (when I see him).*

(*c*) If a verb following **lo que** expresses something already known or experienced, the indicative is used. If it expresses an indefinite or future situation, the subjunctive is used.

| Harás **lo que te he dicho.** | *You will do **what I have (already) told you.*** |
| Puedes hacer **lo que quieras.** | *You can do **whatever you want to** (when you decide).* |

(*d*) The construction **por** + adjective/adverb + **que** + verb means *no matter how + adjective/adverb + subject + verb.* When this construction refers to a future or indefinite situation, the verb must be in the subjunctive. When it describes an already known situation, the verb is in the indicative:

| **Por mucho que intento,** nunca apruebo los exámenes. | *No matter how much I try (and I always try), I never pass the exams.* |
| BUT: Por mucho que intente, no aprobaré los exámenes. | *No matter how much I try/It doesn't matter how much I try (when I take them), I will not pass the exams.* |

(*e*) **Aunque** is similar to the above expressions. When **aunque** refers to a known situation, it requires the indicative. When it refers to a possible although unknown situation, it requires the subjunctive:

| **Aunque está lloviendo,** quiero salir. | *Even though it is raining (and I see it), I want to go out.* |
| **Aunque esté lloviendo,** saldremos mañana. | *Even if it is raining (at that time), we will leave tomorrow.* |

(*f*) In figurative speech, **aunque, lo que, por . . . que,** and most of the adverbial expressions mentioned above may be used with a verb in the subjunctive to describe a known situation. In these cases, the expressions mean approximately *I don't care about* . . . and express the speaker's indifference toward or annoyance with what he is describing:

Aunque no quieras, tienes que ayudarme.

I don't care whether you want to or not, you must help me.

Puedes hacer **lo que te dé la gana.**

You can do whatever you want (it's all the same to me).

Por muy bueno que sea, me resulta muy pesado.

I don't care how good he is. I still find him boring.

Ejercicios

A. Forme dos oraciones, una con el verbo en el indicativo y otra con el verbo en el subjuntivo. Explique la diferencia de sentido.

1. Viajaremos donde nos (recomendar) _____ el agente.
2. Pondré el colchón donde tú me (decir) _____.
3. Aunque (enterarse) _____ los administradores, no harán nada.
4. Por mucho que yo (comer) _____, sigo tan flacucho como siempre.
5. Haremos las modificaciones que (mandar) _____ el portero.
6. Aunque no te (apetecer) _____, tienes que conformarte.
7. Por muy barato que (ser) _____ el coche, no te lo voy a comprar.
8. Aunque la tarea (resulta) _____ algo difícil, la podemos hacer.
9. Tengo que seguir el programa que (aconsejar) _____ mi director.
10. Las cobijas estarán donde tú las (querer) _____ poner.

B. Llene los espacios en blanco con la forma correcta del verbo indicado. Si hay más de una posibilidad, explique las diferencias de sentido.

1. Aunque él no lo (admitir) _____, sabemos que lo hizo.
2. ¿Qué dirán cuando (enterarse) _____?
3. Cuando ellos nos (avisar) _____, pudimos empezar.
4. Aceptaré cualquier consejo que me (dar) _____.
5. Por interesante que (ser) _____ esa película, no la quiero ver otra vez.
6. Los sábados llegamos al mercado antes de que (abrir) _____.
7. Hazlo cuando (poder) _____; lo importante es que lo termines.
8. El ejército hará lo que (mandar) _____ el general ayer.
9. Mientras (estar) _____ ocupados, podemos charlar libremente.
10. En cuanto a Lucía, la veremos después de que (asistir) _____ a la reunión.

III. Lengua escrita

Los *albañiles* se congregan formando grupos. Jacinto, en cuclillas* sopla la *lumbre* y dirige la mirada al fondo* de la obra donde Sergio García termina de armar* la *tubería de alimentación.* A su derecha, su ayudante *unta* pintura en la *cuerda* de un tubo. Sergio García se siente observado pero permanece *de perfil,* sujetando con una mano el *mango* de la *llave inglesa* y con la otra ayudando a que los dientes de la herramienta se afirmen en el *cople* de fierro. Pone una rodilla en tierra y con todo el cuerpo da el *apretón* definitivo; otro apretón, pujando, para *cerciorarse* de que el cople ya no puede girar*. La *risotada* de Jacinto llega hasta los plomeros. El ayudante se acerca a Sergio García. Algo le dice. Sergio García levanta los hombros y gira sobre sus *talones* hasta quedar de espaldas a los albañiles. Se frota las manos contra el pantalón. Las risas se disuelven y Sergio García vuelve a poner una rodilla en tierra. . .

. . . .

Federico regresó a relevar al ingeniero Rosas después de tres meses de ausencia: un miércoles en que *colocaban* la *losa* del tercer piso.

Álvarez se limpia el sudor con su gran pañuelo rojo, dándose ligeros* golpes en las *sienes.* Lleva el sombrero echado hacia atrás de tal modo que se alcanza a ver la huella* dejada en su frente por la *costura,* un centímetro más abajo del nacimiento de su cabello lacio*, peinado hacia atrás. Baja el brazo derecho y cruzándolo por delante comienza a guardar el pañuelo en el *bolsillo* izquierda del pantalón; no introduce* toda la mano, sólamente lo empuja con las *falanges* mientras Federico avanza, y no termina de guardarlo porque Federico tiene ya la mano extendida. Álvarez avanza un paso y *tiende* la suya para estrechársela. El cabo del pañuelo rojo cuelga del bolsillo del pantalón.

—¿Qué hay?*

—Pues, aquí, ingeniero, dándole como siempre.

Vicente Leñero, *Los albañiles* (Barcelona: Seix Barral, 1963)

Glosses (right margin):

- bricklayers
- fire
- feed pipeline system
- smears
- thread
- turned sideways / handle
- monkey wrench
- pipe union
- twist
- make sure
- belly laugh / guffaw
- heels
- laying
- floor
- temples
- seam (of the headband)
- pocket
- fingertips
- extends

COMENTARIO

*1. Expressions of manner with **a**, **de**, and **en** plus plural nouns.* In Spanish there are a number of adverbial expressions of manner formed with **a**, **de** or **en** plus a plural noun or occasionally, an adjective. When the plural word is an adjective, its feminine form is normally used. Some common expressions are:

en cuclillas	*squatting*
a hurtadillas	*furtively*
de rodillas	*on one's knees*
de hinojos	*on one's knees (more figurative)*
de bruces	*flat on one's stomach*
de espaldas	*flat on one's back*
a gatas	*on all fours*
a escondidas	*slyly, furtively*
a solas	*alone, all by oneself*
a regañadientes	*with difficulty, with a great struggle*
a las claras	*frankly, clearly*
a ciegas	*blindly, in absolute darkness*
a oscuras	*in the dark*
a sabiendas	*knowingly, with deliberation*
a tontas y a locas	*wildly, crazily*

Ejercicio

Llene cada espacio en blanco con una expresión apropiada. Puede que más de una respuesta sea correcta.

1. El niño no puede andar todavía; tiene que caminar _____.
2. Miguel se resbaló en el piso encerado (waxed) y se cayó _____.
3. Desarraigaron _____ todo rastro de la civilización antigua.
4. De repente se fundió la bombilla y tuvimos que buscar una vela _____.
5. Debes decírselo aunque sea _____ y acabar de una vez.
6. El monje rezaba _____ ante el altar.
7. Cuando está _____, le gusta mirarse en el espejo.
8. Los chicos comieron las manzanas _____.
9. Tropezó con una piedra y se cayó _____.
10. Estaba gritando insultos _____.

2. Animal and human anatomical terms. Spanish has more clearly differentiated terminology for parts of the human and animal body than does English. When applied to people, anatomical terms usually reserved only for animals can create a harsh insult, or, in a more joking frame of mind, add a coarse touch of colloquial humor. Here are some examples of such terms:

humano	animal	human (animal)
los pies las piernas	las patas	*feet/legs (paws)*
el cuello	el pescuezo	*neck*
la nuca	el cogote	*nape (scruff of neck)*
la(s) espalda(s)	el lomo	*back*
la boca	el hocico (la jeta) el pico	*mouth (beak, snout)*
los labios	los belfos	*lips (thick animal lips)*
los pechos	las tetas (las ubres)	*breasts (udders)*
las caderas	las ancas	*thighs, hips (flank)*
el cabello	el pelo	*hair (fur)*

Examples of literal and figurative uses of the anatomical terms for animals are:

La araña tiene ocho **patas**.	*The spider has eight **legs**.*
Quita **las patas** de la mesa.	*Get **your feet** off the table.*
El cerdo metió **el hocico en el pienso**.	*The pig stuck **his snout** in the feed.*
Te voy a romper **el hocico**.	*I'm going to bust you in **the mouth**.*

Some of these distinctions are observed more carefully than others. For example, **pelo** is more and more frequently used to refer to human hair. "Animal" terminology is also sometimes used for inanimate objects; **patas** may refer to the legs of a piece of furniture; **lomo**, to the back or spine of a book; and **pico** to the mouth of a bottle.

Ejercicio

Complete cada oración con una palabra apropiada según el tono y el estilo.

1. Doctor, a pesar de haber tomado los medicamentos, me sigue doliendo (*my neck*) _____.
2. El muchacho se sentó (*at the feet of*) _____ su padre.
3. De tanto trabajo se me está partiendo (*my back*) _____.
4. Agarró la gallina y le torció (*its neck*) _____.
5. Siempre he admirado su (*hair*) _____ rubio.
6. Mientras mecía al niño, le acariciaba (*the back of the neck*) _____.
7. Si sigues diciendo eso, te van a romper (*your mouth*) _____.

IV. Ideas afines

1. **fondo—parte posterior—final—fin.** **Fondo** meaning *back, end* is used for enclosed spaces such as rooms and refers to the part furthest from the speaker. When dealing with depth, **el fondo** means *the bottom.* When referring to relative position, *the back* is **la parte posterior (de atrás):**

Estaba sentado al **fondo** del salón.	*He was sitting at* **the back** *of the room.*
No puedo ver **el fondo** de este pozo.	*I can't see* **the bottom** *of this well.*
La parte posterior del camión llevaba un letrero.	**The back** *of the truck carried a sign.*

The back or end of a book is **el final.** The conclusion of a spectacle, event, action, or period of time is **el fin:**

El índice se encuentra al **final.**	*The index is at the* **end.**
Pusieron **fin** a la guerra.	*They put* **an end** *to the war.*

2. **armar—desarmar; construir—destruir; fabricar.** **Armar** means to *put together;* it often implies a pre-existing set of parts or something which has previously been taken apart. When used colloquially with such nouns as **lío** and **escándalo** (*trouble*), **armar** means *to break out, happen.* **Desarmar** means *to take apart; to disarm.* **Construir** is simply *to build* while **destruir** means *to destroy.* **Fabricar** means *to manufacture* and usually implies producing more than one item.

El niño no pudo **armar** un modelo tan complicado.	*The child couldn't* **put together** *such a complicated model.*
Van a **construir** otra gasolinera.	*They are going* **to build** *another gas station.*
Aquí **fabrican** bicicletas.	*Here* **they make** *bicycles.*
Cuando vean el informe, se va a **armar** un gran lío.	*When they see the report, there is* **going to be** *a lot of trouble.*

3. **girar—dar(se) vuelta.** **Girar** is intransitive, and means to *turn, revolve. To turn (something) over or around* is **dar vuelta a.** **Darse vuelta** is also intransitive and means to *turn over,* once or twice or turn around.

NOTE: **revolver** means *to stir up, mix up;* whence **huevos revueltos** (*scrambled eggs*), **revolución**, etc.

La tierra **gira** alrededor del sol.	*The earth* **turns** *around the sun.*
Le **dio** varias **vueltas** a la llave.	*He* **turned** *the key several times.*
Se dio vuelta y me miró.	*He* **turned around** *and looked at me.*

4. ligero—liviano—leve. Ligero means *light in weight;* it also may mean *insubstantial, flimsy.* **Liviano** is frequently used instead of **ligero,** especially in Latin America, although it most often refers to weight. **Leve** also refers to weight, but it is sometimes considered more delicate or poetic. Note: When *light* refers to color, **claro** is used (and **oscuro** with dark colors):

Lleva un traje **liviano.**	*He is wearing a **light (weight)** suit.*
Aquí hay mucha industria **ligera.**	*Here there is much **light** industry.*
Todavía permanece una **leve** duda.	*There is still a **slight** doubt remaining.*
Este saco es de un azul **claro.**	*This coat is **light** blue.*

5. huellas—pistas—sendero. Huellas are tracks or marks left by people, animals, or objects. **Huellas digitales** are fingerprints. **Pistas** are tracks, more commonly in the sense of clues, and not necessarily as the result of physical pressure. **Un sendero** is a track or trail to be followed. Note: train tracks are **vías.** In a train station, the platforms are **andenes:**

Desapareció el caballo sin dejar **huellas.**	*The horse disappeared without leaving **tracks (a trace).***
Seguimos las **pistas** que habían dejado los contrabandistas.	*We followed the **tracks (clues)** that the smugglers had left.*
Si no encontramos **el sendero,** nos vamos a perder en la oscuridad.	*If we don't find **the trail,** we'll get lost in the dark.*
El tren para Bilbao se encuentra en **el andén** 3.	*The train for Bilbao is on **platform** 3.*
Es peligroso cruzar **la vía** del tren.	*It is dangerous to cross the train **tracks.***

6. **lacio—liso—recto—derecho.** **Lacio,** referring to hair, means *straight,* often with the connotation of thin or stringy. When this connotation is to be avoided, **liso** is used. **Recto** refers to a straight line or design. As an adverb, **derecho** means *straight ahead.*

Es un hombre de pelo **liso.**	*He is a man with **straight** hair.*
Trazó una línea **recta.**	*He drew a **straight** line.*
Hay que seguir **derecho** por esa calle.	*You have to go **straight** down that street.*

7. **introducir—meter; extraer—sacar.** **Introducir** means *to put into* and is a more elegant way of saying **meter.** Similarly, the common **sacar** may be replaced by **extraer.** Note: *to introduce someone* is **presentar.**

Introdujo la llave en la cerradura.	*He **inserted** the key into the lock.*
Extrajo la carta de su bolsillo.	*He **took** the letter **out** of his pocket.*
Alfredo me **presentó** a su tío.	*Alfredo **introduced** me to his uncle.*

8. *Informal greetings.* **¿Qué hay?** is a neutral, rather informal greeting. Other similar greetings are **¿Qué tal?, ¿Cómo le va?,** and **¿Qué hay de nuevo?.** More colloquial is **¿Qué hubo?,** usually pronounced **quiubo** (**¿Qué húbole?** is sometimes heard in Mexico).

Ejercicios

A. *Complete cada oración con la expresión indicada.*

1. Además de ser un músico formidable, Julián sabe (*to build*) _____ guitarras.
2. (*At the end*) _____ de la calle hay una pequeña bodega.
3. Domingo ha ganado el campeonato de peso (*light*) _____.
4. Ese callejón no es nada (*straight*) _____.
5. En la carretera todavía se veían (*the marks*) _____ de las llantas.
6. Debes ir (*straight ahead*) _____ por la carretera 41.
7. Quiero (*introduce you*) _____ a mi amiga Hortensia.
8. (*Turn over*) _____ y escúchame.
9. No puedo (*put together*) _____ este reloj descompuesto.
10. Las notas se encuentran al (*end*) _____ del artículo.

B. Dé los antónimos de las palabras subrayadas.

1. Van a <u>destruir</u> el edificio el año que viene.
2. Tengo que <u>desarmar</u> el motor de mi coche.
3. Llevaba una corbata de color verde <u>oscuro</u>.
4. Tiene el pelo <u>crespo</u> *(very curly)*.
5. Trazó una línea <u>torcida</u> *(crooked)* en la pared.
6. <u>Extrajeron</u> de la solución ese elemento.
7. Al <u>comienzo</u> del siglo hubo una guerra civil.
8. Está sentado <u>adelante</u>.

C. Haga Ud. frases con las palabras indicadas.

1. el fondo—la clase—encontrarse
2. darse vuelta—mirar
3. dar vuelta—la llave inglesa—aflojar
4. la aficionada—presentarse—el campeón
5. el avión—girar—ligeramente
6. el final—el texto—poner
7. introducir—la mano—el bolsillo
8. el plomero—armar—la tubería
9. fabricar—coches—pequeños

D. Expresión oral.

1. Describa la construcción de un avión de papel.
2. Describa la ropa que se necesita cuando hace mucho frío (o mucho calor).
3. Dirija a un forastero al edificio de administración de su universidad.
4. Explique cómo se desarma algún aparato (bicicleta, rifle, radio, etc.).
5. Describa las huellas dejadas por botas, sandalias y zapatos.

V. *Elementos de composición*

A. Escriba en español, usando formas y construcciones en subjuntivo o futuro.

1. Although he may be a good student, he sometimes gets bad grades because he's lazy.
2. It doesn't matter where you go, you will always be able to use this credit card.
3. Nobody will leave this building until the stolen money is recovered.
4. Will you please sit down so we can see the screen?
5. No matter how much I oil this hinge, it still squeaks.
6. These modifications must be done by the time the inspectors arrive.
7. Nothing short of civil war will satisfy the people when they discover how certain officials lied to them.

8. Who could have invented these diabolical tax forms?
9. When will this cold weather end? It seems like it will last forever!
10. This car will run better when the motor has warmed up a bit.
11. I'm going to fix this faucet, even if I have to spend hours working on it.
12. If you don't pay more attention to what you are doing, there will be trouble later on.
13. None of those neighborhoods will permit construction of the new highway, but it has to pass through somewhere.
14. There is nothing that company will not do in order to increase its profits.

B. *Escriba una composición breve sobre los siguientes temas.*

1. Lo que uno debe hacer para proteger un colchón de agua.
2. La manera de llevar algunos bultos sospechosos a un cuarto sin que nadie lo vea.
3. Nuevos muebles para el nuevo estilo de vida.
4. Un accidente con el colchón de agua.

C. *Describa la situación diseñada en el dibujo.*

VI. Repaso

A. Combine los elementos indicados usando conjunciones adverbiales para formar oraciones en el futuro. Siga el modelo.

MODELO: *reparar el coche—leer el periódico—mientras*
   Mientras reparen el coche, voy a leer el periódico.

1. terminar el curso—salir de vacaciones—cuando
2. entrar en el bar—pedir una Coca-Cola—después de que
3. desarmar el motor—encontrar el problema—cuando
4. escuchar el disco—no hablar tanto—cuando
5. esperar los resultados—charlar con sus amigos—mientras
6. hablar con los administradores—ver el colchón—cuando
7. llenarlo con agua—dormir—tan pronto como
8. conectar la manguera—abrir el grifo—cuando
9. dejar de hablar—encender la televisión—tan pronto como

B. Diga de otra manera la parte subrayada, cambiando la construcción gramatical.

MODELO: *Esto te va a gustar muchísimo.*
   Esto te gustará muchísimo.

1. No lo van a saber, si no se lo dices.
2. Tumbarán al dictador, si triunfa la huelga.
3. ¿Cuándo sales, Pedro?
4. Tomarán el tren de las 9:15.
5. ¿Qué dirás a tus padres?

C. Llene los espacios en blanco con una forma correcta del verbo indicado.

1. Cuando ellos lo (ver) _____, te van a matar.
2. Mientras (haber) _____ dinero, podemos quedarnos aquí.
3. No importa lo que tú le (aconsejar) _____; nunca tendrá éxito.
4. Aunque nosotros (tratar) _____ de realizar la obra, las autoridades no lo van a permitir.
5. Antes de que ellos me (notificar) _____, voy a pagar mis deudas.
6. Parece que no irá hasta que tú lo (querer) _____.
7. Habrá una fiesta cuando todos (haber) _____ terminado con los exámenes.
8. No nos convencerán mientras (persistir) _____ en esa actitud.
9. ¿Qué vas a hacer cuando (llegar) _____ los administradores?

Lección once

I. Lengua oral

EN EL MERCADO

MICHAEL:	Quisiera comprar un poncho bueno y *barato*, pero no sé *regatear*.	inexpensive to bargain
JAVIER:	Para eso es preciso ser buen actor y tener imaginación.	
MICHAEL:	*Es que* yo no sé qué decir.	The trouble is that
JAVIER:	Primero hay que mostrar poco o ningún interés en la cosa que deseas comprar. Después de unos minutos, preguntas *cuánto vale* y, si te dicen «cien pesos», tú miras *a otro lado* y ofreces dos *tercios* del precio.	how much it is worth sideways thirds
MICHAEL:	Nosotros no regateamos en los Estados Unidos.	
JAVIER:	Es una lástima, porque el regateo es un verdadero *torneo:* el vendedor y el comprador hacen un curioso intercambio de «*desgracias*». Estas son *puras* invenciones, pero deben ser presentadas con gestos dramáticos. Es divertidísimo. Vas a ver.	tournament misfortunes sheer

* * *

JAVIER:	¿Cuánto pide por ese poncho?	
VENDEDOR:	¡Ah, señor! *Anda Ud. con buena suerte.* Hoy, y sólo por hoy, *se lo dejo* en cuatrocientos pesos. ¡Qué magnífica oportunidad!	You are in luck. I will let you have it
JAVIER:	*¡Menudo precio! ¿Tengo yo cara de gringo?*	"Real cheap!" (*ironic*) / Do I look like a foreigner? / pure wool
VENDEDOR:	Mire, señor, es de *lana pura.* ¡Qué colores más estupendos! Para Ud., precio especial: trescientos noventa. ¡Una verdadera *ganga*!	bargain
JAVIER:	Le doy trescientos.	
VENDEDOR:	¿Trescientos? ¡No puede ser! Tengo que ganar algo, y ahora más que nunca, porque *tengo a mi esposa enferma.*	I've got a sick wife
JAVIER:	Entonces, trescientos veinte.	
VENDEDOR:	Señor, también tengo que *dar de comer* a cinco hijos.	to feed
JAVIER:	¡Hombreee! Trescientos treinta.	
VENDEDOR:	Señor: Ud. no sabe cómo trabajamos nosotros los probes.[1]	

JAVIER:	*¡Vaya, vaya!* Voy a hacer un tremendo sa-	Come now!
	crificio: trescientos cuarenta.	
VENDEDOR:	*¡Ni pensarlo!* ¡Eso es *tirar* la mercancía a la	Forget it! / like throwing
	calle! . . . Trescientos ochenta.	
JAVIER:	Mire Ud., la diferencia es cuarenta. *¿La par-*	Shall we split the
	timos por la mitad? ¡Voy a quedarme sin di-	difference?
	nero!	
VENDEDOR:	Bueno, mi jefe,[2] pero *con* una condición . . .	on
	Ud. tiene que darme algo para una buena	
	cervecita.	
JAVIER:	*Trato hecho:* trescientos sesenta, con una	Agreed
	cerveza.	
VENDEDOR:	Sí, mi jefe . . . pero fría y *grandecita,* ¿no?	nice and big

Notas culturales

1. **los probes.** Shifting a letter or a whole syllable is common among people with little education. In this category are: **frábica** for **fábrica, perjuicio** for **prejuicio, probes** for **pobres, redepente** for **de repente, treato** for **teatro, alderredor** for **alrededor,** etc.
2. **mi jefe.** This vocative was common among Mexican revolutionaries. At present it is used to mean *boss.* In other Latin American countries the common word is **patrón.**

Ejercicios

A. *Reconstrucción.*

1. ¿De qué están hablando los dos amigos?
2. ¿Qué es necesario para regatear?
3. ¿Qué no debe hacer el comprador?
4. ¿Cómo puede mostrar el comprador que no tiene verdadero interés?
5. ¿Cuánto debe ofrecer el comprador?
6. ¿Cree el vendedor que su poncho es algo especial?
7. ¿De qué miembros de su familia habla el vendedor?
8. ¿Por qué no puede bajar más el precio el vendedor?
9. ¿Cuánto va a pagar el comprador al fin?
10. ¿Qué otra cosa pidió el vendedor?

B. Creación personal. Haga Ud. frases con las palabras indicadas.

1. dos amigos—conversar—el mercado
2. comprar—un poncho—bueno y barato
3. regatear—el actor—la imaginación
4. mostrar—ningún interés
5. preguntar—¿cuánto?—ofrecer
6. menudo—precio—el gringo
7. mirar—la lana—los colores
8. ganar algo—tener—la esposa
9. la diferencia—partir—por la mitad
10. una condición—mi jefe—una cervecita

C. Expresión libre.

1. ¿Qué razón se puede dar cuando no se quiere pagar el precio del vendedor?
2. ¿Por qué existe la costumbre de regatear en algunos países y no en otros?
3. Hay personas que dicen que el regateo es una forma de comunicación social. ¿Cree Ud. lo mismo? Explique.
4. ¿Qué cualidades debe tener todo buen vendedor?
5. ¿Cree Ud. que se debe permitir la venta de cosas en las calles?

II. Formas y estructuras

A. FUNDAMENTOS
Posición de los adjetivos

Un solo adjetivo

1. Adjectives denoting quantity or number (*limiting adjectives*) are placed before the noun:

¿Tiene Ud. **muchos** hijos?	Do you have **a lot of** children?
Es necesario mostrar **poco** interés.	It is necessary to show **little** interest.

In this same category are included the following groups:
—articles: **el, la, los, las; un, una**
—possessives (short forms): **mi, tu, su, nuestro, etc.**
—demonstratives: **este, esta, ese, esas, aquel, aquella, etc.**
—indefinites: **algún, ningún; unos, unas; varios, varias; etc.**

No han venido **los** padres de **algunos** estudiantes.	**Some** students' parents have not come.
Estos jóvenes son **sus** amigos.	**These** young men are **her** friends.

2. The shortened forms **buen, mal, primer,** and **tercer** precede masculine singular nouns. **Gran** precedes singular nouns of either gender. In this position **gran** implies greatness and not size.

El **tercer** muchacho es el hijo de la señora Almendáriz.	The **third** boy is Mrs. Almendáriz's son.
Ella es una **gran** señora.	She is a **real** lady **(every inch** a lady).

3. Adjectives specifying a quality with no differentiating intent implied usually precede nouns. Such adjectives—usually called "logical"—express a quality as if it naturally belonged to the noun.

Estoy mirando los **hermosos ponchos** de este señor.	I am looking at the **beautiful ponchos** of this gentleman.
Entró entonces una **elegante señorita.**	Then an **elegant young lady** entered.

It does not matter whether an adjective is, in fact, a logical quality of the noun; the adjective will precede the noun as long as the speaker thinks it is

4. Adjectives that represent a differentiating characteristic setting the noun apart from others of the same kind always follow the noun. In this group are included adjectives of nationality.

Tenemos un coche **rojo.**	We have a **red** car.
Ésta es una novela **colombiana.**	This is a **Colombian** novel.

5. Adjectives pertaining to the world of business, industry, science, and technology also follow the nouns they modify. Since their function is to specify, they always form part of differentiating statements.

Necesito un motor **eléctrico.**	I need an **electric** motor.
Ayer hablamos sobre sus peculiaridades **anatómicas.**	Yesterday we discussed their **anatomical** peculiarities.

Dos adjetivos

The rules given for single adjectives also apply to two or more adjectives used to modify a single noun:

1. Two descriptive (differentiating) adjectives follow the noun and are connected by **y:**

Quiero comprar un poncho **bueno y barato.**	I want to buy a **good, inexpensive** poncho.

2. When a limiting and a differentiating adjective are used together, the former precedes and the latter follows the noun:

Tengo **muchas** amigas **simpáticas.**	I have **many charming** (girl) friends.

Ejercicios

A. Diga Ud. dónde se debe colocar el adjetivo. Recuerde que a veces la posición depende de la actitud del locutor.

MODELO: *Fue una recepción espléndida. (objective statement of differentiation)*
Fue une espléndida recepción. (subjective statement implying praise)

1. (elegantes) En la Ópera vimos a muchas _____ señoras _____.
2. (argentinas) Casi no hay árboles en las _____ pampas _____.
3. (comerciales) Es experto en _____ asuntos _____.
4. (gran[de]) Fue sin duda una _____ exhibición _____.
5. (divertida) Es una _____ comedia _____.
6. (baratas) El hombre vendía _____ mercancías _____.
7. (ninguna) No he visto a _____ muchacha _____.
8. (enorme) Mire Ud., voy a hacer un _____ sacrificio _____.

B. Llene Ud. los espacios en blanco con las formas apropiadas de los adjetivos entre paréntesis, colocándolas debidamente. Siga el modelo.

1. (técnico—grande) Es un señor que tiene una _____ preparación _____.
2. (práctico—inteligente) Necesitamos dos _____ secretarias _____.
3. (dramático—excelente) La representación termina con una _____ escena _____.
4. (español—varios) En la clase había _____ alumnos _____.
5. (social—importante) Esa fiesta fue un _____ acontecimiento _____.
6. (grande—hermoso) Cerca de Filadelfia hay un _____ parque _____.
7. (barato—algún) He visto aquí _____ ponchos _____.
8. (rápido—cómodo) Fuimos en un _____ avión _____.

B. AMPLIACIÓN
Adjetivos que preceden a los sustantivos

1. Adjectives in exclamations. When used in an exclamation that does not contain the intensifier **tan** or **más**, the adjective is placed before the noun:

¡Qué **enorme** coche!   *What a **huge** car! (Such a **huge** car!)*

¡Qué **hermosa** mañana!   *What a **beautiful** morning! (Such a **beautiful** morning!)*

| BUT: ¡Qué coche tan **enor-me!** | *What a very **huge** car!* |
| ¡Qué mañana más **hermosa!** | *What a very **beautiful** morning!* |

2. *Adjectives in courteous statements.* The speaker implies that a quality can be naturally or logically associated with the person being praised.

| Quiero presentarles a Uds. nuestro **distinguido visitante.** | *I wish to introduce to you our **distinguished visitor.*** |
| Hablará ahora el **ilustre senador,** don Josías Paredes. | *Now the **illustrious senator,** don Josías Paredes, will speak.* |

3. *Adjectives in poetic statements.* The speaker singles out a thing or person and applies to it an adjective, again thinking that the quality and the object constitute a single thought unit because the adjective and the noun naturally belong together.

| Era una **hermosa mañana.** | *It was a **beautiful morning.*** |
| Admirábamos las **blancas cimas.** | *We were admiring the **snowy peaks.*** |

4. *Adjectives expressing extremes. Adjectives expressing qualities surpassing the average or common level usually precede the noun. The adjective* **bueno,** *for example, constitutes the middle level of a wide range going from* **óptimo** *to* **pésimo.** Examples of other adjectives expressing extremes are: **especial, estupendo, excelente, extremo, perfecto, verdadero; horrendo, increíble, miserable,** etc.

Era una **magnífica** oportunidad.	*That was a **wonderful** opportunity.*
Vimos un caso de **extrema** pobreza.	*We saw a case of **extreme** poverty.*
Tengo **perfecto** derecho a no hacerlo.	*I have a **perfect** right not to do it.*

5. *Adjectives that imply a series.*

Cayeron las **primeras** lluvias.	*The **first** rains fell.*
Éstas fueron sus **últimas** palabras.	*These were his **last** words.*
Traduzca Ud. las **siguientes** oraciones.	*Translate the **following** sentences.*
Lo discutiremos en la **próxima** reunión.	*We will discuss it in our **next** meeting.*

6. *Adjectives expressing a critical or adverse attitude.* These adjectives usually carry a degree of emotional involvement.

Es un **grandísimo** necio (bellaco).	He is a **total** fool (**real** scoundrel).
¡**Menudo** precio!	**Real cheap,** is it! (Ironic)
Ésa es una **solemne tontería.**	That is **perfect** nonsense.
¡**Flamante** comienzo!	**Rotten** start! (Ironic, since flamante = superb).

Adjetivos con posición fija

Some examples are:

(a) Delante del sustantivo

Admira las **bellas artes.**	He admires the **fine arts.**
Era un caso de **falsa alarma.**	It was a case of a **false alarm.**
Lo haremos a su **entera** satisfacción.	We will do it to your **total** satisfaction.
Anda Ud. **con buena suerte.**	You are **in luck.**
Viene por acá **rara vez.**	He **rarely** comes around.
Siempre lo hace **de mala gana.**	He always does it **unwillingly.**
Ese individuo es un **pobre diablo.**	That fellow is a **poor** devil.

(b) Detrás del sustantivo

Siempre nos visita en **Semana Santa.**	He always visits us during **Holy Week.**
Es un hombre de **ideas fijas.**	He is a man with **fixed ideas.**
Tocaron después la **marcha nupcial.**	Later they played the **wedding march.**
Vive en una **casa particular.**	He lives in a **private home.**
Le dieron **carta blanca** para sus compras.	They gave him **carte blanche** for his purchases.
Se ha dedicado a **negocios sucios.**	He has gone in for **unethical business deals.**
Lo hizo **a sangre fría.**	He did it **in cold blood.**

NOTE: These idioms must be learned by heart. Applying rules to stock expressions is of very little value.

Ejercicios

A. Llene los espacios en blanco con las formas apropiadas de los adjetivos que se dan entre paréntesis. Si hay doble posibilidad, diga por qué.

1. (*perfect*) Me habló en _____ inglés _____.
2. (*stupendous*) ¡Qué _____ oportunidad _____!
3. (*last*) Ésas fueron sus _____ recomendaciones _____.
4. (*rare*) Sale a la calle _____ vez _____.
5. (*elegant*) Se había comprado un _____ traje _____.
6. (*false*) Ésa fue una _____ alarma _____.
7. (*private*) Sólo ofrecemos _____ servicios _____.
8. (*true*) En la tienda había _____ gangas _____.
9. (*magnificent*) Vivían en una _____ casa _____.
10. (*extreme*) Es un caso de _____ ignorancia _____.

B. Construya Ud. exclamaciones, según el modelo.

MODELO: (*terrific—party*)
   ¡Qué estupenda fiesta!

1. (*city—[very] huge*)
2. (*actor—extraordinary*)
3. (*charming—neighbors*)
4. (*distinguished—ladies*)
5. (*agreeable—conversation*)

C. Diga Ud. cuándo se puede anteponer el adjetivo al sustantivo para expresar un concepto emotivo o subjetivo. Siga los modelos.

MODELOS: (*popular*) *No le gusta la* _____ *música* _____.
   No le gusta la música popular.

   (*excellent*) **Fue una** _____ **elección** _____.
   Fue una excelente elección.

1. (*fast = rapid*) Salimos de allí en un _____ tren _____.
2. (*incredible*) Era imposible entender esa _____ situación _____.
3. (*superb*) Compramos dos _____ regalos _____.
4. (*beautiful*) ¡Ella tiene tantos _____ vestidos _____!
5. (*kind*) Aprecio sus _____ palabras _____.
6. (*dramatic*) Siempre habla con _____ gestos _____.
7. (*difficult*) No sé qué decirle sobre esos _____ problemas _____.
8. (*ultra modern*) Ahí verá Ud. nuestros _____ aparatos _____.
9. (*excellent*) Ésta ha sido una _____ práctica _____.
10. (*strange*) ¿Conoce Ud. el _____ caso _____ del Dr. Leroux?

D. Diga Ud. dónde se debe colocar el adjetivo para expresar un concepto objetivo.

1. (*mistaken* = *wrong*) Creo que tengo _____ datos _____.
2. (*unforgettable*) Allí nos dieron un _____ almuerzo _____.
3. (*foreign*) Yo no leo _____ periódicos _____.
4. (*cold*) Era una _____ mañana _____.
5. (*inner*) Tengo que comprar _____ ropa _____.
6. (*ideal*) Dicen que Hawaii tiene un _____ clima _____.

E. Dé Ud. la versión española de las palabras entre paréntesis.

1. Yo creo que tu tío es (*a very busy man*).
2. Todo lo decide a base de (*fixed ideas*).
3. ¿No ve Ud. que entre ellos hay (*an enormous difference*)?
4. Haga Ud. el favor de darnos (*an intelligent answer*).
5. A esa hora me gusta tomar (*a glass of cold beer*).
6. A mí me parece que su hija es (*a fine [courteous] young lady*).
7. Le han acusado de estar implicado en (*crooked deals*).
8. Venía acompañado de (*a sick man*).
9. Tendremos que bajarnos en (*the next station*).
10. Lo haremos todo (*to your entire satisfaction*).

Posición de dos adjetivos

1. Adjectives in sequence. As explained in **Fundamentos,** two descriptive (differentiating) adjectives normally follow a noun and are connected by **y.** However, if the second adjective refers to a preceding thought unit incorporating a noun + adjective combination, no conjunction is needed whether the adjective precedes or follows. In the following diagram the thought unit is given within a box.

Vimos una ⌐comedia inglesa⌐ interesante.	*We saw an interesting English comedy.*
Es una ⌐novela estranjera⌐ larguísima.	*It is a very long foreign novel.*

In these sentences the last adjective does not refer to the noun alone but to the thought units within the boxes. Something similar can be observed in English:

I have a brand-new ⌐imported car.⌐

In this sentence the adjective *brand-new* does not modify the noun *car* alone, but rather the whole unit within the box.

2. Adjectives separated by a noun. When a noun is modified by two descriptive adjectives, the noun together with the second adjective

may form a single unit of thought, which can transform the other adjective into a logical adjective; the latter will then precede the noun. In the following examples the thought units are again placed within boxes.

Vivían en una enorme
casa colonial. ✓

They lived in a huge colonial house.

Se compró un carísimo
vestido importado. ✓

She bought a very expensive imported dress.

The speaker assumes that a "colonial house" (*constituting the thought unit*) is usually "enormous," and, therefore, the adjective **enorme,** having become a logical adjective, must precede. Similarly, in the second sentence it is assumed (correctly or incorrectly) that an imported dress is (logically speaking) very expensive. Thus, **carísimo** becomes a logical adjective and must also precede the noun.

Ejercicios

A. Dos problemas: (1) ¿Dónde se deben colocar los adjetivos? (2) ¿Se necesita la conjunción y?

1. He comprado (*an inexpensive Japanese car*).
2. Ella lleva (*a beautiful new dress*).
3. ¿Dónde halló Ud. esos (*wonderful Spanish plates*)?
4. Aquélla fue (*a long, pleasant spring*).
5. Residían en (*an elegant, new hotel*).
6. Uno de sus parientes es (*a strange, difficult man*).
7. Siempre nos trae (*expensive, pretty things*).
8. Ésta es (*a long, boring career*).

B. ¿Dónde se deben colocar los adjetivos? ¿Se necesita la conjunción y?

1. (francesa—famosa) He comprado una _____ novela _____.
2. (amable—inglesa) Sarita es una _____ señorita _____.
3. (sucia—vieja) No entiendo por qué te pones esa _____ ropa _____.
4. (serio—automovilístico) Ayer hubo aquí un _____ accidente _____.
5. (mal educados—perezosos) Tiene dos _____ hijos _____.
6. (norteamericana—popular) No me gusta la _____ música _____.
7. (molesto—oficial) Tengo que hacer un _____ viaje _____.
8. (dificilísimo—largo) Vamos a usar un _____ texto _____.
9. (cómodo—rápido) El metro es un _____ tren _____.

10. (suiza—distinguida) Doña Clara es una _____ señora _____.
11. (ignorante—vulgar) Ése es un _____ hombre _____.
12. (inteligentes—jóvenes) Ahora tengo _____ estudiantes_____.
13. (romántica—buena) ¿Puede Ud. prestarme una _____ novela _____?
14. (limpia—grande) ¿Dónde puedo encontrar una _____ habitación _____?
15. (italianas—lujosas) Siempre me está hablando de las _____ tiendas _____.

Adjetivos que cambian de sentido según su posición

1. alguno. Aside from its regular position (¿**Ha llegado** *algún* **empleado?** *Has any employee arrived?*), **alguno** can follow the noun. It then has a negative meaning.

No hemos recibido paquete **alguno** (oferta **alguna**).	*We have not received any package (any offer) whatsoever.*

The same idea can be expressed by *ningún (ninguna) + noun:*

No hemos recibido **ningún** paquete (**ninguna** oferta).	*We have not received any package (any offer).*

The construction *no . . . + noun + alguno(a)* is more emphatic than the one containing just *ningún (ninguna) + noun.* English conveys this added emphasis by adding *whatsoever,* as shown above.

2. cualquiera. This adjective, as well as its plural form **cualesquiera,** may drop the final **a** when placed before the noun, but not when placed after it.

Cualquier choque (cualquier abolladura) siempre cuesta dinero.	*Any collision (Any dent) always costs money.*
Cualesquier informes (**cualesquier** noticias) que Ud. me envíe serán una gran ayuda.	*Any reports (Any news) you may send me will be a real help.*

In negative sentences, **cualquiera** can be placed after the noun. The resulting statement singles out an object or person as superior to most of its kind.

Ella no es una policía **cualquiera**.	*She is not just any (kind of) policewoman.*
Éste no es un mercado **cualquiera**.	*This is not just any market.*

NOTE: in English the same idea is expressed through the words *just any.*

Ejercicio

Llene Ud. los espacios en blanco.

1. *(just any)* Ella no es una _____ persona _____.
2. *(Any)* _____ mujer puede hacer eso.
3. *(any whatsoever)* No nos ha enviado carta _____.
4. *(any)* Nunca he tenido _____ enfermedad seria.
5. *(any)* _____ catástrofe natural es siempre chocante.
6. *(any)* Pero, señor, éste no es un poncho _____.
7. *(any whatsoever)* Hasta ahora no hemos recibido noticia _____.
8. *(any)* No he hablado con _____ inspector.

III. *Lengua escrita*

CAMINO AL MERCADO

*Desperezábase** la inmensa *vega* bajo el *resplandor* azulado* del *amanecer.** [was stretching / (cultivated) / plain / glow, early morning (dawn)]

Despertaba* la *huerta,** y sus *bostezos* eran cada vez más ruidosos. *Rodaba* el canto del *gallo* de *barraca* en barraca; los *campanarios* de los pueblecitos *devolvían* con ruidosas *badajadas* el *toque* de la *misa* primera que sonaba a lo lejos en las torres de Valencia, y de los corrales salía un discordante concierto animal . . . el despertar ruidoso de las bestias* que, al sentir* la fresca caricia del amanecer *cargado* del *acre* perfume de la vegetación, deseaban correr por los campos. [orchard / yawns travelled (rolled) / rooster / (country) cottage bell towers / answered / back peals / ringing / mass] [laden] [pungent]

En los caminos* *marcábanse filas* de puntos negros y movibles que marchaban hacia la ciudad. Por todos los *extremos* de la vega sonaban *chirridos* de *ruedas,* canciones *perezosas* interrumpidas por el grito *arreando* las bestias. [stood out / rows] ["corners" / screeching / wheels droning (sung without animation) / spurring on]

En las puertas de las barracas saludábanse los que iban hacia la ciudad y los que se quedaban a trabajar los campos.

—¡Buen día nos dé Dios!

—¡Buen día!

Y tras este saludo, *cambiado* con toda la gravedad de gente campesina que lleva en sus venas sangre *moruna* y sólo puede hablar de Dios con gesto solemne, *se hacía el silencio,* si el que pasaba era un desconocido; y si era *íntimo, se le encargaba** la compra en Valencia de pequeños objetos para la mujer o para la casa. [exchanged] [Moorish] [silence followed] [an intimate friend] [he was entrusted with]

Iba a salir el sol; en los *rojizos surcos* saltaban las *alondras* con la alegría de vivir un día más, y los *traviesos gorriones, posándose* en las ventanas todavía cerradas, picoteaban las *maderas* diciendo a los de adentro con su *chillido** de vagabundos acostumbrados a *vivir de gorra:* «¡Arriba, *perezosos!** ¡A trabajar la tierra para que comamos todos! . . .»

reddish / furrows
larks
mischievous / sparrows
alighting
boards
shrieks
sponging / lazybones

Vincente Blasco Ibáñez, *La barraca* (1898).

COMENTARIO

1. Position of adjectives. In **Formas y estructuras** several rules were given concerning the position of adjectives. These rules do not apply when the adjectives are used in accordance with personal stylistic preferences. Among the reasons behind these preferences are the following:

(a) Emphasis. Writers tend to mention first what is most important in their minds. Thus, when a descriptive adjective is placed ahead of the noun, it often tells us that the quality is more important than the object or person to which it applies.

Se le encargaba **pequeños objetos** para la mujer o para la casa.

(b) Emotional involvement. When an adjective is placed ahead of the noun it may carry with it a note of either admiration or rejection. Thus, though adjectives of color usually follow the noun because they are differentiating in nature, they may precede the noun when the writer is describing a scene to which he or she is reacting emotionally. The same may be said of adjectives referring to size, which normally follow the noun. Compare:

. . . en los rojizos surcos . . . (*poetic statement*)
. . . en los surcos rojizos . . . (*objective statement*)
. . . la inmensa vega . . . (*poetic statement*)
. . . la vega inmensa . . . (*objective statement*)

(c) Balance. When there are two adjectival elements—an adjective and an adjectival phrase introduced by **de**—the noun is usually placed in between in order to establish a "balance"; the noun thus acts as a pivotal center. The pattern would then be: *adjective + noun + de phrase.*

. . . acre perfume de vegetación . . .
. . . la fresca caricia del amanecer. . .

This "balancing" is ignored if the writer wants the adjective to be a differentiating element, that is, purely objective. Then the order has to be: *noun* + *adjective* + **de** *phrase:*

. . . el resplandor azulado del amanecer . . .

. . . el despertar ruidoso de las bestias . . .

(*d*) *Length.* When there are two adjectives, both following the noun, the Hispanic ear prefers placing the longer adjective at the end:

. . . puntos negros y movibles . . . (*2 syllables* + *3 syllables*)

. . . un poncho bueno y barato . . . (*2 syllables* + *3 syllables*)

. . . una cervecita fría y grandecita . . . (*2 syllables* + *4 syllables*)

(*e*) *Personal preferences.* Many authors favor certain adjectives because of the special meaning they have attached to them, or because of certain rhythmic considerations. In such cases, applying grammatical rules is of very little help. Blasco Ibáñez was very fond of describing places. This is why he uses numerous nouns and adjectives referring to colors, sounds, odors, and other sensations. He lived in a period when the description of the landscape became a favorite means of expressing admiration for Spain. Many authors called this **el cultivo de la emoción del paisaje.** If you reexamine the last text, you will be surprised by the large number of sensorial images it contains.

(*f*) *Variety.* Most authors avoid using similar structures in close proximity. Observe this example:

Desperezábase la **inmensa** vega bajo el resplandor azulado del amanecer.

Here a choice had to be made: since there was a **de** phrase, the adjective **azulado** could have been placed ahead of the noun (**el azulado resplandor del amanecer**); but the author preferred not to repeat the *adjective* + *noun* structure since he had just written **la inmensa vega.**

(*g*) **Discrimination.** Theoretically, most descriptive adjectives can be made to convey greater subjectivity if they are placed before the noun, but not all actions permit this kind of transformation. If the change in position is done inappropriately, the effect is ludicrous. No one can make *fried eggs* more poetic by saying **fritos huevos.** Here are some examples of qualifications that Blasco Ibáñez chose not to "poeticize":

. . . canciones perezosas (*songs sung without animation*)

. . . gente campesina (*country folk*)

The line between the poetic and the absurd is, of course, arbitrary, but common sense can distinguish between good taste and affectation.

Ejercicio

Diga Ud. cuál de las dos versiones, (a) o (b), es la más apropiada según la intención indicada entre paréntesis. Explique por qué.

1. (*Intent: totally descriptive*) (a) Me hallé entre extrañas gentes mal educadas; (b) Me hallé entre gentes extrañas y mal educadas.
2. (*Intent: enthusiastic involvement*) (a) Ayer conocí a una señora famosa y distinguida; (b) Ayer conocí a una famosa y distinguida señora.
3. (*Intent: balanced sentence*) (a) Aquélla fue una reunión memorable de expertos; (b) Aquélla fue una memorable reunión de expertos.
4. (*Intent: proper order of adjectives*) (a) Tuve que asistir a una sesión larga y aburridísima; (b) Tuve que asistir a una sesión aburridísima y larga.
5. (*Intent: determine which is the more logical sentence*) (a) Ese fue un animal concierto discordante; (b) Ese fue un discordante concierto animal.
6. (*Intent: associate two qualities with one noun*) (a) En el camino se veían puntos negros movibles; (b) En el camino se veían puntos negros y movibles.
7. (*Intent: determine in which sentence an adjective is used to denote a logical quality*) (a) Yo sé que se compró un magnífico coche italiano; (b) Yo sé que se compró un coche magnífico italiano.
8. (*Intent: proper order of adjectives*) (a) Era una tranquila noche primaveral; (b) Era una primaveral noche tranquila.

IV. Ideas afines

1. **des-.** There are a large number of words beginning with the prefix **des (dis)**. It is always helpful to become aware of the constituents of these "long" words. For example, **desperezarse** embodies the noun **pereza** (laziness). Thus, **desperezarse** = *to shake off one's laziness.* Other words of this type:

desconocido	*stranger*	discontinuo	*discontinuous*
desesperado	*desperate*	discordante	*discordant*
desilusión	*disillusionment*	disculpar	*to excuse*
desocupado	*free, without a job*	disgustado	*disgusted*
desperfecto	*slight damage*	dislocación	*dislocation*
despreciar	*to slight*	disparejo	*uneven*

2. azulado—azulino—azuloso. To denote a shade of blue, Spanish employs azulado, and less often, azulino. Azuloso is an adjective "invented" by poets. La luna llena / por los cielos azulosos . . . esparcía su luz blanca (*José Asunción Silva, Colombian poet*). Other shades of color: amarillento (*yellowish*), blanquecino (*whitish*), grisáseo (*grayish*), negrusco (*blackish*), purpúreo (*purplish*), rojizo (*reddish*), rosáceo (*rosy*).

3. el amanecer—el alba—la aurora—la alborada—la madrugada. The noun amanecer corresponds to *daybreak;* it is a non-poetic term. El alba is the most common word for dawn. La aurora is the dawn as a visual spectacle. Alborada is a poetic term, formerly employed to refer to the music with which the dawn was hailed. At present it means just *dawn.* Madrugada, like alborada, is the dawn as a space of time. Of all the words mentioned, the most common are amanecer and madrugada.

Sentí la brisa del amanecer.	*I felt the early morning breeze.*
De madrugada el aire está fresco.	*In the early hours of the morning the air is fresh.*
La aurora anunciaba, con su rosada luz, el comienzo de un nuevo día.	*The dawn announced with its rosy light the beginning of a new day.*
A la hora del alba salió don Quijote al campo.	*At dawn don Quijote went out to the fields.*

NOTE: Madrugar means *to get up very early.*

4. despertar—despertarse. Despertar is a transitive verb.

Desperté a Juan.	*I woke John up.*

Waking up by oneself can be expressed by both despertar and despertarse.

Desperté (Me desperté) a las ocho.	*I woke up at eight.*

The reflexive form is more colloquial and is preferred when the speaker wishes to imply the total lack of a cause. Thus, he or she would say Trataré de despertar a las seis, and not Trataré de despertarme a las seis.

5. huerto—huerta. Un huerto is an orchard. Una huerta is a much larger extension of land—usually an irrigated valley—where vegetables and fruit trees are cultivated.

Por mi mano plantado tengo un huerto.	*I have planted an orchard with my own hands (Fray Luis de León).*

6. **bestia**—**animal**. **Bestia** is used to refer to domesticated animals—horses, mules, donkeys, cows, etc.

Hay que llevar las bestias al establo.	*We must take the animals to the stable.*

Animal is a generic term which includes all the animals in the zoological kingdom.

El león es un animal; no es una bestia.	*The lion is a (wild) animal, not a beast.*

7. **sentir**—**sentirse**. Both verbs mean *to feel*. The first one is used with a noun; the second, with adjectives and adverbs.

Sentí la brisa.	*I felt the breeze.*
Yo me sentía indispuesto.	*I felt out of sorts.*

Another common meaning of **sentir** is *to regret*.

8. **camino**—**calle**—**carretera**—**autopista**—**autovía**. A gravel or unpaved road or path is **un camino**. A paved (cement, asphalt, cobblestone) road within a city or town is **una calle**. **Una carretera** is a two-lane highway. **Autopista** and **autovía** are terms reserved for turnpikes.

Hubo un choque en el punto donde la carretera empalma con la autopista.	*There was an accident (collision) where the highway joins the turnpike.*

Stock expressions with **camino** are:

Pronto se abrió camino en ese pueblo.	*He soon made his way in that town.*
Ud. va por mal camino.	*You are going astray.*
Se puso en camino.	*He started his trip (expedition).*

9. **encargar**—**encargarse de**. The first of these verbs means to ask someone to do something.

Le encargó la compra de fósforos.	*He asked him to buy matches (He was entrusted with the purchase of matches.)*
Ya he encargado la carne para la excursión.	*I have already ordered the meat for the picnic.*

Encargarse de is to assume the responsibility for something that must be done.

Yo me encargaré de los niños.	*I will take charge of the children.*

10. **chillido.** There are many nouns that refer to animal sounds. **Chillido** is usually a shriek or scream. Compare this with **aullido** (*howling*), **berrido** (*bellowing*), **gruñido** (*grunting*), **ladrido** (*barking*), and **rugido** or **bramido** (*roaring*). At times animal sounds are attributed to objects, but ordinarily different words are used, such as **chirrido (chirriar)** or **crujido (crujir).**

Oí el chirriar (el chirrido) de las ruedas.	*I heard the screeching of the wheels.*
En verano los muebles viejos crujen.	*In the summer old furniture creaks.*

11. **perezoso—holgazán (haragán)—flojo.** The adjective **perezoso** is applied to a person who sleeps too much. By extension it can be a synonym for **holgazán** or **haragán,** that is to say, a person who does not want to work.

Ese muchacho es perezoso; siempre encuentra difícil levantarse a las siete.	*That boy is lazy; he always finds it hard to get up at seven.*
Las calles están llenas de gente haragana.	*The streets are full of loafers.*

In some Hispanic countries the most common adjective is **flojo.**

Sacas malas notas porque eres el más flojo de la clase.	*You get poor grades because you are the laziest (least ambitious) in the class.*

Flojo also means *loose* and *weak.*

El violín tiene las cuerdas flojas.	*The violin has loose strings.*
¿Cómo te gusta el té, fuerte o flojo?	*How do you like tea, strong or weak?*

Ejercicios

A. Dé Ud. las palabras apropiadas para llenar los espacios en blanco.

1. (*did wake up*) ¿A qué hora _____ Ud. hoy?
2. (*freeways*) Dicen que en Los Ángeles hay excelentes _____.
3. (*barking*) Me molesta el _____ de tus perros.
4. (*screeching*) A esa hora se oía claramente el _____ de las carretas.
5. (*will be in charge*) ¿Quién _____ de llamarles por teléfono?
6. (*orchard*) En mi _____ tengo plantadas varias clases de legumbres.
7. (*will ask him to buy for me*) Si va a México yo le _____ un buen sarape.
8. (*loafers*) En todas partes hay _____.
9. (*beast*) Necesitamos una _____ de carga.
10. (*lazy*) Es un muchacho _____. Su diversión principal es dormir.

B. ¿Sentir o sentirse?

1. Yo _____ mucho su muerte.
2. ¿No _____ Ud. bien hoy?
3. Ahora no _____ dolor alguno.
4. Todos nosotros _____ mucho que Ud. no pudiera venir.
5. ¿_____ Ud. enfermo durante el viaje ayer?
6. La verdad es que todos nosotros _____ desilusionados.
7. En ese momento Juan _____ un fuerte dolor en la pierna.
8. Francamente, él y yo _____ incapaces de hacerlo.

C. Dé Ud. el nombre del matiz correspondiente a cada uno de los siguientes colores:

1. amarillo
2. blanco
3. gris
4. negro
5. púrpura
6. rojo
7. rosa
8. azul

D. Conteste en español.

1. ¿Cómo se llama un camino de cemento?
2. ¿Cuál de estos animales es una bestia: león, tigre, oso, mula?
3. ¿Cómo se podría llamar de otra manera un valle cultivado?
4. ¿Qué animales asocia Ud. con «ladrido» y «rugido»?
5. ¿Qué adjetivo se podría usar para describir a la gente que pasa el tiempo en las calles sin hacer nada?
6. ¿Qué verbo emplearía Ud. para referirse al ruido que hacen, a veces, los pisos de madera de una casa?
7. ¿Qué expresión con «camino» emplearía Ud. para decirle a alguien que va de mal en peor?

V. Elementos de composición

A. Exprese Ud. en español.

1. Is it true that she bought a beautiful new hat?
2. We visited several impressive colonial buildings.
3. I do not like long, boring trips.
4. The experiments gave extremely bad results.
5. At that time they were living in a private home.
6. Such an (What an) enormous house!
7. We have not received any money whatsoever.

B. Escriba Ud. una composición breve sobre los siguientes temas:

1. ¿Qué es necesario hacer para regatear con éxito?
2. ¿Qué es lo que se puede ver en el campo al amanecer?
3. ¿Qué sonidos o ruidos se pueden oír en el campo?

C. Escriba Ud. una composición basándose en el siguiente dibujo:

VI. Repaso

Construya oraciones empleando las palabras sugeridas según las indicaciones entre paréntesis.

1. (*Courteous statement*): española—la señora—distinguida
2. (*Exclamation including* **tan**): las flores—hermosas
3. (*Objective opinion*): poco inteligente—perezoso—el joven
4. (*Subjective opinion*) excelente—la oportunidad—única
5. (*Objective statement*) demasiado larga—aburrida—la película
6. (*Make one adjective logical*): los caballos—argentinos—magníficos
7. (*Personal involvement*) la carta—larga—interesante
8. (*Proper order of words*): el acontecimiento—gran—político

Lección doce

I. Lengua oral

BUSCANDO EMPLEO

Al pasar frente a *La central de teléfonos,* Gonzalo se sorprende mucho al ver a su amigo Humberto sentado en la acera *afinando* una guitarra vieja y *gastada.*

telephone company

tuning / worn-out

GONZALO: Pero, ¿qué haces, hombre? ¿*Mendigando* por aquí?

begging

HUMBERTO: Casi; están entrevistando a músicos y actores en el teatro Riachuelo; van a montar un gran espectáculo de música popular.

GONZALO: No sabía que eras músico. Y ¿qué pasó con tu trabajo en la librería?

HUMBERTO: Me *botaron* el otro día y, si no encuentro trabajo muy pronto, me voy a morir de hambre.

fired

GONZALO: ¿Cómo que te botaron? ¿Cómo fue?

HUMBERTO: De la noche a la mañana, así no más. Entró el jefe y me dijo que recogiera mis cosas, porque iban a *prescindir de* mis servicios. Así mismo lo dijo, como una carta formal, pero luego me enteré de que su hijo acababa de *recibirse* y necesitaba un puesto. Tú sabes cómo son esas cosas de familia.

dispense with

graduate

GONZALO: ¡Qué sinvergüenza! ¡Así que ahora estás de músico! Si hubiera sabido que estarías aquí con la guitarra, habría traído la mía. Podríamos formar un *conjunto* que acabaría con cualquier *concurso* . . . ¿Qué, te animas a tocar conmigo?

group

contest

HUMBERTO: ¿Tú también con la guitarra? ¿Y tu trabajo?

GONZALO: ¡Bah! No me importa tanto.

HUMBERTO: Pero, ¿tocas la guitarra bien?

GONZALO: *Regular.* Pero no importa. La gente no escucha la música; quiere diversión. Planearemos una representación espectacular. Y yo con mi guitarra y tú con ese *esperpento* vamos a *relucir* en el *ensayo.* Ya verás.

so-so

grotesque thing
shine / try-out

HUMBERTO: Y si *por acaso* no nos eligieran, tú todavía tendrías tu trabajo; pero yo, ¿qué haría?

chances are that

GONZALO: No te preocupes. En mi oficina, siempre hay trabajo *de sobra.* El gerente me dijo el otro día que necesitaban a alguien que tuviera experiencia en análisis de periódicos extranjeros. Tú sabes algo de eso, ¿no?

more than enough

HUMBERTO: Sí. Pero aceptaría sólo como *último recurso*.   last resort
Prefiero la música; vamos a ser otros «Roling
Estóns». Hala, vé por tu guitarra y nos
vemos en el teatro.
GONZALO: ¡A la música!

Notas culturales

1. **Central de teléfonos.** In many countries the downtown office of
    the telephone company is also a place to consult out-of-town
    directories and to place long distance calls.
2. **Roling Estóns.** English/American music is popular in Spain and
    parts of Latin America, but the pronunciation of the names of
    groups and songs is often unrecognizable to speakers of English,
    and sometimes the spelling is changed accordingly. For example,
    rock and roll is pronounced more like **roanrol.**

Ejercicios

A. *Reconstrucción.*

1. ¿Dónde está Humberto?
2. ¿Qué está haciendo cuando Gonzalo lo ve?
3. ¿A qué entrevista va?
4. ¿Por qué perdió el empleo en la librería?
5. ¿Qué opina Gonzalo del jefe de Humberto?
6. ¿Qué le sugiere Gonzalo?
7. ¿Por qué cree Gonzalo que los dos pueden tener éxito como músicos?
8. ¿Qué harían los dos si no los eligieran?
9. ¿Qué deciden los dos al final?

B. *Creación personal. Haga Ud. frases con las palabras indicadas.*

1. sentado—la acera—afinar
2. entrevistar—los músicos—los actores
3. montar—el espectáculo—popular
4. botar—el trabajo—morir de hambre
5. recoger—las cosas—prescindir—los servicios
6. el hijo—recibirse—necesitar
7. el conjunto—acabar—el concurso
8. la guitarra—el esperpento—relucir

C. Expresión libre.

1. ¿Ha tenido usted dificultad en conseguir trabajo?
2. ¿Qué empleos ha tenido usted? ¿Le han gustado o no? ¿Por qué?
3. ¿Qué empleo le gustaría tener? ¿Por qué?
4. ¿Toca usted algún instrumento musical? ¿Cuál? ¿Le gusta mucho o poco?
5. ¿Cree usted que es posible ganarse la vida tocando la guitarra? ¿Cómo?
6. ¿Es cierto que la gente presta más atención al espectáculo que a la música?
7. ¿Qué problemas puede tener un empleado con el jefe o el dueño de un negocio?
8. ¿A qué se debe el desempleo actual?
9. ¿Cómo se podría ayudar a más gente a encontrar empleo?
10. ¿Qué profesiones ofrecen las mejores posibilidades de encontrar empleo?

II. Formas y estructuras

A. FUNDAMENTOS

El imperfecto de subjuntivo y el potencial

El imperfecto de subjuntivo

1. The past subjunctive is formed by taking the third person plural <u>preterite</u> form, deleting the **ron**, and adding either of the following sets of endings:

prefirieron

prefirie-**ra**	prefirie-**se**
prefirie-**ras**	prefirie-**ses**
prefirie-**ra**	prefirie-**se**
prefirié-**ramos**	prefirié-**semos**
prefirie-**rais**	prefirie-**seis**
prefirie-**ran**	prefiere-**sen**

The accent is always on the syllable just before the past subjunctive ending:

fuéramos, dij**e**seis, ha**bla**ras, estu**vie**ran, quis**ié**semos, traba**ja**ra, etc.

2. The past subjunctive is in every way the past tense equivalent of the present subjunctive, and is used whenever a past-tense sentence calls for a subjunctive form. In general, there is no difference in usage between the forms in **-ra** and **-se,** although the former are somewhat more common, especially in Latin America:

Me pidió que lo **hiciera** in-mediatamente.	*He asked me **to do** it immediately.*
Hablaba en voz alta para que todos **pudieran** oír.	*He spoke in a loud voice so that everyone **could** hear.*
No creía que **hubiera** suficientes fondos para realizar el proyecto.	*He didn't think **there were** sufficient funds to carry out the project.*
Les hacía falta alguien que **tuviera** experiencia en ese campo.	*They needed someone who **had** experience in that field.*

Ejercicio

Cambie las siguientes oraciones al pasado.

1. Nos hace falta alguien que sepa algo de las computadoras electrónicas.
2. Quiere que terminemos el asunto muy pronto.
3. Aunque no lo digan, es obvio que sospechan algo.
4. Es necesario que salgamos sin que nadie nos vea.
5. Ella quiere que le ayudemos a hacer los preparativos.
6. No hay ningún lugar donde no haya turistas.
7. ¿Hay alguien en tu familia que toque el piano?
8. Le ruego que tenga más paciencia.
9. No es que el jefe no quiera darle el empleo.
10. No creo que vaya.

El potencial

1. The conditional tense is formed by taking the INFINITIVE as the stem and adding the following endings:

preferir-**ía**	preferir-**íamos**
preferir-**ías**	preferir-**íais**
preferir-**ía**	preferir-**ían**

Verbs that have irregular stems in the future tense have the same irregular stems in the conditional:

harías, diríamos, habría, saldrían, pondría, etc.

2. The conditional tense generally corresponds in use to the English *would:*

Me gustaría conocerte mejor.	*I **would like** to get to know you better.*

It is a tense corresponding to a time that is future to another point in the past or future. Compare:

Dice que lo **hará** mañana.	He says **he will do** it tomorrow.
Dijo que lo **haría** al día siguiente.	He said **he would do** it the next day.

3. As the future tense is used to express probability or conjecture in the present, so the conditional may be used to express probability or conjecture in the past.

¿Qué hora **sería** cuando llegaron a casa?	*I wonder* what time they got home?
Serían las dos.	*It must have* been two o'clock.

Ejercicio

Cambie las oraciones del presente al pasado. No se olvide de cambiar los verbos que están en el futuro al potencial. Siga el modelo.

MODELO: **Sospecho que lo hará mañana.**
Sospechaba que lo haría al día siguiente.

1. Te aseguro que no encontraremos empleo en esta ciudad.
2. ¿Qué hora será?
3. Los administradores sabrán algo.
4. ¿Qué tendrá el pobre muchacho?
5. Estará enfermo.
6. Antonio se negará a participar en este negocio.

B. AMPLIACIÓN

1. The conditional and imperfect subjunctive describing intent in the past. The conditional and the imperfect subjunctive combine to describe intent in the past, just as the future and the present subjunctive are used to describe intent in the present:

Saldremos cuando todos **estén** listos.	*We will leave when everyone is ready.*
Dijimos que saldríamos cuando todos **estuvieran** listos.	*We said we would leave when everyone was ready.*

Ejercicio

Cambie las oraciones siguientes al pasado. Siga el modelo.

MODELO: *Cuando lleguemos, podremos descansar.*
Dijimos que cuando llegáramos, podríamos descansar.

1. Cuando abran el teatro, veremos los ensayos.
2. Iremos a la playa que tenga menos turistas.
3. Cuando haya sido aprobado, podrá graduarse.
4. Vamos a continuar hasta donde podamos.
5. No saldremos mientras siga lloviendo.

2. The imperfect subjunctive and the conditional in *contrary-to-fact statements.* The imperfect subjunctive and the conditional combine to form *contrary-to-fact* statements, that is, statements that are not true but which possibly could be. They correspond to *if-then* sentences in English, with the if-clause in the imperfect subjunctive and the resulting condition in the conditional. In order for an imperfect subjunctive form to be used, it is necessary that the situation actually be untrue; if it is merely unknown, the indicative is used. Compare:

Si lo **sabe,** nos lo **dirá.** | *If he knows it, he will tell us.*

Si lo **supiera,** nos lo **diría.** | *If he knew it (but he doesn't), he would tell us.*

The combination of imperfect subjunctive and conditional may also be used to refer to events in the future, in which case the sentence is not contrary to fact, but rather expresses uncertainty, hesitation, or simply a polite indirectness.

Si **partiéramos** mañana, **podríamos** llegar sin dificultad. | *If we left (were to leave) tomorrow, we could arrive without problems.*

To describe a contrary-to-fact situation in the PAST, one uses the pluperfect subjunctive and the conditional perfect:

Si **hubiera sabido** que no ibas a venir, **habría salido** más temprano. | *If I had known that you were not going to come, I would have left earlier.*

Ejercicio

Basándose en las oraciones siguientes, haga oraciones que expresen ideas opuestas a la realidad. Siga los modelos.

MODELOS: *No sabía que iban a pasar el programa, y, por eso, no encendí la televisión.*
Si hubiera sabido que iban a pasar el programa, habría encendido la televisión.
Margarita no tiene suficiente dinero para ir de vacaciones a Colombia.
Si Margarita tuviera suficiente dinero, iría de vacaciones a Colombia.

1. Ángel no se encontraba bien, así que se marchó temprano.
2. Manuel no presta atención en clase y saca notas bajas.
3. No tengo empleo; (por lo tanto), se me acabó el dinero.
4. No toca la guitarra muy bien, y la gente no lo quiere escuchar.
5. El dueño es un sinvergüenza y no respeta los derechos de los empleados.

3. *Como si* in contrary-to-fact statements. A contrary-to-fact statement may also be constructed with **como si** plus the imperfect subjunctive:

Gasta dinero **como si fuera** millonario.　　*He spends money as if he were a millionaire.*

Ejercicio

Basándose en las oraciones siguientes, haga nuevas oraciones con **como si.**

1. Se viste como un aristócrata.
2. Toca la guitarra como un gran artista.
3. Se porta como un adolescente.
4. Anda como un borracho.

4. *De* in contrary-to-fact statements. Occasionally in Spanish one uses **de** + infinitive instead of a **si** clause in a contrary-to-fact sentence:

De haberlo sabido, no habría dicho nada.　　*If I had known, I would not have said anything.*

De ser yo usted, no lo haría así.　　*If I were you, I would not do it like that.*

De tener yo menors años, me atrivieria.　　*If I were younger (dare) do it.*

5. *The imperfect subjunctive in idiomatic expressions.* The imperfect subjunctive is often used in idiomatic or even colloquial expressions to express contrary-to-fact ideas. Some of these are *quién* + *imperfect subjunctive,* meaning *if only I were; **ni que** + imperfect subjunctive,* meaning *not even if,* and *ojalá(que)* + *imperfect subjunctive,* meaning I wish that. . .:

¡**Ojalá que tuviera** más oportunidades!	*I wish I had more opportunities!*
¡**Quién tuviera** tanto dinero!	*I wish I had as much money (as somebody else)!*
¿Trabajar? ¡**Ni que me muriera** de hambre!	*Work? **Not even if I were** starving!*

Ejercicio

Utilizando las oraciones siguientes, haga nuevas oraciones con **ojalá que** *o* **quién** *y el imperfecto de subjuntivo.*

1. No puedo encontrar empleo.
2. Me gustaría tener capacidades tan extraordinarias.
3. La situación económica es muy grave.
4. El jefe me va a botar de la oficina.
5. Me gustaría poder pasar las vacaciones en Bermuda.

6. *Substitutes for the conditional.* There are several cases where past subjunctive forms in **-ra** are used instead of conditional forms:

(*a*) in past-tense contrary-to-fact sentences, where **habría** is replaced by **hubiera** in colloquial speech:

Si lo **hubiera** sabido, nunca lo **hubiera** hecho.	*If I had known, **I** never **would have** done it.*

(*b*) with the verbs **poder, querer,** and **deber,** to soften a request or to express some doubt:

Realmente, **debieras** ayudar a tu hermano.	*You really **should** help your brother.*
Quisiera ir contigo, pero no puedo.	*I **would like** to go with you, but I can't.*
Pudiéramos hablar de eso, si quieres.	*We **could** talk about that, if you like.*

(*c*) with the value of the conditional of verbs other than those mentioned above. Although this occurs occasionally in spoken

Spanish and less frequently in written Spanish, it is not considered totally acceptable in all areas.

Pues, yo **no lo hiciera** así.	*Well, I **wouldn't do it** like that.*

NOTE: Since the conditional is a past-tense form, the corresponding subordinate verb should be an imperfect, rather than present, subjunctive form, even though the sentence actually refers to the present time:

Me gustaría que lo **hicieras** así.	*I would like you **to do** it like this.*
Preferiría que la situación **se resolviera** muy pronto.	*I would like **to have** the situation resolved soon.*

7. *Would* ≠ *conditional*. All uses of *would* do NOT correspond to the Spanish conditional. For example, *would* is trequently used to refer to habitual action in the past, while in Spanish one would use the imperfect tense:

Cuando vivíamos en el campo, siempre **nos levantábamos** temprano.	*When we lived in the country, we **would** always **get up** early.*

Ejercicio

Llene los epacios en blanco con las formas apropiadas del los verbos entre paréntesis.

1. Sería preferible que todos los formularios (llegar) _____ a tiempo.
2. Si tuviera más paciencia, no (decir) _____ esas cosas.
3. Si eso fuera así, tú no (deber) _____ hacerlo.
4. Yo (querer) _____ sugerirte unas cosas.
5. Lo haría si (poder) _____.
6. Si nosotros (empezar) _____ ahora, podremos terminar antes del último plazo.
7. Decidimos que cuando lo (haber hecho) _____, se lo diríamos.
8. Tenía que ofrecer varias pruebas para que todos lo (creer) _____.
9. No importaba que tú (tener) _____ la habilidad, si nunca la (usar) _____.
10. Nos pidieron que no (mencionar) _____ el documento hasta que nos (avisar) _____.

III. Lengua escrita

En su *desfile* frente a los escritorios*, en donde gringos* *sonrosados* anotaban y registraban cifras*, sellos y nombres en su *juego* de formas* que portaba desde que entró, le tocó el turno frente al pupitre* del empleado que le averiguó por el oficio que practicaba. No supo qué decir. El gringo *canoso* de extraña voz con resonancias, lo miró largamente. Hizo preguntas raras e indeseables con sus labios *crispados* y resecos. Una larga recapitulación de todos los interrogatorios que había soportado en los otros pupitres. . . . Lo obligó a descubrirse el pecho, *a medias,* buscándole *rastros, lunares* y heridas que sangraran alguna identificación, en caso de que violara las leyes zoneítas. Le vio el *hoyuelo* de su barbilla y apuntó aquella particularidad, indicándole que pasara al pupitre del ayudante. A Rubén le pareció imposible que ese hombre fuese el marido* de la mujer alta, bella, vestida de amarillo. Su perfil* era el de un latino de origen mestizo. *Tez** clara, amarilla. Mirada *torva* y *socarrona* de hombre malicioso que sabe mucho.

Buscó el apellido* Galván en los *archivadores* alfabéticos de la letra G. No encontró records policiacos en los *legajos* de la Zona del Canal. Luego, encima de ese escritorio color de oliva le extendió una «Declaración de Lealtad» para que la firmara, en la cual se comprometía a no sabotear, ni espiar, ni tomar las armas contra los poderes constituídos, y desempeñar leal y fielmente las labores que se le *encomendaran.* Tenía que ser un hombre más fiel a los Estados Unidos que sus mismos *súbditos* aun cuando él nunca hubiera podido ver escrito un documento semejante en favor de su Patria. Y lo firmó sin siquiera detenerse a leerlo como vio hacer a los demás obreros.

Aquellas preguntas comprometedoras de su formulario le eran soportables porque le permitirían conseguir un trabajo durante los cortos meses de vacaciones. Le pareció que en ellas estaba reflejada,* adecuadamente, la *férrea* y severa organización saxoamericana en la Zona del Canal, que *pugna* en sobresalir por sus detalles de exactitud.

Aceptó la ley del más fuerte que se le impuso bajo su propia responsabilidad, a cambio de su fuerza de trabajo por un *jornal.* En nombre de esta Ley y de esta organización, se le obligó a reclinarse contra una escala métrica en la pared y recibir el *fogonazo* de una descarga fotográfica.

Joaquín Beleño, Curundú (Panamá: Ministerio de
Educación, 1963)

parade
rosy-cheeked
set of

grey-haired

pressed together

part way
marks / moles

dimple

complexion / fierce
sly

filing cabinets
files

entrusted . . . with
subjects

tough

strives

day's wages

flash

COMENTARIO

1. *The suffix* **-azo**. The suffix **-azo** is sometimes added to nouns. When the context is appropriate, the new word generally means *blow with . . . , attack by . . .* , or a similar meaning (in other cases **-azo** can simply be a derogatory suffix). For example, **fogonazo** from **fogón** *fire, stove* refers to the flash from the photographer's bulb. While it is not possible to take any noun and form a derived word with **-azo,** many common forms do exist. Some of them are:

portazo	*door slamming* (puerta *door*)
puñetazo	*blow with fist* (puño *fist*)
latigazo	*whipping* (látigo *whip*)
escopetazo	*shotgun blast* (escopeta *musket, shotgun*)
frenazo	*slamming the brakes* (frenos *brakes*)
balazo	*gunshot wound* (bala *bullet*)
machetazo	*blow with a machete*

2. *The prefix* **re-**. As in English, the prefix **re-** is frequently used with verbs to indicate repetition:

releer	*read again* (leer *read*)
readmitir	*readmit* (admitir *admit*)

In some cases, the idea of repetition is not quite so clear; some of the verbs may be said to have strayed so far from the original meanings as to be idiomatic, while others show the connection with the idea of repetition after a bit of thinking.

recobrar	*recover (find again something which has been lost)*
recoger	*pick up (something which has fallen or gone away)*
reconocer	*recognize (seeing again someone or something already known)*
renovar	*renovate (make new again, do over)*
retocar	*touch up (go over certain touches* toques)

There are other cases where **re-** does not indicate repetition at all, but merely intensification or strengthening of an action, state or quality:

reseco	*very dry* (seco *dry*)
relamer	*lick one's lips* (lamer *lick*)
reforzar	*reinforce* (forzar *force*)
refinar	*refine* (fino *fine, pure*)
reconfortar	*comfort* (confortar *comfort*)
relucir	*stand out, shine* (lucir *shine*)

Colloquially, **re-** is sometimes added to adjectives for emphasis; the intensification is increased by adding **rete-** or **requete-**. This cannot be done with all adjectives, and one is best advised to listen carefully to native speakers before using these forms:

La comida está rebuena. *The dinner is great.*

Es requetepopular. *He is really popular.*

Of course, not every word beginning with **re-** has been formed by adding the prefix **re-** to another word. However, there are many words formed in this fashion whose meanings are different from what would be predicted. Some more are:

rebajar *to reduce in price, weight* (bajar *to lower*)
recortar *cut out, trim off* (cortar *to cut*)
rematar *finish off, auction off* (matar *to kill*)
repartir *divide, distribute* (partir *to split, to divide*)
recorrer *cover a distance, territory* (correr *to run*)
rebatir *repulse, counteract* (batir *to beat*)

Ejercicios

A. Llene los espacios en blanco con la palabra indicada.

1. El padre le pegó un (*blow with a cane*) _____ al niño. (cane *bastón*)
2. El soldado murió de un (*bullet wound*) _____.
3. Pasó el pañuelo por los labios (*very dry*) _____.
4. Debemos (*reconsider*) _____ esas sugerencias.
5. La (*reconquest*) _____ de España acabó en 1492.
6. No me gusta que andes dando tantos (*door slamming*) _____.
7. El camionero dio un _____ (*hit the brakes*) para no atropellar al muchacho.
8. Mató el animal de un (*blow with a machete*) _____.
9. El senador hablaba dando (*blows with fist*) _____ en la mesa.
10. Tiene que (*touch up*) _____ el maquillaje.

B. Explique el uso de re-. Diga si indica repetición, intensificación, otro uso especial del prefijo re-, o si no se trata de un prefijo. Busque el sustantivo derivado de cada verbo, junto con su significado. Si no conoce a las palabras, búsquelas en un diccionario.

1. responder
2. reestablecer
3. remendar
4. restituir
5. realizar
6. realzar
7. rectificar
8. reportar
9. reír
10. repicar

IV. Ideas afines

1. **escritorio—pupitre—mesa. Un escritorio** is a large desk, which may even include a covered top. **Escritorio** may also mean *private study.* **Un pupitre** is a small, individual desk, such as that used by a student. **Mesa** is a general term for *table* and is often used to refer to desks.

En el **escritorio** había una máquina de escribir.	*There was a typewriter on the* **desk.**
Te veré en el **escritorio** del gerente.	*I'll see you in the manager's office.*
Los alumnos pusieron los cuadernos en los **pupitres.**	*The students put their notebooks on their desks.*
El contador puso la carpeta en la **mesa.**	*The bookkeeper put the folder on the table (desk).*

2. **gringo—yanqui—(norte)americano.** In some countries, including Mexico and Panama (where the reading selection was written), **gringo** is a rather derogatory term for *American.* In other South American countries, **gringo** is simply a foreigner, particularly a European. These countries use **yanqui** or the more neutral **(norte)americano** to refer specifically to Americans.

3. **cifra—número. Cifra** indicates the result of a computation or collection, as in a set of facts and figures, while **número** refers to any number.

Tenemos que revisar **las cifras** del año pasado.	*We have to look over last year's figures.*
Escribió una lista de **números** en la pizarra.	*He wrote a list of numbers on the blackboard.*

4. **forma—formulario. Formulario** is the classic term for a form to be filled out, although in many areas **forma** is being used with increasing frequency:

Tuve que llenar un montón de **formularios.**	*I had to fill out a pile of forms.*

5. **marido—esposo; mujer—esposa.** The two words for *husband* are **marido** and **esposo.** In some areas they are used interchangeably, while in others, **marido** may refer to a common-law relationship or a civil marriage, while **esposo** is reserved for legal (or church-sanctioned) marriages. For wife, **esposa** is most commonly used. **Mujer** is also used for *wife,* often by a man referring to his own wife or the wife of a close friend, but is best avoided due to possible negative connotations, especially in South America. However, the expression *man and wife,* as in the marriage ceremony, is **marido y mujer.**

Ella vino con su **esposo.**	*She came with her **husband.***
Quiero presentarte a mi **esposa.**	*I want to introduce you to my **wife.***

6. **perfil—silueta. Perfil** is a profile or outline, and may refer to one's general shape. It is frequently used with **de** to refer to a view from the side (**de perfil**). **Silueta** is an outline or silhouette.

De perfil, tiene el aspecto de un indio viejo.	*From the side, he looks like an old Indian.*
En la pared se la **silueta** del pistolero.	*On the wall was the **silhouette** of the gunman.*

7. **tez—cutis—piel—cuero—pellejo—cáscara. Tez** means *skin, complexion,* generally of the face, and is used only with respect to human beings. **Cutis** is the skin (usually of the face) and may be used with reference to characteristics other than color.

Javier es un hombre de **tez** trigueña.	*Javier is a man with a dark **complexion.***
Tiene **el cutis** picado de viruelas.	*He has pock-marked **skin.***

Piel refers to *skin* in general. It may also refer to animal skin or fur. **Cuero** is *leather* and refers to a tanned product. Note: **estar en cueros** means *to be stark naked.* **Pellejo** is an animal hide or pelt, it is used colloquially to refer to the human skin (e.g., **salvar el pellejo,** *to save one's hide*). **Pellejo** may also refer, particularly in Spain, to the skin or rind of fruits and vegetables. The term **cáscara** is more common in Latin America, and may refer to the skin of fruits and vegetables as well as the harder covering of eggs and nuts.

Compró guantes **de piel.**	*He bought **leather** gloves.*
Tiene botas **de cuero.**	*She has **leather** boots.*
Por poco no salvaste **el pellejo.**	*You almost lost **your life.***
Las avellanas tienen **la cáscara** muy dura.	*Filberts have a tough **shell.***
El niño salió **en cueros.**	*The child ran out **completely naked.***

8. **apellido—nombre. El apellido** is the last, or family, name. In the case where both father's and mother's last names are required, **el primer apellido** and **segundo apellido,** or **apellido paterno** and

apellido materno, are used. **Nombre** (which also means *noun*) is the general word for *name,* and may refer to the first name, the last name, or both, unless clarification is given. **Nombre de pila** (or sometimes **nombre cristiano**) is the first or given name. A woman's maiden name is **nombre de soltera.**

Mi **nombre** es Alberto Blanco, para servirle.	*My **name** is Alberto Blanco, at your service.*
Su **nombre de soltera** era Rivera.	*Her **maiden name** was Rivera.*
Su **segundo apellido** es Martínez.	*His **second last name** (i.e., mother's maiden name) is Martínez.*

9. **reflejar—reflejo; reflexionar—reflexión. Reflejar** means *to shine back* or *reflect*; it also means *to indicate.* The associated noun is **reflejo** (which also means *reflex*). **Reflexionar** means *to think over, ponder*; the associated noun is **reflexión,** which is also sometimes used instead of **reflejo.**

Se vio **reflejado** en el agua estancada.	*He saw himself reflected in the stagnant water.*
Ese comentario **refleja** una actitud muy negativa.	*That comment **reflects** a very negative attitude.*
Antes de decidirme, tengo que **reflexionar** un poco.	*Before deciding, I have to **think** it **over** a bit.*

Ejercicios

A. Llene los espacios en blanco con las palabras indicadas.

1. El espejo (*reflected*) _____ su cara asustada.
2. Tuvo que escribir sus (*last names*) _____ en el (*form*) _____.
3. Pisó (*the banana peel*) _____ y resbaló.
4. Ella y mi madre tienen el mismo (*maiden name*) _____, pero no son parientes.
5. Los armadillos tienen (*skin*) _____ muy duro y áspero.
6. (*The desk*) _____ del funcionario estaba cubierto de montones de papel oficial.
7. Los fotógrafos retrataban a los empleados (*from the side*) _____.
8. Vi (*your outline*) _____ contra la luz del faro.
9. En algunas sociedades, un hombre puede tener varias (*wives*) _____.
10. Tiene la (*complexion*) _____ muy clara.

B. Diga de otra manera la parte subrayada. Cambie las formas de los adjetivos cuando sea necesario.

1. Quiero presentarle a mi <u>marido</u>, Juan José.
2. Tenemos una cita en <u>la oficina</u> del decano.
3. Tiene <u>la piel</u> clara y <u>el pelo</u> castaño.
4. Nunca usa su <u>nombre cristiano</u> porque le parece muy feo.
5. ¿Tiene <u>las formas requeridas</u> por la ley?
6. Los niños estaban sentados frente a sus <u>pupitres</u>.
7. ¿Conoces a su linda <u>mujer</u> Elvira?
8. No puedo creer <u>estos números</u> que indican las ganancias de este mes.
9. Por aquí se ven muchos turistas <u>yanquis</u>.
10. No estoy seguro; tengo que <u>pensarlo</u> un poco más.

C. Haga Ud. frases con las palabras indicadas.

1. los alumnos—estudiar—los pupitres
2. presentar—el amigo—el esposo
3. el gringo—un señor—formidable
4. su señora—la tez—clara
5. las cifras—el cambio—la población
6. la cáscara—la naranja—un cuchillo
7. firmar—el nombre de pila—los apellidos
8. el obrero—llenar—el formulario

V. Elementos de composición

A. Escriba en español, usando formas y construcciones del imperfecto de subjuntivo y del modo potencial.

1. I wish I had time to help you, but I'm so busy now I don't know what I'm doing.
2. It was obvious that only someone who knew his way through the jungle would be able to guide them safely.
3. If I were you I wouldn't wait so long before calling a doctor.

4. I would like to go with you, but if I went I would never get all this work done.
5. If there had been anyone in that building he would have been killed when the bomb exploded.
6. To the judge it seemed strange that the accused man offered such a poor excuse for such a serious accusation.
7. The teacher gives out homework assignments as if his class were the only one we were taking.
8. The weeds have grown so that it would take days to clear this garden.
9. My friend asked me if I would help him start his car.
10. This show wouldn't be bad if it weren't for the people talking in the back row.
11. It would be better to let someone else do it this time.
12. The senator was able to get his bill approved, without anyone suspecting his real motive.
13. All the people wondered who would be the first to complain about the new law.
14. Would you be so kind as to help me move these boxes?

B. Explique la manera de realizar los siguientes trámites. Puede referirse al vocabulario que se da a continuación.

1. Llenar los formularios de impuestos federales.
2. La manera de solicitar empleo en el servicio civil.
3. La manera de solicitar ingreso en una universidad.

Vocabulario útil

doblar *to fold*
la dirección *address*
el domicilio *address*
el estado civil *marital status*
soltero, a *single*
el ama de casa *housewife*
la solicitud *application*
el ingreso *admission*
solicitar *to apply for*
matricularse *to sign up, enroll*
inscribirse *to sign up, enroll*

la profesión *job profession*
el oficio *job trade*
el puesto *job (applied for)*
el piso *floor of a building (story)*
la planta baja *ground floor*
el primer piso *second floor*
el sueldo *wages*
el salario *wages*
el requisito *requirement*
los ingresos *income*
la renta *income (particularly from property rented, interest or dividends)*

C. Escriba una composición breve sobre lo que se ve en el dibujo.

ADMINISTRACIÓN
DEL SEGURO SOCIAL

VI. *Repaso*

A. Llene los espacios en blanco con las formas correctas de los verbos indicados.

1. Rubén estaba buscando a alguien que (aceptar) _____ sus ideas.
2. Era imposible que Terencio (haber dicho) _____ tal cosa.
3. La secretaria le dijo que (regresar) _____ cuando (haber llenado) _____ el formulario.
4. No habría podido entender esos documentos ni que (haber sido) _____ un genio.

5. Grita como si (tener) _____ el derecho a imponer sus opiniones sobre los demás.
6. Francisco Javier nos aseguró que (estar) _____ preparado para la entrevista.
7. Le aconsejamos que (ponerse) _____ una corbata y que (limpiar) _____ los zapatos.
8. El meteorólogo prognosticó que (haber) _____ una tormenta dentro de unas horas.
9. Ojalá que (yo) (haber solicitado) _____ el puesto un poco antes de que (cerrarse) _____ la oficina.
10. No había ningún funcionario que no le (hacer) _____ esa pregunta ofensiva.

B. Basándose en las oraciones siguientes, haga oraciones empleando el subjuntivo.

MODELO: *Este queso cuesta demasiado.*
   Si este queso no costara tanto, lo compraría.

1. Rosalía no me quiere.
2. No me nombraron para ocupar el puesto que deseaba.
3. No vi la película y por eso no entendía lo que decían mis amigos.
4. La leche es muy cara, y las familias pobres no tienen suficiente dinero para comprarla.
5. El aire de las ciudades está muy contaminado y la gente se enferma a menudo.
6. Ignacio es muy mentiroso y nadie le cree cuando dice la verdad.
7. Usted no debe comer tan rápidamente.
8. Este coche es muy viejo y no me da mucho prestigio.
9. No compré un coche el año pasado y ahora no tengo dinero para comprar uno de los nuevos modelos.
10. El director perdió su puesto porque la compañía había sufrido grandes pérdidas.

C. Complete las oraciones siguientes con una palabra formada con el sufijo -azo.

1. Lanzó una palabrota y salió con un _____.
2. El médico dijo que el hombre había muerto de un _____.
3. Al ver la vaca que cruzaba la vía, el ingeniero del tren dio un tremendo _____.
4. En la entrevista hablaba enfáticamente dando muchos _____ en la mesa.
5. El domador (*tamer*) apartó los leones con un _____.

Lección trece

I. Lengua oral

IR POR LANA Y SALIR TRASQUILADO[1]

PEDRO:	Buenos días, *vecinita*.	little neighbor
PAULITA:	Buenos días, ilustre abogado.	
PEDRO:	Tú . . . siempre bonita.	
PAULITA:	Yo sé por qué *me estás echando flores*.	you are flattering me
PEDRO:	Porque eres «como la rosa de Alejandriáaaa»[2]	
PAULITA:	Mira, *fiscal:* tus intenciones se pueden ver desde el primer momento.	Mr. District Attorney
PEDRO:	¿Sí?	
PAULITA:	Tú vienes para ver si *me pongo roja* con tus *piropos.* Tú sabes que ése es mi *punto flaco.*	I blush compliments / weak side
PEDRO:	No sabes *lo bonita que te pones.*	how pretty you look
PAULITA:	Siempre me siento confundida con tus *alabanzas.*	praise
PEDRO:	Ahora te voy a contar una cosa, si prometes *guardarme el secreto.*	to keep it secret
PAULITA:	Será otro de tus chistes.	
PEDRO:	No. Lo que voy a decir es cierto, *indiscutible* y *fidedigno.*	unquestionable trustworthy
PAULITA:	Afirmación típica de abogado: tres adjetivos en serie.	
PEDRO:	Lo importante no son mis palabras. El hecho es que soy un ángel.	
PAULITA:	*¡Santa cielo!*	My goodness!
PEDRO:	Mi problema es que un demonio rojo *me domina.*	keeps me under his thumb
PAULITA:	¡Pobrecito!	
PEDRO:	Cada vez que te encuentro me *pincha* con su enorme tenedor, y *me dice al oído:* «¡No seas tonto! ¡Dile algo a Paulita! El color rojo es muy bonito. . .» ¿Comprendes? Soy víctima del demonio.	pricks he whispers to me
PAULITA:	Yo sé que todo eso son *cuentos chinos.*	a lot of nonsense
PEDRO:	Soy un ángel. Lo digo, repito y confirmo.	
PAULITA:	¡Ah! ¡Otra serie de abogado! Pero, ven acá, ángel. *Acércate más.*	Come closer.
PEDRO:	Siempre *a tus órdenes.*	at your command
	(Paulita lo besa varias veces en la cara y, *por casualidad,* en la camisa, dejando la marca roja de sus labios.)	just by chance
PEDRO:	¡Caramba! ¡Mira lo que has hecho! Tendré que	

volver a casa a cambiarme la camisa. Y cuando
sepan esto mi madre y mi hermana, se van a
morir *de risa*.   laughing

PAULITA: Pues, *no me eches la culpa a mí*. Yo no he   don't blame me
hecho nada. Una diablita dentro de mí me ha
dicho «A ese joven le encanta el color rojo.» Y
me ha dado un pinchazo. Todo ha sido *impen-*   unplanned
sado, inocente y accidental . . . ¡Adiós, Pedrito!

Notas culturales

1. **Ir por lana y salir trasquilado.** Literally: *To go for wool and come
   out shorn.* The corresponding English expression is: To have the
   tables turned on one.
2. **la rosa de Alejandría.** A line from a well-known Spanish song
   that begins: «**Eres como la rosa de Alejandríáaaa, morená
   saladáaaa. . .**» (*You are like the Alexandrian rose, you charming
   brunette.*) When singing, accentuation is often changed, as shown
   above.

Ejercicios

A. *Reconstrucción.*

1. ¿Cómo contesta Paulita al saludo del abogado?
2. ¿Qué piropo le dice Pedro a su vecina?
3. ¿Con qué la compara?
4. Según Paulita ¿por qué le gusta a Pedro decirle piropos?
5. ¿Qué le va a contar Pedro a su amiga?
6. ¿Qué tipo de afirmación suelen usar los abogados?
7. ¿Con qué se compara el abogado?
8. ¿Quién lo domina?
9. ¿Qué hace el demonio?
10. ¿Qué hace Paulita cuando el abogado se acerca?
11. ¿Tiene Paulita la culpa de haberle besado? ¿Quién la tiene?

B. *Creación personal. Haga Ud. frases con las palabras indicadas.*

1. el abogado—la vecina—buenos días
2. las intenciones—echar flores—ponerse roja
3. el abogado—contar—un secreto
4. un ángel—un demonio—dominar
5. el demonio—al oído—no ser tonto
6. Paulita—decir—venir acá

7. la cara—la camisa—la marca
8. su madre—su hermana—la risa
9. una diablita—el color rojo—un pinchazo

C. Expresión libre.

1. ¿Cuál es su opinión sobre los piropos?
2. ¿Cómo es el demonio, según la creencia popular?
3. ¿Qué hace Ud. cuando una persona lo (la) alaba demasiado?
4. ¿Cuál es su punto flaco?
5. ¿Qué queremos decir cuando afirmamos que alguien es un ángel?
6. ¿Le gustaría a Ud. ser abogado (abogada)? Explique.
7. ¿Cree Ud. que los abogados son o no son necesarios? ¿Por qué?
8. ¿Quiénes tienen mayor fama, los médicos o los abogados? ¿Por qué?
9. ¿Qué cualidades debe tener la persona que desea ser abogado?
10. ¿Cuándo es muy necesario tener un abogado?

II. Formas y estructuras

A. FUNDAMENTOS

La concordancia

Aside from the general cases of agreement between adjective and noun and subject and verb, the following are also common rules:

1. When modifying two nouns of different gender, the adjective generally takes the masculine plural form:

Juan y Teresa son **estudiosos.**	*John and Teresa are **studious.***

2. A plural subject usually agrees with a verb in the third person plural:

Sus **explicaciones son** cuentos chinos.	*His **explanations are** a lot of nonsense.*

Such is not the case when either **nosotros** or **vosotros** is understood as a subject. The agreement must then be with the implied subject rather than the visible one:

(Nosotros) Los hombres **somos** así.	*(We) men **are** like that.*
(Vosotros) Los abogados **sois** unos pomposos.	*(You) Lawyers **are** pompous.*

3. In impersonal statements the verb **haber** must be used in the third person singular, even when followed by a plural noun. The forms of the impersonal **haber** in the various tenses are: **hay, había, hubo, habrá, habría, haya, hubiera.**

En la recepción **había** muchos parientes de la novia.	*In the reception (**there**) **were** many of the bride's relatives.*
Ha habido quejas.	***There have been** complaints.*
El domingo **habrá** varias manifestaciones públicas.	*On Sunday **there** will be several public demonstrations.*

NOTE: Using the impersonal **haber** in the plural is a common error in both Spain and Latin America. Incorrect: **Hubieron fiestas.** *There were festivities.* Correct: **Hubo fiestas.** *There were festivities.*

4. In signs, advertisements, and notices in which persons are categorized as if constituting an undifferentiated group, the **se** construction calls for a verb in the *third person plural:*

Se necesitan camareras.	*Waitresses **wanted**.*
Se admiten niños.	*Children **admitted**.*

This construction is comparable to the one referring to plural *things:*

Se arreglan zapatos.	*Shoes **repaired**.*

Remember that when *definite persons* are mentioned, the verb must be in the third person singular, followed by **a:**

Se aplaudió (*singular*) a los delegados.	*The delegates **were applauded**.*

5. Special cases.

(a) The noun **gente** (*people*) must always be used with a verb in the third person *singular,* and not in the plural, as in English.

La gente **es** feliz ahí.	*People **are** happy there.*

The noun **gentes** (*people of various classes*) require a verb in the plural:

Las gentes le **escuchaban**.	*All kinds of people **were listening** to him.*

(b) The noun **noticias** (*news*) is plural in Spanish when reference is made to daily occurrences:

Las noticias de hoy **son** alarmantes.	*The news today **is** alarming.*

6. The combination of the second and third person subject pronouns normally requires a verb in the *second* person plural:

Tú y ella (él, ellos, etc.) **sois** los mejores atletas de este grupo.	*You and she (he, they) **are** the best athletes in this group.*

In Latin America, however, a verb in the *third* person plural is used under the same circumstances, since the second person plural is hardly ever used:

Tú y tu esposa **son** los mejores amigos que tengo.

You and your wife ***are*** *the best friends I have.*

The combination of a first person pronoun with any other personal pronoun requires a first person plural verb form:

Tú y yo **vamos** al teatro.

You and I ***are going*** *to the theater.*

Ejercicios

A. Dé Ud. la forma apropiada del verbo que se da entre paréntesis.

1. (ser) Clarisa y su hermana _____ famosas esquiadoras.
2. (venir) Mañana tú y tu hermano _____ a las ocho. (Dos versiones).
3. (haber) Ayer _____ dos grandes encuentros pugilísticos.
4. (ser) La gente _____, por lo común, muy curiosa.
5. (necesitar) Se _____ carpinteros y electricistas.
6. (condenar) La semana pasada se _____ a dos abogados.
7. (llegar) Ella y yo _____ ayer con una hora de retraso.
8. (admira) Siempre se _____ a los fuertes.
9. haber) ¿Es verdad que mañana no _____ competiciones atléticas?
10. (ser) Las noticias que recibimos ayer _____ espantosas.

B. Invente Ud. anuncios usando los siguientes verbos.

1. (admitir) No se _____ vendedores.
2. (necesitar) Se _____ gente para trabajar en los campos.
3. (arreglar) Se _____ paraguas.
4. (preparar) Se _____ expertos en electrónica.
5. (alquilar) Se _____ habitaciones con luz y calefacción.

B. AMPLIACIÓN

1. lo + adjective. When we wish to describe a particular person or object using *lo + adjective,* the adjective must be made to agree with the noun to which it refers; **lo,** of course, is invariable. The English equivalent of this construction is *how + adjective.*

Ud. verá **lo hermosa** que está su niñita.

You will see ***how pretty*** *his little girl is (looks).*

Yo sé **lo complejos** que son esos problemas.

I know ***how complex*** *those problems are.*

NOTE: This construction is usually followed by **que** and a form of **ser** or **estar.** (or **ir:** era increíble lo atrasada que **iba** la obra, etc.)

2. *Adjectives as verb complements.* When an adjective is the complement of a verb, it must agree in gender and number with the noun to which it refers.

Quisiera **pedirle prestadas** dos novelas.	*I'd like to borrow two novels from you.*
Los muchachos **llegaron cansados.**	*The boys were tired when they arrived.*

Other constructions of this type are:

andar distraído (desconsolado, preocupado, etc.)	*to go about absent-mindedly (disconsolately, worried, etc.)*
encontrarse envejecido (empobrecido, incapacitado, etc.)	*to find oneself very old (impoverished, incapacitated, etc.)*
ponerse rojo (pálido, nervioso, etc.)	*to blush (become pale, nervous, etc.)*
quedarse aturdido (desanimado, sorprendido, etc.)	*to be stunned, (disheartened, surprised, etc.)*
sentirse confundido (derrotado, perseguido, etc.)	*to feel confused, (defeated, persecuted, etc.)*
tener terminado (preparado, escrito, etc.)	*to have (something) already finished, (prepared, written, etc.)*

3. *Nouns separated by correlative conjunctions.* Theoretically speaking, singular nouns separated by the correlatives **ni . . . ni** (*neither . . . nor*) and **o . . . o** (*either . . . or*) should agree with a verb in the singular, since the two components are mutually exclusive. Such is the case when this consideration dominates. However, contrary to English practice, Spanish-speakers employ these correlatives with a *plural* verb when they feel that they are referring to both elements of the correlation as one group:

O Juan o María **van** a hacerlo.	*Either John or Mary is going to do it.*
Ni Juan ni María **vienen** hoy.	*Neither John nor Mary is coming today.*

Ejercicios

A. *Use Ud.* lo *con los adjetivos sugeridos.*

1. (*sick*) Al verla comprendí lo _____ que estaba.
2. (*lazy*) Voy a decirle lo _____ que son esos empleados.
3. (*boring*) Pronto descubrirá Ud. lo _____ que son esas gentes.
4. (*satisfied*) Así se explica lo _____ que están sus hijas.

5. (*mistaken*) Ahora sabemos lo _____ que ellos están.
6. (*expensive*) Ud. verá lo _____ que son las flores.
7. (*amusing*) Yo tenía una idea de lo _____ que eran sus programas.
8. (*stupendous*) Tóquelos para comprender lo _____ que son estos ponchos.
9. (*modern*) Es increíble lo _____ que son esas ciudades.
10. (*dramatic*) Ud. no se ha dado cuenta de lo _____ que son sus narraciones.

B. Complete cada una de las oraciones de la lista A usando la forma apropiada de uno de los adjetivos de la lista B. Después traduzca lo que Ud. ha dicho.

A	**B**
1. Las chicas estaban frente a un extraño y se sentían _____.	1. pálido
2. ¿Cuántos cuadros tiene Ud. _____ ya?	2. dormido
3. Parece que esa niña tiene algún problema; anda muy _____.	3. desorientado
4. —No me digas alabanzas—dijo ella—porque siempre me pongo _____.	4. desconsolado
5. La noticia de su muerte nos dejó _____.	5. rojo
6. Al ver el accidente la señora se puso _____.	6. terminado
7. A mí me parece que todos ustedes andan muy _____, gritando y riendo de esa manera.	7. preocupado
8. Yo les expliqué bien a ellas cómo debían andar por aquí; no hay razón para que se sientan _____.	8. distraído
9. —¡Qué bostezos! ¿Por qué están Uds. tan _____?	9. derrotado
10. ¿Es normal que, después de salir mal en un solo examen, ella se sienta totalmente _____?	10. desanimado

4. Verb-predicate agreement. In statements with the verb *ser,* an equivalence is often established: *Juan es un buen abogado* (*a = b*). The second part of this statement **un buen abogado,** is called the predicate. If the predicate is considered more real or more important than the subject, the verb agrees with it and not with the subject.

Todo eso **son** simples tonterías.

All that is plain foolishness.

Lo más difícil de entender **son** las excusas que él da.

The most difficult thing to understand is the excuses he gives.

In these two examples, the subject (**Todo eso, Lo más difícil**) is neuter, thus it is less definite than either **tonterías** or **excusas**. Even if the first noun is definite, the agreement with the predicate may be favored when the subject is too far away:

El factor decisivo en aquel largo y sostenido debate **fueron** sus datos estadísticos.

*The decisive factor in that long and sustained debate **was** his statistical data.*

When the subject and the predicate have equal importance, the agreement must be the normal one, i.e., subject—verb.

Los Estados Unidos **son** una gran nación.

*The United States **is** a great nation.*

5. *Collective noun + de + plural·noun.* In a sentence containing a collective noun (**mayoría, mayor parte, grupo, mitad, multitud, etc.**) followed by **de** and a plural noun, the agreement is often determined by the plural noun instead of the collective.

La mayoría de los alumnos **saben** que no deben faltar a clase.

*The greater part of the students **know** that they should not "cut" classes.*

Una multitud de muchachos **vienen** a la peatonal.

*A mob of youngsters **is** coming to the mall.*

In these sentences the speaker feels that the plural noun is more important than either **mayoría** or **multitud**. On the other hand, if the collective is closer to the verb or is thought of as important, the verb will agree with the collective noun, and thus will be in the third person singular:

Salió un grupo de muchachos revoltosos.

*A mob (group) of rowdy boys **came out.***

6. *Auxiliaries followed by infinitives.* The verbs **deber, poder, querer,** and **soler** function as auxiliaries and form verbal clusters with the infinitives that follow them:

Ellos deben venir; Tú puedes salir; Uds. quieren correr; Yo suelo caminar.

When one of these clusters is used in the **se** construction, the auxiliary verb is plural if the "passive subject" is plural:

Se deben (*plural*) cerrar las puertas.

*The doors **must be** closed.*

No **se pueden** (*plural*) enviar telegramas en cifra.

*No coded telegrams **can be sent**.*

Se suelen (*plural*) recibir anuncios comerciales.

*Commercial ads **are often received**.*

If the first verb of the cluster is not a modal auxiliary but a main verb, this verb must agree with the infinitive; thus, it is always in the singular:

Se mandó cerrar las puertas.

Someone ordered the doors closed.

Se ordenó devolver todos los regalos.

Someone ordered that all the presents be returned.

Se prohibirá comprar cigarrillos.

*Buying cigarettes **will be prohibited**.*

NOTE: You have already learned how to use the **se** construction in Lesson 8.

Ejercicios

A. Dé Ud. la forma verbal apropiada para cada uno de los verbos sugeridos.

1. (*to be*) Lo que Ud. me ha dicho _____ puros cuentos chinos.
2. (*to go*) Mañana tú, yo y tu hijo _____ a pie a la Plaza de Mayo.
3. (*to come*) Entonces vi que un grupo de trabajadores _____ por la calle San Pablo.
4. (*to be*) La razón principal de su fracaso _____ sus impertinencias.
5. (*to finish*) De aquí en cuatro años, ni el uno ni el otro _____ su carrera universitaria.
6. (*to seem to be*) La mayoría de esos estudiantes _____ del primer curso.
7. (*to be*) Lo que más me interesa _____ sus trabajos científicos.
8. (*to have to*) Cuando se reúna el comité, la mitad de los alumnos _____ quedarse en la escuela.

B. Diga Ud. si el verbo debe emplearse en singular o plural.

1. Ese día no se (permitió—permitieron) vender la fruta al precio de siempre.
2. Se (prohibió—prohibieron) cortar las flores.
3. Se (debiera—debieran) arreglar los caminos en verano.
4. Se (suele—suelen) ver disputas en las calles.
5. Se (quiere—quieren) cambiar la dirección del tráfico.
6. No se (debe—deben) criticar la pobreza de sus parientes.
7. Se (mandó—mandaron) cerrar el establecimiento.
8. Se (puede—pueden) comprar zapatos en el mercado.

III. Lengua escrita

Señor:

Me permito enviarle estas líneas, *por si* Ud. tiene la amabilidad de publicarlas con su nombre. Le hago este *pedido** porque me informan de que no las admitirían* en un periódico, *firmadas* por mí.

Mis obligaciones* me imponen tomar dos veces por día el tranvía. Tengo veinte años, soy alta, no *flaca* y *nada** *trigueña.* No creo tener los ojos pequeños.

Ud. sabe que es costumbre en *ustedes, al disponerse* a subir al *tranvía, echar una ojeada hacia adentro* por las ventanillas. Ven así todas las caras (las de mujeres, por supuesto, porque son las únicas que les interesan). Después suben y se sientan.

Cuando el asiento a mi lado está *vacío, desde* esa *mirada* por la ventanilla sé ya perfectamente cuáles son los indiferentes que se sentarán *en cualquier lado,* y cuáles los audaces que *dejarán en blanco* siete asientos libres para ir a buscar la *incomodidad* a mi lado, allá en *el fondo* del coche. Yo *me corro* sencillamente hacia la ventanilla para dejar *amplio lugar* al *importuno.*

Después de moverse y *removerse a su gusto,* le invade de pronto una inmovilidad extraordinaria. Esto es una simple apariencia, porque si una persona lo observa *desconfiando* de esa inmovilidad, *nota* que el cuerpo del señor, insensiblemente, *se va deslizando* poco a poco por un plano inclinado hacia la ventanilla, donde está precisamente la chica que él no mira. Así son ustedes: *podría jurarse* que están pensando en la luna. *Entre tanto,* el pie derecho (o el izquierdo) continúa deslizándose imperceptiblemente por el plano inclinado.

Mi diversión consiste en lo siguiente: cuando la amable persona está *a medio camino,* yo comienzo la maniobra que él ejecutó, con igual suavidad. *Solamente que en dirección opuesta. Es de verse* entonces la sorpresa de mi vecino cuando, al llegar por fin al lugar exactamente localizado, no halla nada. Nada. Es demasiado para él; echa una ojeada al piso primero, y a mi cara luego. Yo estoy siempre con el pensamiento a mil leguas *soñando con mi muñeca*; pero *el tipo se da cuenta.* El encuentro con la mirada de un hombre que *por casualidad* puede haber gustado real y profundamente de nosotros, es cosa que *conviene evitar* en estos casos.

Su segura servidora, M. R.

just in case

request
signed

force me
thin / not at all
dark-skinned

you (= men) / on getting ready / streetcar / to cast a glance inside

empty / from (the moment I observe) glance anywhere will pass up discomfort / the rear

move over

plenty of room / "pest"

stirring / to his heart's content

distrusting
will notice
gradually slides

one could swear
In the meantime

halfway over
Except for the fact that I do it moving away from him / You should see

daydreaming (lit., dreaming of my doll.)
the guy / understands
by chance
it is wise / to avoid

Señorita:

Muy agradecido de su amabilidad. Firmaré con mucho gusto sus impresiones. Tendría, sin embargo, mucho interés, y exclusivamente como coautor, en saber lo siguiente: ¿no ha tenido jamás *un vaguísimo* sentimiento de *abandono* . . . que le *volviera* particularmente *pesado* el *alejamiento* de su propio pie?

Much obliged for

the slightest

surrender / made difficult / withdrawal

H. Q.

Señor:

Efectivamente,* una vez, una sola vez en mi vida, *he sentido este enternecimiento por* una persona. Esa persona era usted. Pero Ud. no *supo aprovecharlo.*

To tell the truth

I softened toward

didn't take advantage of it

M. R.

Horacio Quiroga, "Tres cartas . . . y un pie"
(abridged), from El salvaje (1920)

COMENTARIO

1. The superfluous de. In ordinary spoken Spanish, it is common to add **de** after verbs when the speaker is mentally hunting for the proper continuation of what he has said. Trying to reproduce the colloquial language of the young lady in this story, Quiroga writes:

> . . . me informan **de** que no las admitirían en un periódico.

They tell me that they would not accept them in a newspaper.

In all the following examples the preposition **de** is unnecessary:

> Me dijo . . . de que no tenía ganas de hacerlo.

He told me . . . that he did not feel like doing it.

> Se imaginó . . . de que vendrían solas.

He imagined . . . that they would come alone.

> Yo supongo . . . de que habrá otra razón.

I imagine . . . that there is another reason.

The superfluous **de** is probably a case of analogy with several verbs that call for **de** before a **que** clause:

> Se acordó **de que** su obligación era votar.

*He remembered **that** his obligation was to vote.*

> Me alegré mucho **de que** Ud. lo hiciera.

*I was very glad **that** you did it.*

Cuide Ud. **de que** los niños no salgan a la calle.	*Make sure **that** the children do not go out to the street.*
Nos extrañamos **de que** no sirvieran pan.	*We were surprised **that** they did not serve bread.*
Se olvidó **de que** se había citado conmigo.	*He forgot **that** he had a date with me.*
Nos sorprendimos **de que** hiciera gimnasia.	*We were surprised **that** he did calisthenics.*
Estoy seguro **de que** se le ha olvidado.	*I am sure **that** he has forgotten.*

2. *Synonyms and near-synonyms.* The repetition of words always produces a bad impression on Hispanic ears. So great is this concern with stylistic variety that some writers even prefer to use a near-synonym rather than an exact one. Observe the variety of vocabulary Quiroga resorts to for the sake of style.

(*a*) References to the unwanted admirer:

el importuno   mi vecino
el señor   el tipo
la amable persona

(*b*) References to gradual progression:

insensiblemente, se va deslizando poco a poco
continúa deslizándose imperceptiblemente

(*c*) References to absent-mindedness:

están pensando en la luna
yo estoy siempre con el pensamiento a mil leguas
soñando con mi muñeca

3. *Greater brevity through omission.* In a previous section reference was made to ellipsis, or omission of words. Aside from standard ellipses, an author may resort to whatever shortening or condensation he deems necessary to avoid wordiness. In the selection you have just read there are three examples. The omissions are given in parentheses:

(*a*) . . . desde (que observo) esa mirada por la ventanilla. . .

(*b*) (La única diferencia es que) Solamente que (lo hago) en dirección opuesta.

(*c*) (Estoy) Muy agradecido de su amabilidad.

Ejercicios

A. Examine cada palabra de la lista A y diga si encuentra Ud. un sinónimo o semisinónimo en la lsta B.

	A		B
1.	casualidad	insensiblemente	simple coincidencia
2.	agradecer	naturalmente	dar (las) gracias
3.	ojeada	bondad	especialmente
4.	particularmente	dar entrada	tomarse la libertad
5.	por fin	ocasionalmente	sin embargo
6.	permitirse	observar	a decir verdad
7.	amabilidad	dar permiso	tomar notas
8.	por supuesto	mirada	finalmente
9.	de verdad	saludar	realmente
10.	imperceptiblemente		
11.	notar		
12.	admitir		

B. Practicing omissions.

(a) Omit one word:

1. Yo siempre viajo en primera clase.
2. —No entiendo eso. —¿Cómo que no entiende?
3. Quiero presentarle a Ud. mi futura esposa.
4. Se negó a aceptar hasta el último momento.
5. ¿Vive Ud. en el piso principal?

(b) Omit two or more words:

1. Yo me puse el abrigo y ella se puso un suéter.
2. Sé que a Ud. le gusta el alcohol; a mí no me gusta.
3. Yo voy a trabajar. Y ¿usted va a trabajar también?
4. —¿Ocurrió así?—Me parece que no ocurrió así.
5. Yo lo creo, pero Ud. no lo cree, ¿verdad?

C. ¿Necesitamos la preposición **de** *o no?*

1. Se dio cuenta _____ que tenían razón.
2. Comprendió _____ que la chica no le iba a prestar atención.
3. Acuérdese Ud. _____ que mañana es el cumpleaños de Carmelita.
4. Esperábamos _____ que llegaran a tiempo.
5. Todo dependerá _____ que Ud. tenga un buen puesto.
6. Me aseguró _____ que era ya demasiado tarde.
7. Me sorprendí _____ que hiciera ejercicio.
8. No se olviden _____ que hoy no acompañará mi hijo.
9. Yo pensaba _____ que me publicarían mis versos.
10. Estábamos seguros _____ que todo había sido accidental.

IV. Ideas afines

1. pedido—petición. **Un pedido** is a request or order for objects.

Hice un pedido de una docena de camisas.	*I ordered a dozen shirts.*

Petición is a request for entities other than objects.

El juez ha denegado su petición.	*The judge has denied his request.*
Hizo la petición de mano.	*He asked for her hand.*

In Latin America **pedido** is gradually displacing **petición,** as seen in the Quiroga text:

Le hago este pedido porque me informan de que no admitirían mis impresiones en un periódico.	*I am making this request because I am told my impressions would not be accepted by a newspaper.*

2. admitir—aceptar—recibir. **Admitir** means *to accept,* after approval has been granted.

Admitieron al niño en la escuela.	*They admitted the boy to the school.*
Sé que no admitirán mis artículos.	*I know that they will not accept my articles.*

Aceptar means to receive something voluntarily, usually with pleasure.

Acepto su ofrecimiento.	*I (gladly) accept your (kind) offer.*

Recibir is simply the act of taking something and does not carry the notion of approval, nor does it imply decision-making.

Recibieron el regalo, pero no lo aceptaron.	*They received the present but did not accept it.*

WARNING: the verb **admitir** is not ordinarily used to mean *to confess:*

Confesó que estaba equivocado.	*He admitted that he was wrong.*

3. obligación—deber. **Una obligación** is a general duty required by law, by an agreement, by a job, etc.

Este joven sabe cumplir con sus obligaciones.	*This young man knows how to meet his duties.*

The noun **deber,** on the other hand, is related to our spiritual world and moral life.

Todo buen ciudadano sabe cumplir con su deber.	*Every good citizen knows how to meet his or her moral duty.*

4. **nada.** This negative word appears in a large number of idiomatic expressions:

(*a*) *Preceding adjectives and adverbs:*

Ella no es nada trigueña.	*She is not at all dark-skinned.*
No se encuentra nada bien.	*He is not in good health at all.*

(*b*) *With de:*

¡Nada de lloriqueos (llantos, gritos)!	*No whimpering (crying, shouting)!*
Eso no tiene nada de particular.	*There is nothing special about that.*
—Gracias, señor. —De nada.	*Thank you, sir. Not at all.*

(*c*) *After para:*

Te has molestado para nada.	*You have taken a lot of trouble unnecessarily.*

(*d*) *After por:*

Tú lloras por nada.	*You are crying for a trifling reason.*

(*e*) *To inquire about what else is needed:*

¿Nada más?	*Is that all (Do you want anything else)?*

(*f*) *To put an end to a discussion:*

—¡Nada, nada! ¡Ud. se marcha ahora mismo!	*No use talking! You are leaving right now!*

5. **efectivamente.** This adverb expresses a confirmation of something said previously. Care should be exercised in using it; it is the equivalent of **en efecto** (*as a matter of fact, to tell the truth*) but it never means *effectively.*

Efectivamente (En efecto), una vez he sentido ese enternecimiento.	*To tell the truth I softened just once.*

The equivalent of the English *effectively* is **con eficacia:**

Ese cemento ha puesto fin a la gotera con gran eficacia.	*That cement stopped the leak most effectively.*

Ejercicios

A. Dé Ud. los equivalentes de las palabras entre paréntesis.

1. —Necesito ir a casa. ¿Puede Ud. llevarme en su coche? Sé que es (*a request*) un poco molesta.
2. (*He had to admit*) que no se había preparado bien.
3. —¿Por qué ayudó a esa familia? —Porque todos tenemos (*duties*) para con los menos afortunados.
4. (Al cartero)—Como los vecinos no están en casa, yo puedo (*take*) el paquete y firmar el recibo.
5. Espero (*to be admitted*) en la Escuela de Medicina.
6. Les llamé por teléfono y ellos atendieron (*my order*) inmediatamente.
7. Todos los empleados deben llegar a las ocho. Es (*their duty*).
8. (*As a matter of fact*), no lo he visto ni una sola vez.
9. Después de leer el documento (*I accepted*) sus condiciones.

B. Emplee Ud. nada *en las siguientes construcciones.*

1. (*No protesting*), por favor.
2. —Muchas gracias.—(*Not at all*).
3. ¿Su salud? (*He is not well at all*).
4. En todo eso yo no veo (*nothing special*).
5. La dependiente me preguntó: (*Would there be anything else*)?
6. Hemos venido (*unnecessarily*).

V. *Elementos de composición*

A. Exprese en español.

1. You (**Tú**) will see how expensive those houses are.
2. I found my aunt and uncle aged and sick.
3. Do you (**Ud.**) think that the new laws must be changed?
4. Most of those tourists are English or French.
5. Foreign actresses are very (much) admired in our country. (Use the **se** construction.)
6. You (**Tú**) have worked eight hours unnecessarily.
7. Either my neighbor or I will have to pay the lawyer.
8. On Sunday there will be several public demonstrations.
9. That joke is not at all amusing.

B. Escriba Ud. una composición sobre los temas indicados empleando algunas de las palabras sugeridas.

1. Un hombre tratando de coquetear con una chica: mirar por la ventanilla, al fondo del coche, los asientos vacíos.
2. Un señor se sienta y luego se desliza hacia su vecina: la inmovilidad, deslizarse, el pie, la sorpresa.

C. Diga en español si hay algo en los siguientes dibujos que le parece difícil de comprender o justificar.

VI. *Repaso*

Complete Ud. empleando la forma apropiada de los verbos y expresiones entre paréntesis.

1. (*to be twins*) ¿Tú y tu hermana _____?
2. (*to blush*) Al acercarme él _____.
3. (*can fix*) O mi hermano o yo _____ su coche.
4. (*to come*) Un grupo de jóvenes _____ al salón de baile.
5. (*must be closed*) Se _____ las ventanas.
6. (*to be admitted*) Mi hermano _____ en la universidad el año pasado.
7. (*to make a request*)—Señor, deseo _____.
8. (*to be*) Todo lo que me cuentas _____ cuentos chinos.
9. (*there were*) En mi pueblo _____ fiestas hace dos meses.
10. (*to order to be done*) El _____ el traje en una sastrería del centro.

Lección catorce

I. Lengua oral

PLANEANDO UNA FIESTA

Ramón Dávila y unos amigos están haciendo planes en el apartamento de aquel para una fiesta. Van a celebrar la llegada de su compañero Esteban, quien acaba de pasar un año estudiando en el extranjero. Los amigos ya lo han *acordado* casi todo, menos unos detalles.

agreed upon

RAMÓN: Pero si tenemos la fiesta aquí, no podemos invitar a tanta gente. Este es un apartamento de tres habitaciones, no es el palacio real. Simple y sencillamente no caben tantos.

ENRIQUETA: No seas tan pesado, hombre; claro que van a caber. No pensamos en un banquete formal sino en un grupo íntimo de amigos. No importa que no haya sillas; pueden *tumbarse* en el suelo.

stretch out

BLANCA MARI: Yo tengo unos *cojines,* tú sabes, los que compramos en el bazar marrueco, y te los puedo prestar. Así será más cómodo.

cushions

DAVID: ¡Magnífico! Y podemos colgar las alfombras turcas que me regalaron mis padres. Luego, apagar las luces, encender unas velas, poner la música bien bajita y ¡hala! Una fiesta *de primera.*

first class

ENRIQUETA: ¡Huy! Mejor sería un *velorio.* ¡Basta con velas y música bajita! Tiene que ser una fiesta animada.

wake (funeral)

RAMÓN: Cuidado con lo animado; si metemos mucho ruido los vecinos se van a quejar y luego me encontraré en la calle. Tuve mucha suerte al encontrar este apartamento y no lo quiero perder.

ENRIQUETA: Entonces invita a los vecinos.

RAMÓN: Eso no. Son muy conservadores y no podrían apreciar esto. Esteban se merece algo mejor; yo me encargo de *apaciguar* a los vecinos. Pero, oye, no podemos organizar *un escándalo.*

pacify

make a lot of racket

DAVID: De acuerdo. Y ¿qué tipo de música vamos a tener?

BLANCA MARI:	Sé que Esteban es muy aficionado al jazz; debemos encontrar algo que le guste.
DAVID:	Yo tengo muchos discos de jazz; puedo traerlos.
RAMÓN:	Sí, sí, ya lo sé; los mismos que llevaste a la fiesta de navidad. Están tan *rayados* que suenan como una descarga de infantería. Además, a Esteban le gusta el jazz moderno, no esos dinosaurios que llamas artistas de jazz.
DAVID:	Pero son las raíces de la música, en la tradición musical. Y si mis discos están rayados, la culpa la tiene tu tocadiscos. Tiene apetito de caníbal y devora los discos. Debes cambiarle la *aguja*.
RAMÓN:	¡Está bien! Mi tocadiscos es un monstruo implacable, y tus discos son la santa palabra grabada *en vivo*. Pero, vamos, seguramente podemos encontrar algo. A ver, ¿cuándo llega Esteban?
ENRIQUETA:	Me dijiste que mañana, ¿no?
BLANCA MARI:	Yo creía que era *pasado mañana*.
DAVID:	Lo tengo apuntado en alguna parte, déjame buscarlo . . . ¡Diablos! Llega esta misma noche.
ENRIQUETA:	¡Ay! Si no nos apuramos, no habrá fiesta, ni siquiera habrá quien lo vaya a buscar al aeropuerto.
BLANCA MARI:	¡*Manos a la obra,* muchachos! Hay que avisar a los demás.

Marginal glosses: scratched; needle; live; the day after tomorrow; Let's get to work

Notas culturales

1. **Velorio.** The custom of having a wake, that is, staying up all night as a vigil by the casket of a deceased person, is still common in the Hispanic culture. Although such gatherings may become quite animated, the general tone remains one of mourning, hence such expressions as **cara de velorio,** *a sour or deadpan expression.*

Ejercicios

A. Reconstrucción.

1. ¿Qué van a festejar los jóvenes?
2. ¿Por qué no quiere Ramón invitar a tanta gente?
3. ¿Qué sugerencias le hacen sus amigos?
4. ¿Cómo son los vecinos de Ramón?
5. ¿Qué propone Enriqueta?
6. ¿Qué tipo de música le gusta más a Esteban?
7. ¿Por qué no quiere Ramón que David traiga sus discos?
8. ¿Por qué están en tan malas condiciones los discos de David?
9. ¿Cuándo va a llegar Esteban?
10. ¿Por qué se sorpenden los amigos al descubrir la hora de su llegada?

B. Creación personal. Haga Ud. frases con las palabras indicadas.

1. el apartamento—caber—tantos invitados
2. un banquete—formal—íntimo
3. las sillas—tumbarse—los cojines
4. un velorio—una fiesta—animada
5. los vecinos—conservadores—apreciar
6. encargarse de—apaciguar—los vecinos
7. organizar—un escándalo
8. aficionado—el jazz
9. los discos—rayados—una batalla
10. el tocadiscos—devorar—la aguja

C. Expresión libre.

1. ¿Qué dificultades tienen los que viven en apartamentos?
2. ¿Cómo sería el vecino ideal?
3. ¿Preferiría usted vivir en un apartamento, en una residencia de estudiantes, o en una casa particular? ¿Por qué?
4. ¿Qué clase de música le gusta más a usted? ¿Por qué?
5. ¿Cuáles son sus artistas favoritos? ¿Por qué?
6. ¿Qué tipo de fiesta prefiere usted? ¿Por qué?

II. *Formas y estructuras*

A. FUNDAMENTOS
Los pronombres relativos

1. Like all other pronouns, a relative pronoun takes the place of a noun or its equivalent. However, unlike other pronouns, its antecedent (the noun it refers to) actually occurs in the same sentence. Thus the relative pronoun *relates* to another word, expressed or understood. In English, the most common relative pronouns are *that, which, who, whom* and sometimes *what:* In Spanish the relative pronouns are **que** and **quien(es)**, the series with **cual** and the series with **que**.

Ejercicio

En cada una de las oraciones siguientes, identifique el antecedente del pronombre relativo subrayado (es decir, la palabra a la cual se refiere el pronombre.) Siga el modelo.

MODELO: **El hombre que habla es mi padre.**
Que se refiere a *el hombre.*

1. No conozco al señor que está hablando.
2. Es el edificio debajo del cual encontraron las antiguas ruinas.
3. La mujer con quien hablaste es mi tía.
4. Es la hora a la cual dan las noticias diarias.
5. El coche que compraron es muy lujoso.
6. La casa en que vivimos fue construida hace diez años.
7. El hombre a quien di el dinero me dijo que regresara al día siguiente.
8. Es el satélite desde el cual se transmiten programas de televisión.
9. ¿Es éste el capítulo que me recomendaste?
10. No entiendo el capítulo al fin del cual hay tantos diagramas.

2. **Que** is the most common relative pronoun. It is invariable and is most frequently used in a restrictive clause as either a subject or an object.

A restrictive clause is an essential part of the sentence; its exclusion would result in a fragmentary idea. Restrictive clauses are not set off by commas or pauses. In restrictive clauses, **que** may be used to refer to both people and objects:

Las muchachas **que** vinieron ayer son mis primas.	*The girls **who** arrived yesterday are my cousins.*
El árbol **que** plantaste es un roble.	*The tree **(that)** you planted is an oak.*

Non-restrictive clauses provide supplementary information and may be left out without resulting in an incomplete meaning; they are set off by commas (in writing) or pauses (in speech). In non-restrictive clauses, **que** can refer to people only if it occurs as the subject of the clause.

Que is also used as the object of short prepositions, especially **a, de, con,** and **en,** when describing objects:

El programa de **que** hablábamos es muy conocido.	The program *that* we were *talking about is well-known.*
La clase en **que** estoy matriculada es sobre historia de la lengua española.	The class *that* I am enrolled in *is the history of the Spanish language.*

NOTE: In English it is common to leave out the relative pronoun in restrictive clauses when it is the object of the verb:

El libro **que** pediste ha llegado.	The book *(that)* you requested *has arrived.*

In Spanish it is possible to leave out a relative pronoun, so care must be taken to recognize situations in which a relative pronoun must be used, especially when translating from English.

B. AMPLIACIÓN

1. **Quien/quienes.** This relative pronoun is used to refer only to people and may, in theory, be used in any position. In non-restrictive clauses, it usually replaces **que** when it refers to the subject of the clause. In the object position, **quien/quienes** is more commonly used than **que.** The personal **a** must be used with **quien/quienes** when it is the object of a verb:

Ese hombre, **quien** es español, era espía.	*That man, **who** is Spanish, used to be a spy.*
Este hombre, **a quien** no había visto antes, se me presentó él mismo.	*This man, **whom** I had never seen before, introduced himself to me.*

However, **quien** is not used as the <u>subject</u> of a <u>restrictive</u> clause (that is the clause not set off by commas); **que** is used instead.

La mujer **que** pronunció el discurso es la directora.	*The woman **who** gave the speech is the director.*
La hermana de Carlos, **quien** es muy popular, vive en Chicago.	*Carlos' sister, **who** is very popular, lives in Chicago.*

Quien is also commonly used after prepositions:

Los muchachos con **quienes** hablamos eran Boy Scouts.	*The boys with **whom** we spoke were Boy Scouts.*

In proverbial style, **quien** may be used to mean *he who*. This meaning gives **quien** a more poetic quality; it is not frequently used in this way in other contexts. **Quien** is also used in the sense of *somebody*, and even more frequently meaning *nobody* with verbs such as **tener** and **haber**:

Quien mucho duerme, poco aprende.	*He who* sleeps a lot learns little.
No hay **quien** lo vaya a buscar al aeropuerto.	*There is* **no one** *to bring him from the airport.*
El coronel no tiene **quien** le escriba.	*The colonel has* **nobody** *to write to him.*

Ejercicios

A. Llene los espacios en blanco con quien, quienes *o* que.

1. El senador _____ se opuso a la ley fue vencido.
2. El secretario de defensa, _____ era el responsable de la guerra, dimitió ayer.
3. Aquella señora con _____ conversabas es dueña de la radioemisora Voz Popular.
4. Tenemos que proteger a los técnicos _____ hemos mandado a ese país.
5. Su marido, _____ no había conocido antes, acaba de recibir el Premio Babel.
6. Éste es el primo de _____ te hablaba.
7. No encuentro el juguete con _____ el niño estaba jugando.
8. El profesor, a _____ apenas conocía, empezó a tutearme.
9. Te voy a enseñar las postales _____ me mandó Adolfo.
10. La fiesta, _____ tenía que ser en el pequeño apartamento de Ramón, molestó a los vecinos.

B. Combine los fragmentos dados en una sola oración con que, quien *o* quienes.

MODELO: *Vemos a la señora. Es mi tía.*
      La señora a quien vemos es mi tía.

1. Tenemos que leer el capítulo. Trata de la música clásica.
2. Hablaba el ingeniero Dávila. Él es el padre de Ramón.
3. El niño rompió el juguete. Está en mi cuarto.
4. Te gustan esos artistas. Tocan música popular.
5. Vienen los amigos. Viven muy cerca.
6. Habla el profesor. Es el doctor Arístides.
7. Yo iba a tomar el vuelo. Sale a las tres.
8. Conocí a Ramón y a Esteban _____ viven en el mismo apartamento.

2. *Series with cual.* One of the relative pronouns from the series with **cual** (**el cual, la cual, los cuales, las cuales, lo cual**) may be used to replace **que** under certain circumstances when greater clarity is needed. The most common use is after prepositions of more than one syllable, and also after **por** and **sin**, to avoid confusion with the conjunctions **por que** and **sin que**:

Los árboles alrededor de **los cuales** estábamos sentados eran robles.	*The trees around **which** we were sitting were oaks.*
La razón por **la cual** no vine es que ya tenía otro compromiso.	*The reason **that** I didn't come is that I already had another commitment.*

Relative pronouns with **cual** may also be used in NON-RESTRICTIVE clauses, but not in restrictive clauses. They may refer either to people or to objects. When it refers to a person and is the object of the verb, the pronoun must be preceded by the personal **a**:

El técnico no pudo reparar el televisor, **el cual** no funcionaba.	*The technician couldn't repair the television set, **which** didn't work.*
Quiero presentarle a la señora Domínguez, **la cual** dirige la sociedad protectora de animales.	*I would like to introduce you to Mrs. Domínguez, **who** directs the humane society.*
Ésta es la señora Robles, a **la cual** conoció usted el año pasado.	*This is Mrs. Robles, **whom** you met last year.*

In such cases the use of the **cual** pronouns sounds rather formal, emphatic, and sometimes pedantic. Most often the **cual** pronouns are used to eliminate ambiguity:

El hermano de Carlos, **el cual** vive en España, habla muy bien el francés.	*Carlos' brother, **who himself,** lives in Spain, speaks French very well.*

Lo cual is a neuter pronoun, and is used to refer to an idea or concept rather than to a specific noun:

Roberto no hizo la tarea, **lo cual** sorprendió al maestro.	*Roberto did not do his homework, **which (fact)** surprised the teacher.*
Hubo una gran tormenta y nadie podía salir, por **lo cual** nos quedamos en casa.	*There was a terrible storm and no one could go out, **so as a result (of the situation)** we stayed at home.*

Ejercicios

A. *Llene cada espacio en blanco con un pronombre relativo. Si hay más de una posibilidad, diga cuáles son.*

1. Yo vivo en la casa al lado de _____ siempre está estacionado un camión azul.
2. Los discos parecen nuevos, _____ me sorprende mucho, ya que los he tocado tantas veces.
3. Pasó varios años en el extranjero, al fin de _____ regresó a su país natal.
4. Verás una iglesia, a la derecha de _____ está el correo.
5. El coche detrás de _____ estás estacionado es de la policía.

B. *Combine los fragmentos en una sola frase, utilizando un pronombre relativo con* **cual.**

MODELO: *Viven cerca del parque. El parque tiene muchas estatuas.*
         Viven cerca del parque, el cual tiene muchas estatuas.

1. Estaban sentados alrededor de la mesa. La mesa pertenecía a la época de Napoleón.
2. Hemos hablado acerca de una obra. La obra es muy importante para la historia de nuestro país.
3. Los niños jugaban debajo del árbol. En el árbol había un nido de gorriones.
4. Estaba parada ante el espejo. El espejo estaba muy sucio.
5. Los libros están encima de la silla. La silla es de estilo colonial.

3. *Series with* **que** (**el que, la que, los que, las que, lo que**). Any pronoun from this group is used to signify *the one(s) that*. Each pronoun is a combination of an article and the relative pronoun **que**, and in theory the missing noun could always be restituted:

Quiero este libro y **los** (libros) **que** pedí ayer.
    I want this book and the ones I ordered yesterday.

El (hombre) **que** vino no se identificó.
    The one who came did not identify himself.

Lo que refers to an idea rather than to a specific noun, and translates as *what* or *that which;* when used with the subjunctive, it translates as *whatever:*

Lo que dices es mentira.
    What you say is a lie.

Haremos **lo que** tú quieras.
    We will do whatever you want.

The series with **que** is sometimes used to replace the series with **cual**. This usage is not particularly common, and is considered more formal and literary:

La carretera a lo largo de **la cual (la que)** se ven los pinos va hasta Kalamazoo.

*The highway along **which** you see the pines goes to Kalamazoo.*

Ejercicio

Llene los espacios en blanco con el que, la que, los que, las que o lo que.

1. No sólo quiero estos ejemplares sino también _____ me mandaron el mes pasado.
2. Me preocupo por las secciones ya escritas y por _____ quedan por terminar.
3. El edificio de tres pisos, que está al lado de _____ tiene la torre muy alta, es el ayuntamiento.
4. Fue muy difícil oír _____ dijo el conferenciante.
5. Han aumentado los precios otra vez, y sospecho que _____ va a resultar ser un desastre.
6. No me gustan estos discos tanto como _____ trajiste la vez anterior.
7. Este cojín es más grande que _____ compraste en el bazar.
8. _____ acabas de decirme es increíble.
9. Esta fiesta será tan animada como _____ le hicimos a Maribel.
10. Éstas no son _____ me mostraron ayer.

4. *Agreement: special cases.* When **quien(es)** is the subject of a subordinate clause, and the main clause contains a form of **ser,** the verb following **quien(es)** may agree with the subject or the relative pronoun:

Fui yo quiene lo **hice** (hizo).

*It was I who **did** it.*

Fuiste tú quien **rompiste** (rompió) el cristal.

*It was you who **broke** the glass.*

However, if **el que, los que,** etc. are used in similar circumstances, the subordinate verb is usually in the THIRD PERSON, regardless of the subject of the main clause:

Somos nosotros los que **causaron** el problema.

*It is we who **caused** the problem.*

Ejercicio

Dé la forma correcta de los verbos indicados.

1. Seré yo quien lo (decir) _____.
2. No eres tú el que (tener) _____ la culpa.

3. Quienes lo (aprobar) _____ somos nosotros.
4. No soy yo el que lo (echar) _____ a perder.
5. Fuiste tú quien me (llamar) _____ anoche.

5. cuyo. Cuyo is a possessive as well as a relative *adjective,* and therefore agrees in number and gender with the noun that follows it. *In which case* translates as **en cuyo caso:**

Es la casa **cuyas** ventanas fueron rotas por el viento.	*It is the house **whose** windows were broken by the wind..*
Puede estallar una revolución, **en cuyo caso** tendremos que abandonar el país.	*A revolution may break out, **in which case** we will have to leave the country.*

NOTE: **Cuyo** may never be used in questions asking about possession; **de quién(es)** is used:

¿De quién son estos discos?	***Whose** records are these?*

Ejercicio

Llene los espacios en blanco con **de quién** *o* **una forma de cuyo.**

1. ¿_____ son esos juguetes?
2. Es el artista _____ discos se oyen en todos los países del mundo.
3. Ángela es la muchacha _____ padre ganó el concurso de natación.
4. No sé _____ será este tocadiscos.

III. *Lengua escrita*

El solitario mexicano ama las fiestas y las reuniones públicas. Todo es ocasión para reunirse. Cualquier pretexto es bueno para interrumpir la marcha del tiempo y celebrar con festejos y ceremonias hombres y acontecimientos.* Somos un pueblo ritual. Y esta tendencia beneficia a nuestra imaginación tanto como a nuestra sensibilidad, siempre afinadas y despiertas. El arte* de la Fiesta, *envilecido* en casi todas partes, se conserva intacto   decadent entre nosotros. En pocos lugares del mundo se puede vivir un espectáculo parecido al de las grandes fiestas religiosas de México, con sus colores violentos, agrios y puros, sus danzas, ceremonias, *fuegos de artificio,* trajes insólitos, y la   fireworks

inagotable cascada de sorpresas de los frutos, dulces y ob-   never-ending
jetos que se venden esos días en plazas y mercados.

Nuestro calendario está poblado de fiestas. Ciertos días,
lo mismo en los *lugarejos más apartados* que en las grandes   most solitary little towns
ciudades el país entero reza, grita, come, se emborracha y
mata en honor de la Virgen de Guadalupe o del General
Zaragoza. Cada año, el 15 de septiembre a las once de la
noche, en todas las plazas de México celebramos la Fiesta
del Grito; y una multitud *enardecida* efectivamente grita   excited
por espacio de una hora, quizá* para callar mejor el resto
del año.

Pero no bastan las fiestas que ofrecen a todo el país la
Iglesia y la República. La vida de cada ciudad y de cada
pueblo está regida por un santo, al que se festeja con
devoción y regularidad. En esas ceremonias, nacionales,
locales, *gremiales* o familiares—el mexicano se abre al ex-   trade-union
terior. Todas ellas le dan ocasión de revelarse y dialogar
con la divinidad, la patria, los amigos o los parientes.
Durante esos días el silencioso mexicano silba, grita, canta,
arroja* *petardos,* descarga su pistola en el aire. Descarga su   bombs
alma. Y su grito, como los *cohetes* que tanto nos gustan,   skyrockets
sube hasta el cielo, estalla* en una explosión verde, roja,
azul y blanca. La noche se puebla de canciones y aullidos*.
En ocasiones, es cierto, la alegría acaba mal; hay riñas*,   stabbings
injurias*, balazos, *cuchilladas.* También eso forma parte de
la fiesta. Porque el mexicano no se divierte: quiere sobrepasarse, saltar el muro de soledad que el resto del año lo
incomunica.

> Octavio Paz, «Todos santos, día de muertos». *El
> laberinto de la soledad* (México: Fondo de Cultura
> Económica, 1950)

COMENTARIO

Cognates and false cognates. Every student of Spanish has come across
Spanish words that appear to be the same as words in English, but
whose meanings are not the same. *Cognate* words are related words in
two languages, that have the same form; these words may or may not
have the same meaning. It is seldom that cognates have exactly the
same meaning in Spanish and English, although sometimes the fit is
quite close. Most similar pairs of words may be considered 'false
cognates', and may be divided into several categories.

1.   Pseudo cognates. These are pairs of words which have absolutely
nothing in common other than sharing a similar shape; it is purely
coincidental that they resemble one another, either in spelling or in

pronunciation. Examples include **sopa**/*soap*, **ropa**/*rope*, **pan**/*pan*, **dime**/*dime*, etc.

2. *Learned vs. common cognates.* For some pairs of cognates, the meanings may be the same, but in one language (usually Spanish) the word will be common and ordinary while in the other (usually English) it is a learned word, not commonly used. These words are misleading since they carry different connotations, including a formal, more elevated style. Examples include **cadáver**/*cadaver*, **matricular**/*matriculate*, **eructar**/*eructate*, **sobornar**/*suborn*, etc.

3. *Partial cognates.* These words share some historical similarity; in their present range of meaning, some of the meanings are shared and others are not. It is necessary to know which meanings are common to both languages:

explotar	*explode and exploit*
sensible	*sensitive* (does not mean *having common sense*, which is **sensato**)
almanaque	*calendar and almanac*
entero	*all, entire and intact, in one piece*
estimar	*hold in esteem, have the opinion, estimate*

4. *False cognates.* These are words which, while sharing some historical similarities, now have meanings which are quite different. These must also be learned individually as problem cases. Examples include:

injurias	*insults* (not *injuries*)
embarazada	*pregnant* (not *embarrassed*)
librería	*bookstore* (not *library*)

Ejercicios

A. *Busque el significado de las palabras siguientes. Diga si es una palabra engañosa, por su semejanza de forma o de sentido con una palabra en inglés. Si la palabra cognada en inglés no tiene el mismo significado, dé el equivalente en español de la palabra cognada en inglés.*

1. periódico
2. portero
3. gato
4. cliente
5. copia
6. teatro
7. particular
8. tremendo
9. horno
10. guardar

B. *Complete las oraciones siguientes con la palabra indicada. ¡Tenga cuidado!*

1. Es una persona muy (*vain*) _____; siempre se mira en el espejo.
2. No te preocupes; la lección es muy (*simple*) _____.
3. Ella habla perfectamente todas las (*languages*) _____ romances.
4. El profesor acaba de dar una (*lecture*) _____ sumamente aburrida.
5. Dispense, señor, ¿me puede indicar (*the exit*) _____.
6. La niña no tiene miedo; solamente está (*pretending*) _____.
7. Debes (*guard yourself*) _____ contra los choferes descuidados.
8. Es el método más (*effective*) _____ que hemos encontrado.
9. Mañana tenemos reunión con el (*president*) _____ de la universidad.
10. ¿Le puedo (*assist*) _____ en algo?

IV. *Ideas afines*

1. **El arte. Arte** is usually masculine. However, it is feminine (nearly always in the plural) in certain fixed expressions such as **bellas artes,** *fine arts;* **malas artes,** *evil means,* etc.

2. **quizá(s)—tal vez—a lo mejor—acaso. Quizás** and **tal vez** both mean *perhaps* and are interchangeable; often they are used with the subjunctive. **A lo mejor** may be substituted for either of them, although it is not as frequently used with the subjunctive. **Acaso** is frequently followed by a preformed conclusion, and often ironically requests the agreement of the listener with the statement. It does not frequently occur with the subjunctive:

Acaso no sabías que te estábamos esperando.	*I suppose you didn't know that we were waiting for you.*
Tal vez (quizás) no esté abierto.	*Perhaps it isn't open.*
A lo mejor podemos ir mañana.	*Perhaps we could go tomorrow.*

3. **arrojar—lanzar—echar—tirar. Lanzar** and **arrojar** both imply a forceful throwing or hurling; **lanzar** sometimes carries more of an idea of careful aim (e.g. **lanzallamas,** *flame-thrower*). However, the most general term for *to throw* is **echar,** which may mean merely *to toss.* **Echar** also figures in many idiomatic expressions, including **echar la casa por la ventana,** *to spend money extravagantly;* **echarse una siesta,** *to take a nap;* **echar una carta al buzón (al correo),** *to mail a letter;* **echar suertes,** *to try one's luck,* etc. **Tirar** is somewhat stronger, and means to throw with a certain aim. It can also mean to shoot with a gun. Among its many other meanings, **tirar** means *to print* (in reference

to a printing press). **Tirarse** means *to throw oneself, dive,* while **tirar de** means *to pull (on).*

El niño **echó** la pelota al aqua.	*The child tossed the ball into the water.*
El hombre **tiró** la máquina de escribir por la ventana.	*The man threw the typewriter through the window.*
Tira de esta manivela para abrir la puerta.	*Pull(on) this handle to open the door.*
Se tiraron 2.000 ejemplares del libro.	*2,000 copies of the book were printed.*
Los obreros amotinados **arrojaron** piedras a los escaparates.	*The rioting workers threw rocks at the store windows.*
Lanzó un adoquín desde el puente.	*He threw a cobblestone from the bridge.*

Among the many verbs dealing with a specific kind of throwing, the most common are **botar,** *to throw away,* and **abalanzarse,** *to throw oneself (upon) (in a struggle):*

Debes **botar** ese amuleto.	*You should throw that amulet away.*
El agente **se abalanzó** sobre el criminal.	*The agent jumped on top of the criminal.*

4. **estallar—reventar—pincharse—fundirse—explotar.** Estallar is always intransitive, and means *to explode, blow up.* Used figuratively, it means *to break out,* and is employed with reference to wars and revolutions:

Estalló la bomba de gasolina.	*The gas pump exploded.*
Después del golpe de estado, **estalló** la revolución.	*After the coup, the revolution broke out.*

Reventar means *to burst.* It may be used transitively or intransitively. Figuratively, it means to do something to excess, to the point of exploding, or to be very angry. Used intransitively, **reventar** implies pressure from within, while used transitively it means *to smash, squash:*

Los niños **reventaron** los melones contra la pared.	*The children smashed the melons against the wall.*
El perro comió hasta **reventar.**	*The dog ate to the bursting point.*
Él **reventaba de rabia.**	*He was furious.*

NOTE: *to Blow out,* said of tires, is **poncharse** (common in the Caribbean countries) or **pincharse.** When radio tubes, light bulbs, fuses, etc., blow out, **fundirse** is used:

La neumático **se pinchó.**	*The tire **blew out.***
La bombilla está **fundida.**	*The bulb is **burned out.***

Explotar is now used like **estallar** meaning *to explode.* It also means *to exploit* and is used transitively in this case:

El cohete **explotó** al entrar en la atmósfera.	*The rocket **exploded** when it hit the atmosphere.*
Los latifundistas **explotan** a los peones.	*The estate owners **exploit** the peasants.*

5. **aullido—aullar; grito—gritar; chillido—chillante—chillar; rechinar.** Aullido (the related verb is **aullar**) is *wailing.* **Grito (gritar)** is merely a shout. **Chillido (chillar)** is a more screeching sound. A close synonym for **chillar** is **rechinar. Chillón, chillona** is used to refer to loud, ostentatious clothes or colors:

No me **grites.**	*Don't **scream** at me.*
Marcos siempre se pone esas corbatas **chillonas.**	*Marcos always wears those **loud** ties.*
Los perros **aullaban** a la luna.	*The dogs **howled** at the moon.*

6. **riña—discusión—pelea—lucha. Riña** means *a quarrel,* frequently verbal and sometimes physical. **Discusión** means a verbal argument only. **Pelea** is a more general term for physical combat. **Lucha** is a serious battle or struggle, and may imply the exercise of great force with long-lasting consequences. Used in sports, **luchar** (sometimes **lucha libre**) is *wrestling.*

Rodrigo cría gallos **de pelea.**	*Rodrigo raises **fighting** cocks.*
Vamos a triunfar en la **lucha** por la libertad.	*We are going to triumph in the **struggle** for freedom.*
Los hermanos han tenido una pequeña **riña.**	*The brothers have had a slight **quarrel.***

7. **injuria—insulto—ultraje—herida—lastimadura—lesión—daño. Injuria** means *insult* or *offense,* nearly always verbal; the verb **injuriar** has similar meanings. **Insulto** may be used in a more general sense, as may **ultraje,** which means *outrage* and often implies a more serious wrong. A physical injury is **herida** (the most general term);

lastimadura or **lesión** are wounds; the all-encompassing **daño** means *harm*. There are also many specialized terms for specific kinds of injuries.

Los dos enemigos se gritaron **injurias**.	*The two enemies shoted **insults** at each other.*
Esto es un **ultraje**.	*This is an **outrage**.*
En el choque el hombre sufrió muchas **heridas**.	*In the accident the man suffered various **injuries**.*

Ejercicios

A. Llene los espacios en blanco con las palabra indicadas.

1. Esos muchachos tienen (*one quarrel*) _____ tras otra.
2. (*Toss*) _____ una manzana, ¿quieres?
3. No sé cuándo llega; (*perhaps*) _____ mañana.
4. El conejo herido (*screeched*) _____ de dolor y miedo.
5. Cuidado con la gasolina, o la casa va a (*blow up*) _____.
6. Lo que han propuesto es (*an insult*) _____.
7. Es el campeón mundial de (*wrestling*) _____.
8. Cuando se cayó de la motocicleta, recibió varias (*injuries*) _____.
9. Enfurecido, le (*threw*) _____ los papeles a la cara.

B. Diga de otra manera la parte subrayada.

1. La bomba explotó pero nadie resultó herido.
2. El accidente pareció muy grave, pero él no tenía ninguna lastimadura.
3. Arrojó las piedras por la ventana.
4. A lo mejor lo tendrá Vicente.
5. Cálmate y no me chilles tanto.
6. Confórmate y no tengas tantas discusiones.
7. Cuando murió el emperador, comenzó la guerra que todos habían temido.
8. Debes tirar esa revista a la basura.

C. Haga oraciones utilizando los elementos sugeridos.

1. fundirse—tubo—reemplazar
2. acaso—el profesor—saberlo
3. aquella época—haber—acontecimentos
4. las heridas—la pelea
5. el animal—aullar—el dolor
6. la luchar—la libertad—estallar en—una guerra
7. lanzar—los cohetes—la luna
8. tirar—el agua—la ventana
9. tirar de—la puerta—pesar mucho

V. Elementos de composición

A. Escriba en español, usando pronombres relativos.

1. This is the boy whose father was a sergeant in the Marines.
2. The tree that we are sitting under is nearly 300 years old.
3. The secretary said that the economy is improving, which is an outrageous lie.
4. He brought the photos from this trip and some of the ones he had taken on previous trips.
5. No one knows what is inside this sealed envelope, and so the mystery persists.
6. The window that the boy was staring through was dirty and cracked.
7. This has nothing to do with what we were talking about last week.
8. The reason that I cannot come to the party is that I am going to have my tonsils taken out.
9. The territory for which half the country had gone to war fell into the hands of the enemy.
10. Whom did you (tú) ask to take Carlos to the airport?
11. That isn't my car. Mine is the one with the dented fenders.
12. The movie that we were discussing is back in town again.
13. That car we almost ran into is an unmarked police car.
14. The election may not turn out as we hope, in which case we may be forced to seek a new position.
15. The water that had accumulated in the basement started to recede.

B. Escriba composiciones breves sobre las siguientes situaciones.

1. Una fiesta entre estudiantes. Un tipo ha bebido demasiado y empieza a portarse como un mal educado. Sus amigos tratan de controlarlo, mientras se quejan los vecinos.
2. Un turista extranjero llega a una ciudad en medio de una fiesta nacional. No sabe de qué se trata, pero no quiere mostrar su ignorancia. Trata discretamente de averiguar la razón de la fiesta.
3. Una persona va a recoger a un amigo al aeropuerto. Mira el reloj y de repente se da cuenta de que su amigo va a llegar dentro de unos minutos. Piensa en lo que hará su amigo, si nadie lo está esperando.

C. Describa la situación representada en el dibujo.

VI. Repaso

A. Llene los espacios en blanco con el pronombre relativo correcto.

1. Los discos _____ se venden sin tapa son de contrabando.
2. Nadie descubrió el crimen hasta el día siguiente, _____ sorprendió a los vecinos.
3. No te preocupes por _____ digan tus amigos.
4. El edificio cerca de _____ está estacionado el coche es la biblioteca.
5. La revista _____ publicó el artículo escandaloso ha sido clausurada por el gobierno.

6. No hay _____ se ocupe del negocio.
7. El presidente, _____ había estado en el extranjero, fue acogido con gran entusiasmo.
8. Ésta es la casa en _____ vivo.
9. Quiero presentarte a Margarita, hermana de Romualdo, _____ es un almirante en la marina.
10. Cayó el gobierno, por _____ era imposible salir del país.

B. Complete cada una de las siguientes oraciones con una palabra o frase apropiada.

1. El soldado borracho estaba gritando _____.
2. El muchacho _____ la pelota a su amigo.
3. Temo que el tanque de gasolina va a _____.
4. Estamos a oscuras porque _____ la bombilla.
5. Está muy enojado y quiere una _____.
6. Habla más bajo; no me tienes que _____.
7. El atleta olímpico _____ al agua desde la alta plataforma.

Lección quince

I. Lengua oral

LA MORALEJA

Esta mañana Renato quería ir al centro para hacer unas compras, pero su coche no quiso *arrancar.* Ya hacía mucho tiempo que tenía dificultades con el coche, y esta vez decidió repararlo por su propia cuenta. Desgraciadamente, no sabía mucho de mecánica, así que pidió a Gilberto que lo ayudara a encontrar el *desperfecto.* Después de hacer varias pruebas, Gilberto desarmó el motor, tratando de encontrar el desperfecto.

GILBERTO: Pero, no entiendo; ¿por qué no quieres llevar el coche al *taller* esta vez?

RENATO: Porque cada vez que lo llevo allá me cuesta un *ojo de la cara,* y el trasto sale peor que antes. Ya no puedo pagar más, y ahora el dichoso motor ni siquiera arranca. Si mandan un mecánico para acá, me cobran el doble.

GILBERTO: Claro, te entiendo, pero te confieso que no puedo encontrar el desperfecto. Parece que todo funciona debidamente, pero todavía no arranca. A ver, alcánzame esa lata de gasolina, tengo que limpiarme las manos.

RENATO: Cuidado con la gasolina; sabes lo peligrosa que es. Dicen que uno puede envenenarse aun por los poros de la piel.

GILBERTO: Puede ser, pero para la *grasa,* no hay como la gasolina. Bueno, voy a mirar un poco por aquí . . .

(Un minuto más tarde)

GILBERTO: Chico, creo que acabo de encontrar el desperfecto. ¿Ves ese *alambre* que va a la batería? Pues, míralo con cuidado; no hace contacto porque está tan *corroído.* ¡De haberlo sabido antes, no hubiera tenido que desarmar todo el motor! Y tú me dijiste que ya habías eliminado todas las posibilidades obvias.

RENATO: Lo siento; tienes razón. Se me olvidó revisar los alambres. Como te dije, no sé nada de estas cosas, pero debo aprender más antes de molestar a los amigos.

GILBERTO: Menos mal que hemos encontrado el problema y no tienes que llevar el coche a los

Margin glosses:
start
damage / flaw
(repair) shop
arm and a leg
grease
wire
corroded

bandidos del taller. Pero ahora, tengo que ir a trabajar, y todavía tengo las manos muy sucias y malolientes. Dame un poquito de ese jabón perfumado.

RENATO: ¡Uf! ¡Qué combinación más asquerosa! . . . Bueno pues, mil gracias por la ayuda. Creo que hay una moraleja aquí: uno debe siempre sospechar de lo más sencillo antes de desesperar.

Nota cultural

1. In Spain and Latin America, since proportionately fewer people own cars than in this country, there is less common knowledge about how motors work, and most people gladly leave all work to mechanics. However, the 'do-it-yourself' mechanic is becoming more and more popular in all areas.

Ejercicios

A. Reconstrucción.

1. ¿Por qué llamó Renato a Gilberto?
2. ¿Por qué no quiere llevar su coche al taller?
3. ¿Por qué no quiere Renato que los mecánicos vayan a su casa?
4. ¿Por qué no quiere que Gilberto se lave las manos con gasolina?
5. ¿Por qué quiere Gilberto usar la gasolina?
6. ¿Cuál resulta ser el desperfecto del coche?
7. ¿Por qué no descubrió Renato el problema?
8. ¿Cuál es la moraleja del episodio?

B. Creación personal. Haga Ud. frases con las palabras indicadas.

1. después de las pruebas—desarmar—el motor
2. cuidado—la gasolina—peligrosa
3. hacer—contacto—el alambre—corroído
4. eliminar—las posibilidades—obvias
5. encontrar—llevar—el taller
6. las manos—sucias—malolientes
7. la moraleja—sospechar—lo más sencillo

C. Expresión libre.

1. ¿Cree Ud. que uno debe llamar a los amigos cuando tiene un problema como el de Renato? ¿Por qué (no)?
2. ¿Se enfada Ud. mucho cuando tiene pequeños problemas que le impiden hacer sus cosas? ¿O lo toma Ud. todo con tranquilidad? Dé algunos ejemplos.
3. ¿Por qué no es siempre fácil encontrar las soluciones obvias?

II. Formas y estructuras

A. FUNDAMENTOS
El artículo determinado

The forms of the definite article are **el, la, los,** and **las.** As in English, the definite article is used with nouns that have been REFERRED to or pointed out previously:

¿Es éste **el** libro que mencionaste?	Is this **the** book that you mentioned?
La comida está sabrosísima.	**The** food (that I am eating) is very tasty.

Sometimes the definition of the noun requiring the definite article is not stated in the sentence, but is implied from a wider context, such as a person's cultural awareness of certain things and individuals:

El presidente habló sobre la economía.	**The** president spoke about the economy.
La reina estuvo en la fiesta.	**The** queen was at the party.
Mañana me voy para **la** mili (**la** milicia).	Tomorrow I leave for **the** army.

Ejercicio

Provea el artículo determinado apropiado cuando se necesite.

1. ¿Oíste lo que dijo _____ papá?
2. Fuimos a una recepción en _____ hotel Ritz.
3. Aquí no se puede respirar sin toser a causa de _____ contaminación.
4. _____ tía de Fernando maneja como una astronauta.
5. ¿Cómo está Ud., _____ señora?
6. ¿Quién es _____ persona que esta junto al mostrador?
7. Vamos a visitar _____ Casa Blanca.
8. Quieren estudiar en _____ París, pero no tienen suficiente dinero.
9. Cominos en _____ restaurante chino donde trabaja Carmen.
10. Salí muy mal en _____ examen.

B. AMPLIACIÓN

In addition to being employed to modify a noun for which the listener already has a point of reference, the Spanish definite article is used in many circumstances where the English article is not, or where a different construction would be used.

1. With generic terms. Nouns used in a general sense are preceded by the definite article, whether or not the noun is in the singular or the plural. However, when the noun is preceded by a limiting adjective such as **mucho** or **alguno,** or is not used as a generic term, no article is required:

Me gustan **las sandías.**	*I like* **watermelons.**
Come **muchos frijoles.**	*He eats* **a lot of beans.**

2. *With titles of address.* The definite article is used with titles of address when indirectly referring to someone. It is not used with **don, doña, Santo, Santa** or **San,** nor with the old religious titles **Sor** and **Fray,** although it is used with the modern **Hermano** and **Hermana:**

Don Pedro es dueño de una finca.	**Don** *Pedro is the owner of a farm.*
La doctora Lecumberri es oculista.	**Dr.** *Lecumberri is an oculist.*
BUT: Buenos días, **doctora** Lecumberri.	*Hello,* **Dr.** *Lecumberri.*

3. *To indicate possession.* When a part of the body or an item of personal clothing is used as the OBJECT of the verb, the verb is made reflexive and the definite article is used with the noun. In addition, when referring to a person's characteristics, whether temporary or permanent, **tener** or **llevar** followed by the definite article are used. This usage is generally obligatory with temporary characteristics (dirty, etc.) and optional with permanent characteristics.

Me pongo **los** guantes.	*I put on* **my** *gloves.*
Tiene **el** pelo sucio.	**His** *hair is dirty.*
Ella tiene **los/unos** ojos verdes.	**Her** *eyes are green.*

4. *With appositives.* A noun in *apposition* is one positioned immediately after another noun that further describes it differently. In Spanish, a noun in apposition is used without an article when it is not being distinguished from other nouns or is merely being defined:

Washington, **capital** de los Estados Unidos, es una ciudad renombrada.	*Washington,* **the capital** *of the United States, is a famous city.* (definition/description)
BUT: Viridiana, **la película** que me recomendaste, fue dirigida por Buñuel.	*Viridiana,* **the film** *you recommended to me, was directed by Buñuel.* (distinguishing *Viridiana* from other films)

5. With *todas*. With **todo(s)** meaning all, the definite article is normally used; when **todo** means *each* or *every,* no article is used:

Vinieron **todos los** invitados.	*All the guests came.*
Eso lo comprende **todo** extranjero.	*Every foreigner understands that.*

6. *With nouns in a series*. When several nouns are given in a series, the article may or may not be repeated before each, depending upon how closely related they are felt to be:

Estudia **la** lengua, literatura y cultura de España.	*He is studying the language, literature and culture of Spain. (one course)*
Salió con **el** hermano, **el** padre y **la** abuela de Carmen.	*He left with Carmen's brother, father, and grandmother. (several people)*

7. *With de* + *noun*. When this construction describes material or content, no article is used between **de** and the noun. When it is used to indicate possession or location, the definite article is included when appropriate:

Tiene un reloj **de oro.**	*He has a gold watch.*
Es la señora **del segundo piso.**	*It's the lady who lives on the third floor.*

8. *With (school) subjects*. When trades or school subjects are used after prepositions or with verbs involving learning, studying, or practicing, an article is not usually found unless the noun or verb is modified:

Sabe mucho de electrónica.	*He knows a lot about electronics.*
Habla perfectamente **el** noruego.	*He speaks Norwegian perfectly.*

However, the article is still included when one of these nouns is used in a general sense, especially as the subject of a sentence:

Le fascina **la** carpintería.	*Carpentry fascinates him.*

9. *With expressions of time.* There are many special uses of definite articles involving expressions of time and events associated with particular times such as meals, church services and other fixed cultural or living activites.

(*a*) The definite article is used with the names of meals: **el desayuno, la cena,** etc.

(*b*) It is used with **tarde, noche, madrugada,** and mañana; it is not always used with **mediodía** and **medianoche.**

(*c*) When the definite article is not used with a day of the week, it refers to the day itself:

Hoy es viernes. *Today is Friday.*

When the singular definite article is used with a day of the week, it is equivalent to *on* (*on Monday*):

Lo haremos el lunes. *We'll do it on Monday.*

When the plural definite article is used, it refers to all such days:

Lo hacemos los sábados. *We do it on Saturdays.*

(*d*) When describing a specific period of time using **de/a,** it is possible to omit the article:

Trabajo de (las) nueve a (las) cinco. *I work from nine til five.*

10. *With a rate.* To determine a rate, the definite article normally precedes the noun indicating the rate or scale being used:

La tela se vende a 300 pesetas **el** metro.	*The fabric sells for 300 pesetas* **per** *meter.*
Las naranjas cuestan $7.50 **la** docena.	*The oranges cost $7.50* **per** *dozen.*

11. *With words denoting relatives.* When used with words denoting relatives, **los** + the masculine plural word denotes both (or all) of them. **Los** plus a family name (usually singular) means "Mr. and Mrs." or sometimes the entire family. Notice that **papá, mamá,** and terms such as **tío** when used with a name, are considered names and are frequently used without the article in indirect speech, unless they

are followed by **de**. There is, however, some variation with respect to the family terms.

Es un regalo **de los abuelos**.	*It's a gift **from my grandparents**.*
¿Oíste lo que dijo **papá**?	*Did you hear what **Dad** said?*
Ésta es la casa **de los Águilar**.	*This is the **Águilar** house.*
El **papá de Ramón** es contador.	***Ramón's father** is an accountant.*

12. *With directions.* **La** is used with **derecha** (*right*) and **izquierda** (*left*). **El** is used with points of the compass.

Mi casa está a **la derecha**.	*My house is on **the right**.*
Vivimos **al norte** de la capital.	*We live **north** of the capital.*

Ejercicio

Llene cada espacio en blanco con un artículo definido, si es necesario.

1. _____ don Fernando es el amo y señor de este pueblo.
2. Preferimos sobre todo _____ vinos de la Rioja.
3. Cada domingo tengo que trabajar nueve horas, pero _____ lunes no trabajo.
4. Bilbao, _____ centro comercial de España, está en el País Vasco.
5. Debido a mi horario tan variable, nunca tomo _____ almuerzo.
6. Este hilo cuesta nueve pesos _____ bobina.
7. Ustedes _____ latinoamericanos tienen una literatura extraordinaria.
8. ¿Quieres echarle un poco más _____ sal a la sopa?
9. No te puedo ayudar, pues tengo _____ manos grasientas.
10. _____ horchata es una bebida muy popular en España.
11. _____ batería de tu coche está muerta.
12. Doble a _____ izquierda cuando llegue al semáforo.
13. _____ cigarra es un insecto grande.
14. Salimos _____ tres de enero y regresamos _____ veintidós.
15. Buenas tardes, _____ doctor Zamora.
16. ¿Has visto *El perro andaluz*, _____ famosa película de Buñuel?
17. No sé nada de _____ mecánica.

18. No habla _____ griego moderno, pero ha estudiado _____ lenguas clásicas.

19. Este recibo fue firmado por _____ ingeniero Rosas.

13. *The neuter article* **lo.** The combination of **lo** + *adjective* may be used to refer to a rather general idea. This construction is employed in two basic ways:

(a) To indicate *all of* or *the part that is:*

Le fascina **lo español.**	He *likes everything Spanish.*
Lo político no le importa.	He *doesn't care about* **the political aspects.**
Lo importante es avisar a los otros.	**The important thing** *is to let the others know.*
Lo mejor del libro es el tercer capítulo.	**The best part** *of the book is the third chapter.*

When used thus, the adjective is always in the masculine singular.

(b) **Lo** + *adjective* may also be used to point out a particular aspect of something.

Lo interesante de esta fiesta es su sencillez.	*The interesting thing about this party is its simplicity.*
Lo peligroso del asunto no me deja descansar.	*The matter is so* **dangerous** *that it doesn't allow me any rest.*

When used in this fashion, **lo** + *adjective* may be followed by **que** and another verb, usually **ser.** In this case, the adjective will agree with the subject of this, the subordinate, verb:

Es increíble **lo fuertes que son** esos atletas.	*It is incredible* **how strong** *those athletes* **are.**
Sabes **lo peligrosa** que es la gasolina.	*You know* **how dangerous** *gasoline is.*

14. **Lo** + **de** + *noun.* This construction is used colloquially to mean *the matter of,* referring to something or someone already discussed:

Lo de María me parece muy divertido.	*That affair involving* **María** *amuses me.*
Lo del petróleo es un gran escándalo.	*That oil affair is a big scandal.*

Ejercicios

A. Explique el uso de lo + adjetivo *en las frases siguientes. Después busque otra manera de decir lo mismo.*

MODELO: *Sabes lo peligrosa que es la gasolina.*
La gasolina es muy peligrosa.

¿Qué piensa de lo del otro día?
¿Qué piensa de lo que ocurrió el otro día?

1. Lo mejor viene después.
2. No te preocupes por lo de José; es asunto suyo.
3. No pudimos hacer nada por lo complicado que era el problema.
4. Lo atrae todo lo clásico.
5. Nos maravillamos ante lo profundo del lago.
6. No volvió a mencionar lo de antes.
7. Sabes lo caros que son los motores nuevos.
8. Te va a gustar la película por lo graciosa que es.

B. Basándose en las frases siguientes, haga nuevas frases con lo + adjetivo:

1. La parte del curso que encuentro más interesante es la segunda mitad.
2. Estos pasteles son tan ricos por la cantidad de nata que tienen.
3. En nuestra clase de economía política estudiamos todas las cosas relacionados con Rusia, China y los Estados Unidos.
4. Jaime es muy precoz; tiene sólo siete años y ya puede leer cuatro idiomas.
5. Tenemos entendido que Rafael está metido en una situación que no difícil.
6. Me sorprende que seas tan chismoso.
7. Es de gran importancia que encontremos a Elsa.
8. El cuento es interesante por la trama.
9. Esos coches de lujo son bonitos por el chasis.
10. Me maravillé de que la sopa estuviera tan sabrosa.

III. Lengua escrita

LA *CIGARRA* Y LA HORMIGA

grasshopper

La hormiga trabajaba como un elefante esperando el invierno, y como los elefantes no tienen por qué esperar el invierno, su trabajo (el de la hormiga) era perfectamente inútil. La cigarra, llamada Josefina, era cantora y, perfeccionadas sus cuerdas vocales, no daba golpe en todo el santo día. Cantaba siempre, hasta los domingos, que cantaba en el coro y, como era limpia, todos los días se daba una ducha. De noche no cantaba, pero *roncaba* melodiosa (según ella misma) y me lo odiosa (según su vecina, la hormiga). snored

Un día cantor cualquiera pasó un agente del imperialismo por frente a la casa y, al oír a la cigarra, decidió convertirse* en agente artístico. Le ofreció un largo contrato a la cigarra, quien (para su mal) aceptó encantada. Del resto* *se encargó* la cigarra, mientras el agente cobraba el took care of diez por ciento. Cuando llegó el invierno, llegó para la cigarra la temporada* de invierno, pero para la hormiga llegaron las lluvias. Se le inundó a la pobre la *despensa.* pantry Desesperada, fue a pedirle ayuda a la cigarra, que ya no vivía al lado sino en la mejor zona residencial de la ciudad. La cigarra, compadecida y vanidosa*, nombró a su amiga la hormiga su agente de prensa exclusivo.

Hoy la hormiga todavía trabaja como un elefante, pero no tiene que esperar el invierno y, como no espera, no desespera. La cigarra sigue cantando, triunfadora en su arte, pero desgraciada* en amores, y se ha casado tres veces y divorciado seis. *En cuanto* al agente, sigue cobrando su diez por ciento, todavía por no hacer nada. as for

Moraleja: El crimen no paga, pero el *ocio* da derecho a laziness un diez por ciento. No siempre, por supuesto: a veces es un quince por ciento.

Guillermo Cabrera Infante, *Exorcismos de esti(l)o*
(Barcelona: Seix Barral, 1976)

COMENTARIO

1. Ironic expressions. An ironic tone may be created by using contradictory or opposite expressions which are so obviously false that the real meaning is clear. Irony may be applied in many situations, but there are certain ironical expressions which recur commonly in Spanish, and which are practically untranslatable in English. Usually, these involve the use of a positive word to create a negative meaning.

For example:

No daba golpe en todo el santo día.   *He didn't do a thing all day long.*

Santo ordinarily means *blessed;* here it means just the opposite. Similar expressions are **bendito,** *blessed,* often used instead of **maldito,** *cursed, damned;* and **dichoso,** *fortunate,* used in the same way. When used ironically, these adjectives always come before the noun:

No funciona el **bendito** motor.   *The **stupid motor** won't work.*

Otra vez con tu **dichosa** petición.   *Still bothering me with that **darned request.***

Ejercicio

Diga de una manera literal, luego de una manera irónica. Haga una oración empleando las frases dadas.

MODELO: *este maldito tiempo/este día precioso.*
No aguanto este maldito tiempo./¡Qué bueno este día tan precioso!

1. my cursed skates	6. this awful food
2. your stupid brother	7. those outrageous prices
3. this unfortunate life	8. the terrible highway
4. that hateful television program	9. that bothersome person
5. this infernal car	

2. *Figurative expressions.* Life and suppleness may be breathed into a story through the judicious use of figurative and colloquial expressions. For example, Cabrera: Infante didn't just state that the cricket "didn't work"; he wrote:

No daba golpe en todo el santo día.   *She did not do a thing all day long.*

Other similar negative expressions are **gota de,** *(not) a drop of;* **palabra de,** *(not) a word of;* and **(ni) jota,** *not a bit,* said of understanding something:

Por razones de salud no prueba **gota de** vino.   *For health reasons he doesn't touch a drop of wine.*

A pesar de su apellido, no habla **(ni una) palabra de** japonés.   *Despite his name, he doesn't speak a word of Japanese.*

No entiendo **ni jota** de lo que nos dijo.   *I don't understand a thing that he said.*

Ejercicio

Llene cada espacio en blanco con una expresión apropiada.

1. Cuando lo acusaron frente a su familia, no pronunció _____ .
2. Traté de entender la explicación, pero no me entró _____ .
3. No hablo _____ de francés.
4. Durante toda su vida nunca tomó _____ de alcohol.
5. Era tan ocioso que no _____ en todo el día.
6. Habla con un acento tan marcado que no se entiende _____ de lo que dice.

IV. Ideas afines

1. convertirse en—hacerse—ponerse—volverse—quedar—llegar a.
All are equivalent of *to become.*

(*a*) **Convertirse en** is used only with nouns. Meaning *to turn into,* **convertirse en** implies that something changes, that it is no longer what it was before:

El plomo **se convirtió** en oro.	*The lead **turned into** gold (was no longer lead).*

Used with people **convertirse en** often implies a very rapid change of occupation, many times with no relevant background or expectations:

Se convirtió en agente artístico.	*He **turned himself into** a talent agent.*

(*b*) **Hacerse** is used with both nouns and adjectives. It implies a process or period of change, often voluntary.

Mi hijo **se hizo** millonario.	*My son **became** a millionaire.*
Se hizo muy rico.	*He **became** very rich.*

(*c*) **Ponerse** is used only with adjectives. It frequently indicates a rapid and temporary change, as of emotions, colors, etc.:

Al oír la noticia, el hombre **se puso** pálido.	*When he heard the news, the man **turned** pale.*
El líquido **se puso** claro cuando el químico le añadió el ácido.	*The liquid **turned** clear when the chemist added the acid.*

(*d*) **Volverse** is used only with adjectives. It implies a permanent change, and is commonly used with certain adjectives such as **loco**. It is opposed to **ponerse** in that the latter verb implies only a temporary change (corresponding to **estar**), while **volverse** may describe a situation lasting indefinitely (corresponding to **ser**):

Tras la muerte de su hermano, el hombre **se volvió** muy introvertido.	*After the death of his brother, the man **became** very withdrawn.*
En su juventud era muy aficionado a las bromas, pero luego **se volvió** más serio.	*In his youth he was very fond of jokes, but later **he became** more serious.*

(*e*) **Quedar**, especially in the preterite, is often equivalent to **ponerse**, when used with an adjective:

Cuando oyó el ruido, **quedó** muy asustado.	*When he heard the noise, **he became** very frightened.*

(*f*) *Llegar a* + *verb* refers to a long process, and stressed the effort involved. When used with such verbs as **ser** and **estar**, **llegar a** suggests *becoming through a great effort:*

Al cabo de muchos años, **llegó a ser** jefe de la división.	*At the end of many years, **he managed to become** head of the division.*
Después de hacer varias clases, por fin **llegó a** entender las matemáticas.	*After taking several classes, he finally **managed to** understand mathematics.*

2. **el resto—(lo) demás. El resto (de)** means *the rest of, that which is remaining.* It is frequently used alone without a following noun. **Demás** is an adjective, meaning *rest of.* **Lo demás** means *all the rest* without specifying a noun; it is approximately equivalent to **el resto**:

No te preocupes por **lo demás**.	*Don't worry about **the rest**.*
El agente se encargó **del resto**.	*The agent took care **of the rest**.*
Se llevó **los demás** documentos.	*He took **the rest** of the documents.*

3. **temporada—época—período. Temporada** means a specific time period, frequently one which recurs cyclically, such as a season,

or which is a recurring event or activity, such as the opera, theater, etc. In the reading selection, **temporada de invierno** refers to the *winter (show) season*.

Es **la temporada** de la lluvia.	*It is the rainy season.*
Mañana empieza **la temporada** de la cacería.	*Hunting season opens tomorrow.*

Época is more general; it may be used like **temporada,** but it may also refer to a single period of time, usually a historical period, which will never be repeated:

Eso ocurrió durante **la época** medieval.	*That happened in the medieval period.*

Período is frequently used instead of **época,** although it does not always carry the connotation of a historial division. It may simply refer to a space of time:

Por un **período (rato),** vivimos en el campo.	*For a while, we lived in the country.*

4. **vanidoso. Vanidoso** means *vain, conceited* and comes from the noun **vanidad. Vano** means *useless, ineffective* or sometimes *hollow, empty.* **En vano** means *in vain, to no avail.* Sometimes **vano** is used instead of **vanidoso.**

Es una persona muy **vanidosa.**	*He is a very vain person.*
Trabajamos **en vano** a causa de la inundación.	*We worked in vain because of the flood.*

5. **desgraciado. Desgraciado** means *unfortunate, wretched* (**desgracia** refers to a misfortune). It may also refer to an undesirable person, and in some countries is a strong insult.

NOTE: **Avergonzado** or **desacreditado** are used to mean *disgraced:*

Era **desgraciada** en amores.	*She was unfortunate (unlucky) in love.*
Son todos unos **desgraciados.**	*They are all a bunch of wretches.*
Fue **desacreditado** por sus acciones.	*He was disgraced by his actions.*

Ejercicios

A. Llene cada espacio en blanco con el equivalente más apropiado de to become.

1. La vida se nos _____ muy difícil.
2. Cuando era niño era muy perezoso, pero al graduarse del colegio, _____ muy trabajador.
3. En manos del comité, el proyecto _____ un nido de víboras.
4. Cuando vio que su padre lo iba a castigar, _____ muy humilde.
5. Para _____ abogado, precisa estudiar muchos años.
6. Se me _____ tarde y tengo que salir.
7. Su vida se ha _____ un valle de lágrimas.
8. _____ presidente del gremio a través de muchas maniobras sospechosas.
9. Al ver los fuegos artificiales, los niños _____ maravillados.
10. Cuando vio lo que habían escrito, _____ furioso.

B. Complete las oraciones siguientes con temporada, época o período. Si hay más de una posibilidad dé todas las que sean posible.

1. Durante _____ medieval, era costumbre comer con las manos.
2. Pronto será _____ de la matrícula.
3. Vamos a pasar _____ en Nueva York.
4. El museo tiene arte de _____ precolombina.
5. En esa clase se estudian las varias _____ geológicas.

C. Diga de otra manera la parte subrayada.

1. La cigarra era muy ociosa y pensaba demasiado en sí misma.
2. En la guerra él conoció a mucha gente que había sufrido terriblemente.
3. Sólo vamos a estudiar los períodos más recientes.
4. La hormiga se hizo el agente de la cigarra.
5. Lo que queda de sus obras se venderá en un momento propicio.

D. Haga Ud. frases con las palabras indicadas.

1. el resto—las cartas—extraviarse
2. odiar—la temporada—las nevadas
3. hacerse—famoso—sus obras
4. volverse—retraído—la desgracia
5. afortunado—el juego—desgraciado—los amores
6. el agua—convertirse en—hielo
7. la niña—vanidosa—mirarse—el espejo
8. el presidente—desacreditado—las cintas
9. llegar a ser—traductor—conocimientos—varios idiomas
10. quedar—asustado—explosión

V. Elementos de composición

A. Escriba en español. ¿Se debe usar el artículo definido o no?

1. Calculus is my hardest subject.
2. Crude oil now costs more than three times what it used to.
3. Central Park, the main park in downtown New York, has a small zoo.
4. You (**Tú**) should take off your boots before walking on the clean floor.
5. The baker's hands were covered with flour and pieces of dough.
6. The main thing is not to let yourself (**Ud.**) be intimidated during the interview.
7. Your (**Tú**) eyes are red; have you been (up) all night without sleeping?
8. I will never forget how handsome the actor looked in that scene.
9. How long have you (**Ud.**) been looking for work in this city?
10. Tuesday is All Saints' Day.
11. In the desert, cactus grows in great abundance.
12. Most of the downtown stores are open until nine on Thursdays.
13. The mother carefully wiped the mud off her son's face.
14. Take (**Ud.**) the elevator to the sixth floor, then get off and turn to your left.
15. The price of breakfast in this hotel is enough to make one consider fasting.

B. Escriba una composición breve sobre cada una de las siguientes situaciones, siguiendo las indicaciones entre paréntesis.

1. Una persona tiene un compromiso urgente. Al momento de salir, descubre que su coche no arranca. (Escriba un monólogo interior.)
2. En el taller, reparan el coche del señor en la situación 1, pero el día después el coche se descompone de nuevo. El hombre llama al taller. (Escriba un diálogo.)

C. Describa la situación representada por el dibujo.

VI. Repaso

A. Llene cada espacio en blanco con un artículo definido, si es necesario.

1. Vive en _____ tercer piso.
2. ¿Prefieres _____ fideos o _____ maíz en tu sopa?
3. _____ doctora Quintanilla viene a atenderle.
4. Por mucho esfuerzo que haga, no le entra _____ geometría.
5. Eso ya lo hice _____ semana pasada.
6. ¿Quiere más _____ leche, Tomás?
7. No aguanto _____ café con leche.
8. Él puede beber un litro de _____ naranjada de un tiro.
9. Es un regalo de _____ abuelos.
10. Parece que el viento viene de _____ norte.

B. Basándose en los fragmentos siguientes, haga expresiones con lo.

MODELO: *el asunto de María*
      Al maestro no le importa *lo de María*.

1. la parte más fácil
2. muy curiosos
3. está rica
4. las cosas germánicas
5. es bueno
6. son sencillos
7. está revoltosa
8. muy vanidosa
9. son deliciosas

C. Diga de otra manera la parte subrayada.

1. ¿Por qué no funciona la <u>maldita</u> máquina?
2. De eso no le entiendo <u>nada</u>.
3. El sargento <u>se hizo</u> general como resultado de sus maniobras.
4. No vayas al bosque durante <u>la época</u> de la cacería.
5. Sólamente haz estos ejercicios, no <u>los otros</u>.

Lección dieciséis

I. Lengua oral

SOBRE ZAPATOS Y SORPRESAS

Catalina trabaja como química en un laboratorio en el centro. Entra, después del almuerzo, con una caja envuelta en papel y atada con una cuerda. Al notar su sonrisa alegre, su ayudante, Marta, le hace preguntas.

MARTA: ¿Qué tal, Cati? ¿Qué traes ahí?

CATALINA: ¡Qué buena suerte he tenido! Acabo de comprar un par de zapatos a un precio bajísimo. Había una *liquidación* total y los zapatos los daban casi regalados. | sale

MARTA: ¡Qué bueno! A mí me encanta comprar zapatos. A ver, ¿por qué no me los enseñas?

(Catalina desenvuelve el paquete, y saca dos objetos extraños.)

MARTA: Pero, ¿qué es esto? Ésos no son zapatos. ¡Parecen dos pájaros exóticos!

CATALINA: Son zapatos atléticos, para correr. Uno no puede correr con zapatos ordinarios, pues harían daño a los pies.

MARTA: ¿Te has vuelto loca? ¿Tú corres, como los atletas olímpicos? ¿Por qué lo haces?

CATALINA: Sobre todo por la salud. Pero, además, produce gran satisfacción el correr una larga distancia. Yo, por ejemplo, corro unos tres kilómetros diariamente, a veces un poquito más, los fines de semana.

MARTA: ¡No me lo puedo creer! Esas suelas de goma estarían mejor en las ruedas de un tractor. Y los colores—¡increíbles! Azul, anaranjado, amarillo; ¡todos los colores de un *pavo real*, de | peacock un *arco iris*! ¿Vas a salir en público con esas | rainbow cosas? Y como si eso fuera poco, tienen *lazos* | laces negros, como para botas militares. ¡Ay! ¡Ay!

CATALINA: ¡*Qué va*! Yo creo que son muy atractivos. | go on!

MARTA: ¿Pero no te da vergüenza que la gente te vea vestida. . . así, como un payaso?

CATALINA: ¡Que me vean! Por eso son de colores tan llamativos. Tú sabes que los choferes, cuando manejan, no ven nada menos grande que otro coche, y yo no quiero ser *atropellada. Cuanto* | run over / the more más llamativa la ropa, *mejor*; de esa manera no me van a tomar por un árbol.   the better

MARTA: Tienes unas ideas muy raras; a veces no te puedo comprender. Yo prefiero unos buenos zapatos de cuero negro, con *tacones* altos, y no esas *aletas* de goma. A propósito, acabo de empezar una larga serie de pruebas, y quiero que tú revises los resultados.   heels

fins

(*Marta señala una fila de* **probetas**.)   test tubes

CATALINA: Bueno. Pero tú debes pensar en un buen programa atlético. Si no te cuidas, un día vas a engordar, y luego te vas a arrepentir.

MARTA: ¡Antes muerta! No te preocupes por mí. Yo *me las arreglo* sin eso, gracias.   get along fine

Nota cultural

1. Although athletes from Spain and Latin America compete in Olympic track and field events, and there is a great interest in such sports as soccer, the American passion for jogging is only just beginning to take hold, and in most areas (with the exception of certain large city parks) joggers are looked upon with true amazement, disbelief, and often a considerable amount of hostility.

Ejercicios

A. Reconstrucción.

1. ¿Qué lleva Catalina en el paquete?
2. ¿Qué opina Marta de los zapatos?
3. ¿Para qué sirven los zapatos que ha comprado?
4. ¿Qué opinión tiene Marta de Catalina?
5. ¿Por qué corre Catalina?
6. Según Marta, ¿dónde estarían mejor las suelas de goma?
7. Describa los zapatos atléticos.
8. Según Marta, ¿a qué se parecerá Catalina cuando salga con esos zapatos?
9. ¿Por qué quiere Catalina llevar ropa tan llamativa?
10. ¿Qué consejos le ofrece Catalina a Marta?

B. Creación personal. Haga Ud. frases con las palabras indicadas.

1. la liquidación—los zapatos—regalados
2. correr—dos kilómetros—diariamente
3. las suelas—las ruedas—un tractor
4. los colores—un pavo real—el arco iris
5. los lazos—las botas—militares
6. dar vergüenza—vestida—un payaso
7. la ropa llamativa—los choferes—atropellar
8. los tacones altos—las aletas—goma

C. Expresión libre.

1. ¿Sigue usted algún programa de ejercicio físico?
2. ¿Cuáles son algunas maneras de no engordar (o de perder peso)?
3. ¿Qué dificultades encuentran las personas que quieren correr en las ciudades?
4. ¿A usted le importa más que la ropa sea atractiva, o que sea cómoda?
5. ¿Qué debemos hacer si otros se ríen de nuestra manera de vestirnos?

II. Formas y estructuras

A. FUNDAMENTOS

Énfasis comparativo

In English, in order to place contrastive emphasis on a spoken word or phrase, the most common method is to simply say the word louder, with a rising intonation. In writing, the word may be underlined, put in italics, or otherwise signalled. Any part of speech, and even parts of words, may be treated in this fashion, or example:

MAIN VERB: I'm *going* tomorrow (not staying).

SUBJECT: *I'm* going (even if you aren't).

DIRECT OBJECT: I saw *Henry* (not Fred).

Ejercicio

Para cada una de las siguientes frases, escriba una continuación que contraste con la parte subrayada.

MODELO: **Quiero este plato.**
Quiero este plato, pero no lo puedo comprar.

1. Necesito zapatos atléticos.
2. Estos zapatos son muy buenos.
3. Debes hacer ejercicio.

4. <u>Yo</u> sé las respuestas a las preguntas.
5. La <u>última</u> milla es la más difícil.
6. Ramón tiene <u>mucha</u> plata.
7. Puede comprar <u>hamburguesas</u>.
8. Puso los zapatos <u>encima de</u> la silla.
9. <u>Corrió</u> siete kilómetros.
10. Está tan obeso porque come <u>demasiado</u>.

B. AMPLIACIÓN

In Spanish, the type of emphasis achieved by merely raising intonation is rare, and usually sounds inappropriate. Some parts of speech can never be stressed (object pronouns, articles, auxiliary verbs, prepositions, etc.). Even those words which can be stressed rarely receive a contrastive stress as strong as that of English. Other means must be used, particularly in written language. There is no one single method of achieving contrastive emphasis in Spanish, and much depends on the context, as in English. The following points suggest some ways in which a particular element of a sentence *may* be emphasized; they do not mean that such emphasis is guaranteed by using the constructions in question. The only sure way to create contrastive emphasis is to actually give the complete comparison, stating the two or more possibilities. However, to do so always would create an unnaturally weighty style.

1. Emphasizing the subject. Since the verb frequently indicates the subject of a sentence, using a superfluous subject pronoun in fact gives this information twice and thus emphasizes the subject:

¿Es usted ruso? No, **Yo** soy búlgaro.

Are you Russian? No, I'm Bulgarian.

One may also use an explanatory clause with **ser** and **lo que** (for things) or **quien(es)** for people:

Quien escribió la carta fue **Carlos.**

Carlos was the one who wrote the letter.

Lo que destruyó la ciudad fue **la tempestad.**

The tempest was what destroyed the city.

Still another method of emphasizing the subject is to place it after the main verb, usually at the end of the sentence. If the sentence has a direct object, often the latter is moved to a spot directly before the verb and an additional object pronoun is used (see the second example).

¿Quién fue? Fue **Rogelio.**

Who was it? It was Rogelio.

¿Quien hizo la tarea? La tarea la hizo **Miguel.**

Who did the work? Miguel did it.

2. Emphasizing the direct object. The direct object may be placed before the subject, or, if there is no expressed subject, before the verb. However, the corresponding object pronoun must be included directly before the verb:

El trabajo lo hice ayer.   *The work, I did it yesterday.*

In some cases, the sentence may be changed to the passive voice to emphasize the direct object noun; for the latter then becomes the subject:

El niño fue asustado por la tormenta.   *The child was frightened by the storm.*

If the direct object is a thing, it may also be emphasized through the use of a **lo que** construction:

Lo que quiere es **un vaso de leche.**   *What he wants is **a glass of milk.***

This type of construction does not admit a personal direct object, since it would require the personal **a.**

3. Emphasizing the indirect object. The indirect object may be emphasized by adding **a** and the appropriate indirect object pronoun:

A mí no me importa lo que dices.   *I don't care what you say.*

There is no universal way to emphasize the object of a preposition. In general, it is necessary to utilize an expression which gives the essential meaning of the preposition but which permits additional emphasis on a noun (such as with a relative pronoun), or to add an additional clause with **ser.** In many cases, the only way to suggest contrastive emphasis is to make an explicit contrast:

Vivo al lado del **ayuntamiento.** →

     El edificio al lado del cual vivo es el ayuntamiento.

     Es al lado del ayuntamiento donde vivo.

El texto fue preparado por el **funcionario.** →

     Fue el funcionario quien preparó el texto.

Esta carta es para **mí** { no es para ti. / así que suéltala. / a pesar de la dirección en el sobre.

4. Emphasizing a noun or an adjective. In many instances an adjective is placed after a noun when "contrast" with other adjectives is desired. Similarly, a noun is frequently placed after an adjective to achieve "contrast" with other nouns. However, all nouns and adjectives positioned thus are not necessarily being emphasized; one should keep in mind that contrastive emphasis can only take place in a specific context, where the contrast is clear from what has already been said or what could logically be expected to follow.

Vivo en la casa **amarilla** (no en la roja).	*I live in the **yellow** house* (not in the red one).
Me dio un fuerte **abrazo** (pero no un beso).	*He gave me a big **hug*** (but not a kiss).

5. *Possessive adjectives.* The long forms of possessive adjectives (**mío, tuyo,** etc.) can be used to achieve contrastive emphasis:

¿Qué es esto? Es mi gorro.	*What is this? It is my cap.*
¿De quién es este gorro? Es **mío.**	*Whose cap is this? It is **mine**.*

6. *Use of mismo.* **Mismo** placed after a noun means *one and the same, none other than,* and thus stresses the noun. In English, one might stress an article (e.g. *the* president answered), or use a word such as *very, himself, the one and only,* etc.

Eso lo hace **el jefe mismo.**	*The boss himself does that.*
Me contestó **el secretario mismo.**	*The secretary himself answered me.*

7. *Emphasizing the main verb.* The verb is the single most important part of a sentence; a complete grammatical sentence may consist only of a verb: **¿fuiste?, comprendo,** etc. The main verb is already in a position of prominence; to contrast it with another verb, it is often necessary to use an additional construction such as **lo que:**

Lo que hizo fue **romper los platos** (y no simplemente lavarlos).	*What he did was **to break the plates** (instead of simply washing them).*

In some cases, placing the verb at the end of the sentence gives it a slight emphasis, but since this is often its normal position, the implicit contrast can only be seen through a contrastive pair where the context (either explicit or understood) suggests the contrast:

El gobierno **triunfó** (a pesar de lo que anunciaron los periódicos).	*The government **triumphed** (despite what was said in the papers).*

Emphasizing the noun in the same sentence is a far easier task:

Triunfó **el gobierno** (y no los revolucionarios).	*The government triumphed (not the revolutionaries).*

8. *Sí que (no)*. Auxiliary verbs may not be emphasized. However, sometimes the use of **sí que** or **sí que no** will convey the feeling of contrastive emphasis:

Eso **sí que** (no) lo he hecho.   *I **have** (not) done it.*

9. *Adverbs*. To place a contrastive emphasis on an adverb (which may already be stressed), it should be placed as far towards the end of the sentence as possible. Sometimes, on the other hand, the same effect may be had by placing the adverb at the very beginning of the sentence:

Corrió rápidamente por el parque.	*She ran rapidly through the park.*
Corrió por el parque **rápidamente**.	*She ran through the park **rapidly**.*
Rápidamente corrió por el parque.	***Rapidly** she ran through the park.*

10. *Prepositions*. It is difficult to emphasize a preposition since its position in the sentence is quite fixed and a preposition can never be stressed. One possible way around this limitation is to use an equivalent adverb, when one exists, and to place it in a prominent position. Unless the object of the preposition is included in the surrounding context, the resulting sentence does not give the complete meaning:

Puso la caja dentro del escritorio. Puso la caja **adentro**.	*He put the box **inside**.*
No la puso sobre el escritorio. No la puso **encima**.	*He did not put it **on top**.*

Ejercicios

A. Construya una nueva oración que ponga énfasis especial en los elementos subrayados.

1. El corrió por el parque.
2. Dime tu nombre.
3. El muchacho murmuró la respuesta.
4. ¿Qué expedientes quiere ver? Quiero ver mis expedientes.
5. Los ladrones entraron por la puerta principal.
6. Estas manzanas no me parecen maduras.
7. Nadie pudo contestar la última pregunta.
8. Desde la ventana vimos el eclipse solar.
9. Sigilosamente, abrió la caja fuerte.

10. Hay que andar <u>con cuidado</u> en este asunto.
11. Mi tío Pancho está en el <u>ejército</u>.
12. Quiero que me <u>escuches</u>.
13. Los bomberos entraron <u>por entre</u> el humo.
14. No <u>me</u> importan los rumores de guerra.
15. ¿Me puede ayudar a mover <u>estos</u> bultos?

B. Para cada una de las oraciones, escriba una continuación que contraste con la parte subrayada. Siga el modelo.

MODELO: *Esto es una casa de <u>huéspedes</u>.*
　　　　No es un hotel público.

1. A <u>mí</u> no <u>me</u> esperaban en el aeropuerto.
2. No lo pongas <u>en</u> la mesa.
3. Es el hombre más <u>inteligente</u> que conozco.
4. No lo conozco <u>muy bien</u>.
5. Me <u>dio la mano</u> cordialmente.
6. No permito que me digan <u>eso</u>.
7. Parecen unas <u>aletas</u> de goma.
8. ¿Te has vuelto <u>loca</u>?
9. <u>Cuanto</u> <u>más</u> llamativa sea la ropa, mejor.
10. No quiero que me <u>atropelle</u> un coche.
11. <u>Los perros</u> no me dan miedo.
12. A <u>ti</u> <u>te</u> interesan los deportes.

C. Dé una respuesta apropiada a cada una de las siguientes preguntas, usando las palabras entre paréntesis y poniendo énfasis donde le parezca más natural.

1. ¿Qué flores prefiere usted para el jardín? (los claveles)
2. ¿Qué hace usted cuando ve un accidente grave? (llamar a la policía)
3. ¿Cuándo se levanta usted? (temprano)
4. ¿Cuál es su comida favorita? (arroz con pollo)
5. ¿Quién vive en el apartamento 801? (los Fernández)
6. ¿Dónde dejo los bultos? (adentro)
7. ¿Cómo debo decírselo? (cariñosamente)
8. ¿A quién le importan estos datos? (a ellos)
9. ¿Cuándo es el partido de fútbol? (mañana)

IN SUMMARY: Again it must be stated that only the context can determine if emphasis is possible. Generally speaking, any deviation from straightforward sentence order calls the attention of the reader/listener to those changes, but what is to be made of the changes depends also on his or her expectations. Consider, for example, the sentence:

La tarea, la hice ayer.	*The homework, I did (it) yesterday.*

Depending on the context, either **tarea** or **ayer** could conceivably be interpreted as receiving emphasis:

No lavé los platos, pero la **tarea** la hice ayer.	*I didn't wash the dishes, but I did do the **homework** yesterday.*
Dejé lo demás para hoy, pero la tarea la hice **ayer.**	*I left the rest for today, but the homework I did **yesterday**.*

III. *Lengua escrita*

Pedrito caminaba pensando en un par* de zapatos. Dos pares. Tres pares. Zapatos, zapatos y zapatos. Por su mente se deslizaba, formando un riachuelo de cálculos, la idea de que, para andar *calzado* toda la vida necesitaría miles* y miles de pares de zapatos. Las plantas de sus pies desnudos arrancaban al pavimento un ruidito de carrera de ratoncillos entre los papeles de una *alacena.* Cada paso era un duendecillo de polvo irguiéndose sobre las piedras, elevándose hacia la tarde adolorida que se iba *escurriendo* a lo lejos tras un pedazo* de noche prematura. La última *aspa* de sol puso fuego a una nube con forma de zapato. El zapato quemado bajó un poco, tapó los montes, y éstos se inclinaron reverentes para saludar a la luna. Pedrito caminaba por la callecilla *tibia* del Barrio Sagrada Familia, llevando bajo el brazo el cajón de limpiabotas y en la cara un pensamiento de hambre. Seguía pensando en los niños que sí llevaban zapatos, en los zapatos que él no tenía y en la dicha que habría de sentir el día en que se pusiera los primeros.

Ser un niño descalzo, pensaba Pedrito, es como no ser un niño, sino un animalito asustado que anda mirando hacia el suelo para evitar las *espinas* y los vidrios* y para envidiar los pies ajenos envueltos* en *mortajitas* de cuero reluciente. Ser descalzo no es ser rico, ni ser pobre; es no tener gusto cuando el sol calienta, ni cuando llueve, ni cuando el sol no calienta y tampoco llueve. Los niños ricos

wearing shoes

cupboard

slipping away

beam (in form of a cross)

warm

thorns
shrouds

llevan zapatos nuevos con la suela limpiecita. Los niños son pobres, si llevan zapatos viejos con la suela sucia, quizás remendada. Pero los niños descalzos no son niños. Los niños descalzos odian a los hombres porque tiran al suelo los cigarros encendidos; odian a los borrachos porque rompen las botellas en las aceras de las cantinas; odian a las mujeres porque pierden agujas y alfileres en los lugares donde los niños suelen poner los pies; odian a los campos porque dan vida a los cactos y los *zarzales*; acaban, por fin,   bramble patches odiando a sus padres porque no les compran zapatos.

De pronto se encontró Pedrito hablando solo. Se decía a sí mismo cosas y más cosas y aunque sabía que no estaba bien* el hablar consigo mismo en plena* calle, se entusiasmaba diciéndose lo que nadie quería decirle de frente. Que él era un niño feo, además de ser descalzo.

Fernando Durán Ayanegue, «Zapatos». From
S. Menton, ed., *El cuento costarricense.* (México:
Ediciones de Andrea, 1964).

COMENTARIO

Diminutive forms. The use of diminutive suffixes is characteristic of Spanish. In general, diminutive endings may be added to nouns and less frequently to adjectives. There are a few cases of diminutives added to other words, in colloquial expressions: **ahorita, ahoracita** *right now,* **adiosito** *bye bye,* etc. The most common diminutive suffixes are **-ito** and **-illo,** and their variants. While **-ito** is more common, especially in Latin America, both are heard. A variant heard in some countries (for example Cuba) is **-ico.** While in general there is no difference in meaning among the endings, there are several cases where forms in **-illo** have acquired special, fixed meanings. For example:

camilla	*stretcher*
cabecilla	*ringleader*
tornillo	*screw*
ventanilla	*ticket window, window of car, train, etc.*
cigarrillo	*cigarette*

Another diminutive suffix is **-uelo** and its variants. It is not commonly used spontaneously to form diminutives, but is found in several fixed forms:

portezuela	*door of car, train, etc.*
callejuela	*alley*
riachuelo	*rivulet, little stream*

Frequently this ending carries a derogative connotation: **pintorzuelo** *bad painter,* **ojuelos** *beady little eyes.* and so forth. Diminutive endings, as well as indicating small size, often give a feeling of endearment or special affection. It is easy to overuse them, and inappropriate or excessive use of diminutives is considered an affectation.

Quiero unos pimientos. Los **coloraditos.**	*I want some peppers, the (little) red ones.*
Esta tela es **suavecita.**	*This cloth is very soft.*
Éste es mi **hijito** Rodrigo.	*This is my dear son Rodrigo.*

Diminutives may also be used for irony, when something is large or out of proportion:

Tenemos un **trabajito** para mañana.	*We have a lot of work for tomorrow.*
¡Qué **tiempito** hace!	*What terrible weather!*

Used with personal names, diminutives turn them into nicknames, or turn nicknames into other nicknames. Only certain names lend themselves well to the use of diminutives, and one should be guided by usage:

Juanito, Robertito, Miguelito, Carmencita

BUT: Manuel—Manolo—Manolito; Francisco—Paco—Paquito, etc.;

Sometimes when diminutives are used inappropriately they may be considered derogatory or insulting, especially when used with someone's name to indicate lack of respect.

Si no es más que un **abogadito.**	*He's nothing but a (third-rate) lawyer.*

In other cases, it is impossible to explain the usage of a diminutive ending other than as giving a feeling of closeness or 'cuteness' to the sentence:

¡Cuidadito!	*Look out!* (friendly warning)
¡Pobrecito!	*That poor guy!*
Está ahí sentadito.	*He's sitting there, as pretty as you please.*

Ejercicios

A. Construya una oración nueva empleando una forma diminutiva.

1. Esta máquina me costó dos millones de pesetas.
2. Ese perro tiene orejas pequeñas.
3. Mi abuelo está en el hospital, pero dicen que está mejor.
4. Trabaja en el pequeño estanco que está cerca de la plaza de toros.
5. Esos abogados del Ministerio de Informaciones son muy incompetentes.
6. Para la fiesta es preciso que la casa esté bien arreglada
7. No es nada, sólo un pequeño regalo.
8. Carlos viene a jugar con Miguel.
9. ¿No quiere probar un poco de salsa?
10. Cuidado con tantos chismes.

B. Explique el uso de los diminutivos en las oraciones siguientes. Luego diga lo mismo de otra manera.

1. Cada paso era un duendecillo de polvo.
2. Ser un niño descalzo es como no ser un niño, sino un animalito.
3. Pedrito caminaba por la callecilla tibia.
4. Los niños ricos llevan zapatos nuevos con la suela limpiecita.
5. Las plantas de sus pies desnudos arrancaban al pavimento un ruidito de carrera de ratoncillos.
6. Hablaba con un acento suavecito.
7. ¿Te gustan esas galletas dulcecitas?
8. Échale unos rabanitos a la ensalada.
9. No necesito que me diga un licenciadito cómo debo conducir mis negocios.
10. Ponle unas gotitas de tinta.

IV. Ideas afines

1. **par—pareja. Par** means *pair,* i.e., two of something. **Un par de** may also be used to mean *a few.*

Números pares are even numbers, and **números impares** (or **nones**) are odd numbers. **Pares o nones** means *odd or even,* as in a game. **Pareja** is a couple, usually composed of persons, and is most often applied to a married couple or dancing partners.

Pensaba en **un par** de zapatos.	*He was thinking about **a pair** of shoes.*
Vamos a quedarnos sólo **un par de** minutos.	*We'll only stay **a few minutes**.*
Forman una **pareja** muy elegante.	*They are a very elegant **couple**.*

2. **mil—millar; ciento—centenar. Mil** is ordinarily an adjective meaning *one thousand.* However, it is sometimes used as a noun, instead of the equivalent **millar,** which sounds somewhat more formal.

Tengo **mil** cosas que hacer.	*I have **a thousand** things to do.*
Pensaba en **miles** de pares de zapatos.	*He was thinking about **thousands** of pairs of shoes.*
Murieron **millares** de campesinos.	***Thousands** of peasants died.*

The same distinction holds for **ciento,** which is an adjective sometimes used as a noun, and **centenar,** which can only be used as a noun:

Había **cientos (centenares)** de cajas.	*There were **hundreds** of boxes.*

3. **planta—suela. Plantas** are the soles of the feet. **Suelas** are the soles of shoes.

Estos zapatos tienen **suelas** de goma.	*These shoes have rubber **soles**.*
Le ardían las **plantas** de los pies.	*The **soles** of his feet were burning.*

4. **pedazo—porción—trozo—pieza. Pedazo** is the most common word for **piece. Porción** is most often a piece or serving of food. **Pieza** is an item in an identical series, a part of a machine, or a component in a series of parts. It may also signify a dramatic play.

Vio un **pedazo** de vidrio roto.	*He saw a **piece** of broken glass.*
Quiero otra **porción** de trucha asada.	*I want another **piece** of roast trout.*
Mi dio un **trozo** de pan.	*He gave me a **piece** of bread.*
Esta máquina produce 400 **piezas** por hora.	*This machine produces 400 **parts** per hour.*
Es una **pieza** en tres actos.	*It is a **play** in three acts.*

5.   **vidrio—cristal. Vidrio** is the general word for *glass,* that is, the material. It may also be used to refer to window panes or occasionally, as in the reading selection, to pieces of glass. **Cristal** is most often used for a window pane or other sheet of glass.

Tiene colgantes de **vidrio**.	*She has glass earrings.*
Los niños rompieron los **cristales** con piedras.	*The children broke the windows with rocks.*

6.   **envolver—cubrir—tapar. Envolver** means *to wrap up, enclose.* **Cubrir** means *to cover* in general, and implies nothing specific about the way in which the covering is done. **Tapar** means to put a lid (**tapa**) on, literally or figuratively.

Deben **tapar** esos agujeros.	*They should plug up those holes.*
La niebla **cubría** los montes.	*The fog covered the mountains.*
Tiene los pies **envueltos** en vendas.	*He has his feet wrapped in bandages.*

NOTE: **Envolver** does not customarily mean to *involve in;* the more common term would be **comprometer.** *To participate* or *be involved* is **participar, estar implicado, estar comprometido,** etc. To communicate *"to involve"* meaning *to be a matter of,* in Spanish one uses **tratar(se) de:**

Está comprometido en un asunto feo.	*He is involved in a bad business.*
Se trata de una decisión muy importante.	*It involves an important decision.*

7.   **estar bien.** To indicate agreement or permission, several expressions may be used. These include **sí** (*yes*), **claro, cómo no, por supuesto** (*of course*), **de acuerdo** (if something is being agreed upon), **vale** (in Spain), **okey** (now used in several areas), and **está (muy) bien** (*all right*), which may also be used in an indirect or direct statement:

Está bien que no trabajen los domingos.	*It's all right that they do not work on Sundays.*

8.   **pleno—en medio de—a mediados de. Pleno,** meaning *in the middle of,* does not always imply a fixed time or place, nor does it necessarily have to be the physical midpoint. **En medio de** implies *being surrounded by.* **A mediados de** means *towards the middle of* and is used with expressions of time, such as **siglo, año, mes,** etc.

Estamos en **pleno** verano.	*We are in the middle of summer (well into the summer).*

Jugaban en **plena** calle.	*They were playing **in the middle of** the street.*
En medio de la revolución, mantenía una calma absoluta.	*In the middle of the revolution, he stayed absolutely calm.*
A mediados de julio partió para Casablanca.	*Around the middle of July he left for Casablanca.*

Ejercicios

A. Llene los espacios en blanco con las palabras indicadas.

1. El motor no funciona porque le falta (*a piece*) _____.
2. No se puede parar ahí (*in the middle of*) _____ la carretera.
3. Te debes (*cover*) _____ mejor, si vas a salir con el tiempo que hace.
4. Acabo de caminar diez kilómetros y tengo ampollas en (*the soles of my feet*) _____.
5. (*It's all right*) _____ que no lo hagas hoy; hazlo mañana, o cuando puedas.
6. Debemos (*cover up*) _____ el pozo abandonado.
7. Me preguntó si quería ir con él, y le dije que (*yes*) _____.
8. Necesito (*a pair*) _____ de zapatos atléticos.
9. Vimos (*thousands of*) _____ pájaros en los árboles.
10. La bala rompió (*the windowpane*) _____ de su apartamento.

B. Diga de otra manera la parte subrayada. Cambie las formas de los adjetivos cuando sea necesario.

1. Había <u>miles</u> de pares de zapatos en el almacén.
2. Los niños jugaban <u>en la misma</u> calle.
3. Debes <u>cubrirte</u> mejor cuando tienes un resfriado.
4. Ten cuidado o vas a romper <u>el vidrio</u>.
5. <u>La parte de abajo</u> de mi zapato está rota.
6. Cuando lo vi, estaba comiendo un trozo de pan.
7. —¿Lo hago así? —¡Sí, <u>cómo no!</u>
8. Son <u>un matrimonio</u> muy simpático.

C. Haga Ud. frases con las palabras indicadas.

1. las suelas—los zapatos—gruesas.
2. las joyas—el vidrio—baratas
3. romper—el cristal—los anteojos
4. par—impar—número
5. un centenar—soldados—la batalla
6. la planta—el pie—doler

7. envolver—el bulto—con papel
8. pleno verano—el calor—la humedad
9. a mediados de—el siglo—estallar—la guerra
10. la máquina—triturar—el metal—pedazos

D. Expresión oral.

1. Describa los zapatos que usted tiene puestos.
2. Advierta a una persona que viene corriendo que un perro lo va a morder.
3. Responda a una persona que se burla de usted por su manera de hacer ejercicio.
4. En una zapatería, pida usted un par de zapatos especiales para algún deporte.
5. Sin ofenderlo, sugiera a un amigo que debe pensar en un programa atlético para gozar de mejor salud.

V. Elementos de composición

A. Escriba en español. Cuando sea posible, ponga énfasis en los elementos subrayados.

1. As for me, I'm not taking any chances this time.
2. He spoke quickly, so quickly that no one could understand him.
3. IIe shook his finger and then his head, to indicate that he did not agree.
4. On holidays you can't find a single shop open in the entire town.
5. The police cars are always better washed than would be normal.
6. When one is being paid by the hour, it is very tempting to work slowly.
7. He always looks out for himself first, and is seldom considerate of others.
8. The principal did not resign, he was fired because of his personal life.
9. Only the finest vintage wines are served in that restaurant.
10. He is not a world chess champion; he just won a local tournament.
11. You won't go broke on that job, but you'll never get rich either.
12. Despite its drawbacks, the new proposal does have several advantages.
13. It's not a question of which shoes to put on; he doesn't have any shoes at all.
14. If those peppers are hot, you had better wash your hands after cutting them up.
15. Is there anybody left who still remembers the colonial government?

B. *Escriba una composición breve sobre cada una de las situaciones siguientes según las indicaciones entre paréntesis.*

1. Hay un señor cuarentón, obeso y sedentario, muy aficionado a la televisión y a la buena comida. Un día aparece ante su esposa, vestido de atleta, y le dice que va a correr varios kilómetros. . . (Escriba un diálogo.)

2. El mismo señor, ya en plena carrera, sudoroso y jadeante, ve a algunos colegas saliendo de un restaurante fino. Ellos lo ven a él, se miran, y . . . (Escriba la conversación que tiene lugar entre ellos.)

3. Un estudiante norteamericano, muy activo en los deportes, va a pasar unos meses en un pueblo hispánico para mejorar su español. Un día quiere salir para correr unas millas. Los habitantes del pueblo jamás han visto un fenómeno semejante. . . (Escriba la conversación que tiene lugar entre los habitantes.)

C. *Describa la situación representado por el dibujo.*

VI. Repaso

A. *Cambie las oraciones para poner énfasis especial en las partes subrayadas.*

1. Todos van a ver el partido.
2. No me interesa ese espectáculo.
3. Tengo que apurarme, si quiero terminar hoy.
4. No quiero ir a esa clase.
5. Se puso la chaqueta.
6. Está aquí los lunes.
7. El gerente me contestó.
8. América fue descubierta en 1492.
9. Ha dicho sólamente la verdad.
10. Si no haces ejercicio, vas a engordar.

B. *Llene los espacios en blanco con palabras apropiadas que contrasten con el elemento subrayado.*

MODELO: *No me voy a poner la camisa azul sino la amarilla.*

1. Me preguntó si podría ir hoy y le dije que ———.
2. A mí no me importa lo que piensen los otros, pero ———.
3. No dejes el coche afuera, ———.
4. Nunca he visto tantos coches; por aquí siempre se ven ———.
5. No lo hagas después; hazlo ———.
6. No quiere tanto pan, sólo ———.

Lección diecisiete

I. Lengua oral

UN EXTRAÑO OFICIAL DEL REGISTRO CIVIL[1]

INSPECTOR: ¿Es Ud. el Sr. Horacio Quiroga?

QUIROGA: Sí, señor. Y usted, el Sr. Pardiñas, el Inspector Oficial que me anunciaron por carta, ¿verdad?

INSPECTOR: Precisamente.

QUIROGA: Pase Ud. *por aquí.* ¿Cómo viajó Ud. para llegar a este lugar?   *this way*

INSPECTOR: Primero, *por* el río, y luego *a pie por entre* árboles y más árboles. ¡Esto es una selva! ¡Es *para* volverse loco!   *along / on foot / in between*   *enough*

QUIROGA: La selva está llena de sorpresas, y resulta siempre una amenaza para el *forastero.*   *stranger*

INSPECTOR: Así es. Vengo más muerto que vivo . . . y con sed.

QUIROGA: ¿Por qué no se toma Ud. una copita de mi vino de naranjas para «*componer*» un poco el cuerpo?   *"revive"*

INSPECTOR: Acepto, con gusto.

QUIROGA: Como ya es casi mediodía, tomaremos el almuerzo en un momento. Hay que hacer algo *por* el cuerpo, ¿no?   *for (the sake of)*

INSPECTOR: Naturalmente. *Por estar* un poco cansado, tomaré después una siesta. Luego haré el examen de su Registro.   *Since I'm*

*   *   *

INSPECTOR: Amigo Quiroga: confieso que con su vino estoy un poco *mareado,* pero me parece que aquí hay un error: Pantaleón Suárez aparece dos veces, primero, muerto, y luego, vivo.   *dizzy*

QUIROGA: Error mío. Debió ser *al revés.*   *the other way around*

INSPECTOR: Otra cosa: un niño *recién nacido* tiene el mismo nombre que un anciano muerto el año anterior.   *newborn*

QUIROGA: Es que en estos *pagos*[2] se repiten mucho los nombres.   *parts*

INSPECTOR: ¿Y esto? Un *nacimiento* . . . sin fecha, y sin el apellido de la madre. También veo que todo está escrito por la misma persona . . . y con la misma *tinta.* Dígame la verdad: ¿inventó Ud. todo este Registro?   *birth*   *ink*

QUIROGA:	Pues, . . . sí. La carta anunciaba su visita para hoy; *apenas* me dejaba tres días *para «hacer»* mi trabajo . . . Tenía dos posibilidades: *renunciar al puesto,* . . . o inventar un Registro . . .	hardly / to "do" resign from my job
INSPECTOR:	Y ¿Ud. escribió todo esto para . . . *«cumplir con su deber»*?	to do
QUIROGA:	Pues, . . . sí.	
INSPECTOR:	¡Ja, ja, ja! *(Limpiándose el **sudor** con un pañuelo).* Su vino me ha hecho sudar . . . y su libro también . . . ¡Ja, ja, ja!	sweat
QUIROGA:	La verdad es que *yo no sirvo* para labores burocráticas. Pero, *por desgracia,* necesito el *sueldo. . .*	I'm no good unfortunately / salary
INSPECTOR:	Bueno, che,[3] hagamos una cosa: traiga Ud. *una nueva* botella de su excelente vino . . . no, mejor, dos botellas . . . y olvidemos su «última obra». Para vinos, tiene Ud. *buena mano,* pero para inventar libros, Ud. es un desastre. . .	another a real knack

Notas culturales

1. **Registro Civil.** This dialog is based on authentic facts. Horacio Quiroga, the famous Uruguayan short story writer, was at one time in charge of the Civil Registry at San Ignacio, in the luxuriant territory of Misiones in northern Argentina. He was known as an odd fellow who avoided people and the hustle and bustle of large cities. Quiroga tried his hand at all kinds of jobs: animal training, boat designing, wine making, tanning, cooking, tailoring, and collecting snakes. He was also a horticulturalist, a carpenter, a chemist, a student of nature, and an "inventor" of useful as well as outlandish contraptions.

2. **pagos.** A noun commonly heard among country folks of Argentina and Uruguay, it is used to refer vaguely to a locality or region.

3. **che** is the most common vocative among Argentines and Uruguayans. It is used to call someone's attention and to express surprise or slight displeasure.

Ejercicios

A. Reconstrucción.

1. ¿Quién llegó al despacho de Quiroga?
2. ¿Por dónde vino para llegar allí?
3. ¿Qué le ofreció Quiroga al inspector?
4. ¿Por qué?
5. ¿Qué pensaba hacer el inspector después del almuerzo?
6. ¿Qué error descubrió primero el inspector?
7. ¿Qué otras irregularidades había en el Registro?
8. ¿Qué confesó Quiroga?
9. ¿Cómo sabemos que el inspector no estaba realmente disgustado?
10. ¿Qué opinión tenía el inspector de Quiroga?
11. ¿Quién fue Horacio Quiroga?
12. ¿Qué puesto tenía en el norte argentino

B. Creación personal. Haga Ud. frases con las palabras indicadas.

1. la carta—anunciar—el inspector
2. venir—el río—a pie—los árboles
3. tomar—una copita—«componer» el cuerpo
4. el almuerzo—tomar—una siesta
5. un error—primero, muerto—luego, vivo
6. un niño—mismo nombre—un anciano
7. un nacimiento—sin fecha—sin apellido
8. escrito—por la misma persona—con la misma tinta
9. renunciar—el puesto—inventar—un Registro
10. vinos—buena mano—inventar libros—un desastre

C. Expresión personal. Conteste Ud.

1. ¿Cómo podría Ud. describir las labores burocráticas?
2. ¿Qué tipo de persona prefiere estas labores? ¿Por qué?
3. ¿Qué significa «renunciar a un puesto»? Explique.
4. ¿Debe uno renunciar a su puesto, si no cumple con su deber?
5. Si un empleado tiene talento para algunas cosas pero no para su trabajo, ¿qué debe hacer su jefe?

II. Formas y estructuras

A. FUNDAMENTOS
Para y por

Para

1. **Para** followed by an infinitive is used to express purpose. The most common English equivalents of this construction are: *in order to* + infinitive, *for* + present participle, or just an infinitive.

Tómese Ud. una copita de vino **para «componer»** el cuerpo.	*Drink a glass of wine (**in order**) **to «revive»** your body.*
Éste es el método más indicado **para bajar** de peso.	*This is the best method **for losing** weight.*

This construction may appear without a verb, the latter being merely understood, but the meaning remains unchanged:

Para (hacer) vinos Ud. tiene buena mano.	*For wine making you have a real knack.*
Yo no sirvo **para (hacer) labores burocráticas.**	*I am no good **for (doing) bureaucratic work.***

2. **Para** may be used to single out a *point* in time (hour, day, year, etc.):

Su carta anunciaba su visita **para hoy.**	*Your letter announced your visit **(as being) for today.***

3. It may be used to refer to a destination or point of arrival:

Salió **para su pueblo natal.**	*He left **for his home town.***

4. **Para** may be employed after the verb **estar** to express imminence. The English counterpart is the idiom *to be about to.*

Está para llover.	*It is **about to** rain.*
Estamos para salir.	*We are **about to** leave.*

Por

1. **Por** is used to introduce the agent in the passive voice:

Todo esto fue escrito **por la misma persona.**	*All this was written **by the same person.***

2. It is used to refer to a *period* of time:

Se quedó allí **por varios días.**	*He stayed there **several days.***

3. In locative phrases, **por** expresses movement *through* or *along* a particular route:

Pase Ud. **por aquí.**	Come **this way.**
Viajé primero **por el río.**	I travelled first **on (along) the river.**

4. **Por** may be the equivalent of the phrase *for the benefit or the sake of.*

Tenemos que hacer algo **por el cuerpo.**	We have to do something **for the sake of our bodies.**

5. **Por** may refer to a means of communication:

Lo enviaré **por correo aéreo.**	I will send it **by air mail.**
Me lo anunciaron **por carta.**	They gave me notice **by letter.**
Me comunicaré con ella **por teléfono.**	I will get in touch with her **by phone.**
BUT: Viajando **en** automóvil.	Travelling **by** car.

6. **Por** may be used with nouns to express cause. This idea may be translated into English through the phrases *on account of* and *because of.*

No fuimos **por la lluvia.**	We did not go **on account of the rain.**
Tuvimos que regresar **por el calor.**	We had to return **because of the heat.**

7. **Por** may express exchange:

Me dio cincuenta pesos **por** el cuadro.	He gave me fifty pesos **for** the picture.

8. It may also express substitution, just as English does by means of the expressions *instead of* and *in place of:*

Voy a trabajar hoy **por** mi hermano, quien está enfermo.	I am going to work today **in place of** my brother, who is sick.

9. **Por** may express *rate:*

Alquilan barcos de vela a cuarenta pesos **por** hora.	They rent sailboats at forty pesos **an** hour (**per** hour).

10. It may be used after the verb **estar** to express inclination:

Estoy por no ir a la fiesta.	I am **inclined to** pass up the party.

Ejercicios

A. Complete las siguientes oraciones expresando la idea que se da entre paréntesis. En todo caso use Ud. *para* o *por*.

1. (*purpose*) Tendremos que darnos prisa _____ no llegar tarde.
2. (*cause*) No pudimos dormir _____ el ruido del tráfico.
3. (*interchange*) El cambio está a cinco pesos _____ dólar.
4. (*destination*) ¿Cuándo saldrá Ud. _____ Europa?
5. (*inclination*) Ella estaba _____ dejar el curso (la asignatura).
6. (*rate*) ¿A cuánto está el alquiler? A trescientos pesos _____ mes.
7. (*agent*) El Registro fue examinado _____ el inspector.
8. (*means*) Le mandaré los informes _____ carta certificada.
9. (*imminence*) No pudimos conversar porque Julita estaba _____ salir.
10. (*substitution*) Como mi padre estaba enfermo, yo toqué el piano _____ él.

B. ¿*Para* o *por*? Después de completar la oración, tradúzcala al inglés.

1. Vi que venía caminando _____ la calle.
2. Yo no sirvo _____ las labores de cocina.
3. Como la gasolina está tan cara, estoy _____ vender mi coche.
4. Trabaja también de noche _____ mantener a su familia.
5. No podemos ir _____ falta de tiempo.
6. Estaba _____ salir cuando alguien llamó a la puerta.
7. Dejamos la pensión _____ las malas comidas que allí nos daban.
8. Ésta es la lección _____ mañana.
9. ¿Qué hace Ud. _____ divertirse?
10. Partió _____ el Canadá la semana pasada.

C. Complete las oraciones, cambiando las frases subrayadas por una construcción con *para* o *por*.

1. Me <u>siento inclinado</u> a no invitarle. Estoy. . .
2. No compramos nada <u>a fin de</u> ahorrar todo el dinero posible. No compramos nada. . .
3. Todos salieron <u>en dirección</u> de la plaza. Todos salieron. . .
4. Murió <u>en defensa</u> de una noble causa. Murió. . .
5. Juan está enfermo; yo hablaré <u>en lugar de</u> él. Juan está enfermo; yo hablaré. . .
6. No salimos <u>a causa</u> de la lluvia. No salimos. . .
7. Estuvo en nuestra casa <u>durante</u> varios días. Estuvo en nuestra casa. . .
8. Pasó de un lado a otro <u>usando</u> el puente. Pasó de un lado a otro. . .
9. Estudiaré más <u>a fin de sacar</u> mejores notas. Estudiaré más. . .
10. Todos debemos hacer algo en beneficio de los pobres. Todos debemos hacer algo. . .

B. AMPLIACIÓN

Para

1. ***Para*** *to express sufficiency or insufficiency.* When used in this way, **para** is followed by an infinitive. In English, this construction requires the use of *enough* in both affirmative and negative sentences.

Ahora ya tiene **para vestirse**.	*Now he has **enough to be properly dressed**.*
Esto es **para volverse loco**.	*This is **enough to make anyone go mad**.*
No gana **para comer**.	*He does not earn **enough to eat**.*

2. *Para to point to a specific use.* **Para** may be used to single out what a particular object is used for. In English one expresses the same idea by combining words without using a preposition.

Necesito **esmalte para las uñas**.	*I need **nail polish**.*
Voy a comprar otro **estante para libros**.	*I am going to buy another **bookcase**.*
Ahí tienen **lápices para los labios**.	*There they have **lipsticks**.*
Ésta es una **taza para café**.	*This is a **coffee cup**.*
Tráeme **pastillas para la tos**.	*Bring me **cough drops**.*

3. *Para to express proportion or disproportion.* When used thus, **para** is followed by a noun. This noun may be preceded by the indefinite article when modified by an adjective or adjectival phrase.

Para principiante no lo hace tan mal.	*For a beginner he is not doing so badly.*
Para un niño de doce años sabe demasiado.	*For a twelve-year-old boy he knows too much.*

4. **Para + con. Para** is used in combination with **con** to express an attitude toward another person or entity.

Es amable **para con** sus vecinos.	*He is kind **toward** his neighbors.*

Ejercicio

Exprese las ideas sugeridas empleando **para** *o* **por.**

1. (*attitude*) Es preciso ser tolerante _____ los enfermos.
2. (*use*) No tengo ninguna habilidad _____ trabajos mecánicos.
3. (*disproportion*) _____ miembro del Congreso es poca su preparación.
4. (*use*) ¿Puede Ud. recomendarme un tinte _____ el cabello?
5. (*sufficiency*) Esto es _____ volverse loco.
6. (*disproportion*) _____ hombre sin dinero tiene gustos extravagantes.
7. (*use*) Aquí venden un excelente tónico _____ el cabello.

Por

1. ***Por*** *+ infinitive to express intent.* The speaker uses this construction because he or she is primarily interested in the motive behind an action. The English equivalents are *because* + subject + verb, *for* + present participle, or simply an infinitive.

No termina nada **por no querer** darse molestias.	*He doesn't finish anything because he doesn't want to bother (take the trouble).*
Se desvive **por complacerla.**	*He goes out of his way to please her.*

As stated in the section *Fundamentos,* **para** is also used with an infinitive when the speaker focuses his attention on the *action* represented by the infinitive, and not on the psychological *motive or intent* behind that action: **Él hizo todo eso** *para cumplir con* **su deber.** *He did all that in order to do his duty.* A useful rule of thumb to distinguish *por + infinitive* from *para + infinitive* is this: if the meaning intended is "for a reason," use **por;** if the meaning intended is "for a purpose," that is, "for a particular action," use **para.** In other words, **por** points to the speaker's mind (his intent) while **para** focuses on an action, something that is outside of the speaker's mind. Observe the difference:

Por—Intent ("for a reason")

Me esforzaré por terminar este proyecto.	*I will strive to finish this project.*

Para—Action ("for a purpose")

Me esforzaré para *terminar* este proyecto.	*I will strive to finish this project.*

Of course, both **para** and **por** are often admissible in the same sentence, and the choice between them may be purely subjective.

Ejercicio

Exprese Ud. la idea sugerida por las palabras que se dan entre paréntesis, empleando para *o* por *según el sentido más lógico. Si piensa que hay doble posibilidad, indíquelo. Siga los modelos.*

MODELOS: *Llevaré mi bikini* _____ *nadar en el lago.*
Llevaré mi bikini para nadar en el lago.

Me callaré _____ *no molestar a su familia.*
Me callaré para/por no molestar a su familia.

1. Hizo todo lo posible _____ no ofender a nadie.
2. Hizo todo lo posible _____ llegar a las tres.
3. Luchó _____ salir.
4. Se esfuerza _____ tenerlos a todos contentos.
5. Lo hago _____ no llamar la atención.
6. No lo hago _____ llamar la atención.
7. Iré a su casa _____ ayudarle.
8. Hizo todo lo necesario _____ obtener el puesto.

2. *Por* + *adjective* + *que* + *ser.* This construction appears in concessive statements. The equivalent English construction requires the use of *However . . .* or *no matter how . . .*

> **Por ricos que sean** no lo comprarán.

> *However rich they may be they will not buy it.*

Ejercicio

Invente oraciones según el modelo.

MODELO: *. . . inteligentes . . . estudiantes, no lo harán bien.*
Por inteligentes que sean los estudiantes, no lo harán bien.

1. . . . baratos . . . trenes, yo prefiero los aviones.
2. . . . muy buenos . . . sus vinos, no beberé más.
3. . . . hermosas . . . muchachas, no debieras echarles flores.
4. . . . difíciles . . . estas labores burocráticas, Ud. debería hacerlas.
5. . . . molestos . . . requisitos, es preciso prestarles atención.
6. . . . inocentes . . . piropos, a veces resultan ofensivos.

3. *Por* + *infinitive to give an explanation.* This construction is best expressed in English by *Because . . .*

> **Por estar un poco cansada** ella tomará una siesta.

> *Because she is a little tired she will take a nap.*

> **Por ser escritores famosos** son muy admirados en el extranjero.

> *Because they are famous authors they are very much admired abroad.*

> **Por ser tan simpáticas** las invitan a todas partes.

> *Because they are so charming they are invited everywhere.*

Ejercicio

Dé Ud. una explicación empleando **por** *y un infinitivo.*

1. (*Because he is poor*) no podrá ir a la universidad.
2. (*Because they were cold*) tenían que caminar rápidamente.
3. (*Because they have no friends*) están siempre solos.
4. (*Because he is bringing no money*) no le es posible acompañarnos.
5. (*Because he did not know English*) no pudo entrar.
6. (*Because he eats too much*) está muy gordo.
7. (*Because we are in a hurry*) sólo nos quedaremos cinco minutos.
8. (*Because he did not tell the truth*) se halló en una situatión muy difícil.

4. *Por* + *noun*. Por is used in conjunction with nouns specifying the reason behind an action. In English one conveys the same idea through phrases like *out of . . .* or *on account of . . .*

Dice eso **por envidia.**   *He says that **out of envy.***

Ejercicio

Complete Ud. las oraciones de A empleando una palabra o frase de B y la preposición **por.**

A	B
1. No quiso confesar sus faltas. . .	mala salud.
2. Nunca termina nada. . .	amor a la humanidad.
3. Lo echaron del trabajo. . .	orgullo.
4. No nos saluda. . .	incompetencia profesional.
5. Trabaja en un hospital y sin sueldo. . .	simple pereza.
6. Renunciará a su puesto. . .	falta de educación.

5. Por in expressions of time.

por ahora: Dejemos esto **por ahora.**

Let us leave this (forget this) for the time being.

por el momento: Es todo lo que haremos **por el momento.**

That's all we will do for the moment.

por entonces: **Por entonces** no había más que tranvías.

At that time there were only streetcars.

por la mañana (tarde, noche): **Por la mañana** me gusta hacer ejercicio.

In the morning I like to exercise.

6. **Por** *in stock expressions.* These must be learned as single units.

por adelantado: Pague Ud. **por adelantado.**	*Pay in advance.*
por consiguiente: **Por consiguiente** es mejor callar.	*Therefore it is better to remain silent.*
por desgracia: **Por desgracia** necesito el sueldo.	*Unfortunately I need the salary.*
por escrito: Déme Ud. la información **por escrito.**	*Give me the information in writing.*
por eso: **Por eso** tomaré una siesta.	*For that reason I will take a nap.*
por lo demás: **Por lo demás,** tengo poco que añadir.	*As for the rest I have little to add.*
por mi parte: **Por mi parte,** ¡yo digo que no!	*As for me, I say nothing doing!*
por poco: **Por poco** se cae (*present*).	*He almost fell (preterite).*
por si acaso: Llevaré un sandwich **por si acaso.**	*I will take along a sandwich just in case.*
por suerte: **Por suerte** el accidente no fue serio.	*Fortunately the accident was not serious.*

Ejercicio

Complete Ud. las oraciones con una de las expresiones mencionadas en las dos secciones anteriores.

1. Como estaba a oscuras por _____ me caigo.
2. Ésa era otra época. Por _____ no había más que un periódico en el pueblo.
3. Una declaración oral no es suficiente. Déme Ud. la respuesta por _____.
4. Me levanto temprano porque prefiero trabajar por _____.
5. Al presente esto no tiene importancia. Olvidémoslo por _____.
6. Me sentía bastante mal y, por _____, no pude ir a clases.
7. Hay que pensar en toda eventualidad. Lleve Ud. otros mil dólares por _____.
8. El accidente fue muy serio. Por _____, hubo dos muertos.
9. Sé que Ud. no se quedó contento, pero yo, por _____, estoy satisfecho.
10. Mi padre estaba muy enfermo, pero hoy, por _____, está mucho mejor.

7. *Por* in compound prepositions. In these instances, **Por** may express direction or point to a place.

Le pasó el dinero **por debajo de** la mesa.	He handed over the money **under** the table.
El autobús pasa **por delante de** mi casa.	The bus goes by **in front of** my house.
Desapareció **por detrás de** la casa.	He disappeared **behind** the house.
El pájaro voló **por encima de** la casa.	The bird flew **above** the house.
Un animal corría **por entre** unas matas.	An animal was running **in between** some bushes.

Ejercicio

Dé Ud. la versión española de las palabras en inglés.

1. Le vi acercarse (*in between*) unos árboles.
2. Pasó lentamente (*in front of*) todos nosotros.
3. Las nubes parecían ir corriendo (*above*) las montañas.
4. Había sustancias químicas (*under*) la superficie.
5. Le vimos caminar (*behind*) nuestro jardín.

III. *Lengua escrita*

EL YAGÉ: UN MISTERIO DE LA SELVA

Cuando bajé al río para observar el estado de la «*curiara*»,[1] vi al Pipa, boca abajo* en la arena, *exánime* y desnudo.

canoe / lifeless

Cogiéndolo por los brazos lo *arrastré* hacia la sombra, disgustado por su *prurito* de *desnudarse.* Aquel hombre, *vanidoso* de sus *tatuajes* y *cicatrices,* prefería el «*guayuco*» a la vestimenta,* a pesar de mis represiones y amenazas. Dejélo que *dormitara* la *borrachera,* y allí permaneció* hasta la noche. Al día siguiente ni despertaba ni se movía.

dragged

obsession / removing his clothes / proud / tattoos / scars / loin-cloth

sleep off / drunkenness

Entonces, *descolgando* la *carabina,* cogí al *cacique* por la *melena,** mientras Franco[2] *hacía ademán de soltar* los perros.

taking off / rifle / chieftain

hair / pretended to let loose

—¡*Nada!* ¡Nada! Tomando «*yagé*», tomando «yagé».

It's nothing! / plant with hallucinatory properties

Ya conocía las virtudes de aquella planta, que un sabio de mi país llamó «*telepatina*». Su *jugo hace ver* en sueños lo que está pasando en otros lugares. *(possessing telepathic qualities / sap / makes people see)*

El visionario fue *conducido en peso* y *recostado* contra un *estantillo*. Su cara singular y *barbilampiña* había tomado un color violáceo. *(carried / in the air / propped / small shelf / beardless)*

—Pipa, Pipa, ¿qué ves? ¿Qué ves?

Con angustioso *pujo* principió a quejarse y *saboreaba* su lengua como un *confite*. *(effort / licked / piece of candy)*

Con descreída curiosidad nuevamente le dije: *(incredulous)*

—¿Qué ves? ¿Qué ves?

—Un . . . rí . . . o. Hom . . . bres . . . dos hombres.

—¿Qué más? ¿Qué más?

—Un . . . n . . . a . . . ca . . . no . . . a. . .

—¿Gente desconocida?

—Uuuh . . . Uuuuuuh . . . Uuuuuuuh. . .

Las visiones del soñador fueron *estrafalarias:* procesiones de *caimanes* y de *tortugas, pantanos* llenos de gente, flores que daban gritos. Dijo que los árboles de la selva* eran gigantes paralizados y que de noche *platicaban** y *se hacían señas.** Tenían deseos de escaparse con las nubes, pero la tierra los *agarraba* por los *tobillos* y *les infundía perpetua inmovilidad. Quejábanse* de la mano que los *hería*[3] y del *hacha* que los *derribaba* . . . El Pipa les entendió sus *airadas** voces, según las cuales debían ocupar llanuras y ciudades, *hasta borrar* de la tierra el *rastro* del hombre y *mecer* un solo *ramaje, cual* en los días del Génesis, cuando Dios flotaba todavía sobre el espacio como una *nebulosa* de lágrimas.

(outlandish / alligators / turtles / swamps / chatted / exchanged gestures / held onto / ankles / made them forever motionless / They complained / wounded / ax / cut them down / irate / until they wiped out / (last) trace / swayed (as) / mass / nebulous cloud)

Adapted from *La vorágine (The Vortex)*, by José Eustasio Rivera, Bogotá, 1924. *(Abridged text)*.

Notas culturales

1. **el Pipa** is the name of a renegade who has chosen to live among Indians and in accordance with their tribal practices.
2. **Franco** is the narrator's most faithful companion in *La vorágine*.
3. **la mano que los hería.** This refers to the incisions in V-shape made on rubber trees in order to collect their sap.

COMENTARIO

Modernistic Style. At the end of the nineteenth century and the beginning of the twentieth, a literary school known as "Modernism" spread throughout the Hispanic world, particularly in Latin America. Some consider Rubén Darío as its chief exponent.

Modernistic style in its early manifestations was characterized by the following features:

1. A search for the exotic, which brought in the world of ancient Greece and of the Orient; it also recurred to the world of luxury, imposing architecture, and the fine arts in general, together with the pomp and circumstance of royalty and the refinements of Versailles, with its paintings, objets d'art, regal clothing, etc. The search for the exotic also encompassed the mysteries of Africa and of native America; the latter is a recurring theme throughout **La vorágine.**

2. References to plastic qualities, that is, visual beauty through color, texture, mass, position, and line.

3. Modernism also cultivated the occult and the mysterious; in Rivera's work, one clearly sees this theme in the explanation of the yagé plant and the dream it provoked in Pipa.

4. Literary modernism favored rare vocabulary, musical effects and cadence, and imagery. Rivera's favorite images were those referring to motion and its opposite, i.e., inertia: **arrastrar, agarrar,** and **mecer** as opposed to the absence of motion conveyed by **exánime, gigantes paralizados,** and **perpetua inmovilidad.**

Ejercicio

Lea Ud. la siguiente selección, que viene de un cuento de Rubén Darío, y diga qué elementos modernistas ve Ud. en ella. Use como guía la lista que se da más abajo.

El rey tenía un palacio soberbio donde había acumulado riquezas y objetos de arte maravillosos. Llegaba a él por entre grupos de lilas y extensos estanques (*reservoirs*), siendo saludado por los cisnes (*swans*) de cuellos blancos, antes que por los lacayos estirados (*stiff lackeys*). Buen gusto. Subía por una escalera (*staircase*) llena de columnas de alabastro y de esmaragdita, que tenía a los lados leones de mármoles como los de los tronos salomónicos. Refinamiento. A más de los cisnes, tenía una vasta pajarera (*bird cage*) como amante de la armonía, del arrullo (*cooing and billing*) y del trino (*warbling*).

Arquitectura _____
Mundo del lujo _____
Objetos artísticos _____
Piedras preciosas o semipreciosas _____
Pompa real _____

IV. Ideas afines

1. **abajo—arriba.** These adverbs can be used after certain concrete nouns to indicate position or direction: **boca arriba, boca abajo**—*face up, face down;* **calle arriba, calle abajo**—*up the street, down the street;* **escaleras arriba, escaleras abajo**—*upstairs, downstairs;* **río arriba, río abajo** *up the river, down the river.*

2. **vestimenta—vestido. Vestimenta** is used in a general sense, but is less formal in tone than **vestido.**

Abandonó la vestimenta del hombre blanco para exhibir sus tatuajes y cicatrices.	*He forsook the white man's clothes in order to exhibit his tattoos and scars.*

Vestido can be used in a general sense and also to refer to a particular garment.

Hay que llevar vestido de gala.	*Evening clothes must be worn.*
¿Dónde pusiste mi vestido?	*Where did you put my dress?*

3. **permanecer—quedar—quedarse. Permanecer** means to stay for some time at a given place.

Permaneció en casa un buen rato.	*He stayed at home for quite a while.*

Quedar refers to a state or position.

Quedó paralizado.	*He was paralyzed.*
Quedó en el suelo.	*It stayed on the floor.*

Quedar can also be a substitute for the verb **estar:**

¿Dónde queda el mercado?	*Where is the market?*

Quedarse contains a figurative reflexive (**se**) and carries, therefore, various implications of advantage or disadvantage.

Se quedó sin dinero.	*(Unfortunately) he was left without any money.*
¿Por qué se queda Ud. siempre atrás?	*Why do you always lag behind?*

4. **melena—pelo—cabello. Melena** means long hair, as worn at one time by romantic writers. At present **melena** and **media melena** are words used by hair stylists. In conversational Spanish, **melena** can simply mean *long, loose-hanging hair.*

Cogí al cacique por la melena.	I grabbed the Indian chieftain by his hair.
Tiene Ud. una hermosa cabellera.	You have a beautiful head of hair.

Pelo is the common word for hair; **cabello** is preferred in literary style.

Cuide Ud. su cabello.	Take care of your hair.

Cabellera is the totality of a person's hair.

5. **conducir—llevar. Conducir** implies guidance.

Lo condujeron a la cárcel.	They took (led) him to jail.

It can also mean to drive.

Ud. conduce muy mal.	You drive very badly.

Llevar means to lead or take along, with no particular importance attached to the notion of guidance.

Llevaré a mis niños al zoológico.	I will take my children to the zoo.

6. **selva—floresta—jungla. Selva** is less literary than **floresta.**

La selva no perdona a los que la ofenden.	The jungle does not forgive those who offend her.
Esta novela tiene por escenario una floresta encantada.	This novel takes place in an enchanted jungle.

The word **jungla** is a neologism, fashioned after the English word. It was popularized by Kipling's works in Spanish translation.

7. **platicar.** This is one of many words which are considered learned in several countries but which have become popular in Mexico.

Quisiera platicar contigo.	I'd like to chat with you (Mexico).

8. **seña—señal—signo.** Both **seña** and **señal** can mean sign or mark.

Puso una seña (señal) al margen de la página.	He put a sign on the margin of the page.

Both words, however, have special meanings. **Seña** (mostly used in the plural) can mean gestures and also address.

Se hablan por señas.	*They talk to each other by means of gestures.*
¿Quieres darme tus señas?	*Will you please give me your address?*

Señal (señales) is a *graphic* mark or set of marks intended to convey a message.

La señal de la cruz.	*The sign of the cross.*
Fíjese Ud. en las señales de tráfico.	*Pay attention to the traffic signs.*

Signo is used to mean *indication* (**indicio**).

Ya está caminando; esto es un buen signo.	*He is already walking; this is a good sign.*

Signo is also the word employed to refer to any established drawing or design with a conventional meaning. One can speak of **los signos del zodíaco, signos matemáticos, signos musicales,** etc.

9. **airado.** Airado is a literary word; it implies more than mild anger. In order of intensity, one could establish the following series: **disgustado, enfadado, enojado, airado, enfurecido.** All of these adjectives mean angry.

Estoy enojado contigo.	*I am rather angry with you (not just peeved).*

Ejercicios

A. Escoja Ud. la palabra apropiada para completar cada una de las siguientes oraciones.

1. (señas—señales) No dijo ni una sola palabra, pero me hizo _____.
2. (vestidos—vestimentas) Dicen que las señoritas prefieren _____ de colores claros para el verano.
3. (el pelo—la melena) Necesito que me corten _____.
4. (quedarse—permanecer) Esta bandera _____ aquí hasta que terminen las Fiestas Nacionales.
5. (señas—señales) Yo le escribiré. ¿Quiere darme sus _____?
6. (llevar—conducir) Fue preciso _____ a la víctima al hospital.
7. (la selva—la floresta) Señores pasajeros, en este momento estamos pasando sobre _____.
8. (enojado—enfurecido) Por no haberle invitado a la fiesta está _____ conmigo.
9. (señas—signos) Para hacer cálculos matemáticos hay que usar _____ especiales.

B. ¿Quedar o quedarse?

1. Mi pensión _____ muy lejos de la universidad.
2. ¿Piensa Ud. _____ en París?
3. Mañana Ud. _____ muy sorprendido.
4. Al verle ella _____ aterrorizada.
5. Por fin la fruta cae del árbol y _____ en el suelo. Nadie la recoge.

V. Elementos de composición

Ejercicios

A. Exprese Ud. en español, usando **por** *o* **para.**

1. She was about to call her parents.
2. Let us not buy anything for the time being.
3. Because they are ill they cannot come.
4. He always talks that way out of vanity.
5. I saw her walking in front of your (**tu**) house.
6. I will have finished my studies by June.
7. For a ten-year old he plays chess (ajedrez) muy bien.
8. However clever she may be she will not get the highest grade.
9. Fortunately I brought my camera.

B. Prepare Ud. breves composiciones sobre dos de los siguientes grupos de palabras.

1. la selva—borrar—el rastro del hombre
2. venir—el Inspector—el Registro—sin hacer
3. tomar—yagé—soñar

C. Escriba Ud. una composición sobre el contenido del siguiente dibujo:

VI. Repaso

A. ¿Para o por?

1. Hoy no podemos salir _____ el frío.
2. _____ hablar mal de otros tú no tienes igual.
3. Es una casa correccional _____ menores.
4. Haga Ud. el favor de pagar _____ adelantado.
5. El muchacho saltó _____ encima de la mesa.
6. Ud. lo hará mal _____ no ser especialista.
7. Perdió su puesto _____ hacer mal su trabajo.
8. Haremos un gran esfuerzo _____ ayudarle. Ésa es nuestra intención.
9. Hemos trabajado _____ ocho horas seguidas.
10. Hicimos todo lo posible _____ librarle de ese vicio.

B. Traduzca las palabras en inglés al español.

1. Estaba tendido (*face up*).
2. ¿Hacia dónde (*is*) el Jardín Botánico? (*Do not use "to be."*)
3. Viajaban (*down the river*) a favor de la corriente.
4. ¿Es verdad que ayer Ud. (*drove*) de noche?
5. (*The sign*) decía: «Prohibido fumar».
6. ¿Piensa Ud. viajar (*by car*)?

I. Lengua oral

PRIMER PUESTO EN YANQUILANDIA[1]

(Un joven sudamericano sin ninguna experiencia en trabajos físicos habla con la administradora de un hotel.)

SEÑORA: ¿Cómo te llamas?

RAFA: Rafael Fernández, pero todos me llaman Rafa.

SEÑORA: Tú no eres americano, ¿verdad?

RAFA: Soy americano de Sudamérica.[2] Hace un año que vivo en este país.

SEÑORA: ¿Cuál es tu *domicilio?*   place of residence

RAFA: Una *residencia* de la universidad.   dormitory

SEÑORA: Y ¿qué estudias?

RAFA: Filosofía y letras.

SEÑORA: ¿Dónde has trabajado antes?

RAFA: En un almacén.

SEÑORA: Pero, haciendo ¿qué?

RAFA: De todo un poco: *cajero,* dependiente, *despensero*   cashier / storeroom man
. . .

SEÑORA: OK, Rafa. Serás nuestro despensero desde mañana *en adelante,* pero no vengas tan elegante.   on

Debieras comprarte ropa de trabajo *cuanto antes.*   as soon as possible

RAFA: Sí, señora. *Mañana mismo lo hago.*   No later than tomorrow / I will do it

* * *

SEÑORA: *Muchacho,* ¿qué has hecho con esa carne?   Fellow

RAFA: Quería *pesarla* en la *balanza,* pero, como había tanta, *se me vino al suelo. . .*   to weigh it / scale it slipped down to the floor

SEÑORA: ¡Eres *un bendito*! Primero has de pesar el *cajón*   real smart *(ironic)* / box con la carne dentro; después, sólo el cajón. La diferencia es el peso de la carne.

RAFA: ¡Aaah!

SEÑORA: ¡No te han enseñado, en filosofía y letras, la diferencia entre *peso* neto, *tara* y peso *bruto*?   weight / weight of container / gross

RAFA: Pues, . . . hasta ahora, no.

SEÑORA: Y ¿qué pasó con esas patatas? Parecen *bolitas de*   mothballs *naftalina.*

RAFA: Las puse en la *peladora* eléctrica. Esperé un rato   peeler para ver si paraba automáticamente y luego . . . se me olvidó sacarlas. . .

SEÑORA: De manera que hoy nos vas a *regalar* con   treat «patatas *primerizas*». Si hubiera visto esto el   new boss / you would have lost job / as sure as *patrón, pierdes* el *puesto,* . . . *segurísimo.*   shooting

RAFA:	Lo siento, realmente. *Debí prestar* más atención.	I should have paid
SEÑORA:	Bueno. *A no hacer* más *tonterías* porque, si sigues	Don't do / "goofy things"
	así, *nos arruinas* el negocio. Desde ahora en	you will ruin
	adelante, si no sabes algo, *me llamas* antes de hacer	call me
	nada. Y ahora, *¡a trabajar!*	get to work!

(La señora se marcha *meneando* la cabeza, convencida,	shaking
seguramente, de que en Sudamérica todavía *se vive* en la	people live
Edad de Piedra.[3])	

Notas culturales

1. **Yanquilandia.** With this neologism the Spanish speaker can imply admiration, bewilderment, or distrust, depending on the context in which it appears.
2. **Sudamérica.** Some Latin Americans reject the use of the word **americano** to mean exclusively *U. S. citizens.* This leads them to call Americans **norteamericanos.**
3. **Edad de Piedra.** In the Latin-American world there are young people who still shun physical labor. This aversion is quickly disappearing wherever industrial progress is being made.

Ejercicios

A. *Reconstrucción.*

1. ¿Quién es Rafa?
2. ¿Dónde vive?
3. ¿Qué estudia?
4. ¿Qué trabajos físicos ha hecho, según su declaración?
5. ¿Qué debe comprarse, según la señora?
6. ¿Qué pasó con la carne cuando Rafa quiso pesarla?
7. ¿Cómo debió hacerlo?
8. ¿Qué hizo con las patatas?
9. ¿Qué debe hacer ahora antes de hacer nada?
10. ¿Qué pensaba la señora, seguramente?

B. *Creación personal. Haga Ud. frases con las palabras indicadas.*

1. el joven—un puesto—sin tener—la experiencia
2. la señora—la administradora—un hotel
3. el domicilio—una residencia—la universidad
4. un almacén—hacer—de todo un poco
5. elegante—comprar—la ropa
6. pesar—la carne—una balanza

7. pesar—el cajón—la carne
8. poner—las patatas—la peladora
9. las tonterías—arruinar—el negocio
10. menear la cabeza—Sudamérica—la Edad de Piedra

C. Expresión libre. Conteste Ud.

1. ¿Cómo explica Ud. que algunas personas no quieran hacer trabajos físicos?
2. ¿Qué entiende Ud. si alguien le dice que está estudiando «filosofía y letras»?
3. ¿Qué significa la frase «ropa de trabajo»?
4. ¿En qué consiste el trabajo de un despensero en un almacén?
5. Hay tres palabras que se usan cuando hablamos de peso: *neto, tara* y *bruto.* ¿Puede Ud. decir qué significa *peso bruto*? ¿Qué es la tara?
6. Por lo general, ¿qué hace el «patrón» de un negocio como un hotel?
7. Dé un ejemplo de una tontería que Ud. ha hecho.
8. ¿Qué entiende Ud. por la frase «Edad de Piedra»?

II. Formas y estructuras

A. FUNDAMENTOS
Usos especiales de los tiempos

In a very considerable number of constructions, Spanish and English coincide in the uses of tenses, especially in written Spanish. Conversational Spanish, on the other hand, often deviates from the usual tense patterns. A knowledge of these deviations or variants is indispensable, because they always imply special meanings. First, let us review the changes you have encountered in previous lessons along with others that are customary.

The present

1. Instead of a compound tense, after **hace . . . que:**

Hace un año que **vivo** en este país.

I have been living in this country for one year.

(For further comments, see Lesson 1.)

2. Instead of the future, when a future action is viewed as immediate:

Mañana te **doy** el dinero.

Tomorrow I will give you the money.

(For further comments, see Lesson 10.)

3. Instead of the conditional, after if-clauses incorporating the subjunctive, when the speaker wishes to add a note of great intensity:

> Si el patrón viera esto, te **despide** inmediatamente.

> *If the boss saw this, **he would fire** you immediately.*

The imperfect

1. In place of the present, in diplomatic statements. This is the so-called "imperfect of modesty." The imperfect reduces the directness of an action by making it appear in a supposed past. This is identical to the corresponding English usage.

> Yo le **preguntaba** sólo para informarme.

> *I **am asking** you (I **was asking** you) just for my information.*

2. Instead of the conditional, after if-clauses, when the speaker wishes to add the notion of willingness to his statement:

> Si tuviera tiempo, yo **iba** con él.

> *If I had time, I **would go** with him.*

(For further comments, see Lesson 7.)

NOTE: In conclusion, conditional statements can have three possible tenses in the result clause: (a) the regular form (with a conditional): **Si me vieran aquí, me** *castigarían* (they would punish me); (b) the more dramatic form: **Si me vieran aquí, me** *castigaban*; and (c) the most dramatic form: **Si me vieran aquí, me** *castigan.*

Whether or not you can use the imperfect or the present (instead of the conditional) depends on the degree of dramatic intensity that is possible with a particular action. Some actions just do not lend themselves to dramatizing. Example: **Si tuviera sed,** *bebería agua* **(I would drink water).**

3. Instead of a compound tense in **hacía . . . que** sentences:

> Hacía un año que **trabajábamos** ahí.

> *We had been working there for a year.*

The preterite

Instead of the imperfect, when a different meaning is intended with the verbs **conocer, querer,** and **poder:**

conocí	*I met*	conocía	*I knew*
pude	*I managed to*	podía	*I was able to*
no pude	*I failed to*	no podía	*I was not able to*
quise	*I tried to*	quería	*I wanted to*
no quise	*I refused to*	no quería	*I did not want to*

The conditional

Instead of a past tense, in statements of probability:

Serían las nueve.   *It was probably nine o'clock.*

The infinitive

Instead of a command, with or without **a**:

¡A callar!   *Keep quiet!*

The imperfect subjunctive

Instead of a conditional, in the so-called "softened statements" with **deber** and **querer**. (*For further comments, see Lesson 12.*)

Ud. **debiera** hacerlo (= Ud.   *You **ought to** do it.*
debería hacerlo).

Yo **quisiera** partir ahora (= Yo   *I **should like to** leave now.*
querría partir ahora).

Ejercicios

A. Cambie Ud. las palabras subrayadas a otro tiempo verbal. Después, traduzca la nueva oración al inglés.

1. Me imagino que <u>probablemente</u> <u>eran</u> muy ricos.
2. Mañana <u>te</u> <u>explicaré</u> todo eso.
3. Ahora <u>terminen</u> Uds. lo que han comenzado.
4. Si yo fuera Ud., no <u>iría</u> a esa fiesta. (*Use a more dramatic tense.*)
5. Tú <u>deberías</u> comprarte ropa menos elegante.
6. Si llegara a saberlo, te <u>despediría</u>. (*Use the most dramatic tense.*)
7. Hace un año que <u>he</u> <u>estado</u> <u>estudiando</u> filosofía.
8. <u>Probablemente</u> <u>están</u> en el extranjero.
9. Yo se lo <u>pido</u> sólo para informarme. (*Change to a more diplomatic statement.*)
10. Yo <u>querría</u> trabajar durante el verano.

B. Comunique Ud. la idea expresada por las palabras subrayadas usando el verbo entre paréntesis en el tiempo apropiado.

1. (no querer) ¿Es verdad que Ud. <u>se negó a</u> abrir la puerta?
2. (conocer) ¿Dónde <u>fue</u> Ud. <u>presentado</u> a nuestro presidente?
3. (no poder) Me ha dicho que le <u>fue</u> <u>imposible</u> aprobar el curso.
4. (querer) Ella <u>intentó</u> darle consejos. Todo fue en vano.
5. (poder) Por fin <u>me</u> <u>fue</u> <u>posible</u> mudarme de casa.

B. AMPLIACIÓN

Otros usos especiales de los tiempos

The present

1. Instead of a command, after adverbial clauses. This is done when a milder form of ordering is needed, whether replacing a polite or a familiar command.

> Tan pronto como pueda, **me trae Ud. (tráigame Ud.)** los libros.   *As soon as you can, bring me the books.*

> Si terminas temprano, **me llamas (= llámame).**   *If you finish early, call me.*

This use of the present can be more readily understood if the second half of the sentence is conceived of as an option: *If you finish early, you can call me.*

NOTE: The use of the present tense rather than the imperative can be found even when there is no adverbial clause: **Ahora, *tú te marchas.*** *Now, get out.*

Ejercicio

> *Cambie Ud. el mandato a otra forma más diplomática.*

1. Si no lo quiere Ud., <u>démelo</u> a mí.
2. Cuando tenga Ud. tiempo, <u>dígame</u> qué debo hacer.
3. En caso de que pregunte, <u>dile</u> que no.
4. Si quieres, <u>vente</u> a charlar conmigo.
5. Si lo prefieres, <u>siéntate</u> aquí.

2. Instead of the future, when using haber de. This is done when the speaker wishes to express a firm decision in the *present*. In English one expresses the same idea through more emphatic intonation or by using the expression *have got to. . .*

> **¡Yo he de** ganar!   *I will (I've got to) win!*

A parallel construction is the one with the imperfect of **haber de** to express a forceful decision in the *past*.

> ¡Ella **había de** trabajar ahí!   *She had to work there!*

Ejercicio

Exprese Ud. una decisión firme con el verbo **haber de**—*en el presente o en el imperfecto, según el caso:*

1. Yo <u>obtendré</u> el premio.
2. Dijo que algún día <u>sería</u> rico.
3. Lo <u>haremos</u> sin falta.
4. Dijo que <u>aprobaría</u> el curso tarde o temprano.
5. Me aseguraron que esta vez <u>ganarían</u> la medalla de oro.
6. Desde hoy en adelante <u>trabajaré</u> más.

The imperfect

Instead of the conditional. The imperfect is used thus when the speaker wishes to express willingness. In English one translates this idea through the auxiliary *would. (See Lesson 12.)*

Esperé un rato para ver si ella me **llamaba.**	*I waited a while in order to see if she **would call** me (= if she **was willing to call** me).*
Era necesario saber si **aceptaban** el contrato.	*It was necessary to know if they **would accept** the contract (= if they **were willing to accept** the contract).*

Ejercicio

Use Ud. el imperfecto en lugar del condicional para expresar una disposición de ánimo favorable, o su contrario.

1. En tales circunstancias (*I would pay*).
2. Si estuviera en su lugar, (*I would propose marriage to her*).
3. Con todo ese dinero en mis manos, (*I would buy it*).
4. No queríamos salir antes de saber (*if it would rain or not*).
5. Se lo dije sólo para saber (*what he would answer*).
6. Por estas razones y otras, dijo que (*he would not go*).

The preterite

With the verb **deber.** The preterite of **deber** may be used instead of a compound tense to express duty in the past. Note that, since *should* has only one form, two verbs are required to construct its past tense (*should have*), whereas the corresponding Spanish expression is simply the preterite of **deber.** Note also that the Spanish version is followed by an infinitive, while the English is followed by a past participle:

Uds. **debieron callarse.**   *You **should have kept** silent.*

Ejercicio

Exprese Ud. las siguientes oraciones en español:

1. I should have returned earlier.
2. You (**Ud.**) should have stayed there.
3. She should have told (it to) him.
4. We should have done it.
5. You (**Tú**) should have helped her.

The future

Instead of a command. Some call this "the biblical future," i.e., the tense used in the commandments (**No matarás** = *Thou shalt not kill*).

Ejercicio

Reemplace las palabras subrayadas empleando el futuro para expresar un mandato.

MODELO: *Contésteme categóricamente.*
        Ud. me contestará categóricamente.

1. Haz lo que yo te <u>mande</u>.
2. <u>Ven</u> de todos modos.
3. <u>Háganlo</u> ahora mismo.
4. <u>Siéntate</u> aquí.
5. No <u>tomes</u> lo que no te pertenezca.
6. No <u>hables</u> mal de tus vecinos.

Archaic forms of the pluperfect

Instead of the regular pluperfect. There is an archaic form of the pluperfect indicative ending in **-ra** which is occasionally used instead of the regular pluperfect indicative, or preterite particularly in journalistic Spanish.

Les mostró el regalo que su madre le **enviara.** (= ... el regalo que su madre le **había enviado**).

*He showed them the present his mother **had sent** him.*

Devolvió todo el dinero que les **debiera** (= ... que les **había debido**).

*He returned all the money he **had owed** them.*

Ejercicio

Reemplace las palabras subrayadas empleando la forma arcaica recién discutida.

1. Nunca proveyó la información que se le había pedido.
2. Eran los mismos argumentos que ella había empleado en numerosas ocasiones.
3. La policía detuvo a los muchachos que yo había visto cerca del banco.
4. Según ellos, era el mismo poema que otro autor había escrito hacía años.
5. Por fin el presidente cumplió con las promesas que había hecho desde el principio.

The present perfect subjunctive

Instead of the imperfect subjunctive. In a previous section it was stated that the present perfect (**ha muerto**) could replace the preterite (**murió**) if the effects of the action were still felt in the present. Similarly, the president perfect subjunctive can be used instead of the imperfect subjunctive when the effect of an action persists in the present.

> Es poco probable que **haya pagado.**   *It is not very probable that he paid.*

In order to remember these shifts more readily, make these associations:

The preterite indicative becomes the present perfect indicative;

The imperfect subjunctive becomes the present perfect subjunctive.

Ejercicio

Cambie Ud. el verbo al presente perfecto del subjuntivo para expresar la persistencia de los efectos de la acción.

1. Dudo que recibiera todo eso gratis.
2. No es probable que dijera la verdad.
3. No estoy convencido de que estuviera realmente enfermo.
4. Es una lástima que llegara tan tarde.
5. No creo que él le prometiera ese dinero.
6. Es poco probable que ella viniera sola.

III. Lengua escrita

EL *AUTÓMATA* SURAMERICANO*

automaton

En los Estados Unidos los aparatos automáticos se encuentran en las esquinas* de todas las calles y en los rincones* de todos los edificios. Esto hace que el norteamericano sea indudablemente el ser que permanece el mayor tiempo de su vida en contacto directo con la máquina.

* * *

El frío contacto de las máquinas le hace perder muchos de los atributos* necesarios para *convivir* con sus *semejantes.* La *manipulación muda desaloja* el calor humano de la vida diaria. Un frío glacial y una rigidez de autómata *se apoderan* de la personalidad del individuo. *Sin que ello signifique* que, *por oposición,* se deba promover* el establecimiento de costumbres tan exageradas como las de nuestros países, en donde la compra de cigarros* implica frecuentemente un saludo recíprocamente ceremonioso, con las preguntas *consabidas* sobre la salud del vendedor y sus *familiares. . .*

to live side by side with
fellow beings / manual operation / silent / dislodges
take possession / This does not mean / as a countermeasure

usual

relatives

* * *

Las fábricas constituyen el campo original de la vida automática. Fui personalmente *testigo* y víctima del *engranaje* del mundo industrializado.

witness / interlocking of gears

Durante cierto tiempo trabajé en una *fábrica* de *alimentos en conserva. A petición* del jefe inmediato *pasé a sustituir* a mi vecina, *la cual tenía por tarea* colocar *papeletas* de instrucciones* en el interior de los *recipientes.* Aparentemente, esta tarea no demandaba mayor habilidad. Comencé al frente de una *banda* que transportaba indefinida y automáticamente los *tarros* de jamón. A los diez minutos quise mejorar la posición de mi cuerpo a fin de *agilizar* la ejecución del trabajo, pero alguien me *acusó* de haber omitido tres *etiquetas.* Continué trabajando sin dejar que mis ojos se apartaran del movimiento de la mano derecha, la cual hacía un *recorrido* de catorce *pulgadas* entre la izquierda y el tarro de jamón. De repente mi mente *entró en acción* y me pregunté para qué estaba colocando esos *rótulos,* si los consumidores se molestarían leyéndolos, si al adherirse al jamón *se dañarían* o si la tinta *alteraría* el alimento. *Bastaron* estas cuatro reflexiones para que ocho tarros *se pasaran* sin nada y cuatro con doble etiqueta. *El ojo*

factory / canned foods / At the request I began as a substitute
whose job was / slips of paper
containers

(moving) belt

cans

to facilitate

accused

labels

trip / inches

began to function

labels
they would be ruined / would spoil
Were enough
to pass along / The magic

mágico de selenio puso a gritar las alarmas que *anunciaban* mi ineptitud. No hubo tolerancia, no hubo *apelación* que *valiera*. Mi castigo por pensar *no tardó* y, ese mismo día, fui despedido por inútil.

selenium (chemical) eye / activated / broadcasted appeal / would help me was not long in coming

(Jairo Márquez, *Anatomía del gringo. Impresiones de un suramericano,* Bogotá, 1966.)

COMENTARIO

1. Common figures of speech. Writers resort to deformation of what they wish to represent by using a large number of stylistic resources. Among the more common ones are the following:

(a) Hyperbole, or *exaggeration.* Things, people, or events can be magnified beyond their usual proportions either for purposes of dramatization or to produce a humorous effect. The author of the selection you have just read used two hyperboles when he stated that machines are found **en *todas* las calles y en los rincones de *todos* los edificios.**

(b) Personification is the process of humanizing things by endowing them with human qualities:

Un frío glacial y una rigidez de autómata *se apoderah* de la personalidad del individuo.	*(Things do not actually take possession of people.)*
Alguien me acusó.	*Someone* (really an alarm system and not a person) *denounced me.*
El ojo mágico de selenio *puso a gritar* las alarmas.	*The magic selenium eye activated multiple alarms.*

(c) Reiteration, or *repetition,* creates a pattern: what is said falls into groups of two, three, four, or more units. This is one way of emphasizing what is being said.

> **Se encuentran en *todas las* calles y en los rincones de *todos los* edificios. Me pregunté *si* los consumidores . . . , *si* al adherirse . . . , *si* la tinta. . . . No *hubo* tolerancia, *no hubo* apelación.**

2. Anglicisms. These are words or expressions that are patterned after English models. Anglicisms are particularly noticeable in the Spanish language of people whose countries are geographically close to the United States (Cuba, Puerto Rico, Mexico, Central America). In *El autómata suramericano* we find four Anglicisms: *(a)* **el mayor** tiempo de su vida. Probably this is patterned after *the greater part of his life.* In correct Spanish this could be said in either of two ways: la mayor parte de su vida or buena parte de su vida. (*b*) aparentemente. The real Spanish equivalent of *Apparently,* as used in English, is either Por lo visto or Al parecer. The adverb aparentemente does exist in Spanish, but it is used to refer to the deceptive manner in which something false or unreal appears before the spectator's eyes. (*c*) no demandaba. Obviously this is patterned after the English word *to demand:* Esta tarea no demandaba mayor habilidad. Spanish has at least two ways of expressing the same idea: no exigía or no requería (mayor habilidad). (*d*) al frente de. This is most likely an imitation of *in front of,* which in Spanish is delante de or frente a. Al frente de means *in charge of* or *at the head of* something. Compare:

Me encontraba delante de (frente a) una cruz.	*I found myself in front of a cross.*
Iba al frente de la manifestación.	*He was at the head of the demonstration.*

Ejercicios

A. Diga Ud. si hay casos de hipérbole, personificación o reiteración en las siguientes oraciones. ¡Ojo! No todas las oraciones contienen las figuras recién estudiadas.

1. La noticia era estupenda. El joven escritor no cabía en sí de contento.
2. Un mandato interior le impulsaba a ser magnánimo sin dejar de ser fuerte, a ser comprensivo sin caer en renunciaciones.
3. Al oír la noticia se deshizo en lágrimas y sollozos.
4. En el campo de la ética social no caben gradaciones; el hombre ha de ser siempre buen ciudadano.
5. Tendido a la orilla del río oyó la voz de la selva traducida en chillidos, choques y rumores.
6. El cielo, enloquecido por truenos y relámpagos, amenazaba al pueblo con una terrible inundación.
7. En horas de descanso salió repetidas veces a caminar por los alrededores del pueblo.
8. En mi mente guardo el extraño recuerdo del sembrador más raro que hubo en el monte.
9. Todo lo que oía en esas reuniones le parecía vacío, sin sustancia, insignificante.
10. La selva es la aventura sin sentido, la pasión de riquezas, la repulsa de toda ley.

B. Lea Ud. las siguientes oraciones y diga qué palabras o frases le parecen a Ud. anglicismos. Después de terminar, consulte los comentarios que se dan más abajo. (No lea los comentarios hasta que haya terminado el ejercicio.)

1. Nadie sabe, por seguro, si tales condiciones existían antes de la revolución.
2. El propósito del programa es enseñar a la mujer hispanoamericana alguna habilidad para que tenga independencia económica.
3. Eso lo hace adoptar una posición inflexible frente al mundo femenino.
4. La solución parece ser tomar control sobre el presupuesto del país.
5. Presente su aplicación y pida también un préstamo.
6. Se oye mucho del folklore americano en nuestro país.
7. El padre sugiere a su hijo que no vaya al cine.
8. Es la muchacha más inteligente en toda la clase.
9. No me gusta comer mi desayuno a esa hora.
10. Puedo darle un sinónimo por camino, si necesario.
11. Iré a la gran ciudad porque pienso que allí encontraré muchas oportunidades.
12. Para mí, esto es increíble.
13. Entró primero la madre y entonces el hijo.
14. Ahora indicaré qué son los elementos importantes en su arte.
15. Los compraré aquí porque los venden a precios modestos

* * *

All the sentences just given contain Anglicisms. The following corrections should be made:

1. **Por seguro** is a literal translation of *For sure.* The correct Spanish phrase could be **Con seguridad, A ciencia cierta,** or one of several others.

2. The word **habilidad** is patterned after the English *ability.* **Habilidad** means *dexterity,* as in **habilidad manual.** The word needed in this sentence is **oficio.**

3. **Posición** means *posture* in Spanish. The phrase needed here is **una actitud inflexible.**

4. The construction **tomar control sobre** is foreign to the Spanish language. The verb needed here is **controlar.**

5. The word for *application* in Spanish is **solicitud. Aplicación** means *dedication:* **Muestra mucha aplicación en sus estudios.**

6. **Se oye mucho del . . .** is incorrect Spanish; it is probably patterned after *A lot is heard about. . . .* Possible Spanish phrasing might be: **Se discute mucho el folklore. . . Se comenta mucho. . .**

7. The verb **sugerir** is far less common in Spanish than in English. **Un padre le dice. . . , le manda. . . , le ordena. . .** , etc. Observe the presence of the indirect object pronoun in all cases.

8. After a superlative in Spanish one must use **de**.

9. One does not "eat" breakfast in Spanish. Correct possibilities are **tomar el desayuno** or **desayunarse**.

10. **Por** is the wrong preposition; it reflects English usage. Correct: **¿Puede Ud. darme un sinónimo de** *camino*? **Si necesario** contains an artificial ellipsis. The correct wording would be **en caso de ser necesario** or **si fuera necesario**.

11. **Oportunidades** is being misused here to mean *jobs*. The correct phrasing would be **posibilidades de empleo**.

12. Instead of **para mí,** Spanish requires **En mi opinión, A mi modo de ver. . .**

13. **Entonces** is never used in Spanish to mean *in the second place.* What is needed here is either **luego** or **después**.

14. Since the interrogative is followed by the verb **ser** the proper form here is **cuáles son. . .** The locative phrase **en su arte,** modelled after the English phrase *in his art,* should be changed to an adjectival phrase: **de su arte.**

15. **Modesto** means *having modesty;* it cannot be applied to prices. The correct wording is **precios módicos.**

IV. *Ideas afines*

1. **suramericano—sudamericano.** The noun **Suramérica** and the adjective **suramericano** have been almost forgotten. At present the common terms are **Sudamérica** and **sudamericano**.

2. **esquina—rincón.** These words mean *outside corner* and *inside corner,* respectively.

Vaya Ud. a la tienda de la esquina.	*Go to the corner store.*
Hay que limpiar todos los rincones.	*It is necessary to clean all the (inside) corners.*

3. **atributo—cualidad.** The first of these words denotes a quality that implies a capacity or power to do something.

La caridad es atributo del hombre de bien.	Being charitable is a trait of the honorable man.
¿Cuáles son los atributos distintivos de las cosas físicas?	What are the distinguishing features of physical things?

Cualidad merely implies a characteristic with no ulterior implications.

Ella es una joven de admirables cualidades.	She is a young lady of admirable qualities.
El oro tiene cualidades muy especiales.	Gold has very special qualities.

4. promover. This verb has several meanings: (*a*) crear algo:

No debemos promover otras costumbres.	We must not initiate other customs.

(*b*) provocar algo:

Eso promovió muchas quejas.	That caused (gave rise to) many complaints.

(*c*) In legal language it means poner en movimiento:

Promovió nuevas negociaciones.	He fostered new negotiations.

5. cigarro—cigarrillo. Though at times confused, these words normally refer to a cigar and a cigarette, respectively.

Un buen cigarro es el puro hecho en Cuba.	A good cigar is the cigar made in Cuba.

6. consabido—usual—acostumbrado. Consabido—a somewhat literary word—means *usual,* in the sense of well-known.

Son las preguntas consabidas sobre la salud.	They are the usual (well-known) questions about someone's health.

Usual and acostumbrado also mean *usual,* as determined by usage or custom.

Dio el paseo acostumbrado.	He took his usual walk.

7. pasar a sustituir. Some constructions have several possible meanings depending on the context in which they appear. Pasar a sustituir could mean *to substitute* or *to become a substitute (for someone),* or *to be moved up to be a substitute (for someone),* or *to begin as a substitute, etc.*

8. **papeleta—tarjeta—rótulo—etiqueta.** Often confused, as in the present selection, these words differ in connotation. **Una papeleta** is a small, oblong piece of paper, generally thinner than a **tarjeta.**

Para pedir un libro hay que llenar esta papeleta (tarjeta).	*To get (secure) a book you must fill out this card.*

Rótulo can be used to mean *label,* though it normally refers to the title or heading of a note or inscription.

Tenía que colocar esos rótulos en los recipientes.	*I had to put those informative slips of papers within the cans.*

Etiqueta is a label or sticker, usually a gummed one.

Ponga esta etiqueta en la cubierta del libro.	*Put this label (sticker) on the cover of the book.*

9. **instrucciones—direcciones.** In English, the equivalent of **instrucciones** is *directions.* On the other hand, **direcciones** means *addresses,* or *directions* in the sense of orientation.

Aquí tengo la lista de direcciones.	*Here is the list of addresses.*
Corrieron en varias direcciones.	*They ran in several directions.*

10. **tarro—lata—recipiente. Tarro** and **lata** mean *can,* but the former is more common in Latin America.

Compre Ud. jamón en lata.	*Buy canned ham.*

Recipiente is a generic term which is used to designate containers of various sizes and shapes.

Eche el agua en ese recipiente.	*Pour the water into that container.*

11. **acusar.** This verb can mean *to denounce, to accuse,* or *to show.*

Me acusaron ante el juez.	*They denounced me before the judge.*
Te acusaron de robo.	*They accused you of theft.*
El enfermo acusó una ligera mejoría.	*The sick man showed a slight improvement.*

Ejercicio

Traduzca las palabras en inglés.

1. La economía (*showed*) un empeoramiento general.
2. Antes yo fumaba (*imported cigars*).
3. Pasaron corriendo en varias (*directions*).
4. ¿Leyó Ud. (*the label*) del paquete?
5. ¿Cuáles son (*the qualities*) que distinguen al hombre del animal?
6. Hallé mis zapatos (*in a corner*) de tu habitación.
7. Vaya Ud. a (*the corner store*).
8. Esos accidentes (*gave rise to*) una larga investigación.
9. Le contestó con (*the usual*) chistes que ya todos conocíamos.
10. ¿Por qué no lava Ud. las legumbres en este (*container*)?
11. Antes de comenzar voy a leer (*the directions*).
12. No me gusta comprar (*canned meat*).
13. Los muchachos (*have fostered*) una reforma radical.
14. Escribí el título (*on a card*).

V. *Elementos de composición*

Ejercicios

A. *Traduzca al español.*

1. He had been working in that factory for two years.
2. Finally we could weigh them.
3. He should have called yesterday.
4. Now, keep silent! (*Not* **cálle(se) Ud.**)
5. It is a pity that it arrived so late. (*Effects are still felt in the present.*)
6. I've got to pass that course! (*Express a firm decision.*)
7. If you (**tú**) cannot get the money, write to me. (*Not* **escríbeme.**)
8. Why did you (**tú**) refuse to listen to them?
9. If you (**Ud.**) didn't pay attention, you would lose your job. (*Dramatize the second verb.*)
10. I met him when he was working as a cashier.

B. *Emplee Ud. las siguientes palabras y frases en oraciones originales, poniéndolas al final de la oración.*

1. _____ segurísimo.
2. _____ cuanto antes.
3. _____ desde mañana en adelante.
4. _____ ¡a trabajar!
5. _____ realmente.

C. Redacte Ud. una descripción o una narración sobre el lugar, la persona y la máquina. Dé Ud. una opinión personal al terminar.

VI. Repaso

Traduzca las oraciones al español de manera que las palabras subrayadas expresen las ideas sugeridas por las indicaciones entre paréntesis.

1. (*Immediate future*) Tomorrow <u>I'll go</u> home.
2. (*Very dramatic result clause*) If you don't get here on time <u>you will not eat</u> dessert.
3. (*Express the idea of success*). Finally <u>I managed</u> to find a job in a canned food factory.
4. (*Express the most categorical command possible*). You . . . <u>keep quiet</u>!
5. (*Express probability with* **haber**.) The girls <u>are probably</u> very bored.
6. (*Express a polite wish*). <u>I should like to</u> ask you a favor.
7. (*Use* **querer**.) Why <u>did she refuse</u> to fire him?
8. (*Express a mild command*.) If you don't need it, <u>give it to me</u>.
9. (*The effects of the action are felt in the present*.) I do not believe that she <u>passed</u> the course.
10. (*Express a mild suggestion*.) <u>You ought</u> to buy work clothes.

Appendix

IRREGULAR VERBS

andar *to walk, go*
Preterite   anduve, anduviste, anduvo, anduvimos, anduvisteis, anduvieron
Imperfect subj.   anduviera, anduvieras, etc.
　　　　　　　anduviese, anduvieses, etc.

caer *to fall*
Present participle   cayendo
Past participle   caído
Present indicative   caigo, caes, cae, caemos, caéis, caen
Preterite   caí, caíste, cayó, caímos, caísteis, cayeron
Present subj.   caiga, caigas, caiga, caigamos, caigáis, caigan
Imperfect subj.   cayera, cayeras, etc.
　　　　　　　cayese, cayeses, etc.

conducir *to conduct, drive*
Present indicative   conduzco, conduces, conduce, conducimos, conducís, conducen
Preterite   conduje, condujiste, condujo, condujimos, condujisteis, condujeron
Present subj.   conduzca, conduzcas, conduzca, conduzcamos, conduzcáis, conduzcan
Imperfect subj.   condujera, condujeras, etc.
　　　　　　　condujese, condujeses, etc.

dar *to give*
Present indicative   doy, das, da, damos, dais, dan
Preterite   di, diste, dio, dimos, disteis, dieron
Present subj.   dé, des, dé, demos, deis, den
Imperfect subj.   diera, dieras, etc.
　　　　　　　diese, dieses, etc.

decir *to say, tell*
Present participle   diciendo
Past participle   dicho
Present indicative   digo, dices, dice, decimos, decís, dicen
Preterite   dije, dijiste, dijo, dijimos, dijisteis, dijeron
Present subj.   diga, digas, diga, digamos, digáis, digan
Imperfect subj.   dijera, dijeras, etc.
　　　　　　　dijese, dijeses, etc.
Future   diré, dirás, etc.
Conditional   diría, dirías, etc.
Imperative   di

estar *to be*
Present indicative   estoy, estás, está, estamos, estáis, están
Preterite   estuve, estuviste, estuvo, estuvimos, estuvisteis, estuvieron
Present subj.   esté, estés, esté, estemos, estéis, estén
Imperfect subj.   estuviera, estuvieras, etc.
　　　　　　　estuviese, estuvieses, etc.

haber *to have*
Present indicative he, has, ha, hemos, habéis, han
Preterite hube, hubiste, hubo, hubimos, hubisteis, hubieron
Present subj. haya, hayas, haya, hayamos, hayáis, hayan
Imperfect subj. hubiera, hubieras, etc.
              hubiese, hubieses, etc.
Future habré, habrás, etc.
Conditional habría, habrías, etc.
Imperative he

hacer *to do, make*
Past participle hecho
Present indicative hago, haces, hace, hacemos, hacéis, hacen
Preterite hice, hiciste, hizo, hicimos, hicisteis, hicieron
Present subj. haga, hagas, haga, hagamos, hagáis, hagan
Imperfect subj. hiciera, hicieras, etc.
              hiciese, hicieses, etc.
Future haré, harás, etc.
Conditional haría, harías, etc.
Imperative haz

ir *to go*
Present participle yendo
Past participle ido
Present indicative voy, vas, va, vamos, vais, van
Imperfect indicative iba, ibas, iba, íbamos, ibais, iban
Preterite fui, fuiste, fue, fuimos, fuisteis, fueron
Present subj. vaya, vayas, vaya, vayamos, vayáis, vayan
Imperfect subj. fuera, fueras, etc.
              fuese, fueses, etc.
Imperative ve

oír *to hear*
Present participle oyendo
Past participle oído
Present indicative oigo, oyes, oye, oímos, oís, oyen
Preterite oí, oíste, oyó, oímos, oísteis, oyeron
Present subj. oiga, oigas, oiga, oigamos, oigáis, oigan
Imperfect subj. oyera, oyeras, etc.
              oyese, oyeses, etc.
Imperative oye

poder *to be able, can*
Present participle pudiendo
Present indicative puedo, puedes, puede, podemos, podéis, pueden
Preterite pude, pudiste, pudo, pudimos, pudisteis, pudieron
Present subj. pueda, puedas, pueda, podamos, podáis, puedan
Imperfect subj. pudiera, pudieras, etc.
              pudiese, pudieses, etc.
Future podré, podrás, etc.
Conditional podría, podrías, etc.

poner *to put, place*
Past participle puesto

Present indicative pongo, pones, pone, ponemos, ponéis, ponen
Preterite puse, pusiste, puso, pusimos, pusisteis, pusieron
Present subj. ponga, pongas, ponga, pongamos, pongáis, pongan
Imperfect subj. pusiera, pusieras, etc.
                pusiese, pusieses, etc.
Future pondré, pondrás, etc.
Conditional pondría, pondrías, etc.
Imperative pon

querer *to wish, want*
Present indicative quiero, quieres, quiere, queremos, queréis, quieren
Preterite quise, quisiste, quiso, quisimos, quisisteis, quisiero..
Present subj. quiera, quieras, quiera, queramos, queráis, quieran
Imperfect subj. quisiera, quisieras, etc.
                quisiese, quisieses, etc.
Future querré, querrás, etc.
Conditional querría, querrías, etc.
Imperative quiere

reír *to laugh*
Present participle riendo
Past participle reído
Present indicative río, ríes, ríe, reímos, reís, ríen
Preterite reí, reíste, rió, reímos, reísteis, rieron
Present subj. ría, rías, ría, riamos, riáis, rían
Imperfect subj. riera, rieras, etc.
                riese, rieses, etc.
Imperative ríe

saber *to know*
Present indicative sé, sabes, sabe, sabemos, sabéis, saben
Preterite supe, supiste, supo, supimos, supisteis, supieron
Present subj. sepa, sepas, sepa, sepamos, sepáis, sepan
Imperfect subj. supiera, supieras, etc.
                supiese, supieses, etc.
Future sabré, sabrás, etc.
Conditional sabría, sabrías, etc.

salir *to go out, leave*
Present indicative salgo, sales, sale, salimos, salís, salen
Present subj. salga, salgas, salga, salgamos, salgáis, salgan
Future sadré, saldrás, etc.
Conditional saldría, saldrías, etc.
Imperative sal

ser *to be*
Present indicative soy, eres, es, somos, sois, son
Imperfect indicative era, eras, era, éramos, erais, eran
Preterite fui, fuiste, fue, fuimos, fuisteis, fueron
Present subj. sea, seas, sea, seamos, seáis, sean
Imperfect subj. fuera, fueras, etc.
                fuese, fueses, etc.
Imperative sé

tener *to have*
Present indicative   tengo, tienes, tiene, tenemos, tenéis, tienen
Preterite   tuve, tuviste, tuvo, tuvimos, tuvisteis, tuvieron
Present subj.   tenga, tengas, tenga, tengamos, tengáis, tengan
Imperfect subj.   tuviera, tuvieras, etc.
                tuviese, tuvieses, etc.
Future   tendré, tendrás, etc.
Conditional   tendría, tendrías, etc.
Imperative   ten

traer *to bring*
Present participle   trayendo
Past participle   traído
Present indicative   traigo, traes, trae, traemos, traéis, traen
Preterite   traje, trajiste, trajo, trajimos, trajisteis, trajeron
Present subj.   traiga, traigas, traiga, traigamos, traigáis, traigan
Imperfect subj.   trajera, trajeras, etc.
                trajese, trajeses, etc.

valer *to be worth*
Present indicative   valgo, vales, vale, valemos, valéis, valen
Present subj.   valga, valgas, valga, valgamos, valgáis, valgan
Future   valdré, valdrás, etc.
Conditional   valdría, valdrías, etc.
Imperative   vale

venir *to come*
Present participle   viniendo
Present indicative   vengo, vienes, viene, venimos, venís, vienen
Preterite   vine, viniste, vino, vinimos, vinisteis, vinieron
Present subj.   venga, vengas, venga, vengamos, vengáis, vengan
Imperfect subj.   viniera, vinieras, etc.
                viniese, vinieses, etc.
Future   vendré, vendrás, etc.
Conditional   vendría, vendrías, etc.
Imperative   ven

ver *to see*
Past participle   visto
Present indicative   veo, ves, ve, vemos, veis, ven
Imperfect indicative   veía, veías, veía, veíamos, veíais, veían
Preterite   vi, viste, vio, vimos, visteis, vieron
Present subj.   vea, veas, vea, veamos, veáis, vean

Ideas afines

The Roman numeral following each item identifies the lesson in which the item is discussed.

abajo, XVII	aceptar, XIII	acostumbrado, XVIII	adentro, VI
acá, VI	acontecer, IV	actuar, II	admitir, XIII
acaso, XIV	acontecimiento, V	acusar, XVIII	advertir, II

airado, XVII
alba, XI
alborada, XI
almacén, IX
a lo mejor, XIV
alto, II
allá, VI
allí, VI
amanecer, XI
a mediados de, XVI
americana, V
angosto, II
animal, XI
anunciar, II
apellido, XII
aquí, VI
armar, X
arriba, XVII
arrojar, XIV
arte, XIV
asignatura, III
asustar, IV
atender, I
atributo, XVIII
aullar, XIV
aullido, XIV
aurora, XI
auto (prefix), IV
auto, I
autobús, IV
autopista, XI
autovía, XI
auxiliar, III
avergonzado, XV
avisar, II
azulado, XI
azulino, XI
azuloso, XI
befa, III
bestia, XI
bueno, IV
burla, III
caballero, I
cabello, XVII
cada, VI
caer, VIII
caerse, VIII
callar, VI
callarse, VI
calle, XI
camino, XI
carecer, III
carretera, XI
cáscara, XII

cátedra, III
catedrático, III
cerro, II
centenar, XVI
ciento, XVI
cifra, XII
cigarrillo, XVIII
cigarro, XVIII
claustro, III
coche, I
colina, II
colocar, V
comportarse, II
conducir, XVII
consabido, XVIII
conseguir, IX
construir, X
convertirse en, XV
convidado, V
convidar, V
convite, V
cordillera, II
costa, IV
coste, IV
costo, IV
cristal, XVI
cualidad, XVIII
cubrir, XVI
cuero, XII
curso, III
cutis, XII
chaqueta, V
chanza, III
chillante, XIV
chillar, XIV
chillido, XI
dama, I
dígame, IV
daño, XIV
dar(se) vuelta, X
deber *n.,* XIII
dejar caer, VIII
dentro, VI
de nuevo, VI
derecho, X
desacreditado, XV
desarmar, X
desgraciado, XV
despertar, XI
despertarse, XI
destruir, X
dictar (un curso), III
diferenciar(se), VIII
diferir, VIII

direcciones, XVIII
discrepar, VIII
discusión, XIV
disimular, VIII
distinguir, VIII
echar, XIV
efectivamente, XIII
elegir, IX
emprender, VII
encargar, XI
encargarse de, XI
en efecto, XIII
en medio de, XVI
enseñar, III
entonces, IV
envolver, XVI
época, XV
equivocación, I
error, I
escala, II
escarnio, III
escoger, IX
escolares, III
esconder, VIII
escritorio, XII
estallar, XIV
estar bien, XVI
estar sobre aviso, II
estrecho, II
espantar, IV
esposa, XII
esposo, XII
esquina, XVIII
etiqueta, XVIII
explicar, III
explotar, XIV
extraer, X
fabricar, X
facultad, III
falta, I
faltarle (a uno), III
fin, X
final, X
fingir, VIII
fino, V
flojo, XI
floresta, XVII
forma, IV, XII
fondo, X
formulario, XII
fundirse, XIV
gente, V
gentes, V
girar, X

gringo, XII
gritar, XIV
grito, XIV
hacerse, XV
haragán, XI
herida, XIV
holgazán, XI
hora, VII
huella, X
huerta, XI
huerto, XI
idioma, II
incluido, I
incluso, I
individuo, I
injuria, XIV
instituto, III
instrucciones, XVIII
insulto, XIV
intentar, IX
introducir, X
invitación, V
invitado, V
invitar, V
ir, VI
jungla, XVII
lacio, X
lanzar, XIV
lastimadura, XIV
lata, XVIII
lengua, II
lenguaje, II
lesión, XIV
leve, X
ligero, X
liso, X
liviano, X
lo demás, XV
lograr, IX
loma, II
lucha, XIV
luego, IV
lugar, VII
llegar a, XV
llevar, XVII
madrugada, XI
manera, IV
marido, XII
melena, XVII
mesa, XII
meter, X
mil, XVI
millar, XVI
mirada, VIII

mujer, XII
nada, XIII
nomás, VI
nombre, XII
norteamericano, XII
numerario, III
número, XII
obligación, XIII
ocultar, VIII
ocurrir, IV
oído, II
oler, VI
olor, VI
orejas, II
otra vez, VI
papeleta, XVIII
par, XVI
parada, II
pareja, XVI
parte posterior, X
pasar, IV
pedazo, XVI
pedido, XIII
pelea, XIV
pelo, XVII
pellejo, XII
perezoso, XI
perfil, XII
período, XV
permanecer, XVII
petición, XIII
piel, XII

pieza, XVI
pincharse, XIV
pista, X
planta, XVI
platicar, XVII
pleno, XVI
poner, V
ponerse, XV
ponerse a, VII
porción, XVI
portarse, II
precio, IV
procurar, VII
profesorado, III
promover, XVIII
puesto, VII
pupitre, XII
quedar, IV, XV, XVII
quedarse, XVII
¿qué hay?, X
¿qué hubo?, X
quizá(s), XIV
rajarse, VI
rasgar, VI
recaer, VIII
recibir, XIII
recipiente, XVIII
recto, X
rechinar, XIV
reflejar, XII
reflejo, XII

reflexión, XII
reflexionar, XII
representar, II
reventar, XIV
restar, IV
resto, XV
rincón, XVIII
riña, XIV
romper, VI
ropa(s), IX
rótulo, XVIII
saber, VI
sabor, VI
sacar, X
seleccionar, IX
selva, XVII
sendero, X
sentarle a uno bien (mal), IX
sentir, XI
sentirse, XI
seña, XVII
señal, XVII
señor, I
señora, I
señorita, I
señorito, I
servir de, II
sierra, II
signo, XVII
silueta, XII
sitio, VII

suceder, IV
suceso, V
sudamericano, XVIII
suela, XVI
supernumerario, III
suramericano, XVIII
tal vez, XIV
tapar, XVI
tarjeta, XVIII
tarro, XVIII
temporada, XV
tez, XII
tienda, IX
tío, I
tirar, XIV
tocarle (a uno), IV
todo, VI
trozo, XVI
turno, IV
ultraje, XIV
usual, XVIII
vanidoso, XV
venir, VI
venirse, VI
vestido, XVII
vestimenta, XVII
vidrio, XVI
visión, VIII
vista, VIII
volver a, VI
volverse, XV
yanqui, XII

Spanish-English Vocabulary

This selective glossary excludes cognates, near-cognates, articles, pronouns, verb forms—regular and irregular—(with a few exceptions), common prepositions, conjunctions as well as the elementary vocabulary of first-year grammars and all those words whose meaning the student can readily figure out.

A

a: **—que** I bet that
abajo: **la parte de—** the lower part; **escaleras—** downstairs
abalanzarse to rush
abandono surrender
abogado lawyer
abolladura dent
abrazar to embrace
abrigo overcoat
abrir(se) to open (up), get ahead, stand aside; **—camino (paso)** to make way
abrochar to fasten
aburrido, -a boring
aburrirse to become bored
acabar to end (up); **—con** to put an end to; **—de** to have just; **acabársele (a uno): —el dinero** to run out of money; **—sele (a uno) la paciencia** to run out of patience
acampar to camp
acariciar to caress
acaso perhaps, it is possible; **por si—** just in case
acera sidewalk
acerca de about
acercarse (a) to approach
acero steel; **—inoxidable** stainless steel
acoger to receive
aconsejar to advise
acontecer to happen
acontecimiento event
acordar (ue) to arrange, agree
acordarse (ue) de to remember
acostumbrado, -a usual, familiar
acostumbrarse to get used; **fui acostumbrán-**

dome I gradually got used to it
acre pungent
actual present-day
acudir to come
acuerdo: de— agreed; **estar de—** to agree
acusar to show
adelantado, -a advanced, developed; **por—** in advance
adelantar to get ahead; to be passed (by another car)
adelante up in front; **¡—!** on with it!; **en—** on
adelgazar to thin down
ademán: hacer— to pretend
además besides, furthermore; **—de** besides
adentro (de) inside; **para—** to oneself, inwardly
admitir to confess
adolorido, -a sad, sorrowful
el adoquín cobblestone, paving block
adormecer to lull, numb, quiet down
aduana customs house
advertir(se) to warn
aeromozo, -a steward(ess)
aeropuerto airport
afeitar(se) to shave; **se hizo—** he got a shave
aficionado, -a: ser—a to be fond of
afinado, -a refined
afinar to tune
afirmarse en to grab
afónico: se quedó— he lost his voice
afuera outside; **hacia—** outwardly
agarrar to grab
agilizar to facilitate

agradar to please
agradecer to thank, be thankful
agradecido, -a grateful
agrio, -a sour, mordant
aguantar to put up with, stand
agudo, -a sharp, acute
agüero: mal— ill omen
aguja needle
agujero hole
ahí there; **—no más** right there; **por—** over there, out there
ahora now; **—mismo** right now; **por—** for the time being
ahorrar to save
airado, -a angry
el aire atmosphere; **al—** exposed to the air
el ajedrez chess
ajeno, -a of others
el ala wing
alabanza praise
alacena cupboard
el alambre wire
el albañil bricklayer
alborada dawn
el alcalde mayor
alcanzar to get, reach over (for); **no alcanzo a ver** I can't quite see it; **se alcanza a ver** one can see
aldeano, -a *adj.* village
alegrarse de to be glad of
alejamiento withdrawal
aleta fin
el alfiler pin
alfombra rug
algo something, anything, somewhat
aliento: tomar— to breathe
alimentarse to feed (on)
alimento food
el alma soul

el almacén store
almendra almond
el almirante admiral
almohada pillow
el almuerzo lunch
alondra skylark
alquilar to rent
el alquiler rent
alrededor around;
    —es outskirts
alto, -a tall, loud
alto height; ¿cuánto
    mide (Ud.) de al-
    to? how tall (are you) is
    it?
la alusión remark
alzarse to rise, stand up
allá: —ellos that's their
    affair
la amabilidad: tener la—
    (de) to be so kind as
    (to)
amanecer to wake up
el amanecer dawn
amante: ser—de to love
amarillento, -a yellowish
amarillo, -a yellow
amenaza threat
ametralladora machine
    gun
la amistad friendship
amo master; el—y
    señor the lord and
    master
amotinado, -a rioting
la ampliación enlarge-
    ment, larger view
amplio: —lugar plenty
    of space
ampolla blister
anaranjado, -a orange
anciano old man, elderly
    gentleman
ancho, -a wide; ¿cuánto
    mide de—? how wide
    is it?
andar to go (walk) about,
    ride; anda Ud. con
    buena suerte you are
    in luck; —atrasado to
    be slow; dime con
    quien andas tell me
    what company you keep
el andén platform
angosto, -a narrow
angustioso, -a terrible
animado: lo— the anima-
    tion
animarse to dare
anochecer to be night-
    time, get dark

anotar to write down
ante before, with regard
    to
anteayer day before yes-
    terday
los anteojos (eye) glasses
anterior aforementioned,
    former, previous
anteriormente previously
antes before; —de be-
    fore; —que rather
anticipación: con
    mucha— way ahead of
    time
añadir to add
apaciguar to pacify, calm
    down
apagar to put out
aparato contraption;
    —s equipment
apartado, -a distant
la apelación appeal
apellido family name
apenas hardly
apercibirse to get ready
apetecerle (a uno) to
    long for, want
aplicarse (a) to devote
    oneself to
apoderarse (de) to take
    possession (of)
apoyar to support
apoyo support
apretado, -a: estar— to
    be crushed
apretar (ie) to close
    tightly, tighten, contract
el apretón twist
aprobar (ue): —el cur-
    so to pass the course
aprovechar to take ad-
    vantage (of)
apuntar to jot down
los apuntes notes;
    sacar— to take notes
apurado, -a hard pressed
apurarse to hurry
aquí here (we are);
    de—en within; pasar
    por— pass(ing) by
araña spider
arco: —iris rainbow
el archivador filing
    cabinet
ardilla squirrel
arena sand
el arma: —de
    fuego firearm
armadura frame
armar to put together, as-
    semble, happen, break

out, set up, start (a dis-
    cussion, commotion,
    etc.)
arraigado, -a rooted
arrancar to start
arrastrante plodding,
    dragging
arrastrar to drag
arrastrarse to drag one-
    self, crawl
arrear to spur on
arreglado, -a spruced up,
    arranged, set up
arreglar to repair, fix
arreglárselas to get along
    fine
arreglo: todo tiene—
    everything can be
    fixed
arrepentido, -a repen-
    tant, sorry
arriba up, above;
    ¡—! up with you!;
    escaleras— upstairs
arrimar to put, get close
arrojar to throw, hurl
el arroz rice
arruinar to wreck
ascenso promotion; dar
    un— to promote, be
    promoted
asco: dar— to disgust, be
    repugnant
asegurar to assure
asestar: —un golpe to
    strike a blow
así so that way, thus;
    —no más with no fur-
    ther ado; —que so,
    and so
asignatura course
asistir (a) to attend
asombrado, -a astonished
aspa beam
áspero, -a coarse
aspirar to breathe;
    —a to aspire to
asqueroso, -a foul
asunto matter, question
asustado frightened
asustar to frighten, be
    scared
atado, -a tied
atardecer to draw toward
    evening
atender (ie) to take care
    of
ateneo academy
aterrado, -a terrified
aterrador terrifying
el aterrizaje landing

aterrizar to land
atraer to attract, appeal,
be attracted
atrapado, -a encased
atrapar to catch
atrás behind; de— rear;
días— a few days ago;
hacia— backwards
atreverse to dare
atributo quality
atropellado, -a run over
atropellar to run over
aturdido, -a stunned
audaz daring
aullar to howl
aullido wailing, howl,
howling
aumentar to increase
aumento increase
aurora dawn
el autobús bus
autocar bus, coach
autopista turnpike
autovía turnpike
auxiliar substitute (pro-
fessor)
avellana filbert
avergonzado, -a ashamed
averiguar to find out,
imagine
el avión airplane
avisar to let know, in-
form, tell
aviso notice, announce-
ment
ayer yesterday
ayuda· help
el (la) ayudante assistant,
helper
ayudar to help
ayunas: estar en— to
fast, be fasting
ayuntamiento city coun-
cil
azafata stewardess
el azúcar sugar
azul blue
azulado (azulino) bluish

B
Babia: estar en— to be
in the clouds
badajada ringing
bailar to dance
el baile dance
bajar to lower; —de
peso to lose weight
bajita: bien— quite low
bajo under
bajo, -a low, lower

bala bullet
balanza scales
balazo shot
ballena whale
banda moving belt
bandeja tray
bandera flag
bañarse to bathe
la barbaridad outrageous
thing
barbilampiño, -a beard-
less
barbilla chin
barraca cottage, hut,
farmer's home
barriga belly, stomach,
tummy
el barrigón pot-bellied
man
barriguita little "tummy"
basarse (en) to spring
(from), be based (on),
use as a basis
bastar to be enough;
basta de enough of
basura garbage can
bata gown
batalla battle
el baúl trunk
beber to drink, drinking
bebida beverage, drink-
ing
el bedel caretaker
befa jeering
bellaco scoundrel
belleza beauty
bello, -a fine
bendecido, -a (= bendito,
-a) blessed
bendito n. blessed soul,
ninny
beneficiar to benefit
beneficio: en —de for
(the sake of)
besar to kiss
beso kiss
la bestia animal
bien: si— although;
está— it's ok; hombre
de— honorable man
el bigote mustache
el billete ticket (Spain)
blanco blank; espacios
en— blanks
blanquecino, -a whitish
bloquear to block
bóveda vault
bobina spool
boca: —abajo face
down
bodega wine cellar

bolita: —de naftalina
mothball
bolsa bag, large pocket
bolsillo pocket
bolsita dim. of bolsa little bag
bolso purse
la bomba pump
bombero fireman
bombilla (electric) bulb
bordear to skirt
borrachera drunkenness
borracho, —a drunk(en)
borrar to erase; goma de
— eraser
bostezo yawn
el bosque woods
botar to fire, dismiss,
throw away, "junk"
brazo arm
breve: en— shortly
broma joke, prank;
en— jokingly; estar
de— to be in a joking
mood
bruja witch
brujería(s) witchcraft
bruto: (peso)— gross
weight
bueno all right, well
bueno, -a nice;
lo— how good;
¡qué—! how wonder-
ful!
buho owl
bulto bundle, large pack-
age
burla joke
burlarse de to make fun
of
buscar to look for
búsqueda search
el buzón letter box

C
cabal: está en sus—es he
is sane
caballo: a— on horse-
back
cabecilla ringleader
cabellera head of hair
cabello hair
caber: no caben are not
admissible; no caben
tantos there is no
room for so many; no
cabía en sí de conten-
to he was extremely
pleased; van a— there
will be room for them

cabo tip, corner; al—
de after, at the end of;
al— after a moment
cacería: de (la)—
hunting
el cacique Indian chief-
tain
cada each; —vez más
ruidoso more and
more noisy
cadena chain
caer(se) to fall (down);
dejar— to drop
caérsele a uno el pelo to
lose one's hair
el caimán alligator
caja box; —fuerte
strongbox
cajero cashier
el cajón box
la calefacción heat
calentar (ie) to warm
calmarse: se fue calman-
do gradually calmed
down
el calor warmth, affection
calvo, -a bald
calzado, -a wearing shoes
caluroso, -a hot
callado, -a silent
callar to keep quiet;
¡a—! silence!
callarse to keep quiet
calle: —arriba up the
street; —abajo down
the street
callecilla narrow lane
el callejón lane
callejuela alley, lane
cambiar to change, ex-
change
cambio: a—de in ex-
change for
camilla stretcher
caminar to walk
camino: a medio— half
way over; —a in the
direction of; ponerse
en— to start a trip
el camión truck
camionero truck driver
camioneta station wagon
camisa shirt
campanario bell tower
el campeonato champ-
ionship
campesino, -a country
campo: gente del—
country folks
canoso, -a gray-haired
cansarse to get tired

cantina cheap barroom
canto crowing
el cantor adj. singing; un
día—cualquier one
fine singing day
cantora songstress
caña rod; —de pes-
car fishing rod
capacitado, —a pre-
pared, capable
el capataz overseer,
foreman
capaz capable
capítulo chapter
cara face; tener —de to
look like
caramba good heavens!,
what the heck!
caramelo candy
la cárcel prison
carecer to lack
cargado, -a loaded
cariño affection
cariñosamente affectionately
carísimo, -a very expen-
sive
la carne meat
el carnet: —de con-
ducir driver's license
carpeta folder
carta: —blanca carte
blanche
el cartel poster
cartero mailman
el cartón cardboard
cartulina light
cardboard
carrera running, race
carretera highway
carro car (Mexico)
casa: —de huéspedes
boarding house
casarse con to marry, get
married
cáscara shell
casero, -a homespun
casi almost
caso: hacer— to pay at-
tention, heed, listen (to)
castaño, -a chestnut
castigar to punish
casualidad: por— just by
chance; ¡qué—! what
a coincidence!
cátedra class, chair (in a
university), professor-
ship
categoría class
caudillo leader
causa: a—de on account
of

cenar to eat supper
censurar to censor
el centenar one hundred
el centinela sentry
central: —de teléfonos
telephone exchange
cerciorarse (de) to make
sure
cerebro brain
cervecita dim. of cer-
veza a nice glass of
beer
cerveza beer
cerradura lock
cerro hill
la cicatriz scar
ciego, —a blind
cierto: es— it is true
cifra number; en—coded
cigarra cicada locust
cima peak, highest point
cincuenta fifty
el cinturón belt; —de
seguridad safety belt
círculo circle
cita date
ciudadano citizen
¡claro! of course!, naturally!
claro, -a light (in color)
claustro faculty, faculty
meeting; en— as a
body
clausurar to close
clavarse to stick
el clavel carnation
clavo nail
el cobarde coward
cobrar to charge, collect
cobija blanket
cocina kitchen
cocinar to cook
el coctel cocktail
el coche car, street car
codo: hablar por los—s
to talk a blue streak
el cohete firecracker
cohibido, -a intimidated
el cojín cushion
cojo, -a lame
el colchón mattress
colegio (elementary)
school
el colgante pendant
colgar (ue) to hang
colocar to place
coloradito, -a little red
one, nice and red one
combatir: se com-
bate people fight, (ar-
gue)

cometer: —**errores** to make mistakes

comida: ser—**de** to be a prey of

comienzo: a—**s de** at the beginning of

como as, since

cómo what; **¿**—**?** what do you mean?; **¡**—**no!** of course; **¿a**—**?** at what price?

cómodamente comfortably

cómodo, -a comfortable

compadecido, -a sympathetic, sympathizing

compañero pal

compartir to share

complacer to please

componer to fix; to "revive"

comportarse to behave

compras: hacer— to do the shopping

comprobado, -a demonstrated

comprobar (ue) to prove, demonstrate

comprometedor, -a compromising

comprometerse a to agree to

comprometido, -a involved

compromiso engagement; **sin**— with no obligation

común: por lo— usually

con by, on, with; —**decir la verdad** by just telling the truth

conciencia: a— conscientiously

concienzudamente conscientiously

concurso meet, tournament, competition

condenado, -a confounded

conducir to drive, conduct

conducirse to behave

conejo rabbit

conferencia lecture

confiar to confide, tell in confidence, have confidence

el confite candy

conformarse to be resigned, resign oneself, be satisfied

confundido, -a confused

confundir to confuse; —**se de hora** to come at the wrong time

conjunto "combo"

conocido *n.* acquaintance

conocido, -a known; **muy**— well known

conque so then, so

conquistar to conquer, overcome

consabido, -a usual

conseguir (i) to do, achieve, get, obtain

consejo council, committee, advice

consentir (ie) en to consent to

conserva: en— canned

considerar to think

consiguiente: por— therefore

consultorio office

la contabilidad accounting

el contador accountant

contar (ue) to tell about something

contener to squeeze in

el contenido *n.* contents

contenido, -a restrained

contestar to answer

contra against, on

convencer to convince, be convinced

conveniente suitable; **más**— better

convenir to agree; **conviene** it is wise; **lo convenido** what was agreed upon; **qué le conviene hacer** what's good for you

convertir (ie) to change

convertirse (ie) to become

el convidado guest

convite: mesa de— banquet table

convivir to live side by side with

convocatoria call, notice of a meeting

copita little glass

el cople couplet

corbata necktie

cordillera mountain range

coro choir

cortado, -a fractured, interrupted, tailored

cortar to cut

cortarse (el pelo) to get a haircut

el corte shape

la corrección propriety

correo post office; —**aéreo** airmail; **de**— postal

correr to run; running; *n.* running; —**con** to be in charge of

correrse to move over

corriendito *dim.* of **corriendo** run along!

corroído, -a rusty, corroded

cosa: eso es—**suya (de Ud.)** that's your business; **otra**— something else; **¿qué otra**—**?** what else?; **son**—**s de la edad** it goes with the age; **una**— something

la cosecha harvest

coser to sew; **máquina de**— sewing machine

costa *n.* coast; **a**—**de** at the expense of

costar (ue): —**un ojo de la cara** to cost dearly, cost an arm and a leg

costumbre custom; **ser**— to be customary

costura seam

craso, -a flagrant

crecer to grow

creencia belief

crespo, -a curly

crispado, -a tense

el cristal glass, windowpane

crudo, -a raw

crujido creaking sound

crujir to creak

cualquier(a) any; **un funcionario**— just any employee

¿cuán? how?

cuando: de—**en**— from time to time

cuanto: —**antes** as soon as possible; —**más . . . the more . . . ;** **en**—**a** as for; **en**— as soon as

¿cuánto?: ¿—**es de larga?** how long is it?; **¿a**—**está?** what does it cost?, what's the price?

cuarentón fortyish, almost forty years old

cuarto room, quarter: ¡qué radio ni qué ocho —s! I don't give a hoot about the radio!

cubierta *n.* cover

cubrirse to cover up

cuclillas: en— squatting

cuchillada stab

cuello neck

cuenta: en resumidas —s in short; **por— propia** himself

cuento: —s chinos nonsense

cuerda thread, chord, string

cuero leather; **en —s** naked

cuerpo body: **—intermedio** screen; **con—y alma** wholeheartedly

la cuestión matter

¡cuidadito! look out (friendly or unfriendly warning)

cuidado care; ¡—! be careful; **con—** carefully; **—con** be careful with; **tener—** to be careful

cuidadosamente carefully

cuidar to take care of, be taken care of

cuidarse to take care of oneself

culpa blame; **por—de la casa** the establishment's fault; **tener la—** to be to blame

el culpable guilty person

cultivo: el—de las plantas raising plants

culto, -a cultured

el cumpleaños birthday

cumplir (con) to do, comply (with)

cuño stamp (affixed on passports)

el cura priest

curarse to get cured

curioso, -a strange

curso school year, course

el cutis skin

cuyo, -a whose; **en—caso** in which case

CH

chacota: tomar a la chacota to be made fun of

chanza jest

che fellow

el chicle (chewing) gum

chillante loud (in color)

chillar to screech

chillido shriek, howl

chirrido screeching

chismoso: lo—que es how gossipy he is

chistar: sin— without saying a word

el chiste joke

chistoso, -a funny

chocar to collide, bump into others, crash

D

dañarse to spoil

daño harm; **hacer—** to harm, be harmful, hurt

dar to give; **dándole** always at it; **—a** to face; **da igual** it is all the same; **—clase** to teach; **—con** to run across, find; **—de comer** to feed; **—las gracias** to thank; **no dan más** are worn out; **no—golpe** not to move a finger, not to do a thing

darse: —a to begin; **—cuenta** to realize; **—la mano** to shake hands; **—la molestia** to take the trouble; **—ligeros golpes en** to pat; **—prisa** to hurry

dato bit of information; **—s** information, data

de: —haberlo sabido (saberlo) if I had known

debajo de under; **por—** under

deber ought, must, should; **¿cómo debió hacerlo?** how should he have done it?; **debí decírtelo** I should have told you; **debí prestar...** I should have paid...; **debió ser** it should have been

el deber *n.* duty

debidamente properly

debiera: Ud.—hacerlo you ought to do it

decano dean

decidir to decide

decidirse to make up one's mind

decir to say, tell; **a—verdad** to just tell the truth; **el—lo Ud.** your saying it; **es—** that is to say; **—lo es más fácil que hacerlo** it is easier said than done

dedicarse to devote oneself

defensa: en—de defending

defraudado, -a disappointed

dejar to let drop (a course); **—de** to stop; **—en blanco** to pass up; **se lo dejo...** you can have it...

dejarse (de) to cut out, stop; **—tomar el pelo** to be taken for a fool; **déjese de cosas** cut out this nonsense

delante in front, ahead; **por—** in front of

delantera front

demás other; **lo—** the rest; **los—** the others, other people; **por lo—** as for the rest

demasiado too much

¡demonios! good gosh!

demostrar (ue) to demonstrate

denegar (ie) to deny

dentro inside; **—de** within; **por—** from within

el dependiente clerk

el deporte sport

derecha right (side); **a la—** to the right-hand side

derecho *adv.* straight

derecho *n.* right

derramarse to spill

derribar to knock down

derrotado, -a defeated

desabrochar to unbuckle

desacreditado, -a disreputable, disgraced

desaguar to drain

desalojar to dislodge

desanimado, -a discouraged

desarmar to take apart

desarraigar to uproot, erase
desarrollado, -a advanced
el desastre disaster, mess
descalzo, -a without shoes
descansar to rest
descanso n. rest, relaxation; ¡—! at ease!
descarga volley
descargar to shoot
descender (ie) to come down
descolgar to unhook, take down, take off
descomponerse to be out of commission, break down
descompuesto, -a out of order
desconfiado, -a distrusting
desconfiar to distrust
desconocido, -a n. stranger
descreído, -a incredulous
descubierto, -a discovered
descubrir to bare
descuidado, -a careless
descuidar to be careless about
desde from, since; —ahora en adelante from now on
desdoblar to unfold
desempeñar to carry out
desempleo unemployment
desenvolver (ue) to unwrap
deseo: tenía—s I wanted, I felt like
el desfile parade
desgracia misfortune; por— unfortunately
desgraciadamente unfortunately
desgraciado, -a adj. unfortunate, unlucky; n. good for nothing, wretch, nincompoop
deshacerse (en) to burst (into)
deshecho, -a fractured, undone
desilusionado, -a disappointed
deslizarse to slide
desnudarse to take off one's clothes

desnudo, -a bare
despacho office
despedir (i) to dismiss, fire
despegar to take off
despensa storeroom
despensero storeroom man
desperezarse to be stretching, stretch
desperfecto damage
despierto, -a alive, alert
despreciar to slight
destacado, -a notable, famous
desvanecerse to vanish, disappear
desvivirse (por) to go out of one's way (to), make a great effort
el detalle detail
detenerse to stop
detrás (de) behind; por— (from) behind
deuda debt
devolver (ue) to return (something)
devuelto, -a returned
el día day: al— siguiente the following day; era de— there was still daylight; hoy— nowadays; todo el santo— the whole blessed day; todos los—s everyday
diablo: ¡qué—s! what in thunder!; ¡qué trabajo ni que—s! I don't care a hoot about this work (job)
diariamente daily
diario, -a daily
dibujarse to be outlined, become visible
dibujo drawing
dictar to teach
dicha happiness
dicho: lo— what was said
dichoso, -a confounded
diferenciar to make different
diferir (ie) to differ, be different from
la dificultad trouble
¡dígame! hello?
dile tell him
dime tell me
Dios God; ¡—mío! good heavens!
la dirección address

dirigirse to talk, address (someone); estar dirigido to be under the direction of
el disco record
disculpa excuse; pedir—s to beg someone's indulgence
disculpar to excuse
discurso speech
discutir to discuss
diseñar to outline, to draw
disfrutar to enjoy
disimular to cover up, hide, disguise
disminuir to diminish
disolverse to melt, die down
el disparate foolish remark
disparejo, -a uneven
disparo shot
dispensar to excuse
disponerse (a) to get ready (to)
dispuesto, -a: estar— a to be willing to
distancia: a— at a distance, from afar; a poca—a short distance away
distar: ¿cuánto dista? how far is it?
distintivo, -a distinguishing
distinto, -a different
distraído, -a absentminded
la diversión entertainment
divertirse (ie) to have a good time
doblar to dub (a film), to turn, fold; al— when I turned
docto expert
doler (ue) to hurt, ache; me sigue doliendo it still hurts
el dolor pain
don "mister"
donde the home of; por— for which reason
¿dónde?: ¿por—? which way?
dormir (ue) to sleep; ropa de— night clothes
dormitar to sleep off

droga drug
ducha: darse una— to take a shower
duda doubt
dudoso doubtful
duendecillo little goblin
dueño (-a) owner
el dulce *n.* sweet
dulcecito, -a nice and sweet
duro, -a hard

E

echado, -a inclined, tilted
echar to begin, cast, dismiss, put in(to), throw;—**a** to begin; —**a perder** to ruin;—**flores** to flatter;—**la culpa** to blame **echarse a** to begin
la edad age
educado: mal— ill-bred
efectivamente to tell the truth, in fact, as a matter of fact
efecto: en— in fact, to tell the truth, as a matter of fact
eficacia: con gran— very effectively
¡ejem! ahem!
el ejemplar copy (of a book)
ejército army
elegir (i) to select
elogiar to praise
embajada embassy
el embajador ambassador
embarazada pregnant
embargo: sin— however
emborracharse to get drunk
empalmar to join
empeñado engaged
empeoramiento worsening
empezar (ie) to begin
empleado employee
empleo position, job
emprender to undertake, begin, start
empujar to push (in)
en:—llegando as soon as I arrived
enamorarse (de) to fall in love (with)
enardecido, -a excited, agitated
encantado, -a delighted

encantador, -a charming, extremely pleasant
encantarle (a uno) to like very much, love
encaramado, -a perched
encargar to ask someone to buy, to request, be requested, be entrusted with, order
encargarse de to be in charge of
encender (ie) to turn on, light
encendido, -a burning
encerado, -a waxed
encierro confinement
encima on top;—**de** on top of; **por—**above, over
encomendar (ie) to entrust
encontrar (ue) to find
encontrarse (ue) to be; **no se encuentra nada bien** he is not in good health at all
el encuentro meeting, match
enderezar to straighten
enfadado, -a: estar— to be disgusted
enfermarse to become sick
enfrentarse (con) to face, confront
enfurecido, -a furious
engañar to deceive
engañoso, -a deceptive
engordar to get fat
el engranaje interlocking of gears
enloquecido, -a turned wild, gone mad
enmendar to mend
enojarse to get angry
enojado, -a angry
ensangrentado, -a bloody
ensayar to attempt, try
ensayo rehearsal
enseguida immediately
enseñar to show
entendido: un mal— a misunderstanding
enterarse to find out
enternecimiento: sentir—por to soften toward
entonces then, **por—** at that time
entrada ticket

entrar: —en acción to begin to function; —**le a uno** to enter one's head, catch on
entre amidst, among, between; **por—** amidst, in between
entregar to deliver, hand over
entretanto in the meantime
entrevista interview
entrevistar to interview
entrevisto, -a glimpsed
entusiasmarse to become excited
envejecido, -a aged, old
envenenar to poison
envenenarse to poison oneself
envergadura wingspan
enviar to send
envidiar to envy, be envious of
envilecido, -a debased
envolver (ue) to wrap; **papel de—** wrapping paper
envuelto, -a wrapped
el equipaje luggage
equipo team
la equivocación mistake
equivocado, -a mistaken, wrong
equivocarse to be mistaken
erguirse to stand up, rise above
erizarse to stand on end
es: —que the fact is that, the reason is; **¿—que . . .?** do you mean . . .?; **no—de** it does not befit
escala stop (on a flight)
escalera staircase
escampar to stop (raining)
escándalo racket
el escaparate store window, display cabinet
escaparse to run away, run off
escarnio insulting remark
la escasez scarcity
escaso: estar—(de) to be short (of)
escenario: tener por— to take place
escoger to choose, select
el escolar student

esconder to hide
esconderse to hide
escrito: por— in writing
escritorio desk
escuchar to listen
escurrirse to slip by
esforzarse to try hard, make a (real) effort
el esmalte: —para las uñas nail polish
eso: a—de at about; por— that's why, for that reason
espacio: por—de for
espalda: quedar de—s to have one's back turned (to someone)
espantar to kill, ruin
espantoso, -a frightful
esparcir to spread, cast
espejo mirror
esperanza hope
esperar to expect, hope, wait
esperpento grotesque thing
el espía spy
espiar to spy
espina thorn
espiritista m. and f. medium
la estación season
estacionado, -a parked
estacionar to park
estallar to break out, burst, explode
estado state
estancado, -a stagnant
estancia: —castiza proper behavior
estanco tobacco store
el estante bookshelf; —de libros bookcase
estantillo small shelf
estando if I were, while he (I) was
estar to be, feel, look; —bien to be normal, (proper); ¿a cómo estamos? what's the date?; —de to serve as; —de bromas to be in a joking mood; —de charla to chat; —de mal genio to be in a bad mood; —de músico to have become a musician; —de vacaciones to be on vacation; —en mar-

cha to be moving; —hecho to be, become; —mejor to fit better; no estuvo did not come, was not present; —para to be in the mood for; —por to be inclined, about to; se está muy bien aquí one is comfortable here; ¿ya estamos? are we there?
estoicismo fortitude, courageous resignation
el estómago stomach
estorbar to disturb
estrafalario, -a outlandish
estrechar to clasp; —(la mano) to shake hands
estrella star
estreno premiere, first show
la estupidez nonsense
esquiador, -a skier
esquina corner
etiqueta label; de— formal
evitar to avoid, prevent
la exactitud: con— exactly
examinar to examine; fue a que lo examinara he went to be examined
exánime lifeless
la excepción: a—de except for
exigir to require
existir to be
éxito success; tener— to be successful, succeed
el expediente record, transcript
experimentar to experience
la explicación explanation
explicar to teach
explotar to explode, exploit
extendido, -a stretched
la extensión stretch
el exterior others, the world outside
extraer to extract, take out
extranjero: n.; en el— abroad
extranjero, -a foreign

extrañar to be (appear) strange; —le (a uno) to be surprised, find it surprising
extrañarse de to be surprised
extraño n. stranger
extremo corner

F
fábrica factory
fabricado, -a manufactured
fabricar to manufacture
facilitar to arrange
faja strip
la falange phalanx (of a finger)
falta mistake, lack, absence: enmendar—s to mend one's ways; hacer— to lack, need; sin— without fail
faltar to be missing, be needed; —a to be absent, "cut" (classes); faltan diez para las cuatro it is ten minutes to four; ya faltaba poco para que el tren emprendiera su marcha the train was about to leave
faltarle (a uno) to be lacking
el familiar relative
fantasía invention, falsehood
faro headlight
la faz face
fe: de buena— honest
fecha date; para esa— at that (late) date
fenomenal terrific
feo, -a ugly, homely, dirty
férrea iron, tough
el ferrocarril railroad
festejar to entertain, celebrate, honor (with a festivity), lionize
festejo feast
festivo: días—s holidays
fiarse (de) to depend on, trust
fidedigno, -a trustworthy
fideos vermiceli
fiel faithful

fierro (= **hierro**) iron
fiesta festivity
figuración thought
figurarse to imagine
fijarse (en) to look intently, notice
fijo, -a fixed
fila row
el fin *n.* end; **a—de** in order to; **a—es (de)** at the end (of); **al fin** in the end; **—de semana** weekend; **¡ni que fuera el—del mundo!** not even if it were the end of the world!, nothing doing!; **poner—a** to end; **por—** finally
final: al— in the end
finca (small) farm
fingir to pretend
fino, -a refined, sheer, delicate, expensive, thin
firmar to sign
firme: en— on solid ground
el fiscal district attorney
flaco, -a thin, weak
flacucho thin
flamante rotten (ironic)
flojo, -a lazy, loose, weak, floppy
floresta jungle
fogonazo flash
el folleto pamphlet
fondo bottom: **al—de** at the back of, in the rear; **al—** in the rear
forastero outsider
forma blank form
formar: —parte to be a part
formulario blank form
fósforo match
la foto photo, picture
fracaso failure
el fragor din, uproar
la frase phrase, sentence
fregar (ie) to harm
freír to fry
frenar to put on the brakes
frente front; **al—** in front; **—a** in front of, in the face of, with regard to
fresco: hacer— to be cool

el frijol bean
frío: hacer— to be cold; **con el—que hace** with the cold weather we are having
frito, -a a fried
el frontón ball court
frotarse to rub
fruto: —s del país native foodstuff
frente: de— face to face
fuego fire; **—s artificiales (de artificio)** fireworks; **hacer—** to start (kindle) a fire
fuera outside; **—de** except
fuerte strong, stiff, hard
fuerza strength; **a la—** by force; **—de trabajo** capacity for work
fumar to smoke
funcionar to work, be in working order; **cómo se hace funcionar** how you can get something to function
funcionario official, civil servant, public employee
fundido, -a burnt out
fundirse to burn out

G

gallego, -a pertaining to Galicia, Spain; Galician
gallo rooster, cock
gana desire; **lo que te dé la—** whatever you please; **de buena (mala)—** willingly (unwillingly); **sentirse con—s de** to feel inclined to
ganacias earnings
ganar to earn, gain, win; **no ganamos nada** we get nowhere
ganarse to win; **—la vida** to earn a living
ganas: tener—de to feel like
ganga bargain
garabato scribbling
garantizar to guarantee
garbanzo chickpea
garbosito *dim.* of **garboso** nice and sprightly
gasolinera gas station

gastado, -a worn out, "crummy"
gastar to spend
gato cat
gazpacho cold vegetable soup
gemir to sob
general: por lo— generally, usually
genio genius
el gerente manager
gimnasia calisthenics
girar to go (turn) around, move
golpazo blow
el golpe blow; **—de estado** coup
goma gum, rubber; **—de mascar** chewing gum
gordo, -a fat
el gorrión sparrow
gorro cap
gota drop
gotear to drip
gotera leak
gotita little drop
gozar de to enjoy
grabado, -a recorded
grabadora recorder
gracia: ¡vaya una—! how irritating!
gracioso, -a funny, amusing
grado degree
grandecita nice and big
grandote big guy
granizar to hail
grano pimple
grasa grease
grasiento, -a full of grease
gratis free
grave serious
la gravedad seriousness, formality
gremial collective, organized by a union
gremio union, guild
grieta crack
grifo faucet
grillo cricket
gringo foreigner
grisáceo grayish
gritar to shout, shouting
grito cry, exclamation; **a—s** shouting
grueso, -a thick
gruñir to growl
la "guagua" bus
el guante glove

el guardafango fender
guardar to keep, put away; —**rencor** to hate
la guarnición outpost
guayabera man's short blouse
guerra war
guiñar: —**el ojo** to wink
gustar: —**de** to be fond of
gusto pleasure; **a su**— to his heart's content; **con mucho**— very gladly; **no tener**— not to be happy

H
haber (de) to be (to), have (to); ¡—**lo dicho!** why didn't you say it!; **ha habido** there have been; **hay que** one must, it is necessary to
la habilidad dexterity
hacer to do, make; **hace más de una hora** it is now more than one hour; **hace más de diez años** for over ten years; **no hace más que llover** it just rains and rains; **hace poco** a short time ago; **el que la hace la paga** he who is guilty pays, bears the consequences; **se le hacen ...** are sprung on him; —**falta** to need, be needed; —**la cena** to eat supper; —**preguntas** to ask questions; —**un viaje** to take a trip; —**una fiesta** to organize a party; —**una visita** to pay a visit; ¡**a no**—**tonterías!** don't do foolish things
hacerse to become; **se hacía silencio** silence followed; —**el inocente** to pretend to be innocent; —**sangre** to cause bleeding; —**tarde** to become late
hacia toward; —**el suelo** downward

el hacha ax
¡**hala!** well!, hey!, come!
halagado, -a praised
hallar to find
hallarse to be
el hambre hunger
hambriento, -a hungry
harina flour
hasta up to, even, until; —**donde podamos** as far as possible; —**que** until
hay: no—**como** there is nothing like; ¿**qué**—? what's new?
hechicería witchcraft; —**s** spells
helado, -a cold
herida wound
herir (ie) to wound, hurt
herramienta tool
hielo ice
hierba grass
hijito dear son
hilo thread
historia: es otra— it is a different thing
hocico snout, mouth
hora hour; **a estas**—**s** at this unusual hour; **a la**—**de** when (the time comes to); **a todas**—**s** at all hours of the day; **a última**— at the last minute; ¡**ya es**—! high time!; **en buena (mala)**— at the right (wrong) time; **en su**— at the proper time; ¿**qué**—**será?** I wonder what time it is
holandés (-a) Dutch
holgazán lazy
holgorio hilariousness
hombre:—**hecho y derecho** a grown up man, every inch a man
hombro shoulder
honrado, -a honest, honorable
horario timetable
horchata orgeat (beverage made from barley, rice, almonds or other native products)
hormiga ant
hormigón: —**armado** reinforced concrete
¡**hola!** there!
hoy: —**día** nowadays

hoyuelo dimple
hubimos *pret.* of **haber; hubimos de** we had to
hubo: ¿**qué**—? what happened?, hi!
húbole: ¡**qué**—! (Mexican slang) what's new?
huelga strike
huella mark, track; —**digital** fingerprint
huerta orchard
humilde humble, humbly
humildemente humbly
humo smoke
hundir(se) to sink

I
ida: de—**y vuelta** both ways
iglesia church
imaginarse to imagine
impensado unplanned
impertinencia impertinent remark
imponente imposing
imponer to force, impose
importar to matter; —**le a uno** to matter, be of concern to someone
importuno "pest"
imprescindible indispensable
impuesto *n.* tax
impuesto, -a imposed
impulsar to lead, urge
impunemente with impunity
inagotable never-ending
inclinarse to bow
incluir to include
la incomodidad discomfort
el incompetente ignoramus
la inconmobilidad immovable heaviness
increíble unbelievable
indecente awful
indeciso, -a undecided
indicaciones directions
indicado, -a: el más— the best
indicar to show, tell (where something is), point to
índice index
indignar to make someone indignant
indiscutible unquestionable

indispuesto, -a   out of
　　sorts
índole   nature, type
el industrial   industrialist
inescalable   insurmountable,
　　inaccessible
inesperadamente,
　　unexpectedly
el infeliz   "dummy", boob
informarse   to be in-
　　formed
ingresar (en)   to enter
ingreso   admission
injuria   insult
inmediato, -a   oncoming
inoportuno   untimely
insensiblemente
　　imperceptibly
insólito   unusual
insoportable   unbearable
instalarse   to stand
instituto   high school
íntegro, -a   completely
intentar   to try, attempt
interés: tener—en   to be
　　interested in
íntimo, -a   a good (inti-
　　mate) friend
inútil   useless, inept
ir: —por mal camino   to
　　go astray, to be on the
　　wrong track
irse: no se me vaya   don't
　　run away from me
izar   to hoist

J
el jabón   soap
jadeante   panting
jalapeño, -a   from Jalapa
　　Mexico
jamás   never, ever
el jamón   ham
el jefe   chief; mi—
　　"boss"
el jornal   salary, wages
jota: no entiendo ni—   I
　　don't understand a thing
joven   young man
joya   jewel
juego   set; hacer—   to
　　match, go with
el juez   judge
jugar(ue)   to play
jugo   sap
el juguete   toy
juicio   judgment
jungla   jungle
junta   committee; —di-

rectiva   (executive)
　　board
juntar   to join
junto   together; —a   by
　　the side of, next to
juntos, -as   together
jurar   to swear
la juventud   youth
juzgado   court
juzgar   to judge

L
labio   lip
la labor   work;
　　—es   house chores,
　　needlework
lacio, -a   lank
lado   side; al—   next
　　door; a otro—   in a dif-
　　ferent direction; de
　　medio—   sideways; en
　　cualquier—   anywhere
ladrido   barking
el ladrón   thief
lago   lake
lágrima   tear
lamentarse   to complain
lana   wool
lanzar   to throw, utter,
　　cast
el lápiz: —para los
　　labios   lipstick
largamente   intently
largo, -a   long; a lo—
　　along
largura   length
lástima   pity
lastimadura   (superficial)
　　wound
la lata   can; —de conser-
　　vas   can of preserves
el latifundista   landowner
lavandera   laundrywoman
lavar   to wash; máquina
　　de—   washing machine
lazo   (shoe) lace
la lealtad   loyalty
la leche   milk
legajo   file
lejanía   distant horizon
lejos: a lo—   in the dis-
　　tance
el lema   motto
lengua   language
lentamente   slowly
la lesión   lesion, injury,
　　damage
letra   letter; unas —s   a
　　few words

levantar: —los hom-
　　bros   to shrug one's
　　shoulders
levantino, -a   northeast-
　　ern
leve   light, slight
la ley   law
libra   pound
librar   to free; —una
　　guerra   to wage war,
　　fight a war, struggle
libre   free
libremente   freely
libreta   notebook
licenciadito   third-rate
　　university graduate (law-
　　yer)
el liceo   high school
lícito, -a   legitimate, per-
　　missible
la liebre   hare
ligero, -a   gentle, light (in
　　weight)
lila   lilac
el limón   lemon
limpiabotas   shoe shining;
　　n. bootblack
limpiar   to clean
limpiarse   to clean, wipe
limpiecita   nice and clean
limpio: copia en—   clean
　　copy
lindeza   beauty
lindo, -a   pretty
linterna   flashlight
lío   trouble
la liquidación   sale
liso, -a   straight
listo, -a   clever, intelligent
liviano, -a   light (in
　　weight)
lo: —de antes   what hap-
　　pened before;
　　—mejor   the best
　　(part); por—
　　complicado   because
　　of the complicated na-
　　ture
localizar   to locate
loco   crazy person, fool
locuelo, -a   frisky
lograr   to achieve, manage
lomo   n. back
loza   ceramic tile
luciérnaga   firefly
lucha   struggle;—
　　libre   wrestling
luego   later, afterwards
lueguito   dim. of
　　luego   very soon

el lugar place, village;
en—de instead of;
tener— to take place;
yo en tu— if I were
you
lugarejo small village
lujoso, -a luxurious, elegant
la lumbre fire
luna moon, moonlight
el lunar mole
la luz light, daylight

LL

llamativo, -a loud (in
color)
llanta tire
llanto crying
llanura plain, surface of
the ocean
la llave key; **—inglesa** monkey wrench
llegado: el recién— the
newly arrived
llegar to arrive; **—a +**
inf. to manage, become; **al—** on arriving;
en llegando as soon as
I arrived
llenar to fill, fill in
lleno, -a full
llevar to have been (at a
place), lead, take, wear
llevarse: —por delante to walk into, crash
against
llorar to cry
lloriquear to whimper
lloriqueo whimpering
llover (ue) to rain; **dejar
de—** to stop raining
lloviznar to drizzle
lluvia rain

M

el machote he-man
madera wood, board
madrugada (early) morning
madrugar to get up very
early
maduro, -a ripe
maestro teacher
magia magic; **arte
de—** magic

el maíz corn
mal evil; **—de ojo** evil
eye; **menos—** it could
be worse, fortunately, it
is a good thing; **para
su—** for her own
downfall
maldecido, -a (= **maldito,
-a**) cursed
maldición curse
la maleta bag
el maletín handbag
malévolo, -a nasty, evil
malicioso, -a full of
malice
maloliente foul smelling
manco, -a one-handed
mandar to order, send,
cause to be; **¿quién te
manda . . . ?** who is
asking you . . . ?
mandato order
manejar to fly (an
airplane), drive (a car)
manera way; **de
mala—** rudely, poorly;
de—que so; **de
otra—** otherwise; **de
todas —s** anyway, in
any case
mango handle
manguera hose
la manifestación
demonstration
la manipulación manual
operation (work)
manivela handle
mano hand; **a—** by
hand; **buena—
(para)** a knack (for);
—s a la obra let's get
to work
mantener to support,
keep
mantenerse to stay
manzana apple
mañana: pasado— day
after tomorrow
el maquillaje make-up
máquina machine, contraption; **—de escribir** typewriter
**maquinilla: —de
afeitar** shaver
el mar sea
maravillado, -a astonished
maravillarse to marvel at
marcar to dial
marcarse: marcábanse

filas rows . . . stood
out
**marcha: emprender
la—** to begin to move
marcharse to go away,
leave
mareado, -a dizzy
marido husband
marisma swamp
martillazo hammering,
blow with a hammer
marrueco, -a Moroccan
más more, most;
a—de besides;
no— only; **un
poco—** a little longer
el más allá *n.* beyond
masa dough; **con las
manos en la—** redhanded
masticar to chew
matar to kill; **se
mató** he killed himself,
he got killed
matarse to kill oneself
matrícula registration
matriculado, -a enrolled
matrimonio couple
mayor main
mayoría greater part
mayúscula capital (letter)
mecer to rock, sway (as)
medalla medallion
mediados: a—de toward
the middle of
la medianoche midnight
medias: a— part way
medicamento medicine
medida measure, measurement
medio means; **en—
de** in the midst of
el mediodía noon
medir (i) to measure
mejor better, best; **a
lo—** perhaps, chances
are that
mejorar to improve
melena hair
el melocotón peach
memoria: de— by heart
mendigar to beg
menear to shake
menor: —de edad minor
menos less, least, except;
a—que unless; **—mal
que** fortunately; **por
lo—** at any rate, at
least
menosprecio scorn

la mente mind
mentira lie, falsehood;
    —piadosa white lie
mentiroso *n.* liar;
    adj. untruthful, lying
menudo, -a small; ¡—
    precio! real cheap!
    (ironic); a— often
mercado market
mercancía merchandise
merecer to deserve
merecido, -a deserved
el mes month
mestizo half Indian, half
    white
meter to put, put into,
    stick; —la pata to
    make a fool of oneself;
    —ruido to make noise
meterse (en) to trespass
metro subway
mezcla mixture
miedo fear; dar— to
    frighten, be frightening;
    tener— to fear, be
    afraid
miembro member
mientras while
la mili (= milicia) army
milla mile
el millar thousand
mimar to pamper
mirada gaze, glance, eyes
mirar to look (at)
misa mass
mismo, -a himself, your-
    self, itself; very; así—
    that is exactly the way;
    ese—día that very
    day; mañana— first
    thing tomorrow
la mitad half
mochila knapsack
módico, -a modest (in
    connection with price)
la modificación change,
    repair
modo means, way, man-
    ner, mood; de todos
    —s anyway; su—de
    hablar his accent, his
    peculiar manner of
    speaking
mojiganga mumbo
    jumbo
montarse to get on, jump
    on (a bicycle)
el monte woods, thicket
molestar to bother
molestia trouble

molesto, -a bothersome,
    annoyed
momento instant; en
    todo— at all times;
    por el— for the time
    being
el monje monk
el monopatín skateboard
el montón pile
morado, -a purple
moraleja moral (lesson)
moruno, -a Moorish
mortajita little shroud
mosca fly
el mostrador counter
mostrar (ue) to show
motivo: por este— on
    this account
la moto *short for*
    motocicleta motorcycle
montar to mount, or-
    ganize
mover (ue) to move; a
    no— do not move
moverse (ue) to stir
mozo waiter
mucho: ni—menos far
    from it; por—que
    however much
mudanza: estar de— to
    move (from one house
    to another)
mudar to change
mudarse to move (from
    one home to another)
mudo,-a mute, wordless
el mueble (piece of) fur-
    niture
muerta: ¡antes—! I'd
    rather die!
la muerte death
muleta crutch
multa fine
mundo: todo el—
    everybody
muñeca doll
muro wall
muslo thigh

N

nacido: recién— newborn
nacimiento birth, begin-
    ning
nada nothing, not at all;
    ¡—, —! no use talk-
    ing!; —más that's all;
    ¿—más? is that all?;
    de— not at all;
    —de cut out, stop; no

es—difícil is not
    difficult at all; no
    tiene—de par-
    ticular there is noth-
    ing special about it;
    para— unnecessarily;
    por— for no reason at
    all, for a trifling reason
Nadie: don— Mr. No-
    body
naranja orange
la nariz nose
nata cream
natación swimming
natal native
Navidad Christmas
nebulosa nebulous cloud
necesitar to need, have to
necio *n.* fool
negar (ie) to deprive,
    deny
negarse (ie) a to refuse to
negocio store, business;
    —s business deals
negruzco blackish
neumático tire
nevar (ie) to snow
ni not; —que not even
    if; —pensarlo forget
    it!
ni...ni neither...nor
nido nest
niebla mist
la nieve snow
niñita *dim. of* niña little
    girl
niño boy
el nivel level
no: creo que— I don't
    think so; dijo
    que— he said no
noche: de— at night; de
    la—a la mañana
    overnight; esta—
    tonight; ya era
    de— it was already
    nighttime; ya es
    de— it is already dark
    (nighttime)
no más: ahí— right there
nombrar to appoint
el nombre name;—de
    pila first name
normal: más de lo—
    more than usual
noruego *n.* Norwegian
notar to notice; no se
    nota nada nothing will
    show
noticia news

la nube   cloud
nublado, -a   cloudy
nuevo, -a   another;
  de—   again
el número   number
numerario, -a   regular
nunca   ever
nupcial: marcha—
  wedding march

O
o . . . o   either . . . or
obedecer   to obey
obeso, -a   fat
oblícuo, -a: mirada—
  slanting glance
obra   book, installation,
  job, work; —de tea-
  tro   play
obrero   worker
obstante: no—
  nevertheless, in spite of
obtener   to obtain
la ocasión   opportunity
ocio   idleness
ocioso, -a   lazy
ocultar   to hide
ocuparse de   to talk
  about, handle, take care
  of
ocurrir   to happen; lo
  ocurrido   what hap-
  pened
ocurrírsele (a uno)   to
  come to one's mind,
  think
odiar   to hate
odioso, -a   hateful
oferta   offer
oficio   trade
ofrecer   to offer
ofrecimiento   offer
oído   hearing, ear; decir
  al—   to whisper
oír   to hear; no se oye a
  nadie   nobody can be
  heard
el ojal   buttonhole
ojeada   glance
ola   wave
oler   to smell
el olor   odor, smell
oloroso, -a   odorous
olvidar   to forget
olvidarse de   to forget
olvidársele (a uno)   to
  forget
once   eleven
la ondulación   wave

opinar   to think, to be of
  the opinion; ¿qué opi-
  na?   what is his opin-
  ion?
la oposición   counter-
  measure, opposition
  party
óptimo, -a   excellent
la oración   sentence
orden: a tus —es   at your
  command
ordenado, -a   organized
ordenar   to order
oreja   ear
orgulloso, -a   proud
orilla   bank (of a river)
oro   gold
oscilante   hesitating
oscuras: estar a—   to be
  in the dark
oso   bear

P
los padres   parents
padecer   to suffer
paella   a typical Spanish
  dish from Valencia
pagar   to pay
el pagaré   IOU
pago   payment;
  —s   "parts"
el paisaje   landscape
pájaro   bird
pájaro bobo   penguin
palabrota   swear word
pálido, -a   pale
palmotear   to clap one's
  hands
pantano   swamp
pañuelo   handkerchief
el papel   paper; —de es-
  cribir   writing paper
papeleta   slip of paper
el paquete   package
par   couple, pair
para: —acá   over;
  ¿—qué?   what for?;
  era—. . .   it was
  enough . . . ; —con-
  toward; tener—   to
  have enough (money) to
  . . .
el parachoques   bumper
parada   stop
parado, -a   standing
el paraguas   umbrella
paraguaya   peach-like
  fruit
parar (de)   to stop

parecer   to be; al—
  apparently; ¿no te
  parece?   don't you
  think so?; —mal   to
  produce a bad impres-
  sion
parecerle (a uno)   to
  think of, seem
parecerse (a)   to look like
parecido, -a   similar
la pared   wall
pareja   couple
pares: —o nones   odds or
  even
el pariente   relative
el párpado   eyelid
parte: por (en) todas
  —s   everywhere; por
  mi—   as for me;
  —posterior   back,
  rear; por la—pro-
  hibida   the wrong side
  (lane) of the street
participar   to take part
particular   private
particularmente   especially
partido   game
partir   to carve, leave,
  break, bust; a—de
  beginning; ¿la partimos
  por la mitad?   shall
  we split the difference?
párrafo   paragraph
pasado, -a   last
el pasaje   ticket, trip
pasar   to spend, present,
  happen, be promoted,
  suffer, go by; dejar—
  to let through —ham-
  bre   to go hungry;
  —mala noche   to have
  a bad night; —volando
  to pass by in a great
  hurry; ¿qué (le) pasa?
  what is the matter
  (with him)?; pase por
  mi casa   call on me;
  pase por aquí   come
  this way; —por
  finas   to appear very
  refined
pasársele (a uno)   to
  miss
paseo   n. walk
pasillo   corridor
paso   step; estar de—   to
  be just passing by
el pastel   pastry
pastilla: —para la tos
  cough drop

pata   leg (of an animal)
patear   to kick
patinar   to skate
patota   big foot
patria   homeland
el patrón   boss
pavo: —real   peacock
el pavor   terror
payaso   clown
el peatón   pedestrian
la peatonal   mall
pecado   sin
pecho   chest
pedazo   piece; —de
  noche   section (zone)
  of darkness
pedido   request, order
peinado, -a   combed
pedir (i)   to ask for, require, beg; se le
  pide   you are requested
pegar   to beat up, stick
peladora   peeler
pelea   fight
película   film;
  —s   "movies"
peligro   danger
peligroso, -a   dangerous
pelo   hair
pelota   ball
pellejo   hide
pena   punishment
pensar (ie)   to think over,
  intend; ¡ni —lo!   not a
  chance!, impossible!
el peñón   boulder
el peón   unskilled laborer
pera   pear
perder (ie)   to lose; fail (a
  course); —el cono-
  cimiento   to faint;
  —el tiempo   to waste
  time
perderse (ie)   to get lost
perdérsele (a uno)   to lose
pérdida   loss
el perdón: pedir—   to ask
  to be excused (forgiven)
pereza   laziness
perezoso, -a   lazy
la perfección: a la—
  perfectly
perfil   profile; de—
  sideways, from the
  side
el periodista   journalist
permanecer   to remain
permiso   permit; —de
  conducir   driver's
  license

perseguido, -a   perse-
  cuted
persiana   shutter
el personaje   character
pertenecer   to belong
perro   dog
pesado, -a   unpleasant,
  boring, heavy
pesar   to weigh; ¿cuánto
  pesa Ud.?   how much
  do you weigh?;
  a—de   in spite of
pescado   fish
pescuezo   neck
pésimo, -a   very bad
peso   weight; en—   on
  high
petardo   large firecracker,
  bomb
la petición: a—de   at the
  request of; hacer—de
  mano   to ask for some-
  one's hand
piadoso, -a: mentira—
  white lie
picado, -a   pocked
picante   hot
picotear   to peck
el pie   foot, footnote;
  a—   on foot; estar
  de—   to be standing up
piedra   stone, rock
la piel   leather, skin
pienso   n. feed
pierna   leg
pieza   piece, play, musical
  selection
pila   battery
pimienta   pepper
pinchar   to prick
pincharse   to be
  punctured, to blow out
pinchazo: me ha dado
  un—   he has struck me
  with his fork
pintar   to paint
piña   pineapple
piropo   compliment
pisar   to step on
la piscina   swimming pool
el piso   floor
pista   track (clue); runway;
  —de(l) aterrizaje
  landing strip
pistolero   gunman
pizarra   blackboard
pizca: ni una—   not a bit
placentero, -a   pleasant
planchar   to iron
planear   to plan

plano   map, blueprint
planta   sole
plata   money
plátano   banana
platicar   to chat
platita   dim. of
  plata   money
plato   plate, meal
playa   beach
plaza: —de toros   bull-
  fight ring
plazo   installment, extension of time
la plenitud: a—   fully
pleno, -a   full; en—   in
  the middle of
plomero   plumber
plomo   lead (metal)
pluma   pen
población   town
poblado, -a   populated,
  full of
poblarse (de)   to be filled
  (with)
pobreza   poverty
poco: por—   almost;
  —a—   little by little;
  —probable   unlikely
el poder   n. power
podrido, -a   rotten
la policía   police woman,
  police station
polvo   dust
pompas: —fúnebres   bur-
  ial (ceremony)
poner   to set; —a   to
  start
ponerse   to put on, be-
  come, turn; —a   to
  begin to, start to; —de
  pie   to stand up; —en
  marcha   to get going,
  start; —pálido   to be-
  come pale; —rojo   to
  blush
por   because of, due to,
  for, for the sake of, instead of, on account of,
  out of; —+ adj.   how-
  ever + adj.; —+ inf.
  because of + verb;
  —entre   between;
  —estar   because I am;
  —kilos   by the kilo-
  gram; —si   just in case;
  —venir   because he
  was coming
poro   pore
porquería   rotten job
posarse   to alight

portar to carry (Americanism)

portarse to behave

portazo door bang

portero innkeeper, doorman

portezuela door (of a car, train, etc.)

el postre dessert

pozo well

precepto regulation

precioso, -a beautiful, gorgeous

precisar to need

preciso: es— it is necessary

premio prize

prensa press

preocupado, -a: estar— to be worried

preocupar to concern

preocuparse por to be concerned with, worry about

prescindir to dispense with

presentarse to appear, show up, present oneself, introduce oneself

preso, -a imprisoned

prestado, -a: pedir— to borrow

préstamo loan

prestar to lend; **—atención** to pay attention

pretender to intend, court (someone), mean

prevalecer to prevail

primera: de— first class

primerizas: patatas— new potatoes

primo cousin

principiante beginner

principiar to begin

principio: al— at first; **a —s de** at the beginning of

prisa haste; **con tanta—** in such a hurry; **darse—** to hurry; **sin—** calmly, slowly

privado: en— privately

probar (ue) to taste, drink, try

probarse (ue) to try on

probeta test tube

procurar to try, attempt, succeed

procurarse to secure

profesor: —de planta regular professor

profesorado faculty

prognosticar to forecast

prometer to promise

promover (ue) to promote

pronto: de— suddenly

pronunciar to deliver (a speech)

propio, -a own; **—de** befitting

propósito: a— incidentally

el (la) protagonista main character

proteger to protect

provenir to come

próximo, -a next

prueba proof, test, demonstration

prurito obsession

pueblo town, village

el puente bridge

pues why (expletive)

puesto *n.* post, place, position, job; **—de seguridad** security checkpoint

puesto, -a on

pugnar (por) to struggle (to)

pujar to strain

pujo effort

pulgada inch

pulmón lung; **a —es llenos** (to breathe) deeply

punto point; **a—de** about to; **en—** on the dot; **—flaco** weak side

puño fist

el pupitre desk

puro, -a more, plain, pure, sheer

purpúreo purplish

Q

que: el— the fact that; **ni—fuera** not even if it were

qué: —... ni qué... I don't care about...

¿qué? what?; **¿—tal ...?** what about...?; **¿—tan larga es?** how long is it?; **¿—tan rápido?** how rapidly?;

¿—tanto ...? how much...?

quedar to be, become, remain; **—(en)** to agree (to); **—le (a uno)** to be left (to one)

quedarse to be, remain, stay; **—con** to keep; **—dormido** to fall asleep

queja complaint

quemado, -a burned

quemarse to burn

quepo *pres.* of **caber** I get into it (a suit)

querer decir to mean; **quisiera partir** I should like to leave

queso cheese

quien he(she) who, anyone; **no hay—** there is no one; **—es** those who, the ones who

química chemistry

químico chemist

químico, -a chemical

quitar to combat, cure, remove, take (away), take off

quitarse to remove, take off

R

rabanito little radish

rabia anger, rage

rabioso, -a mad

la radioemisora radio station

la raíz root

rajarse to get out

el ramaje mass of branches

raro, -a strange, odd

rascacielo skyscraper

rasgado, -a torn, slanted, slanting

rasgar to rip apart

rastro mark(s), scent, trace, tracks

rato *n.* while

ratoncillo little mouse

rayado, -a scratched

razonable reasonable

reaccionar to react

real royal

realzar to heighten, brighten up

reanimado, -a encouraged

rebaja   rebate, discount
recaer   to come back to haunt, fall back upon
recibirse   to graduate
el recibo   receipt
el recipiente   container
reclinarse   to lean
recoger   to pick up, gather
recomendable   advisable
recompensa   reward
recordar (ue)   to remember
recorrido   trip
recostado, -a   propped
recto, -a   straight
recuerdo   recollection, memory
rechazar   to reject
redondo, -a   round
reembolso   refund
reflejar   to reflect
refresco   refreshment
reflexionar   to think over, ponder
regalado, -a   given away
regalar   to present, treat, be given something as a present
regalo   present
regatear   to haggle
regateo   haggling
el régimen   program, plan, system
regir (i): está regido, -a   is governed
registrar   to search, record
regla: estar en—   to be in order
regresar   to return
regreso   return
regular   so-so
reina   queen
reino   realm
reír   to laugh
reírse (de)   to laugh (at)
rejilla   rack
relámpago   lightening
relampaguear   to lighten, be lightening
relatar   to tell
reluciente   shiny
relucir   to shine
remendado, -a   mended
remendar (ie)   to mend
remolino: se ha hecho un—   a mad scramble began
remozar   to rejuvenate
el rencor   hatred

renombrado, -a   famous
la renunciación   surrender, sacrifice
renunciar (a)   to resign (from)
reñir (i)   to scold
la reparación   repair
repaso   review
repente: de—   suddenly
repicar   to ring, peal
reponer   to answer
reportar   to bring, produce
la representación   show
el (la) representante   representative, agent
repulsa   rejection
resbalar(se)   to slide, skid
reseco, -a   very dry
reserva   reservation
resfriado   n. cold
residencia   dormitory
resolver (ue)   to resolve, solve, straighten out
respirar   to breathe
el resplandor   glow
resuelto, -a   solved, beyond argument
resultar   to turn out to be, to come (of it)
resumido, -a   brief
retraso   delay; una hora de—   one hour late
retratar   to take photos; se hizo—   he had his picture taken
retrato   portrait
retrovisor: espejo—   rear-view mirror
la reunión   gathering
reunirse   to meet, get together
reventar (ie)   to remove, burst, smash
revés: al—   the other way around
revisar   to examine, go over, look over, review, revise
revista   review
revoltoso, -a   rowdy
revuelo   commotion
rezar   to pray
riachuelo   rivulet
rico, -a   tasty
riente   mirthful
riesgo   risk; a—de   at the risk of
el rincón   (inside) corner
riña   fight, quarrel

riquísimo, -a   delicious
risa   laughter: morir de—   to die laughing; ¡qué—!   how funny!; —s   outbursts of laughter
risotada   outburst of laughter, belly laugh
robado, -a   stolen
robar   to steal, cheat
el roble   oak
rodar (ue)   to roll; el—   rolling
rodeado, -a   surrounded
rodear   to surround
rodilla   knee
rojizo   reddish
romper   to break, bust, tear
romperse   to break
roncar   to snore
ropa   clothes; blanca   linnen; hecha   ready-made clothes; —interior   underwear; en —s menores   in his underwear
ropero   clothes closet
rosa (rosáceo)   rosy
el rostro   face
roto, -a   broken
rótulo   label
rubio   blond
rueda   wheel
rugido   roar
ruidito   little noise
ruido   noise
ruidoso, -a   noisy
el rumor   murmur

S

sábado   Saturday; el— pasado   last Saturday
saber   to learn, taste; —(a)   to taste (of)
sabio, -a   wise
sabio   n. learned man, scientist
el sabor   taste
saborear   to lick
sabotear   to sabotage
sabroso, -a   tasty
sacar   to get, make, take, take out
saco   jacket, coat
la sal   salt
sala   classroom; —de estar   living room, parlor

salida way out, exit
salir to go (come) out; **—bien** to get a good grade; **—mal** to "flunk", fail
salirse: —de madre to overflow
salsa sauce
saltar to jump, jump over
la salud health
saludable to be good for one's health
saludar to greet, say hello
saludarse to say hello to one another
saludo greeting
salvar: —el pellejo to escape alive
sandía watermelon
sangrar to bleed
la sangre blood
sanguinario, -a bloodthirsty
sano, -a healthy, sound; **—y salvo** safe and sound
santo, -a holy; ¡**—cielo!** my goodness!; **todos —s** day of the dead
el sarampión measles
el sastre tailor
sastrería tailor shop
secar to dry
secuestrado, -a kidnapped
la sed thirst
sediento, -a thirsty
seguido: ocho horas seguidas eight hours in a row
seguir (i) to continue, follow; **sigue siendo** is always
según according to, depending on; **—y como** depending
seguramente surely
la seguridad safety
segurísimo as sure as shooting
seguro *n.* insurance policy
seguro, -a: estar—de to be sure of; **su —a servidora** very truly yours
selva jungle
sello stamp (rubber)
semáforo traffic light

sembrado cultivated field
el sembrador sower
semejante like that, such as, similar
el semejante *n.* fellow being
la semejanza similarity
sencillamente simply; **simple y—** plainly and simply
sendero path, trail
la sensibilidad sensitiveness
sentadito, -a sitting (as pretty as you please)
sentar (ie) to fit
sentarle (a uno) bien to suit someone, to agree (with one's stomach), be becoming, be pleasant, like
sentido sense
sentir (ie): lo siento I am sorry
seña sign; **—s** address; **hacerse—** to exchange gestures
la señal sign
señalar to point to
el señor man
señorial manorial
ser *n.* being; **un—cerrado** an unfriendly person
serio: en— seriously
serocopia xerox copy
servicios wash room
servilleta napkin
servir (i): —de asiento to serve as foundations; **—para** to be good for; **para —le** at your service
si why (expletive)
sí yes, indeed, surely; **—que no lo he hecho** I surely didn't do that
siempre: de— usual
la sien forehead
siendo if it is so; **no—molestia** if it is no bother
sigilosamente stealthily
sigiloso, -a stealthy
siglo century
significar to mean
siguiente: al día— the following day
silbar to whistle

silbato whistle
silenciosamente silently
silla chair
simpatía affection, liking
simpática *n.* cutie
simpático, -a pleasant, charming
sin: —que ello signifique this does not mean; **sin que nadie nos vea** without anyone seeing us
sinnúmero considerable number
sino but; **—que** but (on the contrary)
sinvergüenza shameless (fellow)
siquiera: ni— not even
sitio place, seat, store
sobra: de— more than enough
soberbio, -a superb
sobre on, on top of; **—todo** above all, on top of
el sobre *n.* envelope
sobrepasarse to outdo himself
sobresalir to excel
sobrino, -a nephew, niece
socarrón, -a sly
la sociedad: —protectora de animales humane society
sol sun, sunshine; **salir el—** dawn
solamente except
solapa lapel
solas: a— all alone
soldado soldier; **—raso** enlisted man
la soledad solitude
solemne perfect
soler (ue) to be customary; **lo que suele suceder** which usually happens; **suelen hacer** they usually make
solicitar to apply for; **se me solicitó a mí** I was "appointed"
solitario recluse
solo single
solomillo sirloin
soltar (ue) to abandon, let go, let loose
solucionar to solve
sollozo sob

sonar (ue) to sound, be heard, ring
sonrisa smile
sonrosado, -a rosy cheeked
soñar (con) to dream (of)
soplado tattled, squealed
soplar (a) to blow (on)
soportable bearable
soportar to bear, put up with
sordo deaf person
sorna scorn
sorprendente surprising, unexpected
sorprender to surprise
sorprenderse to be surprised
sorprendido, -a surprised
sospecha suspicion
sospechar to suspect
sospechoso, -a suspicious, open to suspicion
suavecito, -a nice and soft, nice and easy
la suavidad smoothness, care
súbdito subject
subida *n.* climb
subir: —de peso to gain weight
súbitamente all of a sudden
súbito: de— all of a sudden
subrayado, -a underlined
suceder to happen
suceso event
sucio, -a dirty
sucursal branch office
sudar to sweat, perspire
el sudor sweat, perspiration
sudoroso, -a perspiring
suela sole
sueldo salary
suelo floor
sueño dream
la suerte luck; **de— que** so; **tener—** to be lucky; **por—** luckily
sufrir to suffer
la sugerencia suggestion
sugerir (ie) to suggest
sugestionar to control someone's mind, hypnotize, influence
sujetar to hold
sujeto subject
sumamente very

superar to solve, overcome
supernumerario *n.* temporary professor (without tenure)
supernumerario, -a superfluous
supuesto, -a supposed; **por—** of course
surco furrow
surgir to break out, come up
suspenso, -a dumbfounded
susto fright

T
tabla board
tablero board
el tacón heel
tal: ¿qué—? what's up?, how goes it?, hi!; **—y cual** such and such
el talón heel
talla size (of clothes)
el talle figure
el taller (repair) shop, workshop
tampoco: ni . . .— not either
tanto, -a so much, such; **no era para—** it wasn't so important; **por lo—** therefore
tapa: sin— without a jacket
tapar to cover, plug up
tara weight of container
tardar (en) to take long (in)
la tarde afternoon; **todas las —s** every afternoon
tarea homework; **tenía por—** whose task (job) it was
tarro can
tasa tax
el tatuaje tattoo
taza: —para café coffee cup
el té tea
tela cloth, material
el televisor television set
temblar to tremble
tembloroso, -a trembling
temer to fear
el temor fear
temporada season
temprano early

tender (ie) to stretch out
tendido, -a lying
el tenedor fork
tener to have; **¡aquí me tiene Ud.** here I am!; **—entendido** to understand; **—ganas de** to feel like; **—que** to have to
teniendo if I had
tenue thin; **—lluvia** drizzle
tercio third
terminar: por— unfinished
terremoto earthquake
testigo witness
la tez face
tibio, -a lukewarm
tiempito terrible weather
tiempo tempo; **a—** on time
tinieblas darkness
tinta ink
el tinte: —para el cabello hair dye
los tíos aunt and uncle
tipo fellow, "guy"
tirar to print, pull, shoot, throw (away)
tiritar to shiver
tiro: de un— in one gulp
tobillo ankle
el tocadiscos record player
tocar to play (instrument), touch
tocarle (a uno) to get to something
todavía still; **—no** not yet
todo all, everything; **del—** completely; **—un turista** a perfect tourist
todos all; **—as las tardes** every afternoon
tomar: —el pelo to "kid" someone, pull someone's leg
tonelada ton
tontería foolish thing, foolish act, foolishness, nonsense; **—s** "goofy" things
tonto *n.* fool
el toque peal
torcer(ue) to break, wring
torcido, -a crooked

torneo tournament
tornillo screw
toro: plaza de —s bull ring
torta cake; a special kind of bread (Spain)
tortilla omelet
tortuga turtle
torva fierce
la torre tower
toser to cough
el trabajador *n.* worker
trabajador, -a hard-working, industrious
trabajar to work; **¡a —!** get to work!
el trabajo job, work; **ropa de —** work clothes
tracción: —delantera front drive
traducir to translate
traduzca *command of* **traducir** translate
traerse: ¿qué se trae Ud. entre manos? what are you up to?
trago: de un — in one gulp
el traidor traitor
el traje suit
trama plot
tranquilizarse to be calm, calm down
el tranvía streetcar
tras after
trasquilar to shear (sheep)
trasto piece of junk
tratar to try, discuss; **—de** to try, attempt, deal with
tratarse (de) to be a question (of), involve; **¿de qué se trata?** what is it all about?; **se trataba (de)** it concerned
trato: —hecho agreed, it's a deal
través: a—de through
travesía crossing
travieso, -a roguish, mischievous
trementina turpentine
trigo wheat
trigueño, -a dark complexioned
tristeza sadness
triturar to grind, break into small pieces

triunfador, -a successful
triunfar to triumph
tronar (ue) to thunder
tropezar (ie) to stumble
trozo piece, selection
el trueno thunder
tubería: —de alimenta- ción feed pipeline
tubo pipe
tuerca nut; **tengo flojas las—s** I've got some screws loose
tumbar to overthrow
tumbarse to stretch out
turco, -a Turkish
turno shift; **de—** on duty; **tocar el—** to be one's turn
tutear to address a person familiarly
tuviera: ¡quién—...! if I only had ...!

U

último: por— finally
ultraje outrage
único: lo— the only thing
unos about
untar to smear
utilizar to use, employ

V

va: ¡qué...! no, go on, nothing of the kind
vacaciones: ir de— to vacation, go on vacation
vacilante hesitating, uncertain
vacío, -a empty
vaguísimo slightest
valer to be worth; **que valiera** that could possibly help; **—la pena** to be worthwhile
el valor courage
¡vamos! come on!, well!
vanidoso, -a vain, conceited
vasco, -a basque
vaso glass
¡vaya! come!
vé *command of* **ir** go!
el (la) vecino (-a) neighbor
vega cultivated valley
vela candle
la velocidad speed
velorio wake

vencer to defeat
vencido, -a defeated
el vendedor clerk
venir to come; **de— yo** if I had come; **la semana que viene** next week
venirse to come; **—abajo** to crumble, fall apart **—al suelo** to slip down to the floor; **—encima** to be falling, approach
venta sale
ventaja advantage
ver to see; **—para creer** seeing is believing; **se le ve** we see him; **¡vea, pues!** what do you know!
verse: es de— you should see
veranear to take a summer vacation
veras: de— truly
la verdad truth; **¿—?** right?; **a la—** to tell the truth; **de ser eso—** if that were true; **de—** real(ly)
verdadero, -a real, true; **no tiene—interés** he is not really interested
verde green; **—mus- go** moss green
vergüenza shame
vestido dress
vestimenta clothing
vestir (i) to wear; **vestido de etiqueta** evening clothes
vestirse (i) to dress
la vez time; **a veces** at times; **de una—** once and for all; **de— en cuando** from time to time; **en—de** instead of; **la—anterior** the previous time; **rara—** rarely; **una— que** after, once
vi I saw
vía: —del tren railroad tracks
viajar to travel; **el—** travelling
viaje: agencia de —s travel agency
viajero traveller
viandas meals, food

víbora   viper
vidrio   glass, piece of
   glass, windowpane
viejísimo   very old
el viento   wind
vino   wine
viruela(s)   smallpox
la visión   eyesight
visita   visitor
vista: corto de—
   nearsighted
viudo: se quedó—   he be-
   came a widower
los víveres   food, provi-
   sions
vivienda   dwelling
vivir   to live; el—   living;
   —de gorra   to sponge;
   se vive muy bien
   aquí   one can live very
   comfortably here

vivo: en—   live
el volante   steering wheel;
   las mujeres al—
   women drivers
volar (ue)   to fly: el—
   flight
la voluntad   intention
volver (ue): —a   to do
   something again;
   —pesado   to make it
   difficult
volverse (ue)   to become;
   —loco   to go crazy
la voz   voice
vuelo   flight
vuelta: dar una—   to go
   around, travel around,
   turn; dar—s a   to turn;
   darse—   to turn
   around; estar de—   to
   be back

ya   already, any longer;
   —no   no longer;
   —que   since; —, ya
   I know
el yagé   Amazonian
   creeper from which a
   drug can be obtained
el yantar   meal

zanahoria   carrot
el zanjón   deep ditch
zapatería   shoe store
zapato   shoe
el zarzal   bramble bush
zoneítas   pertaining to the
   Panama Canal Zone
el zopilote   buzzard

English-Spanish Vocabulary

A

ability   la capacidad
able: was—to get some-
   thing approved   pudo
   conseguir que aprobaran
about   sobre, a; —to   a
   punto de; to be—
   to   estar para
above   por encima de
absent   ausente; who was
   —?   ¿quién faltaba?
accept   aceptar
account: on—of   a causa
   de
accumulate   acumular(se)
accusation   la acusación
accused: the—man   el
   acusado
act like   comportarse
   (portarse) como
address   hablar ante, dar
   una conferencia ante
admire   admirar
admit   confesar (ie), admitir
advantage   ventaja
adverse   adverso, -a; contrario, -a
advise   aconsejar, reco-
   mendar (ie)

affect   afectar
again   otra vez, de nuevo
aged   envejecido, -a
ago: many years—   hacía
   años
agree   convenir, estar de
   acuerdo
agreeable   agradable
agreement   acuerdo
airport   aeropuerto
all: not at—   de nada; he
   is not at—well   no
   está nada bien; he does
   not have any shoes at
   all   no tiene zapatos de
   ninguna clase
alteration   alteración,
   reajuste, compostura, reforma
although   aunque
among   entre
amusing   divertido
angry: to be—   estar
   enojado
any   cualquier(a);
   ningún(o), -a; todo, -a;
   —whatsoever   alguno,
   -a
anything: —else?   ¿nada
   más?

anyway   de todos modos
anywhere   (a) ninguna
   parte
appear   aparecer
application   la solicitud
around: —here   por estos
   lados; por aquí
arrive (in)   llegar (a)
as   a medida que, cuando,
   como, puesto que; —for
   me   por mi parte;
   —to   sobre; —the son
   knew   sabiendo el hijo
ask   preguntar, pedir (i);
   —(someone) to
   buy   encargar; I was
   asked   se me pidió
assignment   tarea
assist   ayudar
attorney   abogado
award   conferir (ie); was
   awarded   se le confirió.
   se le dio, se le otorgó
awful   maldito, -a; ben-
   dito, -a (ironic)

B

back   n. lomo, espalda(s);
   v. to—out   echarse

atrás, romper un compromiso; —**row** la fila de atrás; **to be**—**again** estar una vez más

bad: extremely— pésimo, -a

bag bolsa; **by the bag** a tanto por bolsa

baker panadero

barking ladrido

basement sótano

battle batalla

be ser, hallarse, encontrarse, quedarse, sentirse, verse; **where is . . . ?** ¿dónde queda . . . ?; **you have been up all night** ha(s) pasado la noche en vela; **there has never been** nunca ha habido

become: what has— **of?** ¿qué ha sido de?

beer cerveza

before antes (de)

begin comenzar (ie), principiar, empezar (ie), iniciar

beginning comienzo; **at the**—**of** al comenzar, a comienzos (principios) de

behind (por) detrás de

being: one is—**paid** a uno se le paga

bet: I'll—**!** ¡a que . . . !

between: in— por entre

big: —brother hermano mayor

bill proyecto de ley

bloody sangriento, -a

blow bastonazo (**with a cane**), puñetazo (**with the fist**)

blow up estallar, explotar

blush ponerse rojo (-a)

body cuerpo

bolt perno

boot bota

bored aburrido, -a

boring aburrido, -a

bothersome molesto; gracioso, -a, bendito (**ironic**)

box caja

breakfast *n*. desayuno; **to still get**— no perder el desayuno; **to eat**— desayunarse, tomar el desayuno

break out surgir

broke: to go— quedarse sin un centavo (sin una blanca)

broken roto, -a

build construir

building edificio

bullet wound balazo

burn: —down quemar(se)

business: —world mundo de los negocios; **that's your**—**!** ¡eso es cosa de Ud.!

busy ocupado; **very**— ocupadísimo

but (rather) sino

by: —car en automóvil (coche)

C

cactus cacto

calculus cálculo

call llamar

camera cámara

cancer el cáncer

canned: —meat carne en lata (en conserva)

car el coche, auto, carro (Mexico)

caravan la caravana

carburetor el carburador

card tarjeta

care: I don't— no me importa

career carrera

carefully con cuidado

case: just in— por si acaso

cashier cajero

change cambiar

character el carácter

charge: to be in— encargarse de

charming simpático, -a

chase off espantar

chess el ajedrez

choose escoger, elegir (i)

class: first class en primera

clear limpiar

climb ascender, subir

climb *n*. subida

clothes ropa, ropas; **ready-made**— ropa hecha

come venir; **—over**— venirse; **—down** bajar

complain quejarse, lamentarse de

completely del todo

complexion la tez

connection la conexión; **one needs —s** hay que tener buenas aldabas (tener amigos)

considerate: to be—**of others** ser considerado (cortés) con los demás

construction: under— en obras

contain contener; **containing** que contenía

container recipiente

contest torneo

contraption aparatito

convince convencer

cool: to be— hacer fresco

corner esquina, el rincón

count (on) contar (ue) con

country el país, la nación

courteous fino, -a

cover cubrirse; **—up** tapar

cracked roto, -a

credit crédito; **—card** tarjeta de crédito

crooked sucio, -a

cross la cruz

crude crudo, -a

crush apretar (ie); **he is being crushed** está (muy) appretado

cursed maldito, dichoso (ironic)

cut up picar (vegetables)

D

deal negocio

decision la decisión, fallo (of a judge)

defeated derrotado

defendant el acusado, el reo

delay postergar

delicate fino, -a

demonstration la manifestación

dented abollado, -a

department: —store almacenes

dependent: —clause cláusula dependiente

described descrito, -a

desert desierto

deserted abandonado, -a

desk escritorio
despite a pesar de
dessert el postre
diabolical diabólico, -a, abominable
difficult: most— dificilísimo, -a
dignified formal
directions instrucciones
dirty sucio, -a
disagree sentarle (a uno) mal, no sentarle (a uno) bien
discuss discutir; **what was discussed** lo discutido
displease no sentarle (a uno) bien
distinguished distinguido, -a
do: this has nothing to— esto no tiene nada que ver
done: to get something— terminar
door puerta; —slamming portazo
dot: on the— en punto
doubt dudar
dough masa
down: —the river río abajo
downtown: —New York en el centro de Nueva York; —stores tiendas del centro
drawback desventaja
dream (of) soñar con
drink tomar(se)
drive conducir, manejar
dry seco, -a; **very dry** reseco, -a
duty el deber, la obligación

E
each cada; —other se
ear oído
eat comer; —breakfast tomar el desayuno, desayunarse
economy economía
effective eficaz
effort: to make a special—(to) desvivirse (por)
either: not . . . either tampoco

election las elecciones
elevator el ascensor
else: there is nothing— no hay(a) nada más
end: —of July a fines de Julio
enemy enemigo
enjoy gozar de
enough: is—to es para
entire todo; entero, -a
end el fin, el final; at the—al final, al cabo
entire: in the—town en toda la ciudad
envelope el sobre
environmental: —factors factores ambientales
error falta
evil malo
even: not even ni siquiera
event suceso, acontecimiento
ever: for— por siempre jamás, por una eternidad; **worse than—** peor que antes
excuse excusa
expense: at the—of a expensas de
expensive caro, -a; **how expensive** lo caro(-a) que . . .
experience sufrir, experimentar
explain explicar; **explaining** que explicaba
explode estallar, hacer explosión
extreme extremo, -a

F
face cara; —up boca arriba
factory fábrica
faculty la facultad, claustro, profesorado
falsify falsificar
far: how—? ¿a qué distancia está . . . ?, cuánto dista (de aquí) . . . ?
fast rápido, -a
fasting ayuno
faucet grifo, la llave (del agua)
feature aspecto, la cualidad
fellow el señor, individuo

fender el guardafango(s)
fiancée n. futura (esposa), prometida
fight against librar una guerra contra
finally por fin
fine fino, -a
finest: —vintage cosecha excepcional, una de las mejores cosechas
finger dedo
finish terminar
fire despedir (i)
fit encajar en, hacer juego con; caber
fix arreglar
fixed fijo, -a
flashlight linterna
floor piso
flour harina
foggy: it is so— hay tanta niebla
following: the—day al día siguiente
foot el pie
forced: to be— verse obligado (forzado)
foreign extranjero
forget olvidar
forgive perdonar
form formulario
fortunately afortunadamente
foster promover
freeway autopista, autovía
frequently frecuentemente
friendly amable
frightened asustado, -a
from desde
front: in— enfrente; in—of (por) delante de
future n. futuro

G
gain ganar
gallantry galantería; with— galantemente
garden el jardín
gentleman caballero
get conseguir (i); —to llegar, venir; —(a grade) sacar; —off bajar, salir; —up levantarse
give rise to promover (ue)

glass vaso
go ir, venir; —about
   andar;—to war
   declarar (la) guerra;
   —on a diet ponerse
   a régimen; —out
   apagarse
grade nota
gradually: he—changed
   fue cambiando
grow crecer; have grown
   so han crecido tanto
guard oneself resguar-
   darse, precaverse
guest invitado, convidado
guide guiar
guy tío

H

hair pelo, cabello
head comienzo; at
   the—of a la cabeza de
heart: by— de memoria
hairdo peinado
hand: at— a la mano
handsome guapo, -a
healthful: to be— ser
   bueno para la salud
happen: what
   happened lo ocurrido
hardly apenas
hateful odioso, -a, pre-
   cioso, -a (ironic)
have: —a good
   time divertirse (ie);
   you had better le
   convendría
help ayudar; I will help
   you with your . . . te
   ayudaré a hacer tu . . .
hide ocultar, esconder
highway carretera
hill colina, cerro
hinge bisagra, el gozne
hit (slam) the brakes dar
   un frenazo
holiday: on —s en días
   feriados
home: at— en casa;
   homework tarea para
   hacer en casa
hope esperar
hot picante
hour: at this late— a
   estas horas
however: —clever por
   listo, -a que es (que sea)
huge enorme
hungry: to be—

enough tener bastante
   (mucha) hambre

I

immediately inmediata-
   mente, en el acto
imply implicar
import importar
impressive impresionante
improperly mal
improve mejorar
including incluso, in-
   cluido, -a
increase aumentar
incredible increíble
individual individuo
inexpensive barato, -a
injury lastimadura, herida
infernal maldito, maravilloso, -a (ironic)
inner interior
inside dentro
instead: —of en vez de
insult insulto, injuria
intend pensar (ie), pre-
   tender
interview entrevista
intimidate: to be in-
   timidated dejarse in-
   timidar
introduce presentar
investigator el inves-
   tigador
invitation convite, in-
   vitación
iron hierro

J

jacket chaqueta
Japanese japonés
job puesto
joke el chiste
jokingly en broma
judge el juez
just: —one orange sólo
   una naranja;—any
   cualquiera

K

keep: —silent! ¡silencio!,
   ¡a callar!; keep on
   seguir (i)
kill matar; would have
   been killed habría
   muerto
kill oneself matarse
kind amable; would you

be so—as to help me
   . . . ? ¿tendría Ud. la
   amabilidad de ayudarme
   . . . ?
kiss besar
know saber; in spite of
   knowing a pesar de
   saber; someone who
   knew his way through
   the jungle alguien que
   conociera los caminos de
   la selva

L

label etiqueta
lady señora, dama
language lengua, idioma,
   el lenguaje
last adj. pasado, -a
last v. durar
later: —on después, más
   tarde
law la ley
lawn el césped, prado
lawyer abogado
lazy perezoso, -a
least menos; at— por
   lo menos
leave salir (de), dejar; is
   there anybody
   left?, ¿queda alguien?
lecture conferencia
left n. izquierda
lie mentira
to lie (place) estar; lying
   about everywhere
   tiradas por todas partes
lie mentir (i)
light ligero, -a
like: —that así
line fila
linen ropa blanca
little: —by little he got
   used (to) fue acostum-
   brándose (a)
loafer haragán, holgazán
long: how—? ¿cuánto
   tiempo?; how—is
   it? ¿cuánto tiene de
   largo?
longer: any— más
look: —good (on some-
   one) sentarle bien (a
   alguien);—like
   parecerse a; how
   handsome he looked
   lo guapo que se veía;
   he—s out for himself

mira por lo suyo, se res-
guarda
lose perder (ie);
—**weight** bajar de
peso
lover el amante

M

magazine revista
magnificent magnífico,
-a
main: the—thing lo importante
man hombre;—**alive!**
¡pero, hombre!
manage lograr
Marines infantería de
marina
mark huella
marry casarse con
matter: as a—of fact en
efecto, efectivamente; **it
does not—** no im-
porta; **what is the—
with him?** ¿qué le
pasa?; **no—how much
oil** cualquiera que sea
la cantidad de aceite;
ponga yo mucho o poco
aceite; **no—what it
says** diga lo que diga
mean: what do you—?
¿cómo (que) . . . ?
meat la carne
mechanical mecánico, -a
meet reunirse, conocer
meeting la reunión
middle: in the—of en
pleno, -a
minute: at the last— a
última hora; en el último
momento
mistake error, falta;
honest— equivocación
de buena fe
mistaken equivocado, -a
**monument: the
Washington—** el
monumento a
Washington
most la mayor parte
motive propósito
move quitar, sacar (de
aquí)
mouth boca, hocico
"movie" la película
much mucho; **so—**
tanto(a)

mud lodo

N

name: last— apellido;
maiden— nombre
(apellido) de soltera
narrow angosto, -a
necessary: if— en caso
de ser necesario
neck cuello, pescuezo **(of
a bird); back of
the—** nuca
need necesitar; **when do
you—it?** ¿para cuándo
lo necesita Ud.?; **when
do you—it fin-
ished?** ¿para cuándo
quiere Ud. que esté
terminado?
neighbor vecino (-a)
neighborhood la vecin-
dad
nephew sobrino
new otro, -a
next próximo, -a; —**to
me** a mi lado
**nice: to be—(to
someone)** agradar,
complacer
not: —at all nada; **is—at
all amusing** no tiene
nada de cómico (diver-
tido)
nothing nada;
—**doing!** ¡ni que fuera
el fin del mundo!;
—**special** nada en
particular
notice notar; **the one
you—least** la que
menos se nota
nut tuerca

O

obvious: it was— era
evidente (obvio)
offer ofrecer, presentar;
he was offered se le
ofreció
official funcionario
oil el aceite
once una vez que
one: the—with el que
tiene, la que tiene; **some
of the —s** algunos de
los que
opportunity posibilidad
de empleo

orange naranja
orchard huerto
order mandar, ordenar
order *n.* pedido
ought (to) debe, debía;
you—to buy Ud. de-
biera comprar
out: —of por
outline silueta
outrageous increíble,
módico **(ironic),**
escandaloso(-a), de
marca mayor

P

paint pintar
pair el par
pale pálido, -a
party fiesta
pass aprobar (ue);
—**through** cruzar,
estar de paso
pay pagar; —**atten-
tion** prestar atención,
atender (ie)
peel: banana— cáscara
de banana
penetrate penetrar
pepper pimiento
perfect perfecto
perform (songs) cantar
perhaps quizá(s), a lo
mejor
permission permiso
persist persistir, seguir (i)
person: —invited in-
vitado, convidado
personal privado, -a
physics física
piece pieza
pity lástima
place colocar
place *n.* el lugar, puesto,
sitio
please: if I— si me da la
gana, si quiero
police: —car coche de la
policía
position la actitud
post el puesto
president el rector **(of a
university)**
pretend fingir
previous anterior
principal el director **(of a
school)**
private particular,
privado, -a
prize premio

profits ganancias
prohibit prohibir
proposal propuesta
propose proponer (matrimonio)
prosecute procesar
protest: no protesting! ¡nada de protestas!
provide proveer
publisher el editor
put: —together armar

Q
quality la cualidad
quarrel riña
question: it is not a question of knowing no se trata de saber
quickly rápidamente

R
railroad: —station la estación de ferrocarriles
rare raro, -a
reading: instead of— en vez de leer
real verdadero, -a
rear: in the—part of al fondo
reason la razón; **—that** la razón de que
recede bajar
receive recibir; **all that has been received** todo lo recibido
recognize reconocer
reconquest reconquista
reconsider reconsiderar
recover recobrar
red: your eyes are— tienes los ojos rojos (inyectados)
reflect reflejar
refuse no querer, negarse (a); **why did you refuse to . . . ?** ¿por qué no quisiste . . . ?
remark la alusión
remember recordar (ue)
repair reparar
report el informe
request la petición
resign renunciar, dimitir
result resultado
rich: to get— enriquecerse, hacerse rico, -a

right: it's all right está bien
risk riesgo; **at the— of** a riesgo de
run correr; funcionar (said of motor); **— across** dar con; **don't—away from me** no se me vaya; **—into** chocar

S
safely con seguridad, sin riesgos
saint: all—s' day día de los muertos, día de todos los santos
sand arena
sarcastic malévolo, -a
satisfied satisfecho, -a
satisfy satisfacer, dejar satisfecho
say decir; **she said she hadn't** dijo que no; **what has been said** lo dicho
scene escena
screech chillar
screeching chillido
screen pantalla, el telón
seal sellar
sealed sellado, -a
seat sitio, asiento
see ver; **—ing is believing** ver para creer
seek buscar
seem parecer
seldom rara vez
self-taught autodidacto, -a
seller el vendedor
sergeant sargento
shake mover (ue)
shave afeitarse
sheer fino, -a
shell concha
shop tienda
short corto, -a; **in—** en resumidas cuentas, en una palabra; **nothing—of** sólo, solamente
shortly en breve
should deber; **I—help him** debo ayudarle; **she—have told them** debió decirles (decírselo); **we should**

not talk no debemos (debiéramos) hablar; **you—have returned** Ud. debió volver
show acusar, mostrar (ue)
show n. la función
sick: —man enfermo
side lado; **from the—** de perfil
sign firmar
sign n. letrero
simple sencillo, -a
since desde, puesto que; **—he arrived** habiendo llegado;—**María is (a) Colombian** siendo María colombiana; **—they had experienced** habiendo experimentado (sufrido)
sing cantar
single: not a—person ni una (sola) persona más
skate patín
ski esquiar
skin la piel, cuero
slightest: the—idea la menor idea
slowly lentamente
sole planta (del pie)
smell (like) oler (a)
smile sonrisa
smoke fumar
smoking: —is prohibited by law está prohibido fumar por la ley; la ley prohibe fumar
so para que, de modo que; por esta razón, por eso
soldier soldado
someone alguien; **—else** otra persona, otro
sometimes a veces
somewhere por alguna parte
song canto, canción
soon: as—as tan pronto como; **as—as he had shaved** en afeitándose; **as—as I arrive** en llegando
specialty: —shop almacenes
spend pasar (reference to time)
spite: in—of a pesar de
spring primavera
squeak chirriar, dar chirridos

stabbing cuchillada, puñalada
stall postergar
stare mirar; **(the window) he was staring through** (la ventana) por la cual estaba mirando
start hacer, arrancar; **starting** a partir de
state estado
stay quedarse
still todavía
stolen robado, -a
stop parar; ¡—! ¡alto!
storm la tempestad, la tormenta
story cuento
straight recto, -a; **—ahead** todo recto
strange extraño, -a; raro, -a
stranger extraño, recién llegado
stray extraviado, -a
strength: little—of character falta de carácter
strip faja
studying *n.* el estudiar, el estudio
stupendous estupendo
stupid estúpido, bendito (ironic)
subject curso, asignatura
subway metro
succeed tener éxito; **—in** lograr
successful: to be— tener éxito
such tan; **—a poor excuse** una escusa tan pobre
suddenly de repente, de pronto
sugar el azúcar
suggest sugerir; **it suggests** parece indicar
suggestion sugerencia
superb estupendo, -a
suppose: it is supposed to last longer debiera durar más
sure: for— con seguridad, a ciencia cierta; **to be—of** estar seguro de
suspect: without anyone suspecting sin que

nadie tuviera sospechas (sobre)

T

take tomar, recibir; **—a course** seguir un curso (una asignatura); **—chances** aventurarse, probar (ue); suerte, descuidarse; **—days** llevar días; **—off** quitarse; **—out** sacar; **I am going to have my tonsils taken out** me voy a operar de las amígdalas; **—to** llevar a
talk: —about discutir
talking (el) hablar
tax tasa, impuesto, recaudación; **—form** formulario de recaudación
tear romper
tempting tentador, -a
terrible terrible, soberbio (ironic)
terrific estupendo, -a
testify declarar
than: —would be normal que de costumbre
think creer, pensar (ie) en; **cancer is thought to be caused** se creía que el cáncer era causado (que la causa del cáncer era . . .); **who does he—he is?** ¿qué se cree él?
thousands miles, millares
through a través de
throw tirar
time hora, tiempo, vez; **at a bad—** en mala hora; **at all—s** en todo momento; **at the proper—** en buena hora; **by the—** para cuando; **for the—being** por el momento; **from—to—** de vez en cuando; **when the—comes to** a la hora de
tomorrow: —night mañana por la noche
tonsils las amígdalas
toss tirar

touch up retocar
tournament torneo
town la ciudad, pueblo
treat convidar
trip el viaje
trouble: if it is not too much— no siendo mucha molestia; **there will be—** habrá problemas
true verdadero, -a; **it is—** es verdad; **is (was) it true?** ¿es (era) verdad?
truly de veras
try procurar, intentar; **to keep on trying** seguir haciendo el esfuerzo
turn doblar; **—down** rechazar, no aceptar; **—over!** ¡date vuelta!; **—pale** ponerse pálido
turn *n.* turno
twin el gemelo

U

ultra modern modernísimo, -a
under por debajo de; **the tree we are sitting—** el árbol bajo el cual estamos sentados
understand: it is well understood se sabe (entiende) muy bien
underwear ropas menores, ropa interior
unforgettable inolvidable
unfortunate desgraciado, infeliz, feliz (ironic)
unmarked sin identificación
unnecessarily para nada
unsteadily vacilante
up: what are you—to? ¿qué se trae Ud. entre manos?
usual consabido, -a

V

vain vanidoso, -a
vegetable verdura, la legumbre
view la vista
village el lugar
vintage cosecha

violator   el transgresor, el que no respete la ley
virus   el virus
visibility   visibilidad; **when the—is good-** cuando el aire es (está) transparente; cuando hay visibilidad
visit: do you have time to—with me? ¿tiene Ud. tiempo para charlar un rato conmigo?

W

wait   esperar; **—on** atender (ie) a
wake up   despertar(se)
wall   la pared
warm up   calentarse
wash   lavarse
way   *n.* camino; manera; **that—** así
weather   tiempo
weed   mala hierba
week   semana
weigh   pesar

weight   peso
whatsoever   ningún(a); **not any (money) whatsoever**   (dinero) alguno
when? ¿cuándo?, ¿para cuándo?
which: in—case   en cuyo caso
while   mientras
while   *n.* rato; **a little—**   un ratito, un momentito
whose   cuyo, -a; **—?** ¿de quién?
why:—don't you? ¿quiere?, ¿qué le parece?
wide   ancho; **how wide is it?** ¿qué ancho tiene?, ¿cuánto tiene de ancho?
wife   esposa, mujer
willingly   de buena gana
windowpane   el cristal
wine: very nice—   vinito
wipe (off)   limpiar
wish: I—I had time ¡ojalá tuviera tiempo!

with: with me   en mi caso
without   sin
wonder   preguntarse; **I—why** ¿por qué + *fut.* or *cond.* of probability
wonderful   maravilloso, -a, estupendo, -a; **it tastes—**   sabe bien
won't: he—eat   no quiere comer
word   palabra
work   empleo, trabajo, puesto; **—clothes**   ropa de trabajo
world   *adj.* mundial
worse   peor
would: he—eat   comía
wrestling   lucha libre

Y

yet   ya

Z

zoo   el jardín zoológico

Index

a
- before alguien, nadie; alguno, ninguno, 165
- implying separation, 166
- in compound prepositions, 168
- in expressions of manner, 167
- in expressions of place, 167
- in expressions of time, 168
- introducing direct objects, 165
- introducing indirect objects, 165
- to change the meaning of a verb, 166
- to single out the direct object, 166
- when omitted, 165
- with aprender, comenzar, empezar, enseñar, invitar, principiar, 165
- with names of domesticated animals, 165
- with verbs of motion, 164

adjectives
- changes in meaning by position: alguno, cualquier(a), 210
- expressing a critical or adverse attitude, 206
- expressing emotional involvement, 212
- expressing extremes, 205
- fixed position: after nouns, 206
- fixed position: ahead of nouns, 206
- in courteous statements, 205
- in exclamations, 204
- in poetic statements, 205
- in sequences, 208
- position determined by balance, 212
- position determined by emphasis, 212
- position determined by number of syllables, 213
- position determined by personal preferences, 213
- position determined by stylistic variety, 213
- position of one adjective, 202–203
- position of two adjectives, 203
- separated by a noun, 208
- within a series, 205

a excepción de, 28

agreement
- double agreement: fui yo quien lo hice (hizo), 268
- lo + adj. + que, 245
- when tú is involved, 245
- with a collective + de + plural noun, 248
- with adjectival verb complements, 246
- with deber, poder, querer and soler, 248
- with haber used impersonally, 243
- with ni . . . ni, 246
- with nosotros or vosotros understood, 244
- with o . . . o, 246
- with the se construction + plural nouns referring to persons, 264
- with ser + el que, la que, etc., 268
- with special nouns, 244
- with two nouns of different gender, 243

algún(o), 26
anatomical terms, 191–192
anglicisms, 347–348
antes (de) que, 187
appropriate language, 13
que no, 24
aunque, 188

brevity through omission, 252

causative construction, 7
cognates
- false cognates, 270
- learned vs. common cognates, 271
- partial cognates, 271
- pseudo cognates, 271

colloquialisms, 13
¿cómo? and ¿cuánto?, 65
con
- after casarse, contar, dar, soñar, 170
- in idiomatic constructions, 169

conditional tense
- combined with the imperfect subjunctive, 225
- expressing probability, 225
- in sentences containing a verb in a past tense, 225
- possible substitutes, 228

¿cuál? and ¿qué? meaning which?, 67
cuán plus adjective or adverb, 65
¿cuánto? and ¿cuántos?, 68
cuyo, 68

de
- in adjectival phrases, 170
- in contrary-to-fact statements, 227
- in idiomatic expressions, 171
- in phrases of measurement, 171
- when superfluous and when necessary, 251
- with a passive voice, 143
- with some common verbs, 171

definite article
- to express rate, 285
- to indicate possession, 283
- with appositives, 283
- with de + *noun*, 284
- with directions, 286
- with expressions of time (parts of the day, days of the week), 285
- with generic terms, 282
- with nouns in a series, 284
- with (school) subjects, 284
- with titles of address, 283
- with todo(s), 284

¿de quién(es)?, 68
diminutives, 175, 307

elliptical sentences, 175
emphasis
    with adverbs, 304
    with direct objects, 302
    with indirect objects, 302
    with main verbs, 303
    with mismo, 303
    with prepositions, 304
    with sí que (no), 304
    with subjects, 301
en, with some common
        verbs, 172
encontrarse, to form perfect
        tenses, 84
entrar (ingresar) en, 165
estar
    followed by en +
        infinitive, 47
    in elliptical
        constructions, 47
    in idiomatic expressions,
        172
    in the resultant state
        construction, 44, 148
    replaced by encontrarse,
        hallarse, parecer,
        quedar(se), sentirse,
        verse, 48–49
    to express a change or an
        unusual characteristic,
        44
    to express location, 44
    to express sensations, 46
    to form the progressive
        tenses, 44
    used impersonally, 103
    with de, to mean to serve
        as, 47
    with idioms referring to
        temporary states, 47
estar siendo, 149

false cognates, 270
figurative reflexives, 174
figures of speech, 347
fuera de, 28
future
    expressed by the
        subjunctive, 187
    possible substitutes, 185
    to express probability in
        the present, 186

gerund. *See* present
        participle

haber, used impersonally,
        105

hacer, used impersonally,
        103
hallarse, to form perfect
        tenses, 84

imagery, 32
imperfect
    in indirect speech, 126
    instead of a conditional,
        126
    in "when" clauses,
        129–130
    to express a continuous
        action, 123
    to express courtesy, 125
    to refer to states of the
        mind and heart, 124
    to refer to the contents of
        written materials, 126
    with deber de, 126
    with habitual actions,
        124, 229
    with hours, 123
imperfect subjunctive
in idiomatic constructions:
        ojalá, ¡quién . . . !, ¡ni
        que . . . !, 228
in past-tense sequences, 224
to express uncertainty or
        hesitation, 226
impersonal expressions,
        103, 106
impersonal verbs, 105
indicative, with el hecho de
        que, 152
infinitives
    after main verbs, 4
    after al, 4
    after con, 11
    after de, 11
    as commands, 10
    as verbal nouns, 5
    in adjectival phrases, 10
    in impersonal
        expressions, 5
    in questions and
        exclamations, 9
    to express commands,
        341
    with prepositions, 4
    with verbs of beginning:
        echar a, echarse a,
        darse a, 9, 10
    with verbs of command,
        request, permission,
        advice, 5
    with verbs of perception,
        7

interrogations
    asking for a yes–no
        response, 61
    requesting information,
        61
    tag questions, 62
ironic expressions, 289

jamás, 25

length of sentences, 110
lo
    neuter article, 287
    lo + *adj.* + que, 287
    lo + de + *noun,* 287
lo que, followed by
        subjunctive, 188

menos, 27
metathesis (shifting a letter
        or syllable), 201
multivalent words: cosa,
        gente, aparato, 175

nada, 25
near-synonyms, 252
negation, 23
    in indirect quotations, 24
ni, 26
ningún(o), 26
ni que fuera, 26
ni siquiera, 26
nouns
    ending in -aje, 35
    ending in -azo, 231
    new feminine nouns
        (Nota cultural), 3
nunca, 25

objects
    direct and indirect object
        introduced by a, 165
    emphasizing indirect
        objects, 302
    inversion of object and
        verb, 93
    repeating the indirect
        object, 301
    singling out the direct
        object, 166

para
    after estar, 320
    followed by con, 323

para (*continued*)
  to express destination or
    point of arrival, 320
  to express proportion or
    disproportion, 323
  to express purpose, 322
  to express sufficiency or
    insufficiency, 322
  to refer to a point in
    time, 320
  to refer to a specific use,
    323
partial cognates, 271
personification, 347
passive voice
  true passive voice, 143
  when not possible, 144
  when possible, 145
  with the "se"
    construction, 146
  with verbs of causation,
    149
past participle
  after a verb of motion,
    89
  after lo, 88
  after tener, 89
  as a noun, 88
  in absolute statements,
    84
  in perfect tenses, 84
  irregular forms, 143
pero, 27
phrases without a main
    verb, 111
plural subject instead of
    singular subject, 133
por
  por + *adj.* + que + ser,
    325
  por + *inf.,* 325
  after estar, 321
  in compound
    prepositions, 328
  in expressions of time,
    326
  in locative expressions,
    321
  in stock expressions, 327
  to express cause, 321
  to express exchange, 321
  to express "for the
    benefit of," 321
  to express intent, 324
  to express rate, 321
  to express substitution,
    321
  to introduce the agent in
    the passive voice
    construction, 320

to refer to a period of
    time, 320
to refer to a means of
    communication, 321
prefixes
  des (dis)-, 214
  re-, 231
prepositional, phrases, 191
present participle
  after en, 86
  as a complement of a
    previous verb, 86
  in clauses of duration, 85
  instead of a conditional
    statement, 85
  to express manner, 91
  with estar, 83
  with verbs of perception,
    86
preterite
  after casi and nunca, 128
  changes in meaning, 127
  in "when" clauses, 129
  possible substitutes, 133
  replacing a pluperfect or
    a preterite perfect,
    127
  to express momentary
    actions, 125
  to express progression,
    127
  to express termination in
    time, 124
  with actions that have
    ended, 124
  with deber de, 128
  with verbs of
    transformation, 124
por mucho que, 188
por muy + *adj.* + que, 189
¿por qué? vs. ¿para qué?, 63
progressive tenses of verbs
    of motion, 84

que, as a superfluous word,
    52
¿qué? before nouns, 68
¿qué? and ¿cómo?
    requesting repetition,
    66
¿qué? and ¿cuál? with ser,
    64
¿qué tal?, 68
¿qué tan . . . ? and ¿qué
    tanto . . . ?, 65

reiteration, 347

relatives
  cuyo, 269
  el cual, la cual, los cuales,
    las cuales, 266
  el que, la que, los que,
    las que, 267–268
  lo cual, 266
  que, 263–264
  quien(es), meaning he
    (she) who, they who,
    264–265
reproducing a conversation,
    72

saber contrasted with saber
    cómo
se
  used impersonally, 106
  various uses of, 146–147
  with verbs of perception,
    8
select words, 13
ser
  followed by de, 46
  meaning to be at a given
    place, 45
  meaning to befit, 46
  to express a normal
    characteristic, 43
  to express a particular
    time, 45
  to express equality, 43
  to express possession,
    origin, material, 43
  to form the passive
    voice, 43
  used impersonally, 105
  with hours and parts of
    the day, 43
  with que: es que, 45
shifting a letter or syllable
    (metathesis), 201
sin, 27
sino, 27
sino que, 27
softened statement:
    debiera, pudiera,
    quisiera, 228
subjunctive
  after impersonal
    expressions, 6
  after negative
    expressions, 29
  after negative verbs, 29
  after sin que, a menos
    que, no sea que, 29
  in contrary-to-fact
    statements, 226

subjunctive (*continued*)
  in interrogative
    expressions, 69
  with el (hecho de) que,
    151
  with verbs of command,
    request, permission,
    advice, 5
suffix -azo, 231
synonyms, 252

tag questions, 62
también, 27
tampoco, 27
tenses
  conditional, to express
    probability in the
    past, 341

future, instead of a
  command, 344
imperfect, instead of a
  compound tense with
  hacía . . . que, 340;
  instead of the
  present, 340; instead
  of the conditional,
  340, 343
imperfect subjunctive:
  debiera, quisiera, 341
present, instead of a
  command, 342;
  instead of the
  conditional, 340;
  instead of the future,
  339; with haber de,
  342; with hace . . .
  que, 339

preterite, special
  meanings, 340; with
  deber, 343
present perfect
  subjunctive instead of
  imperfect
  subjunctive, 345

uno, used impersonally,
  108
will, denoting willingness or
  capacity to do
  something, 185–186
word order
  order of subject and
    verb in gerund
    phrases, 151
  subject and verb
    reversed, 13

PERMISSIONS

Permission to reprint the literary selections included in the text is gratefully acknowledge.

Fernando Díaz Plaja, *El español y los siete pecados capitales,* © Alianza Editorial, Madrid, 1966

Alejo Carpentier, *Los pasos perdidos,* © Ibero Americana de Publicaciones, Mexico, 1953

Ramón Pérez de Ayala, *El profesor auxiliar. El ombligo del mundo,* © Aguilar, Madrid, 1924

Emilio Díaz Valcárcel, *Figuraciones en el mes de marzo,* © Seix Barral, Barcelona, 1972

Mariano José de Larra, ¡Sin etiqueta, señores!, *El castellano viejo.*

Argentina Díaz Lozano, *Fuego en la cuidad,* © B. Costa-Amic, Mexico, 1966

Azorín, En un tren nocturno, *El tren expreso* from *En Barcelona,* © Aguilar, Madrid, 1906

Vicente Risco, *Apuntes sobre el mal de ojo en Galicia, Revista de Dialectologia y Tradiciones Populares,* © Ediciones Galixia, 1961

Julio Camba, La ropa controla al cuerpo, *Trajes en serie. Mis mejores páginas,* © Editorial Gredos, Madrid, 1956

Vicente Leñero, *Los albañiles,* © Seix Barral, Barcelona, 1963

Vicente Blasco Ibáñez, Camino al mercado. *La barraca,* © Prometes, Valencia, 1898

Joaquín Beleño, *Curundú,* by permission of the author.

Horacio Quiroga, *Tres cartas . . . y un pie* from *El salvaje,* 1920

Octavio Paz, *Todos santos, dias de muertos. El laberinto de la soledad,* © Fonda de Cultura Económia, Mexico, 1950

Guillermo Cabrera Infante, La cigarra y la hormiga, *Exorcismos de esti(l)o,* © Seix Barral, Barcelona, 1976

Fernando Durán Ayanegue, *Zapatos* from S. Menton, ed., *El cuento costarricense,* © Ediciones de Andrea, Mexico, 1964

José Eustasio Rivera, El Yagé: Un misterio de la selva. *La vorágine (The vortex),* permission of the author.

Jairo Márquez, El autómata suramericano. *Anatomía del gringo. Impresiones de un suramericano,* © Ediciones del Tercer Mundo, Bogota, 1966

ILLUSTRATION CREDITS